COMO DESENHAR
COISAS LEGAIS

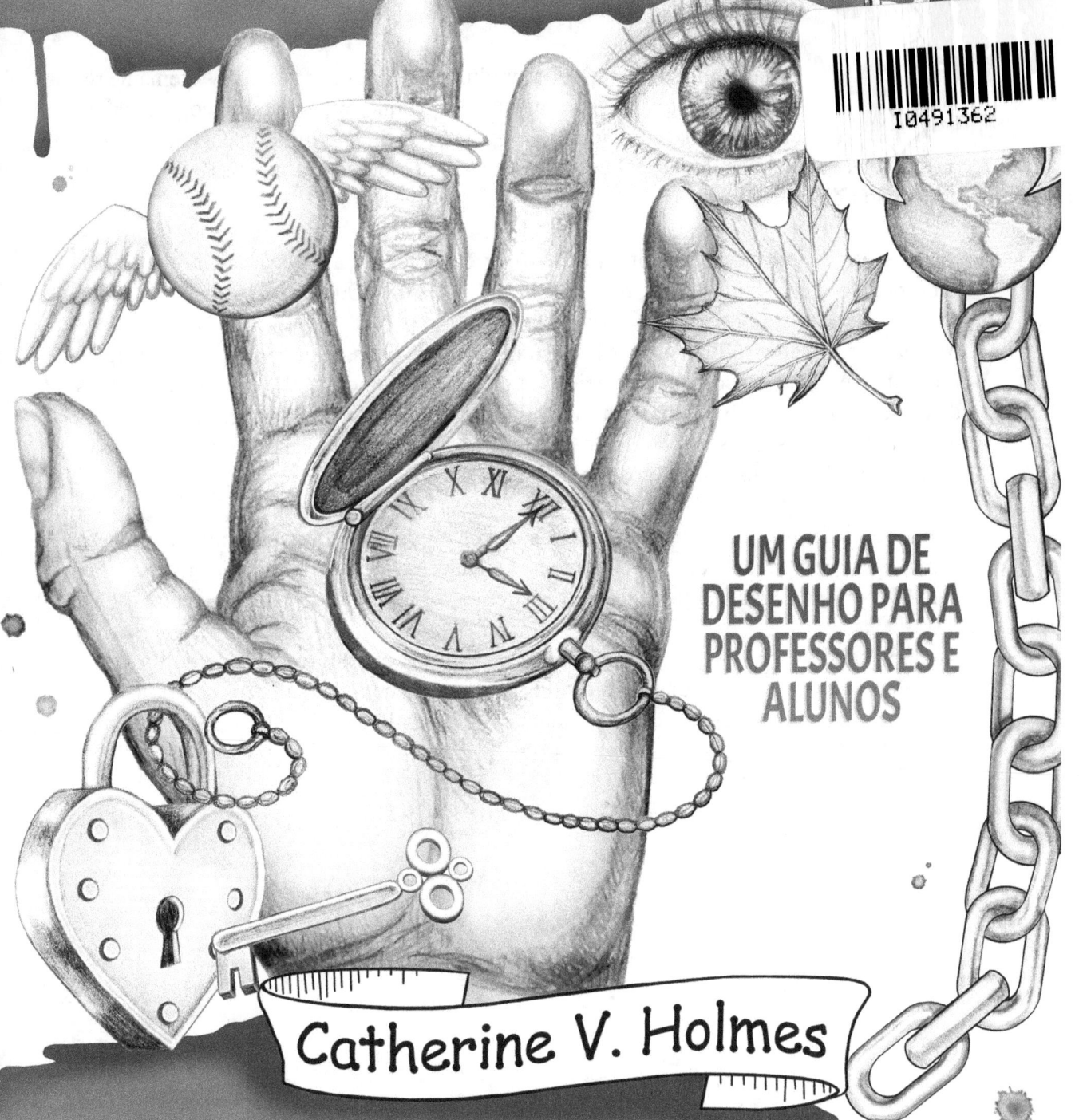

UM GUIA DE
DESENHO PARA
PROFESSORES E
ALUNOS

Catherine V. Holmes

Publicado pory:
Library Tales Publishing, Inc.
www.LibraryTalesPublishing.com
www.Facebook.com/LibraryTalesPublishing

Para obter informações gerais sobre nossos outros produtos e serviços, entre em contato com nosso Departamento de Atendimento ao Cliente em 1-800-754-5016 ou envie um fax para 917-463-0892. Para suporte técnico, visite www.LibraryTalesPublishing.com

A Library Tales Publishing também publica seus livros em uma variedade de formatos eletrônicos. Todo conteúdo que aparece impresso está disponível em livros eletrônicos. Número de controle da Biblioteca do Congresso: 2017944834

978-1-956769-55-5

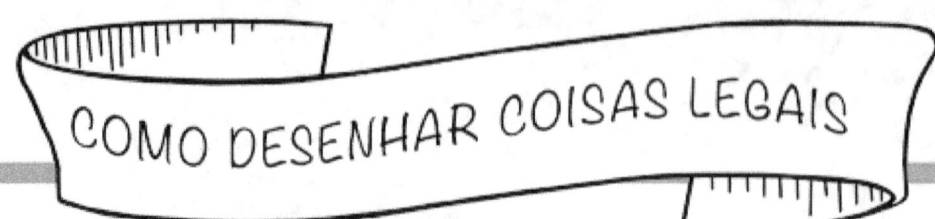

COMO DESENHAR COISAS LEGAIS

Este é um lugar único para criar obras de arte bonitas e interessantes!

Você encontrará mais de 100 desenhos passo-a-passo que são fáceis de seguir e divertidos de fazer.

Para artistas: Organizado com capítulos que abrangem os elementos de design, partes do rosto humano, perspectiva, feriados, animais, criaturas e muito mais, "Como desenhar coisas legais" apresenta centenas de desenhos demonstrando as imagens que você pode criar apenas combinando formas simples. Os artistas aprenderão a reconhecer as formas básicas dentro de um objeto e transformá-las em obras de arte detalhadas em alguns passos simples. Esses exercícios ajudarão você a praticar e aperfeiçoar suas habilidades para que você possa desenhar coisas legais por conta própria.

Para Professores: Se você está com um orçamento, tempo e recursos limitados, ou tem alunos que gostam de desenhar - este livro é para você! Dentro você encontrará toneladas de lições que são fáceis de transportar e podem ser usadas para ensinar arte a alunos de todos os níveis. Cada lição inclui instruções fáceis de seguir, onde todo o processo é visualizado através de uma sequência de ilustrações e texto mínimo. Além disso, cada projeto de arte vem com um gráfico, incluindo as habilidades e conceitos básicos que seus alunos aprenderão, juntamente com as tarefas de avaliação final para seus alunos concluírem. A melhor parte é - isso é algo que as crianças querem desenhar.

Tudo o que você precisa é de lápis e papel e você está pronto para desenhar coisas legais!

ÍNDICE

Capítulo 3
Perspectiva

Capítulo 4
Feriados e Temporadas

Capítulo 5
Animais

Capítulo 6
Coisas Legais

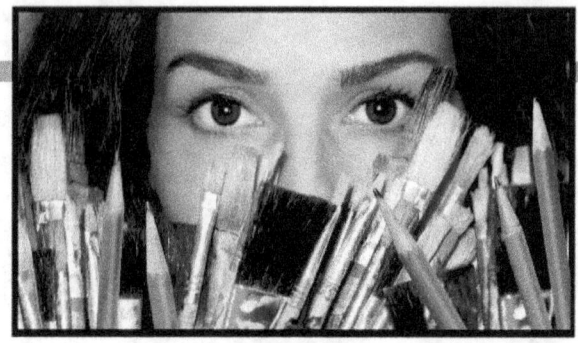

A Autora

Catherine V. Holmes é professora, artista, defensora da juventude e autora/ilustradora de "Como desenhar coisas legais".

"A arte fornece um local para cada
pessoa aprender. Eu sempre digo aos
meus alunos: 'Todo mundo pode desenhar,
mas ninguém pode desenhar como você.
Cada indivíduo traz seu próprio estilo,
criatividade e perspectiva para um
trabalho. Olhe atentamente para uma
obra de arte e você pode ver a história, o
desejo, o medo ou a inspiração. Através
da arte, temos a oportunidade de
resolução criativa de problemas
auto-expressão
meditação artística e comunicação
uma maior sensação de bem-estar pessoal
empoderamento
relaxamento
educação
e uma plataforma para mostrar nossos
pontos fortes pessoais de maneira
significativa. Isso não só ajuda a nos
tornarmos mais perceptivos na arte, mas
também na vida."

INTRODUÇÃO

Esse livro evoluiu por necessidade. Depois de explorar catálogos de arte e bibliotecas e percorrer a seção "como desenhar" das livrarias, encontrei alguns bons recursos, mas nenhum que tivesse todas as qualidades que eu estava procurando em um livro de desenhos. Algumas ideias eram muito básicas e muitas vezes insultantes para meus alunos mais velhos e artísticos. Outro material parecia servir como uma vitrine para belas obras de arte, mas faltava qualquer instrução concreta.

Como uma professora de arte "viajante" com um orçamento limitado e tempo de preparação limitado, preciso de um único recurso que seja fácil de transportar e possa ser usado para ensinar todos os níveis de alunos, do ensino fundamental ao ensino médio e além. Este livro foi criado para suprir essa necessidade e quero compartilhá-lo com professores e artistas em situações semelhantes. Esses projetos permitirão que você traga lições interessantes e informativas que ofereçam objetivos claros e promovam a realização sem a necessidade de suprimentos caros / multidimensionais: um lápis e borracha regulares é tudo o que é necessário (às vezes uma régua ou caneta fina). Lápis de arte extravagantes, papel caro ou borrachas especiais não são necessários para o sucesso. Todas as páginas foram testadas e aprovadas pelos alunos.

Os detalhes do livro:

Você encontrará exercícios específicos que oferecem orientações passo-a-passo para desenhar uma variedade de assuntos. Cada lição começa com uma forma fácil de desenhar que se tornará a estrutura básica do desenho. A partir daí, cada etapa adiciona elementos a essa estrutura, permitindo que o artista construa sua criação e faça uma imagem mais detalhada.

Cada projeto de arte vem com um gráfico que inclui informações que o artista deve ser capaz de **SABER** (fatos, habilidades básicas), **ENTENDER** (grandes ideias, conceitos, questões essenciais) e, portanto, ser capaz de **FAZER** (avaliação final, desempenho, medições de objetivos) até o final da lição.

Esta informação adicional dá a estas páginas mais poder do que apenas "arte pela arte" - não que você precise dela - porque a arte é importante o suficiente por si só! Os artistas estão aprendendo sobre si mesmos como almas expressivas através do processo de criação de trabalhos bonitos e interessantes.

A melhor parte é que isso é algo que os artistas querem desenhar.

Informações para os professores que usam este livro:

Os professores podem se sentir confiantes de que estão usando o tempo de instrução de maneiras que fazem a diferença para seus alunos ao usar este guia. Cada lição inclui instruções fáceis de seguir, onde todo o processo é visto através de uma sequência de ilustrações detalhadas que podem ser vinculadas a conexões históricas, seus padrões de aprendizado curricular ou adaptados em uma aula de integração de artes. Você decide o quão intenso realizar cada projeto.

Os projetos podem ser diferenciados para responder aos diversos estilos de aprendizagem dos alunos através de uma mistura de recursos visuais e texto.

Para obter os melhores resultados, aqui estão algumas dicas:

• As aulas são fornecidas principalmente em folhetos unilaterais para facilitar a reprodução. Copie-os na configuração de fotos da máquina de cópia da sua escola, se possível. As áreas sombreadas manterão seu melhor valor.

•Coloque a página "Saber, Entender, Fazer" no quadro para que os alunos vejam claramente os objetivos da aula.

• Incentive seus alunos a não pular nenhuma das etapas. Os professores podem achar que muitos alunos querem gratificação instantânea e muitas vezes tentam pular para a última etapa sem seguir o processo. Existem alguns estudantes de arte que têm um "talento" para desenhar ou têm experiência anterior com o desenho de formas complexas e não precisam dos passos, no entanto, a maioria precisa seguir a sequência para alcançar seu melhor resultado. Para um maior sucesso, eles devem seguir os passos! Ao fazer isso, os alunos estão treinando seus cérebros para ver formas dentro de um objeto em vez do objeto como um todo. Isso simplificará o processo de desenho.

•Diga aos alunos para desenharem suavemente. Uma vez que eles tenham um esboço básico e alguns detalhes, os alunos podem tornar suas linhas mais escuras e permanentes. Fazer com que artistas com mão pesada desenhem suavemente pode ser uma batalha constante, mas a luta vale a pena quando eles vêem os benefícios. Apagar torna-se mais fácil e menos papéis são jogados fora.

•Cada aluno encontrará um nível diferente de sucesso com esses guias de desenho. Incentive os alunos a tornar seu trabalho diferente dos exercícios do livro, adicionando "extras" e mais detalhes. Isso torna cada obra de arte única e pessoal.

• Estes passos simples podem ser adaptados a qualquer nível - o aluno pode colocar muito ou pouco esforço em seu trabalho, depende quanto o nível de conforto permitir. NOTA: Como um grande professor de arte, sempre incentive seus alunos para mais - indo além da zona de conforto é como aprendemos!

• As técnicas e processos apresentados neste livro estão ao alcance do que seu aluno pode fazer. Às vezes, alguns alunos podem ficar frustrados e querer desistir. Às vezes, um aluno declara derrota antes mesmo de tentar o trabalho. Isso é inaceitável! Lembre-os de que criar arte é um processo. Em casos como esse, incentive seu aluno a tentar apenas o primeiro passo. Eles verão que o primeiro passo é fácil e podem ser encorajados a tentar o próximo.

• Se todas as tentativas de desenho parecem estar impedindo seu aluno de alcançar o sucesso, você pode permitir que esse aluno traceje em cima do desenho. Os desenhos nessas páginas são apresentados em uma escala menor, a fim de desencorajar o tracejamento, no entanto, é melhor permitir em vez de seu aluno não fazer nada. As modificações para as tarefas podem incluir o tracejamento, se necessário, basta que o aluno adicione seu próprio toque exclusivo sombreando ou adicione "extras" que não são vistos nos exemplos fornecidos. Tracejar sem sequer tentar - NÃO OK!

•Este livro é ótimo para substitutos. Copie diversas lições, coloque-as em sua subpasta e tire seu dia doente sem se preocupar.

Com prática suficiente, eventualmente os alunos não precisarão de um livro de "como fazer". Uma mudança no cérebro ocorrerá e seus alunos serão capazes de quebrar mentalmente a imagem mais simples por trás do complexo sem assistência. É quando eles se tornarão Artistas Super Inteligentes!

Informações para artistas que usam este livro:

Seguir esses exercícios é uma ótima maneira de praticar seu ofício e começar a ver as coisas em termos de formas simples dentro de um objeto complexo. Lápis de arte profissional e papel podem oferecer uma variedade de resultados, no entanto, as técnicas discutidas neste livro podem ser bem sucedidas usando suprimentos diários.

Este livro é intuitivo, mas você pode se deparar com alguns passos desafiadores. Siga as dicas abaixo para obter melhores resultados.

- Tente bloquear as informações que você não precisa. Quando você começar a desenhar uma das obras deste livro, cubra todas as etapas mostradas com um pedaço de papel em branco, exceto a primeira. Desenhe apenas a primeira etapa que está exposta. Depois que essa etapa for concluída, descubra a próxima e trabalhe nela. Ao bloquear as etapas em que você não está trabalhando, o trabalho artístico se torna menos difícil de tentar. Continue descobrindo uma a uma e adicionando ao seu trabalho artístico até que ele esteja completo. É uma tática simples, mas funciona fazendo com que você se concentre em apenas uma ação de cada vez.

- A paciência é necessária. Não se apresse, tome seu tempo e pratique a paciência. Não destrua seu papel em frustração toda vez que cometer um erro. Olhe para o seu trabalho artístico e descubra as linhas que funcionam e as linhas que não funcionam. Altere-as conforme necessário.

Isso é mais fácil quando você:

- Desenha suavemente. Comece com um contorno leve e esboçado e adicione mais detalhes à medida que o desenho progride. Uma vez que todas as linhas parecem boas para você, então elas podem se tornar mais escuras e permanentes.

- Não se preocupe muito em tentar fazer com que seu desenho se pareça com o do livro ou gaste muito tempo tentando fazer com que os dois lados de um suposto objeto simétrico sejam iguais. Mesmo nossos rostos não são perfeitamente simétricos. Sua abordagem única (e às vezes imperfeita) é o que tornará a obra de arte envolvente e bonita. Se o seu desenho não parece "perfeito", tudo bem!

- Quer que sua obra de arte pareça ainda mais profissional? Desenhe o objeto grande e diminua-o na copiadora usando a configuração de foto. Os detalhes e as linhas aparecem mais finos e seu trabalho parece mais detalhado. Um ótimo truque para tentar!

- Finalmente, não se preocupe com a aparência da obra de arte do seu vizinho. Lembre-se: todos podem desenhar, mas ninguém pode desenhar como você. É isso que torna a arte tão especial. Se todos nós desenhássemos exatamente da mesma maneira, a arte seria chata e não haveria sentido para ela. Olhe para o seu trabalho de arte depois de terminar e compare-o com o seu trabalho anterior. Você provavelmente ficará impressionado consigo mesmo!

Dicas para sombreamento:

- O capítulo "Os Básicos" exibe várias técnicas de sombreamento diferentes. Usar alta pressão com o lápis deixará linhas escuras, e a pressão suave deixará marcas claras. Uma combinação de ambos com uma transição gradual de um para o outro é uma abordagem para o sombreamento realista. Pratique o uso de diferentes pressões de lápis para criar uma variedade de tons.

- Tenha cuidado se optar por borrar o seu trabalho artístico para criar efeitos de sombreamento. A técnica de borrar uma obra de arte com o dedo para criar sombras, pode borrar linhas intrincadamente desenhadas e arruinar um belo desenho. No entanto, quando feito corretamente, o borrão pode ser uma maneira rápida e eficaz de adicionar profundidade a um trabalho artístico. Essa pode ser uma prática aceitável, só cuidado ao fazer bagunça! Esfregar demais fará com que todas essas linhas finas e tons contrastantes se tornem o mesmo tom de cinza confuso e plano. Isso tira a profundidade de um desenho e faz com que o trabalho pareça menos detalhado. Para obter melhores resultados ao sombrear com a técnica de esfregar o dedo, basta borrar um pouco.

- Você verá alguns exemplos neste livro onde hachuras e hachuras cruzadas são usadas. Esta é outra técnica de sombreamento que pode ser uma alternativa pressão com o lápis ou de borrar ao criar efeitos de sombreamento. Experimente todas as técnicas e veja qual funciona melhor para você.

Por que precisamos de arte

Desenhar torna você mais inteligente! Acredite ou não, os artistas não estão apenas copiando sem pensar o que vêem ao acompanhar as atividades deste livro. Ao completar esses projetos, os artistas aumentam sua criatividade e confiança artística, ao mesmo tempo em que ganham ferramentas poderosas para entender o que entra na criação de obras visuais. Os alunos estão realmente treinando seus cérebros para ver de uma maneira diferente. Isso permite que eles se expressem e se tornem competentes, experientes, instruídos, imaginativos, criativos e perceptivos na arte e na vida. Deixe seus alunos, colegas de trabalho e o mundo saberem que a ARTE É IMPORTANTE!

Capítulo 1

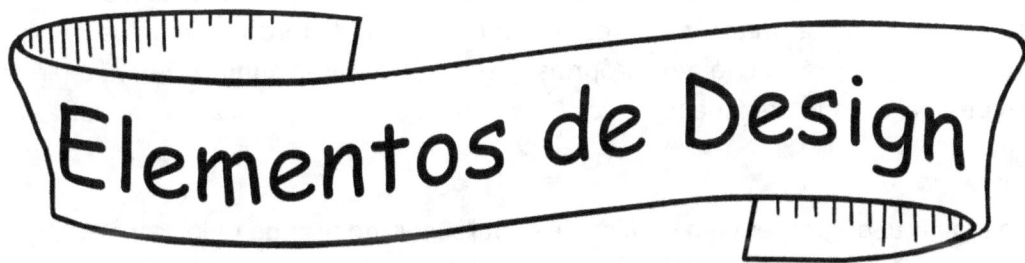

Elementos de Design

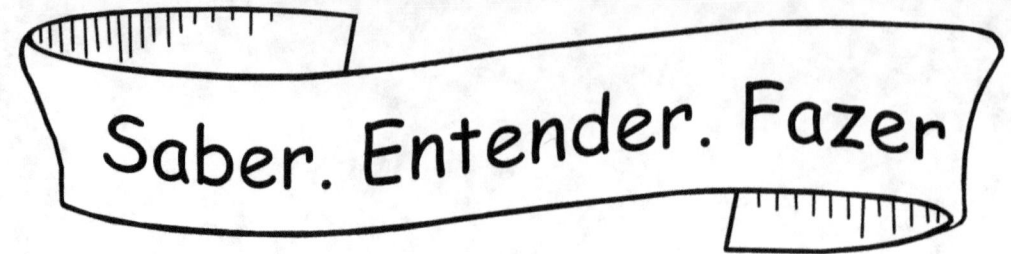

ELEMENTOS DE DESIGN

SABER:
Elementos de design: cor, valor, linha, forma, textura e espaço

ENTENDER:
• Os componentes básicos utilizados pelo artista ao produzir obras de arte
• Como esses componentes são utilizados
• A diferença entre forma 2D (comprimento e largura) e forma 3D (adicionar profundidade)

FAZER:
Pratique hachuras, o pontilhismo, a textura, a linha, a forma, a profundidade e o espaço usando uma caneta preta fina no espaço fornecido ao lado dos exemplos na apostila. Copie o que você vê ou crie seus próprios designs. Use a área número 7 para criar um design original usando pelo menos 4 dos Elementos de Design praticados nas caixas acima.

EXTRA:
Crie uma arte original em um pedaço de papel separado usando pelo menos 6 dos 7 Elementos de Design. Preencha o papel de completamente com o seu design.

VOCABULÁRIO:
Elementos de Design - Cor, valor, linha, forma, textura e espaço. Os componentes básicos utilizados pelo artista ao produzir arte. Os elementos da arte são as partes usadas para criar assunto em uma obra de arte.

Elemento de design

Os componentes básicos usados por um artista ao criar arte

Cor, valor, linha, forma 2D, forma 3D, textura e espaço

Crie exemplos de cada um nos espaços fornecidos

Use um lápis afiado ou caneta preta fina para completar o exercício abaixo (vamos pular a cor por enquanto)

1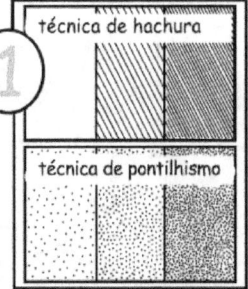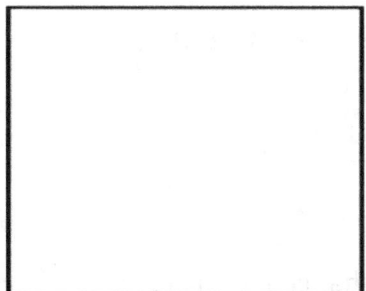

Valor – a claridade ou escuridão de uma cor.
Nesta caixa, você mostrará o valor usando linhas ou pontos.

2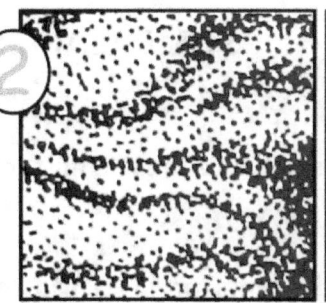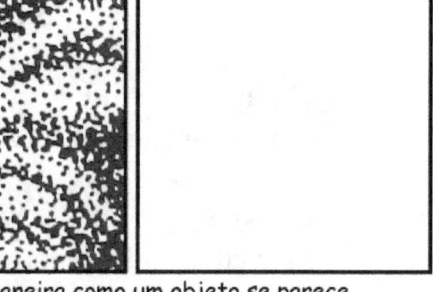

Textura – a maneira como um objeto se parece.
Nesta caixa, desenhe o que você vê ou crie sua própria textura.

3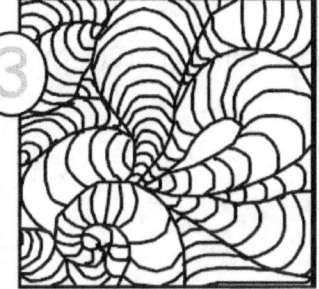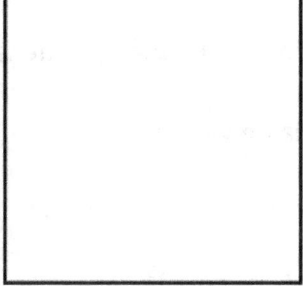

Linha – Uma marca mostrando comprimento e direção.
Nesta caixa, desenhe o que você vê ou crie sua própria linha de arte.

4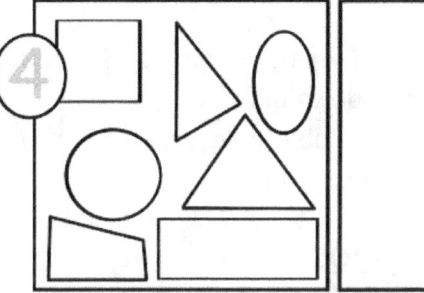

Forma – um espaço fechado mostrando comprimento e largura.
Nesta caixa, desenhe pelo menos 4 formas diferentes.

5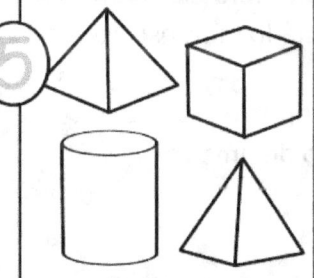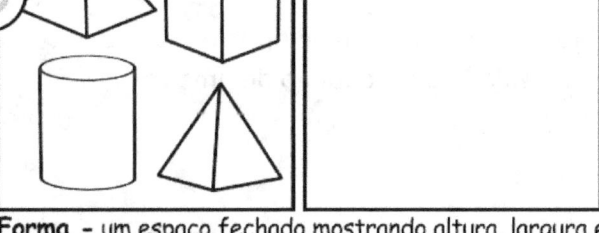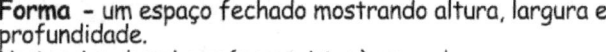

Forma – um espaço fechado mostrando altura, largura e profundidade.
Nesta caixa, desenhe as formas vistas à esquerda.

6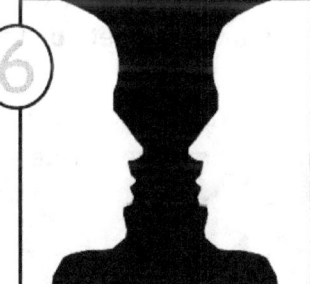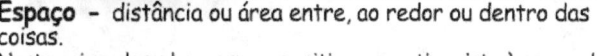

Espaço – distância ou área entre, ao redor ou dentro das coisas.
Nesta caixa, desenhe o espaço positivo e negativo visto à esquerda.

7

USE ESTA ÁREA para criar um design original usando pelo menos 4 dos elementos do Design praticados acima.

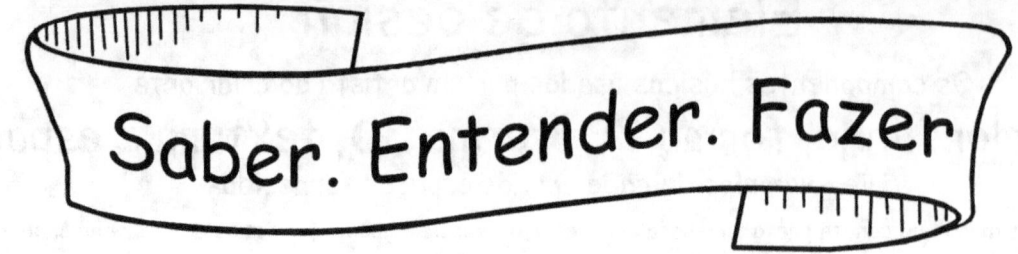

SOMBREAMENTO DE FORMAS

SABER:
Sombreamento, sombras e tons de mistura

ENTENDER:
• Valor adicionado a uma forma (2D) ao desenhar cria forma (3D)
• A luminosidade ou escuridão de um valor indica uma fonte de luz em um objeto

FAZER:
• Recrie os 9 exemplos no folheto "Sombreamento de Formas", começando com a criação de uma escala de valor
• Sombrear cada objeto de acordo com a escala de valores
• Valores de mesclagem

VOCABULÁRIO:
Mesclagem - Para mesclar tons aplicados a uma superfície de modo que não haja uma linha nítida indicando o início ou o fim de um tom
Sombreamento - Mostrando a alteração de claro para escuro ou escuro para claro em uma imagem, uma cor à qual o preto ou branco foi adicionado para torná-lo mais escuro ou mais claro
Sombra - Uma área escura projetada por um objeto iluminado no lado oposto
Valor - Um elemento de arte que se refere à luminosidade ou escuridão de uma cor

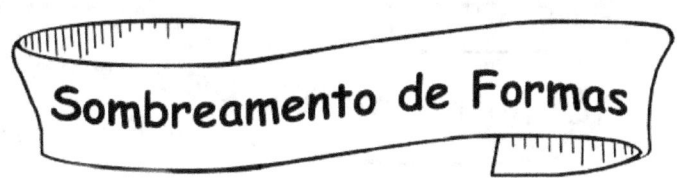

Sombreamento de Formas

1. Escala de valor

faça um retângulo com 5 quadrados

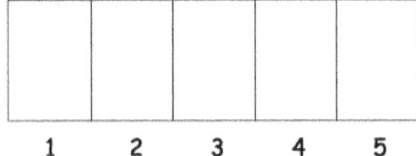

Numere-os: 1 2 3 4 5

Sombreie os quadrados

deixar branc	cinza claro	cinza médio	cinza escuro	preto

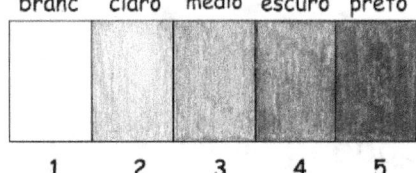

1 2 3 4 5

2. Sombreamento plano - Cubo

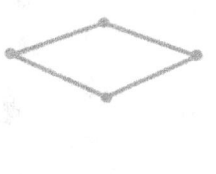

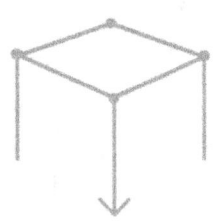

ângulo   lateral

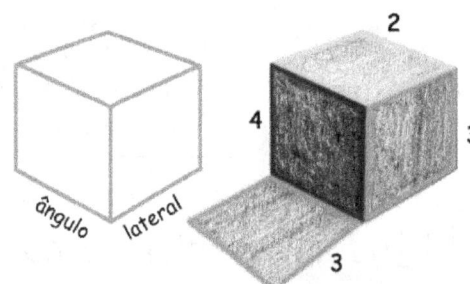

3. Sombreamento redondo - Esfera

Adicione mais 3 círculos

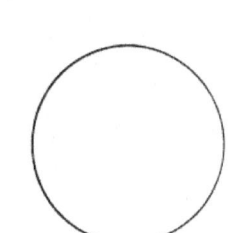

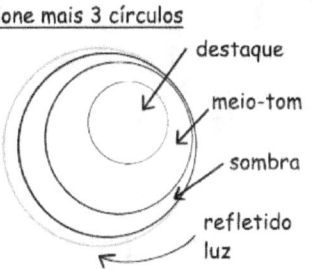

destaque

meio-tom

sombra

refletido
luz

Sombreie

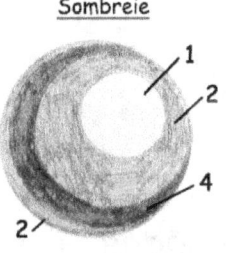

1
2
4
2

Mesclagem

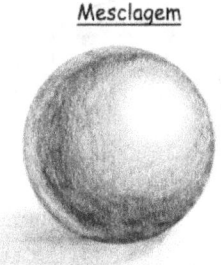

4. Sombreamento de Banner

sombra mais escura dentro das dobras

2 3 4 5

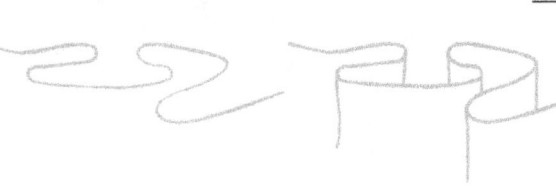

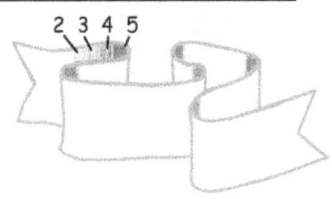

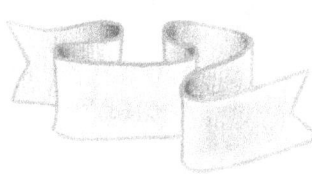

5. Sombreando pirâmide

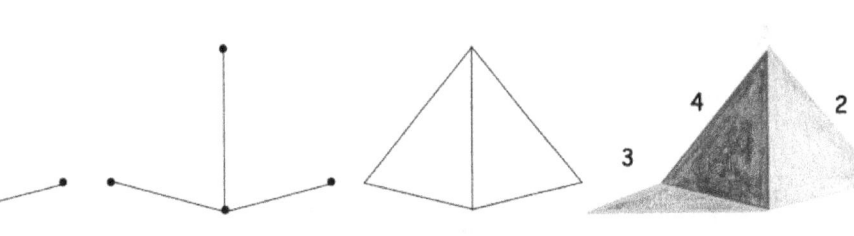

4 2
3

6. Moeda

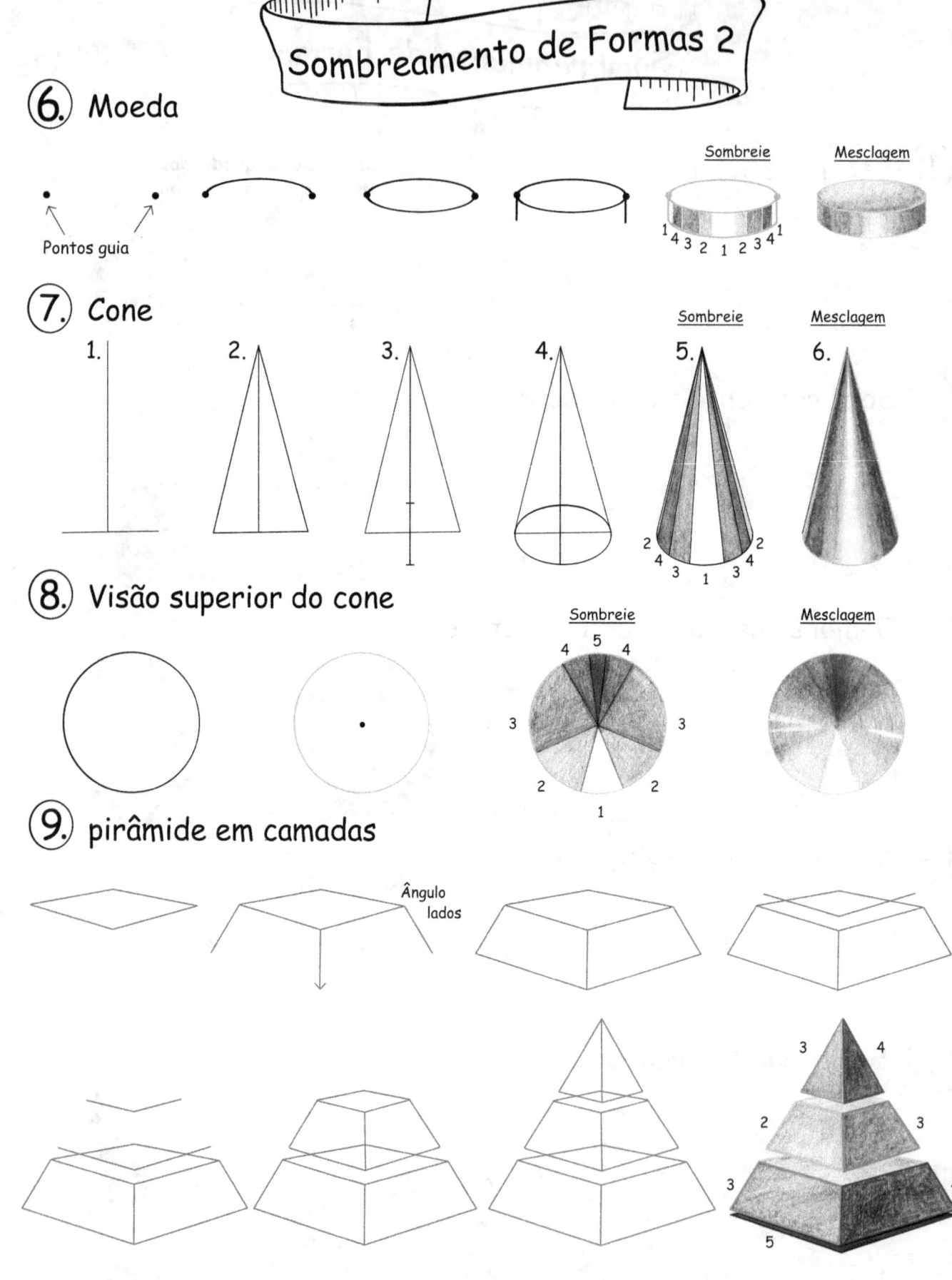

Pontos guia

Sombreie Mesclagem

1 4 3 2 1 2 3 4 1

7. Cone

1. 2. 3. 4. 5. Sombreie 6. Mesclagem

2 4 3 1 3 4 2

8. Visão superior do cone

Sombreie Mesclagem

4 5 4
3 3
2 2
1

9. pirâmide em camadas

Ângulo lados

3 4
2 3
3 4
5

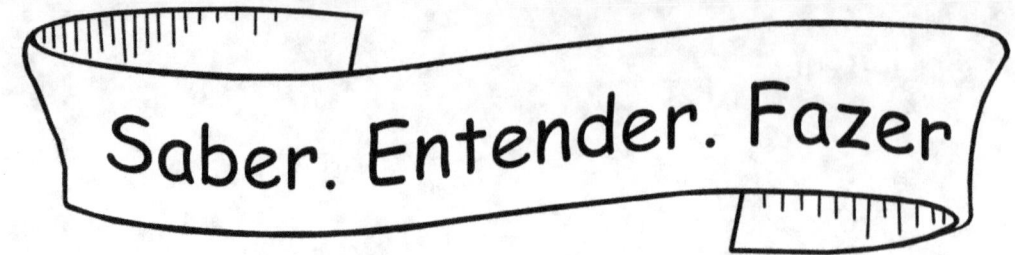

PREPARANDO-SE PARA DESENHAR

SABER:
Hachura cruzada, hachura, textura, escala de valor
Cross-Hatching, Hatching, Texture, Value Scale

ENTENDER:
• A textura é usada por artistas para mostrar como pode ser a sensação de algo ou do que é feito
• Valor adicionado a uma forma (2D) ao desenhar cria forma (3D)
• A luminosidade ou escuridão de um valor indica uma fonte de luz em um objeto

FAZER:
Para praticar diferentes tipos de sombreamento, complete os exercícios de escala de valor, hachura e hachura cruzada na área fornecida na apostila. Em um pedaço de papel separado, desenhe uma árvore (ou outro objeto) que inclua os tipos de sombreamento praticados na apostila.

VOCABULÁRIO:
Hachura - Criação de efeitos tonais ou de sombreamento com linhas paralelas bem espaçadas. Quando mais dessas linhas são colocadas em um ângulo através do primeiro, é chamado de hachura cruzada.
Sombreamento - Mostrando a mudança de claro para escuro ou escuro para claro em uma imagem, escurecendo áreas que seriam sombreadas e deixando outras áreas claras
Textura - A qualidade da superfície ou "sensação" de um objeto; sua suavidade
Valor - Um elemento de arte que se refere à luminosidade ou escuridão de uma cor

Preparando-se para Desenhar

Crie sua própria

Escala de valor

Exemplo de bétula com valores, hachura e hachura cruzada

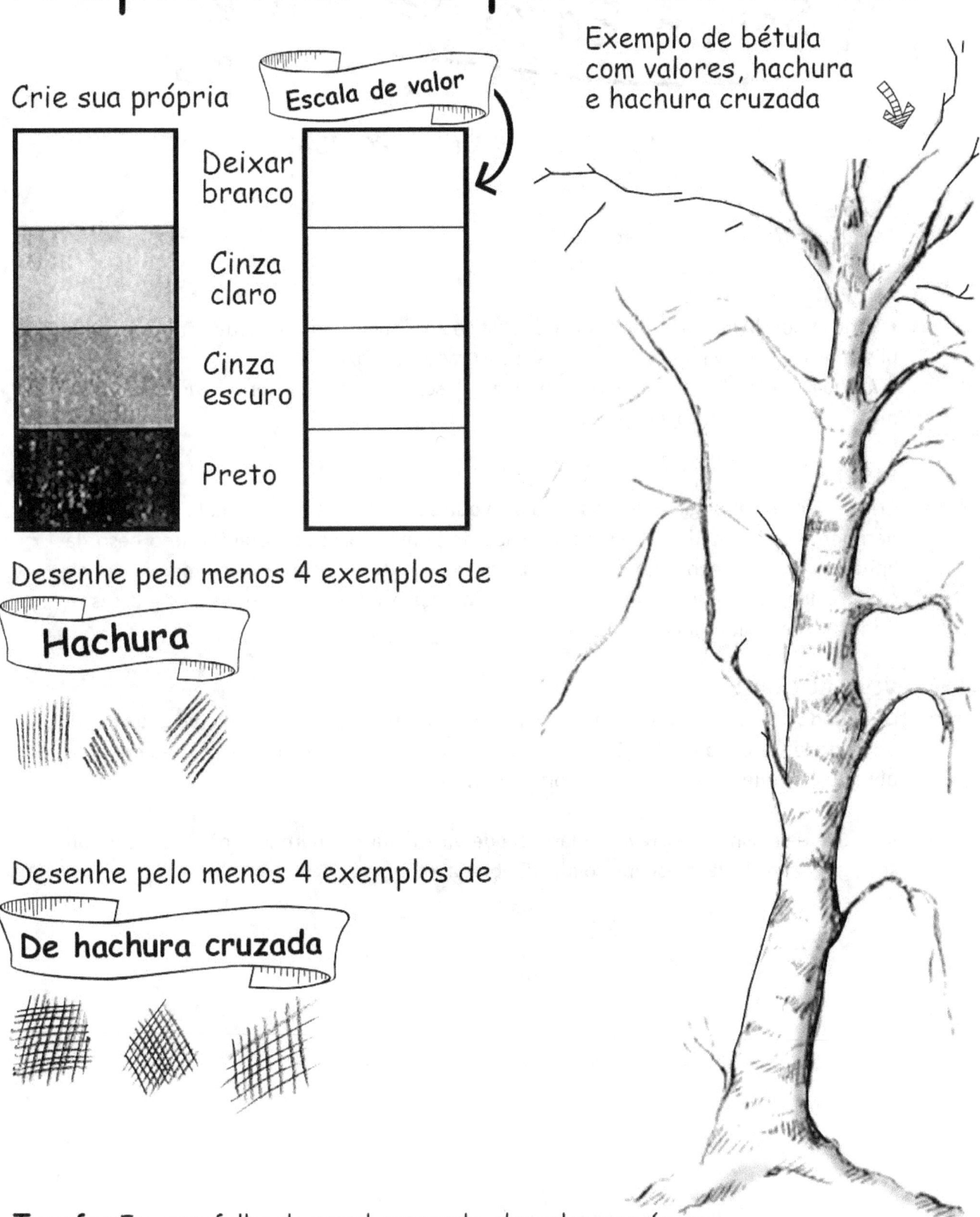

Deixar branco

Cinza claro

Cinza escuro

Preto

Desenhe pelo menos 4 exemplos de

Hachura

Desenhe pelo menos 4 exemplos de

De hachura cruzada

Tarefa: Em uma folha de papel separada, desenhe uma árvore (ou outro objeto), que mostra hachura, hachura cruzada e escala de valores.

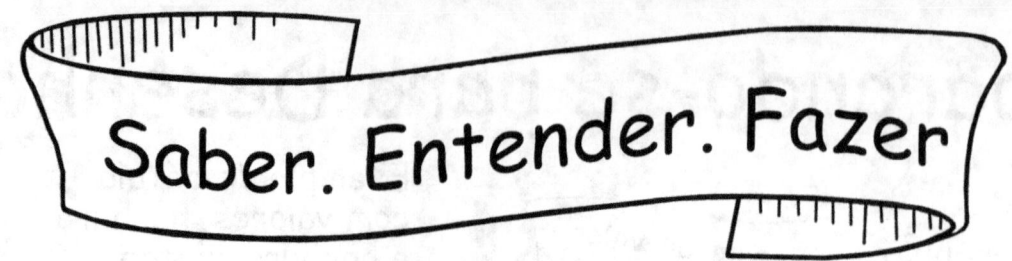

QUALIDADE DA LINHA (POMBA)

SABER:
As linhas são ferramentas de comunicação

ENTENDER:
• Vários tipos de linha em um trabalho artístico adicionam profundidade e interesse, implicam espaço, movimento, luz e / ou espessura (borda 3D)
• A qualidade da linha aumenta o potencial descritivo em uma obra de arte (texturas, movimento, luz, espaço, etc.)

FAZER:
Crie uma imagem original usando uma arte que se concentra na qualidade da linha. Experimente desenhando o trabalho artístico da pomba fornecida e adicione o peso da linha nas áreas de contorno destacadas. Em seguida, tente esta técnica em um item de sua escolha, garantindo que algumas linhas pareçam vir para a frente (mais grossas) e outras recuem (mais finas).

VOCABULÁRIO:
Qualidade da Linha (peso) - O caráter único de uma linha desenhada à medida que muda a claridade / escuridão, direção, curvatura ou largura; as linhas finas e grossas em uma obra de arte que criam a ilusão de forma e sombra

A qualidade da linha descreve a aparência de uma linha - a aparência, não a direção (ou seja, grossa, fina, clara, escura, sólida, quebrada, etc.)

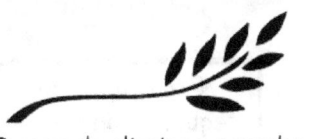

O ramo de oliveira e a pomba
são símbolos de paz

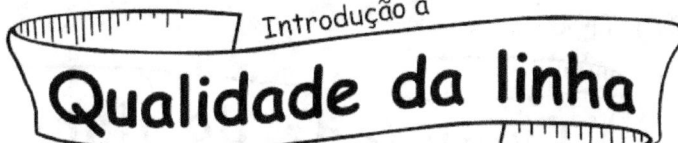

A qualidade da linha
descreve o aparecimento
de uma linha (grossa,
fina. clara, escura
sólida, quebrada, etc.)

1. Desenhe um pequeno círculo

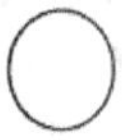

2. Adicione um oval

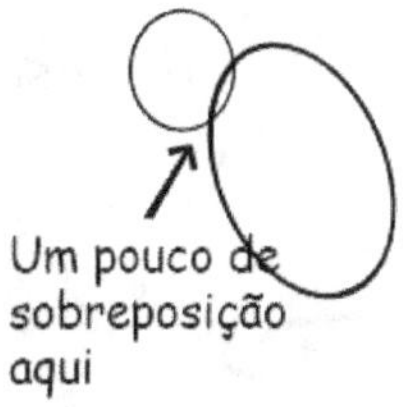

Um pouco de sobreposição aqui

3. Adicione curvas para peito

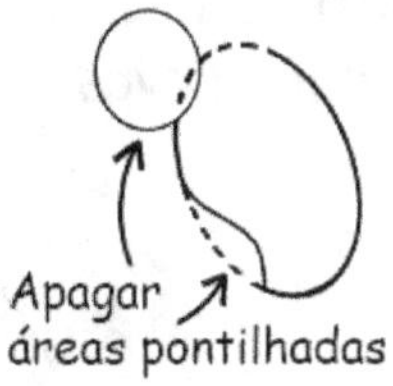

Apagar áreas pontilhadas

4. Adicione um sorriso e rabo de leque

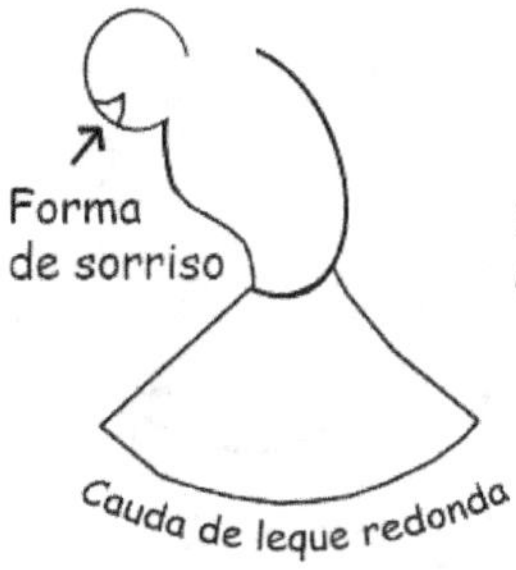

Forma de sorriso

Cauda de leque redonda

5. Adicione um olho e dois pés

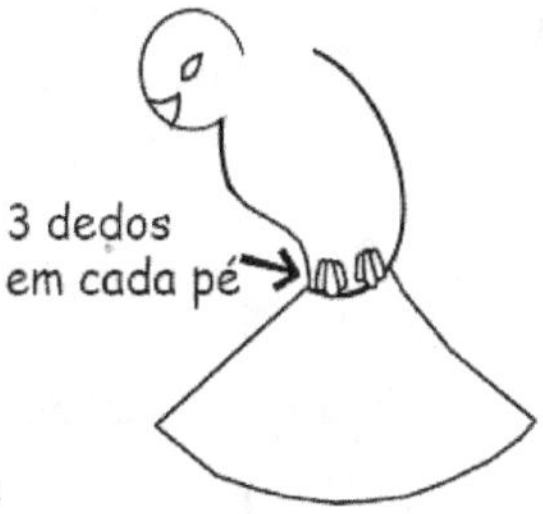

3 dedos em cada pé

6. Adicione uma longa, linha curvada

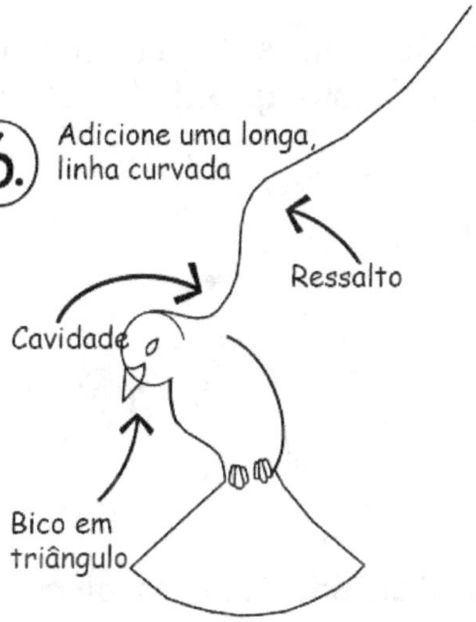

Ressalto

Cavidade

Bico em triângulo

7. Desenhe uma asa

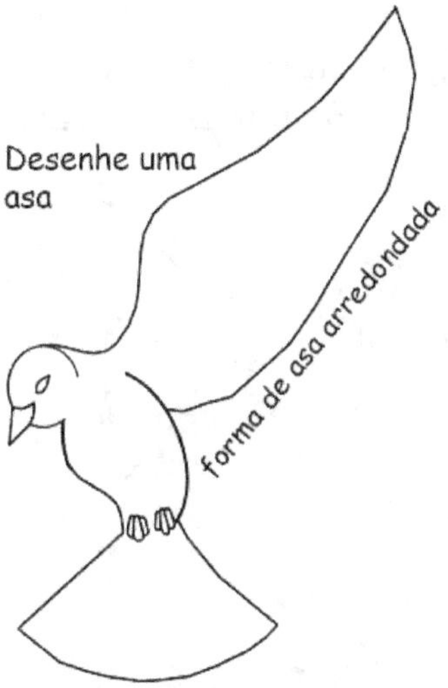

forma de asa arredondada

8. Adicione detalhes de pena

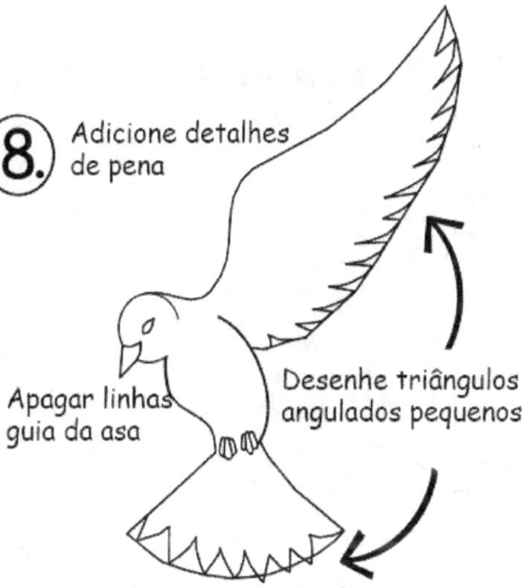

Apagar linhas guia da asa

Desenhe triângulos angulados pequenos

9. 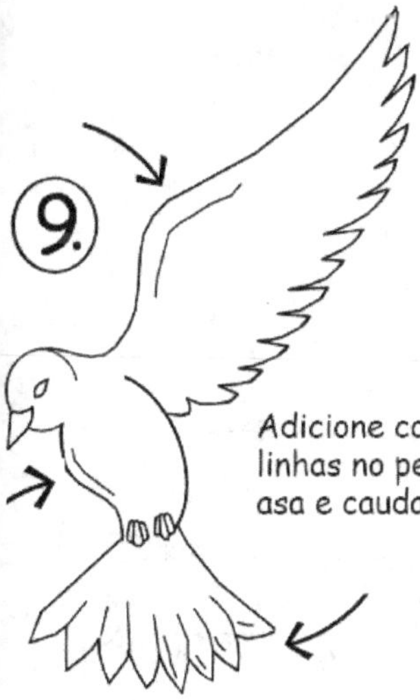 Adicione contorno, linhas no peito, asa e cauda

10. Adicione uma segunda asa

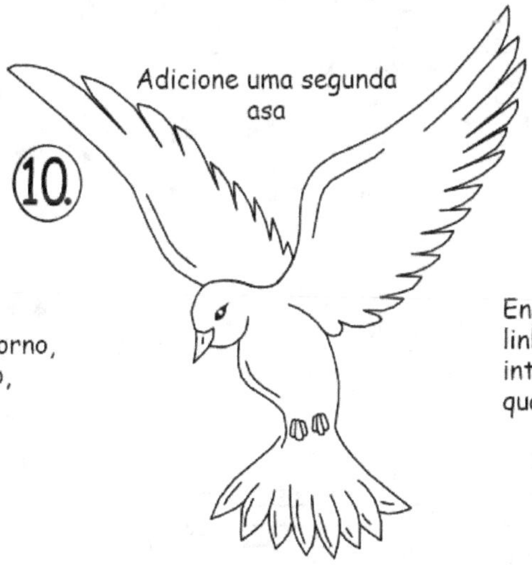

11. 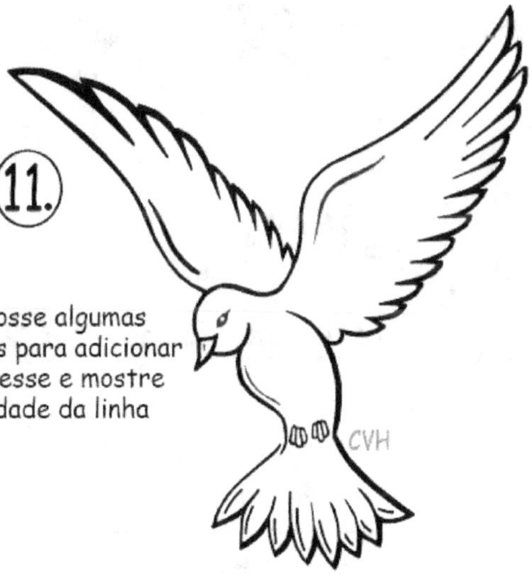 Engrosse algumas linhas para adicionar interesse e mostre qualidade da linha

CVH

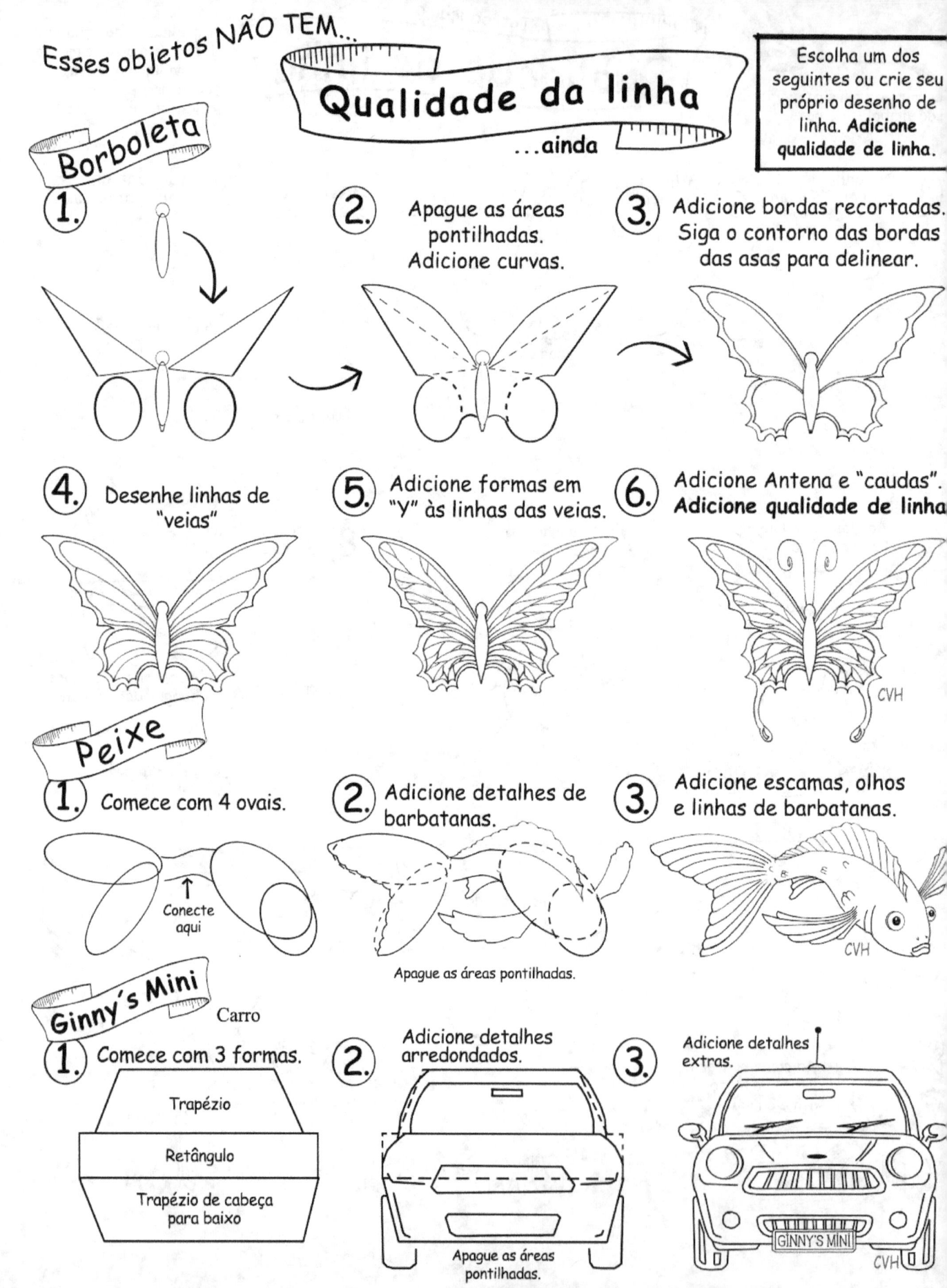

Esses objetos NÃO TEM...

Qualidade da linha
...ainda

Escolha um dos seguintes ou crie seu próprio desenho de linha. **Adicione qualidade de linha.**

Borboleta

1.

2. Apague as áreas pontilhadas. Adicione curvas.

3. Adicione bordas recortadas. Siga o contorno das bordas das asas para delinear.

4. Desenhe linhas de "veias"

5. Adicione formas em "Y" às linhas das veias.

6. Adicione Antena e "caudas". **Adicione qualidade de linha**

CVH

Peixe

1. Comece com 4 ovais.

Conecte aqui

2. Adicione detalhes de barbatanas.

Apague as áreas pontilhadas.

3. Adicione escamas, olhos e linhas de barbatanas.

CVH

Ginny's Mini

Carro

1. Comece com 3 formas.

Trapézio

Retângulo

Trapézio de cabeça para baixo

2. Adicione detalhes arredondados.

Apague as áreas pontilhadas.

3. Adicione detalhes extras.

GINNY'S MINI

CVH

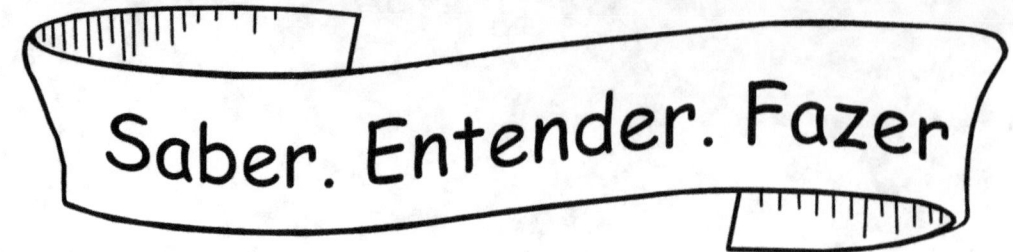

ESCORÇO

SABER:
• Passos simples para transformar formas 2D em 3D
• Como criar a ilusão do 3D

ENTENDER:
• Escorço é uma maneira de representar um objeto de modo que ele transmita a ilusão de profundidade (3D)
• Escorço é quando um objeto parece empurrar para a frente ou voltar para o espaço

FAZER:
• Pratique o escorço recriando os 7 minis desenhos (5 na frente e 2 atrás) vistos no folheto. Não traceje. Sombreie.
• Crie um desenho original de uma cena em um pedaço de papel separado que mostre pelo menos 5 exemplos de escorço

VOCABULÁRIO:
Escorço - Uma maneira de representar um objeto de modo que transmita a ilusão de profundidade, parecendo avançar ou voltar ao espaço

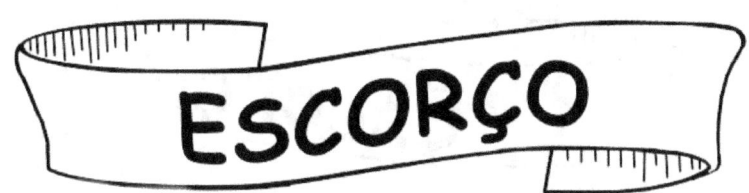

ESCORÇO

1. Bolo facil

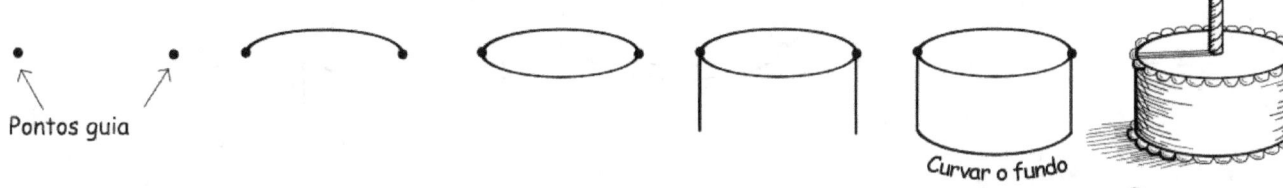

Pontos guia

Curvar o fundo

2. Chapéu mágico

O anel é mais fino atrás

Curvar o fundo

CVH

3. Presente simples

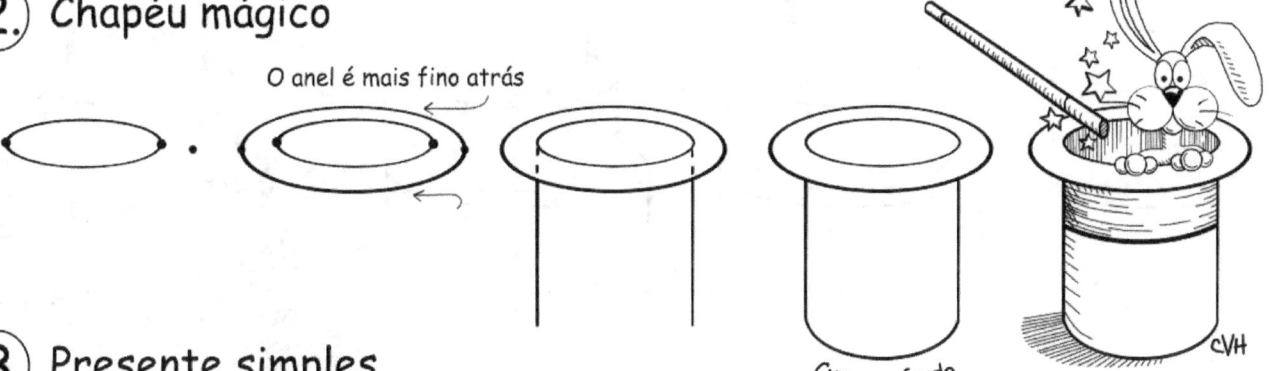

Mais longo no centro

Ângulo   Fundo

4. Pedaço de manteiga

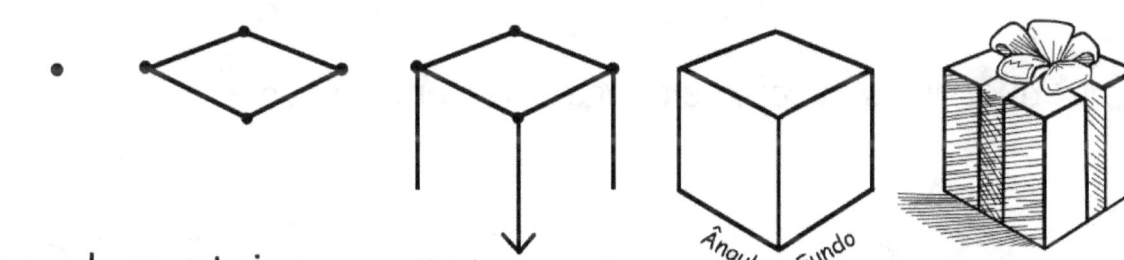

5. Caixa aberta

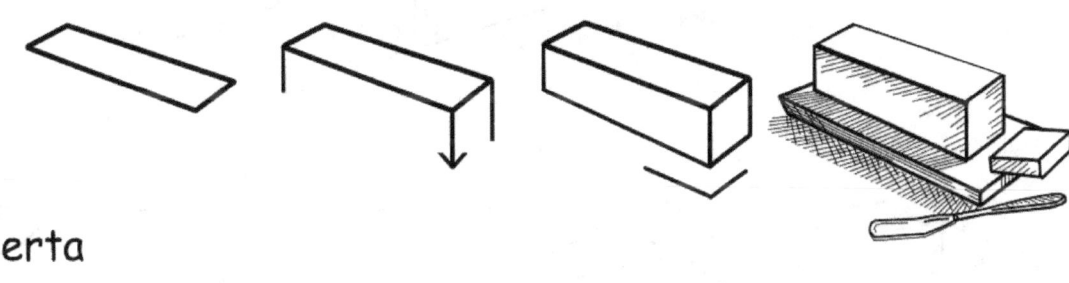

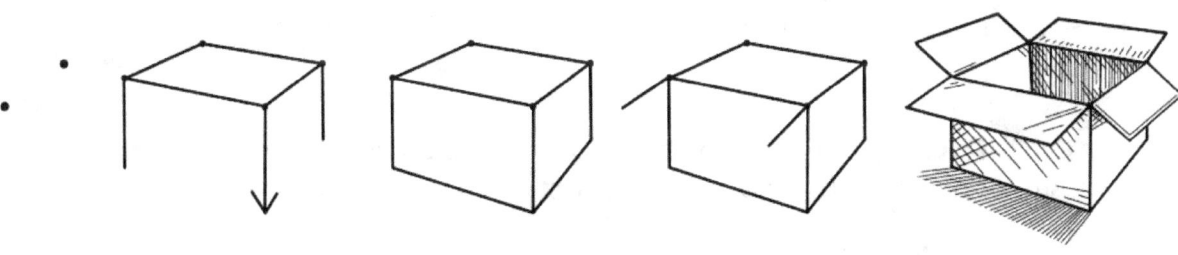

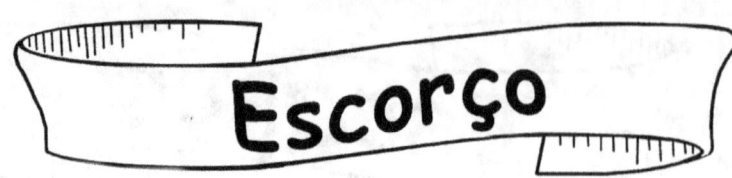

Escorço

1. Bolo de camadas

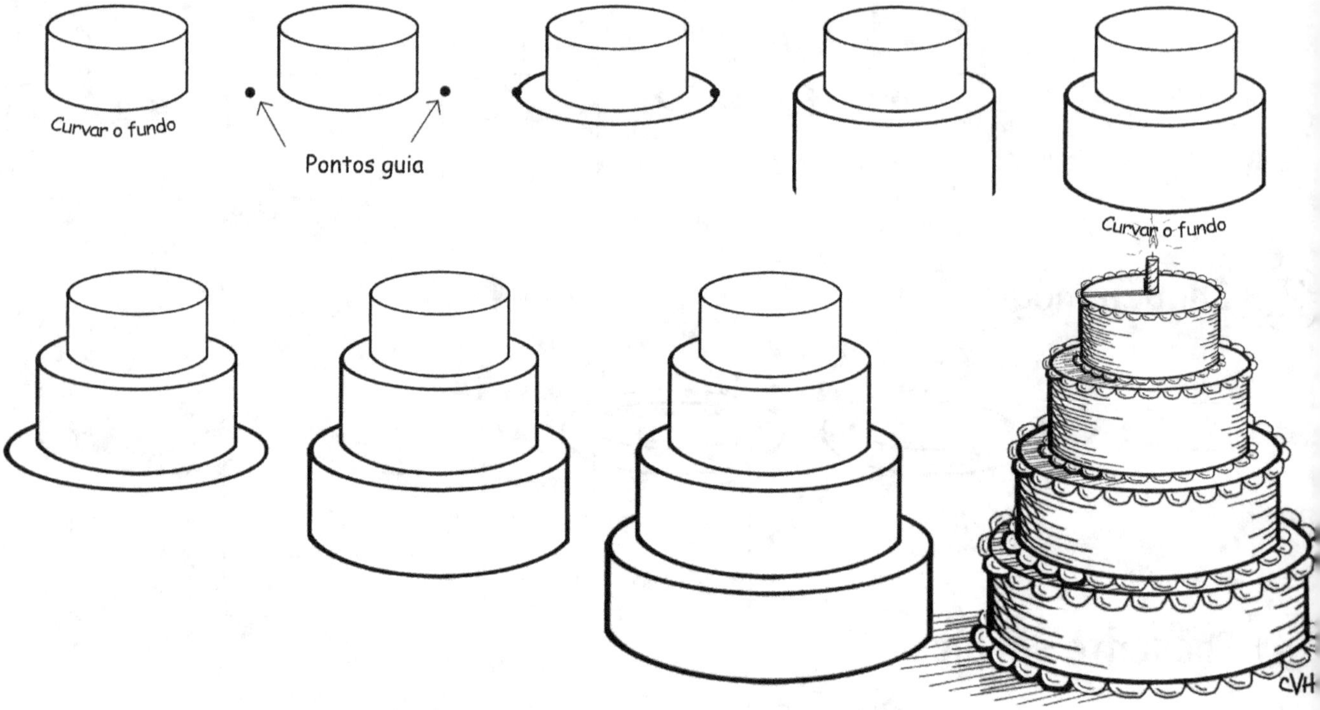

Curvar o fundo

Pontos guia

Curvar o fundo

2. Caixa em uma caixa em uma caixa em uma caixa

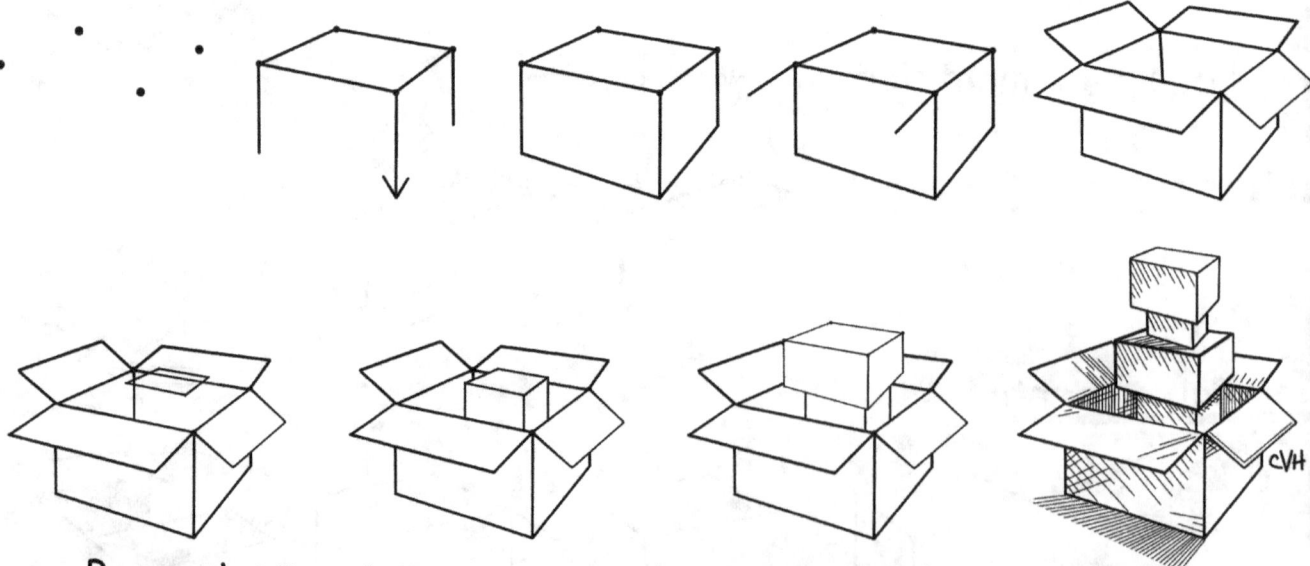

Pergunta: Eu tenho 3 caixas. Dentro dessas 3 caixas, tenho 3 caixas. Dentro essas 3 caixas, eu tenho 3 caixas. **Quantas caixas eu tenho?**

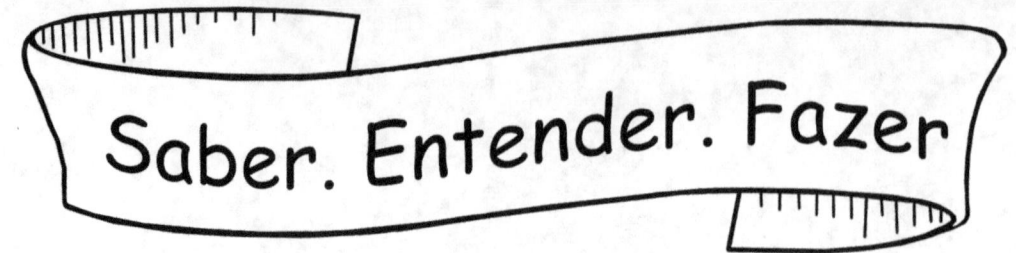

DESENHO DE PESSOA COM TÉCNICA DE ESCORÇO

SABER:
Ponto de vista

ENTENDER:
Perspectiva em que os tamanhos das partes próximas e distantes de um assunto contrastam muito. As partes próximas são maiores e as partes mais distantes são muito menores.

FAZER:
Pratique o escorço criando uma versão de sua própria pessoa, como visto de cima. Certifique-se de que a cabeça do seu personagem é muito maior do que os pés, a fim de dar a aparência de encurtamento. Não traceje. Sombreie.

VOCABULÁRIO:
Escorço - Uma maneira de representar um objeto de modo que ele transmita a ilusão de profundidade, parecendo empurrar para a frente ou voltar para o espaço. O sucesso do escorço muitas vezes depende de um ponto de vista ou perspectiva em que os tamanhos das partes próximas e distantes de um assunto contrastam muito.

Perspectiva - A técnica que os artistas usam para projetar uma ilusão do mundo tridimensional em uma superfície bidimensional. A perspectiva ajuda a criar uma sensação de profundidade ou espaço recuado.

Ponto de Vista - Uma posição ou ângulo a partir do qual algo é observado ou considerado, e a direção do olhar do espectador

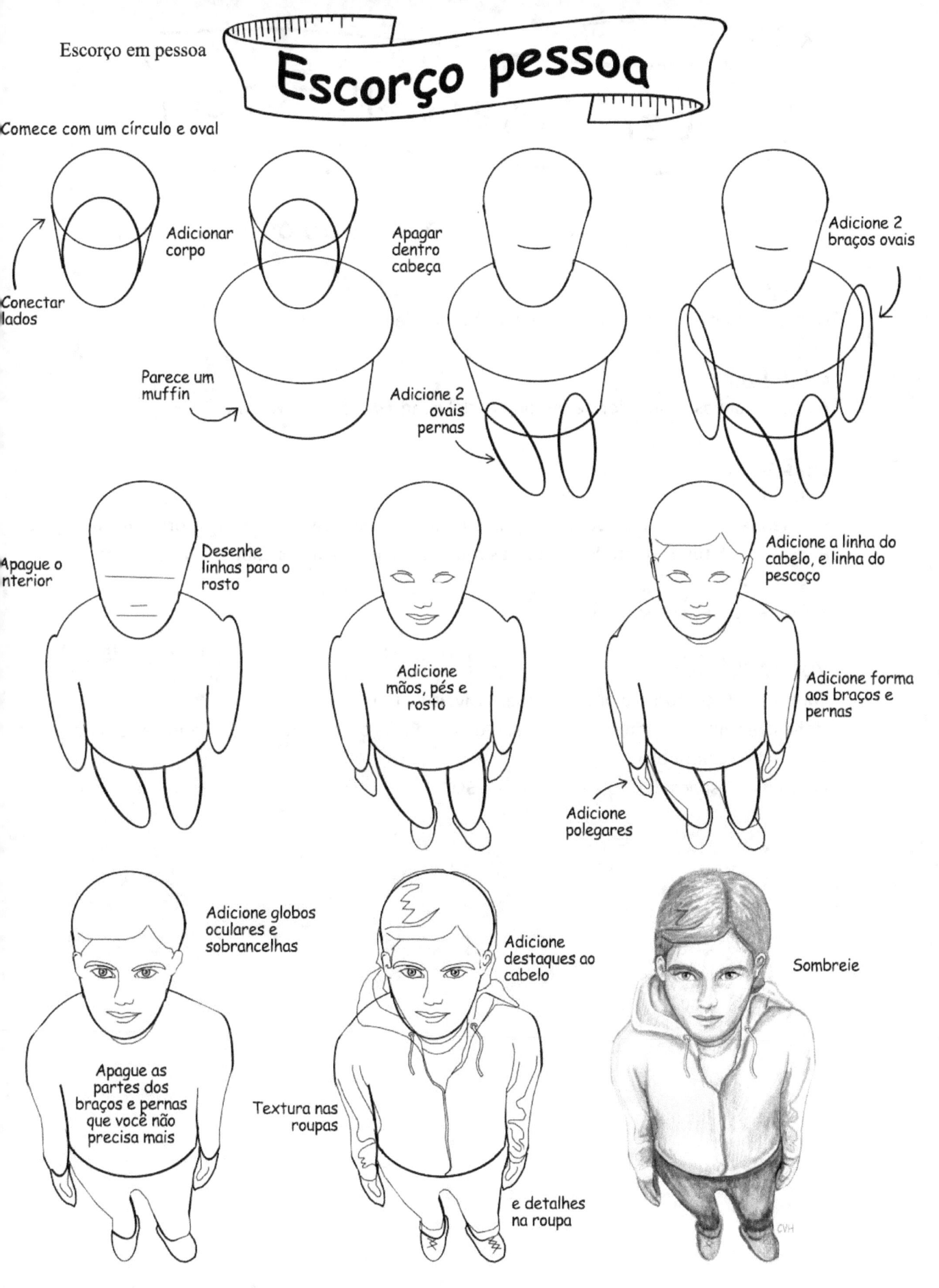

Escorço em pessoa

Escorço pessoa

Comece com um círculo e oval

Conectar lados

Adicionar corpo

Parece um muffin

Apagar dentro cabeça

Adicione 2 ovais pernas

Adicione 2 braços ovais

Apague o interior

Desenhe linhas para o rosto

Adicione mãos, pés e rosto

Adicione a linha do cabelo, e linha do pescoço

Adicione forma aos braços e pernas

Adicione polegares

Adicione globos oculares e sobrancelhas

Apague as partes dos braços e pernas que você não precisa mais

Adicione destaques ao cabelo

Textura nas roupas

e detalhes na roupa

Sombreie

CVH

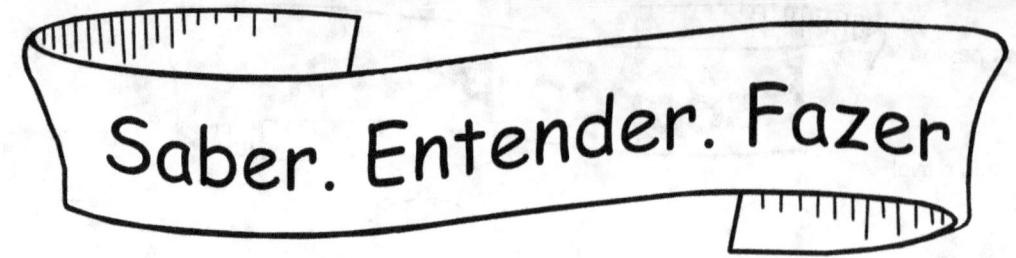

LINHAS DE CONTORNO E TUBOS

SABER:
Linhas de contorno cercam e definem as bordas de um objeto

ENTENDER:
Adicionar linhas ao interior de um objeto delineado dá forma e volume

FAZER:
• Em um pedaço de papel separado, complete os 5 mini-desenhos vistos na apostila
• Desenhe seu próprio trabalho original com foco no uso de linhas de contorno. **Incluir:** Pelo menos 5 tubos dobrados, 4 formas redondas empilhadas, 3 cubos, 2 objetos "peludos" e 1 "extra".
• Não se esqueça de sombrear!

VOCABULÁRIO:
Contorno - O contorno e outras bordas visíveis de um objeto
Linhas de contorno - Linhas que cercam e definem as bordas, dando-lhe forma e volume
Tubo - Um cilindro oco
Volume - O espaço dentro de uma forma 3D

Linhas de contorno e tubos

Tente todos os 5 desenhos e o exercício na parte inferior

Um tubo simples

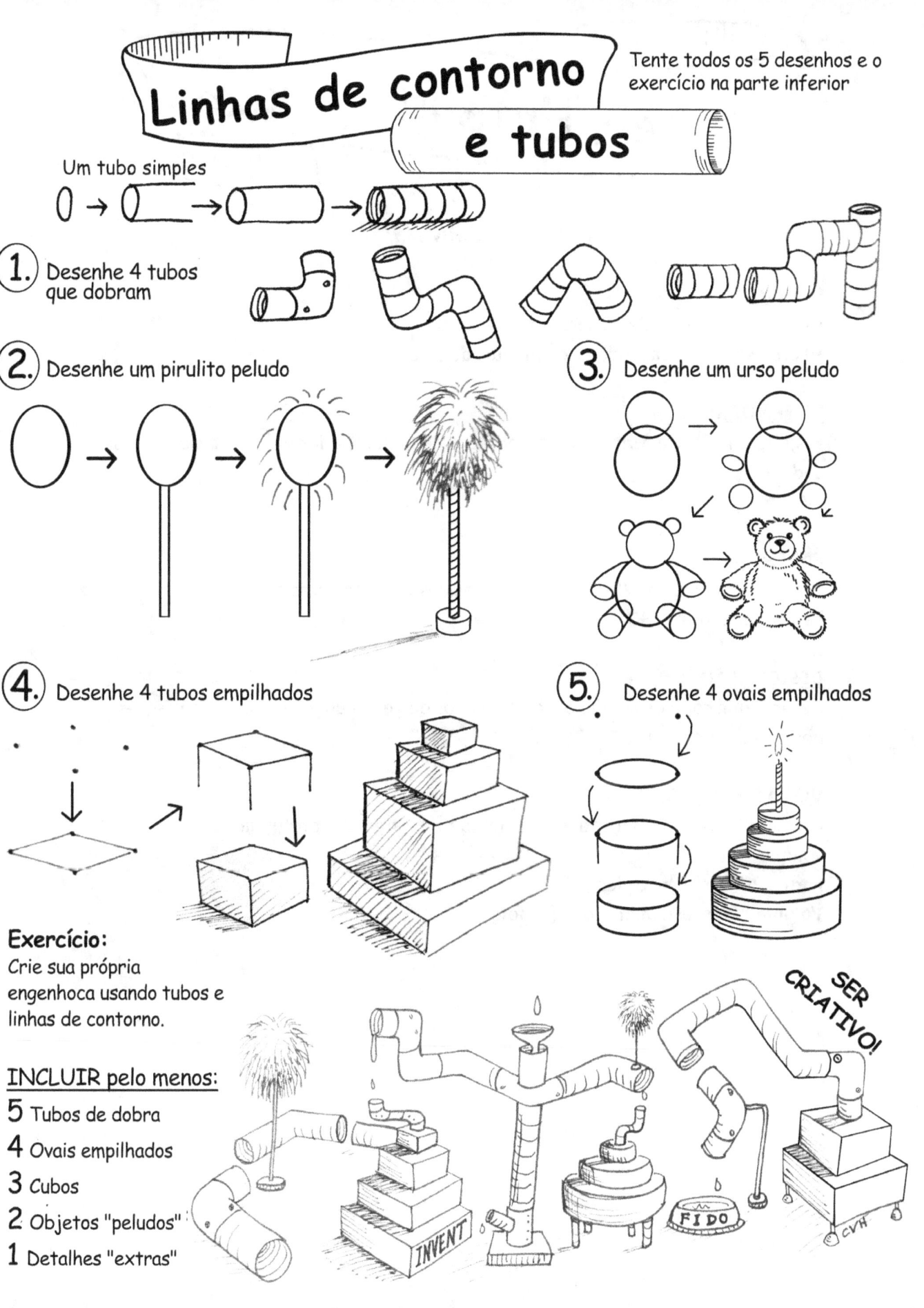

1. Desenhe 4 tubos que dobram

2. Desenhe um pirulito peludo

3. Desenhe um urso peludo

4. Desenhe 4 tubos empilhados

5. Desenhe 4 ovais empilhados

Exercício:
Crie sua própria engenhoca usando tubos e linhas de contorno.

INCLUIR pelo menos:

5 Tubos de dobra

4 Ovais empilhados

3 Cubos

2 Objetos "peludos"

1 Detalhes "extras"

SER CRIATIVO!

INVENT

FIDO

CVH

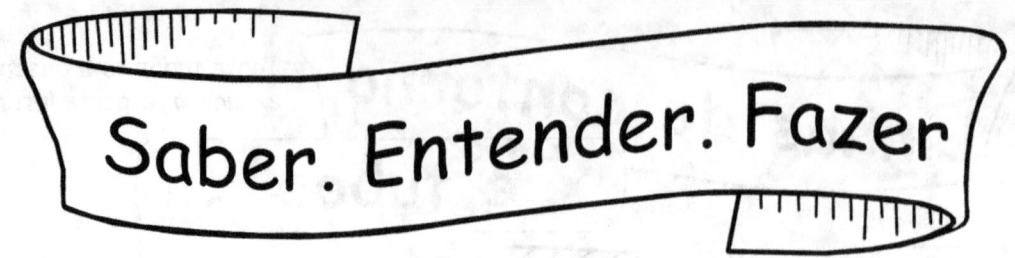

FORMAS

SABER:
• Construção básica de cilindros em desenho
• Formas 2D e 3D são 2 dos 7 elementos da arte

ENTENDER:
• A diferença entre forma 2D (comprimento e largura) e forma 3D (adicionar profundidade)
• Volume

FAZER:
Olhe para as imagens 2D de formas fornecidas e use técnicas aprendidas para redesenhá-las como formas 3D

DESIGNAÇÃO:
Desenhe um copo de líquido claro com cubos de gelo e um canudo. Não se esqueça - cubos de gelo flutuam!

VOCABULÁRIO:
Forma 3D - Uma forma tridimensional (altura, largura e profundidade) que envolve o volume
Forma 2D - Um espaço fechado
Volume - O espaço dentro de uma forma 3D

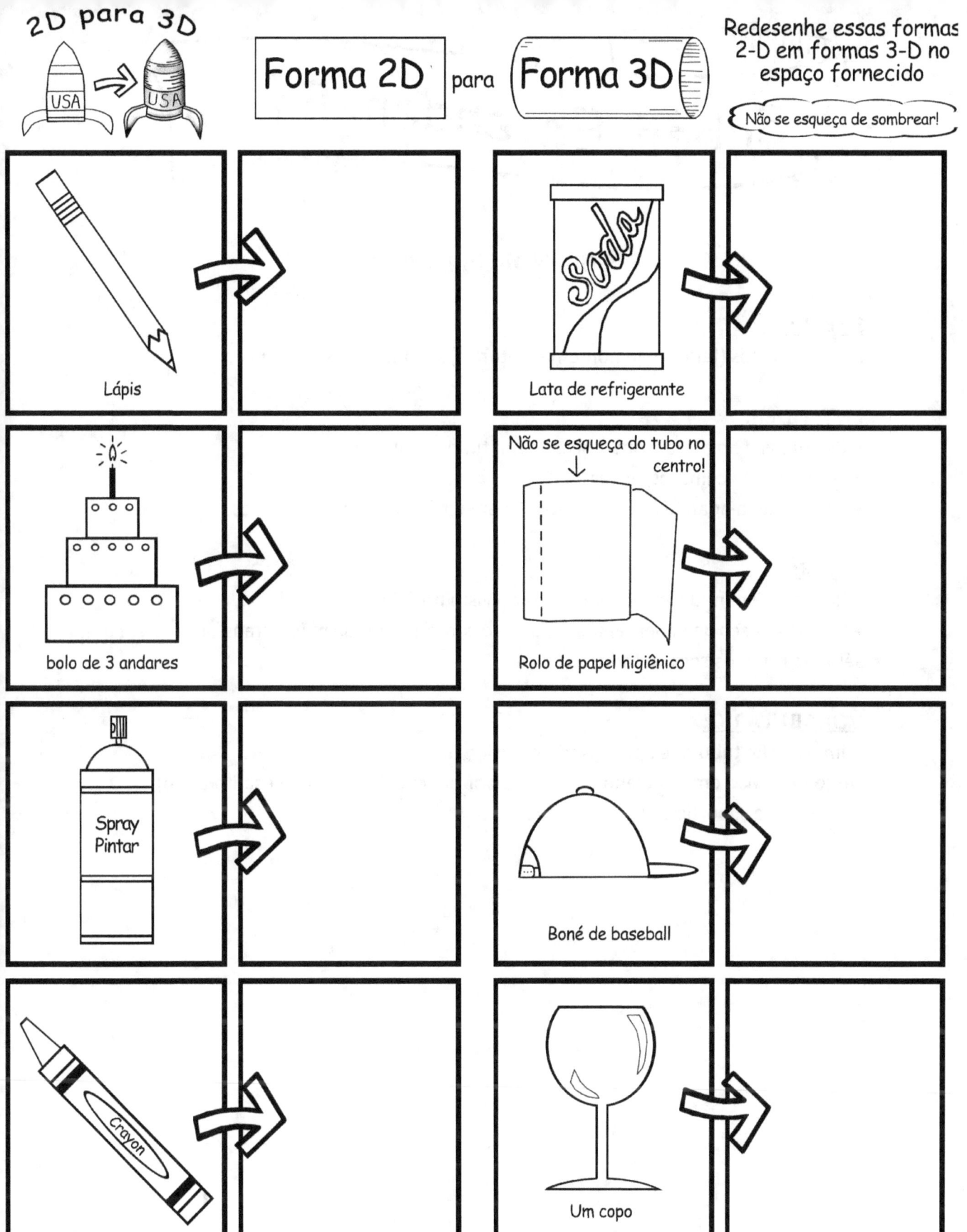

2D para 3D

| Forma 2D | para | Forma 3D |

Redesenhe essas formas 2-D em formas 3-D no espaço fornecido

Não se esqueça de sombrear!

Lápis

Lata de refrigerante

bolo de 3 andares

Não se esqueça do tubo no centro!

Rolo de papel higiênico

Spray Pintar

Boné de baseball

Crayon

Um copo

Tarefa: Em uma folha de papel separada, desenhe um copo de água com gelo e um canudo. Lembre-se: os cubos de gelo flutuam!

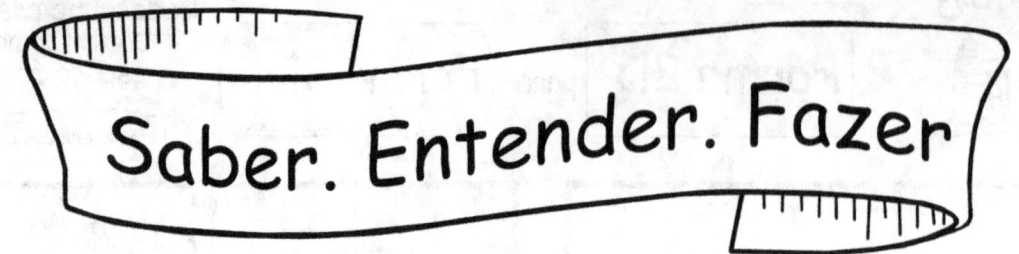

CILINDROS E DISCOS

SABER:
Muitos objetos (feitos pelo homem e naturais) são baseados no cilindro

ENTENDER:
• Cilindros na arte dão a aparência de um tubo circular 3D
• Os discos são cilindros curtos
• Como criar a aparência de um tubo 3D em uma variedade de objetos

FAZER:
• Recrie os 7 mini-desenhos em 3D como visto no folheto
• Em um pedaço de papel separado, trace o contorno de sua mão e transforme-o em uma série de cilindros segmentados

VOCABULÁRIO:
Cilindro - Um tubo que aparece tridimensional
Disco - A região em um plano delimitada por um círculo (também escrito disco)
Plano - Uma superfície plana e bidimensional

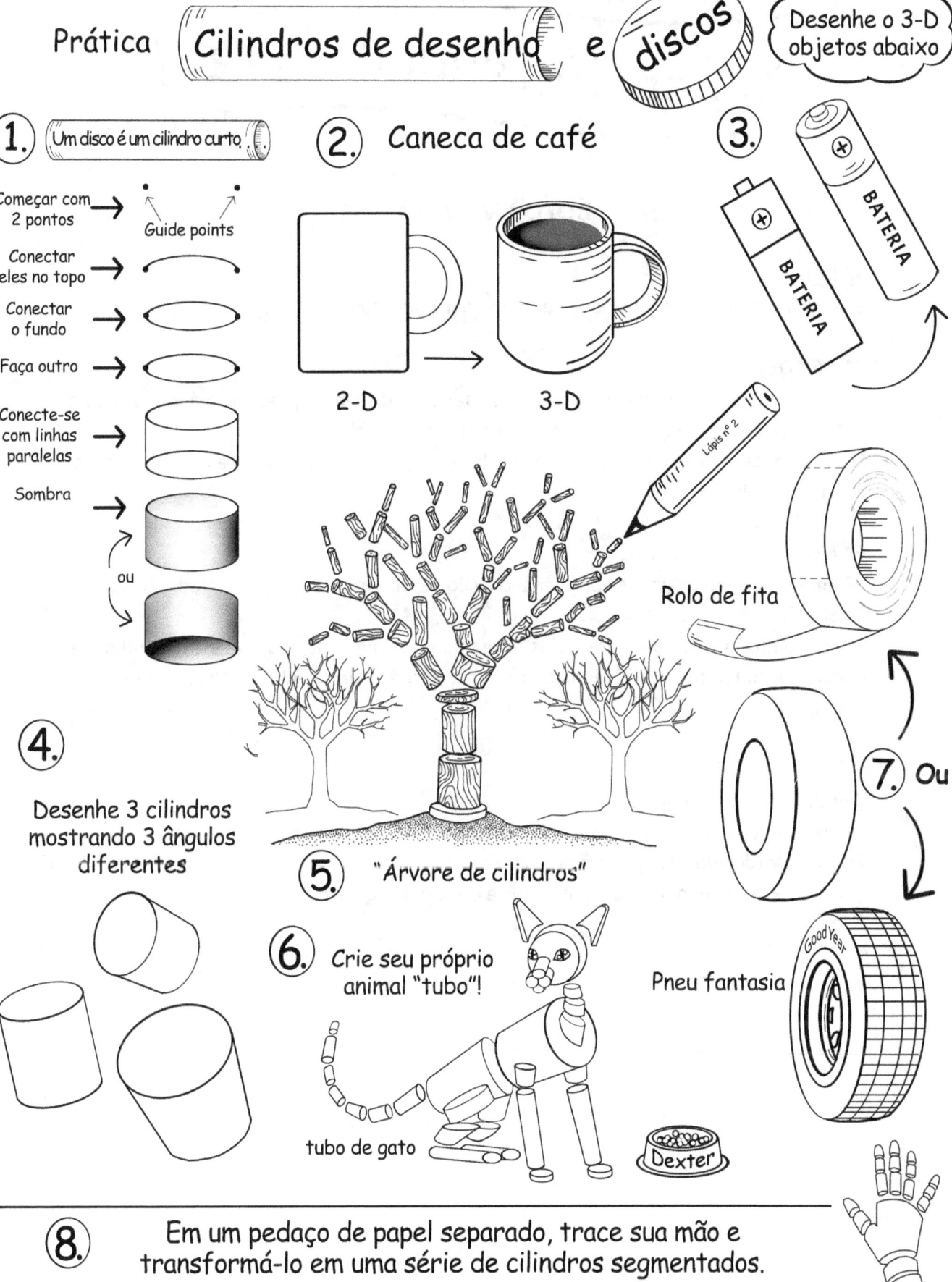

Prática | Cilindros de desenho | e discos

Desenhe o 3-D objetos abaixo

1. Um disco é um cilindro curto.

Começar com 2 pontos → Guide points

Conectar eles no topo →

Conectar o fundo →

Faça outro →

Conecte-se com linhas paralelas →

Sombra →

ou

2. Caneca de café

2-D → 3-D

3. BATERIA BATERIA

Lápis n° 2

Rolo de fita

4. Desenhe 3 cilindros mostrando 3 ângulos diferentes

5. "Árvore de cilindros"

6. Crie seu próprio animal "tubo"!

tubo de gato

Dexter

7. Ou

Pneu fantasia

GoodYear

8. Em um pedaço de papel separado, trace sua mão e transformá-lo em uma série de cilindros segmentados.

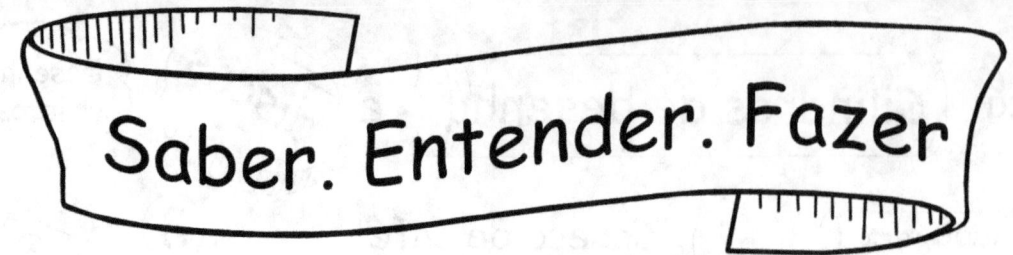

BOLO EM CAMADAS

SABER:
Cilindros empilhados em camadas podem criar uma estrutura única

ENTENDER:
• Indicar a elipse superior e inferior em um desenho de tubo (apagando a área que não é vista) pode ajudar na criação de um cilindro proporcional
• Os cilindros são uma das quatro formas básicas que ajudam uma obra de arte a aparecer tridimensional

FAZER:
• Comece no topo do papel a praticar a criação de cilindros curtos em camadas uns sobre os outros
• Tente empilhar o máximo de "bolos" que puder até que a página esteja cheia. Adicione decorações diferentes para cada camada para torná-la única. Algumas ideias são velas, doces, flores, etc.

VOCABULÁRIO:
Cilindro – Um tubo que aparece tridimensional
Disco - A região em um plano delimitado por um círculo (também escrito disco)
Elipse – Um círculo visto em um ângulo (desenhado como um oval)
Camada – Um item que se encontra sobre ou sob outro item

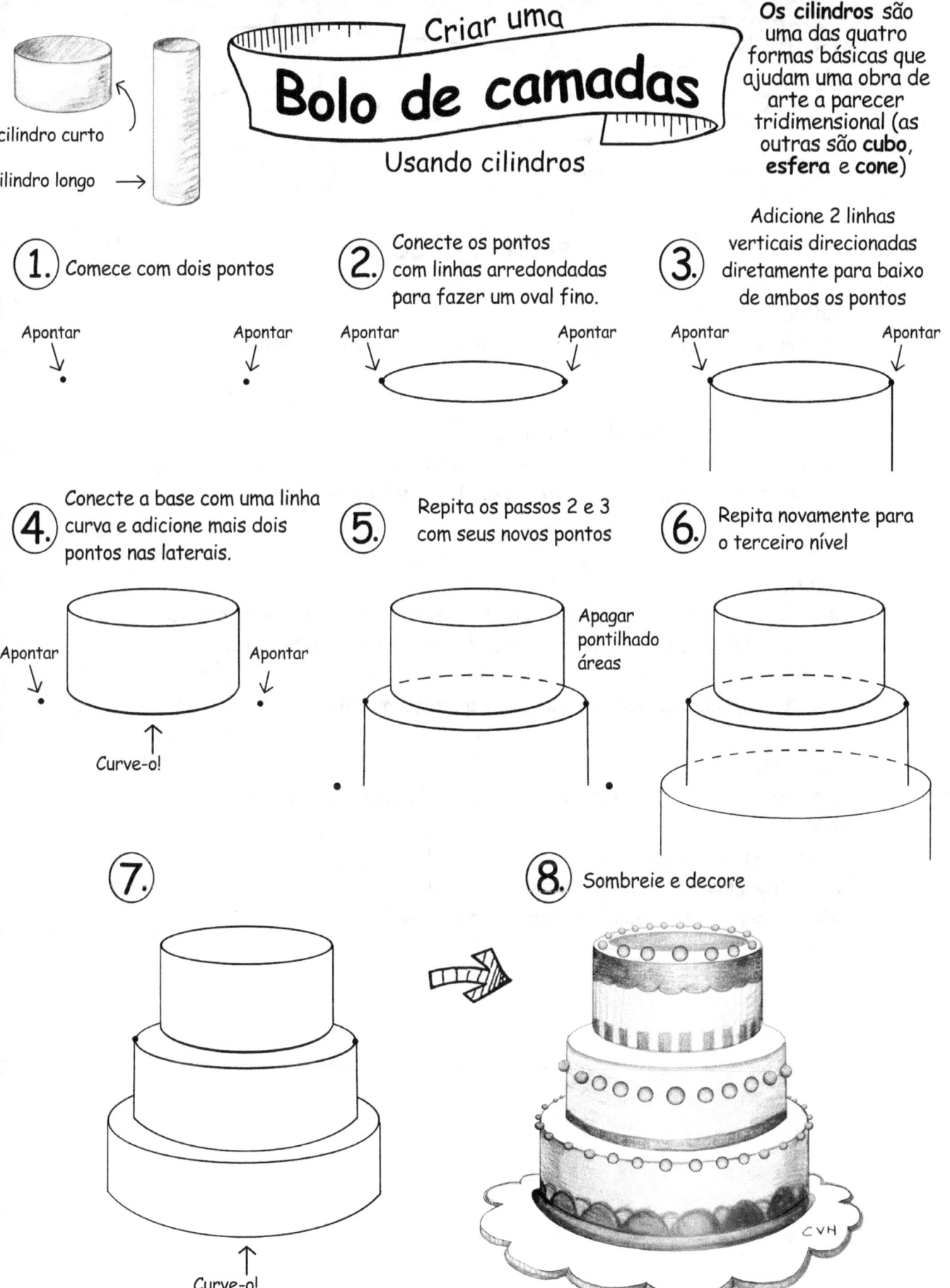

Criar uma

Bolo de camadas

Usando cilindros

cilindro curto

cilindro longo →

Os cilindros são uma das quatro formas básicas que ajudam uma obra de arte a parecer tridimensional (as outras são **cubo**, **esfera** e **cone**)

1. Comece com dois pontos

Apontar   Apontar
  ↓   ↓
  •   •

2. Conecte os pontos com linhas arredondadas para fazer um oval fino.

Apontar   Apontar
  ↓   ↓

3. Adicione 2 linhas verticais direcionadas diretamente para baixo de ambos os pontos

Apontar   Apontar
  ↓   ↓

4. Conecte a base com uma linha curva e adicione mais dois pontos nas laterais.

Apontar   Apontar
  ↓   ↓
  •   •

Curve-o!

5. Repita os passos 2 e 3 com seus novos pontos

Apagar pontilhado áreas

6. Repita novamente para o terceiro nível

7.

Curve-o!

8. Sombreie e decore

CVH

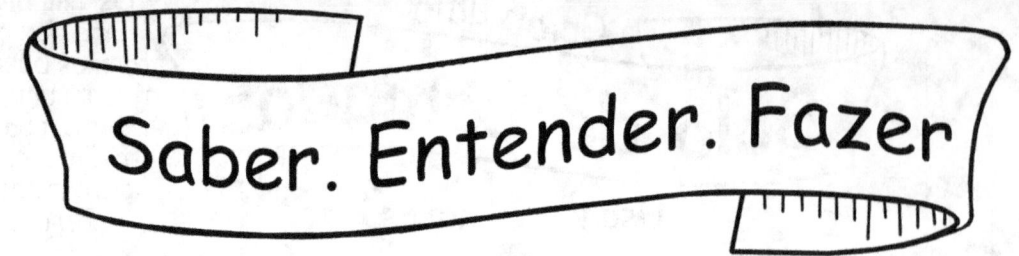

PEDAÇO DE BOLO

SABER:
As técnicas usadas para transformar uma forma 2D em uma forma 3D

ENTENDER:
• A diferença entre forma 2D e forma 3D
• Linhas paralelas indicam direção, bem como bordas de um objeto
• Pequenas adições podem se tornar grandes detalhes ao desenhar objetos de forma realista

FAZER:
Siga os passos fornecidos para criar uma fatia de bolo na forma de um prisma triangular. Adicione detalhes, sombreamento e "extras" para criar uma arte única.

Nota: "Extras" são pequenos detalhes que o artista imagina e cria.

VOCABULÁRIO:
Forma 3D - Uma forma tridimensional (altura, largura e profundidade) que envolve o volume

Forma 2D - Um espaço fechado

Prisma triangular - Um prisma de três lados (poliedro)

Volume - Refere-se ao espaço dentro de uma forma 3D

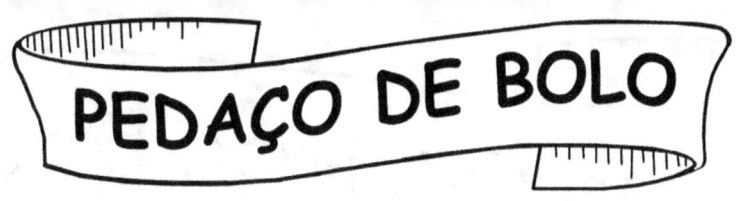

PEDAÇO DE BOLO

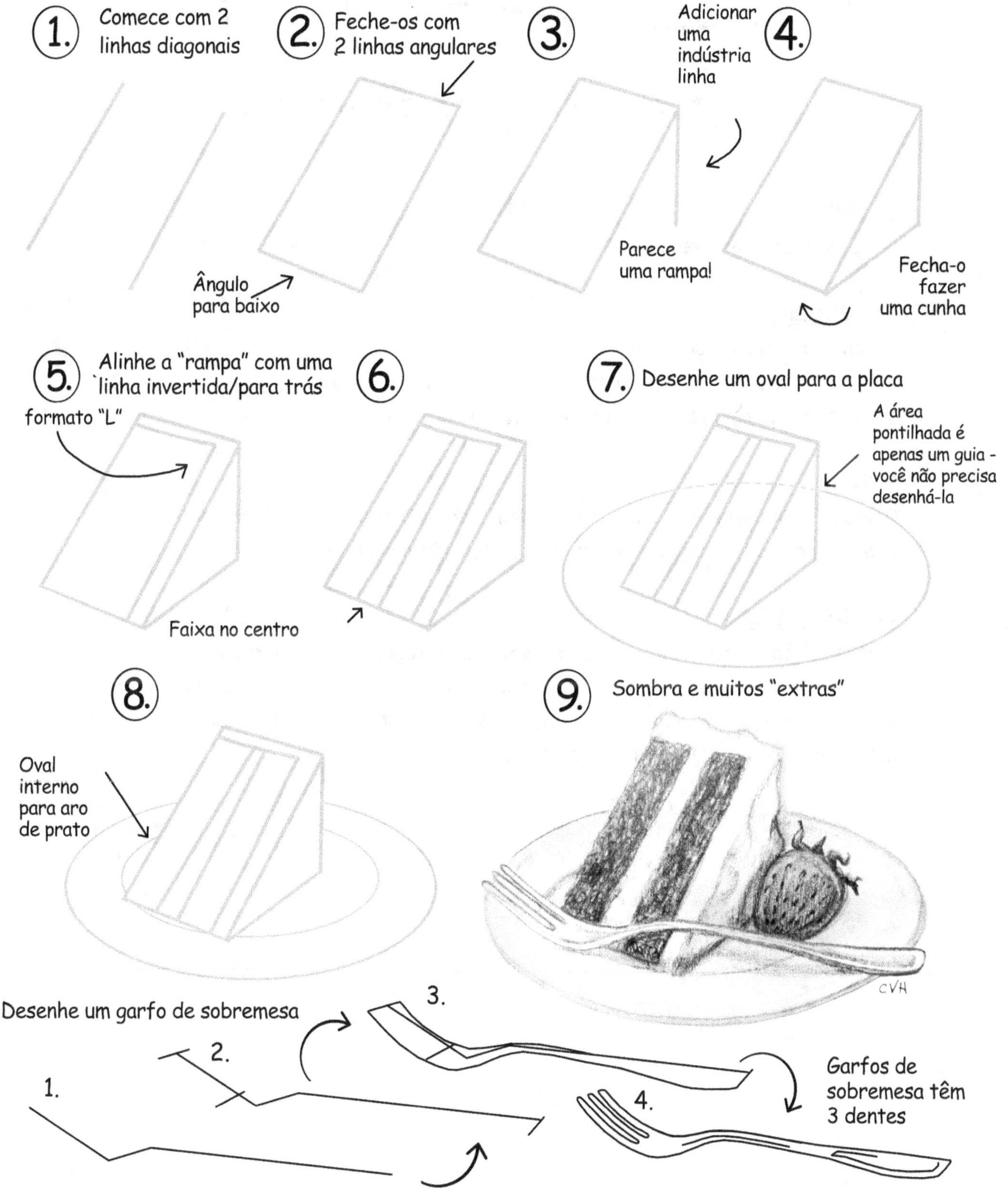

1. Comece com 2 linhas diagonais

2. Feche-os com 2 linhas angulares

Ângulo para baixo

3.

4. Adicionar uma indústria linha

Parece uma rampa!

Fecha-o fazer uma cunha

5. Alinhe a "rampa" com uma linha invertida/para trás

formato "L"

Faixa no centro

6.

7. Desenhe um oval para a placa

A área pontilhada é apenas um guia - você não precisa desenhá-la

8.

Oval interno para aro de prato

9. Sombra e muitos "extras"

CVH

Desenhe um garfo de sobremesa

1.

2.

3.

4.

Garfos de sobremesa têm 3 dentes

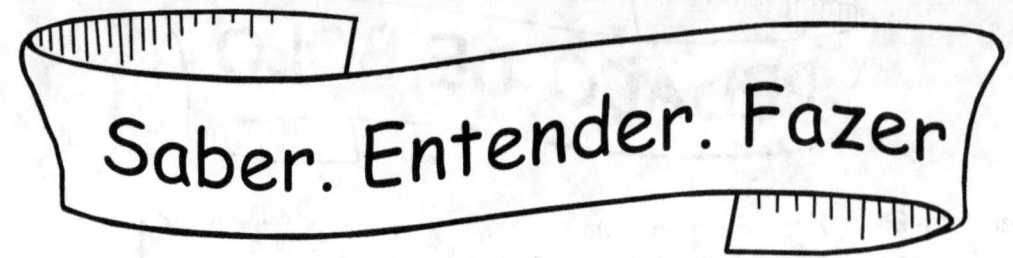

FITAS, PERGAMINHOS E BANNERS

SABER:

Linhas sobrepostas e recuadas

ENTENDER:

• Transmitir uma ilusão de profundidade
• Tamanhos e posicionamento variados em um plano recuado
• Sobreposição e sombreamento dão a aparência de 3D

FAZER:

Pratique a sobreposição e o sombreamento criando seu próprio Banner/Pergaminho/ Fitas usando as técnicas fornecidas. Não traceje. Sombreie.

VOCABULÁRIO:

Sobreposição - Quando uma coisa está sobre a outra, cobrindo-a parcialmente
Perspectiva - A técnica que os artistas usam para projetar a ilusão do 3D em uma superfície 2D. A perspectiva ajuda a criar uma sensação de profundidade ou espaço recuado.
Linha recuada - Qualquer linha que pareça voltar ao espaço

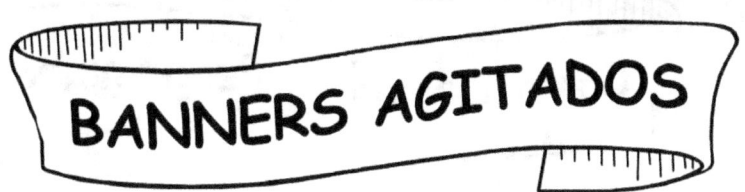

BANNERS AGITADOS

1. Comece com linhas paralelas ligeiramente curvas

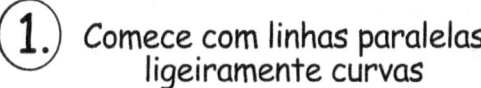

2. Adicione 4 ângulos verticais linhas como visto abaixo

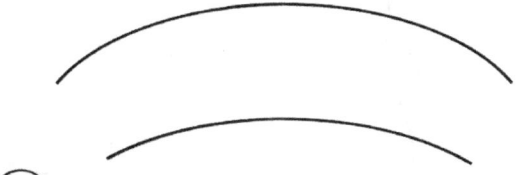

3. Adicione o fundo cume da fita

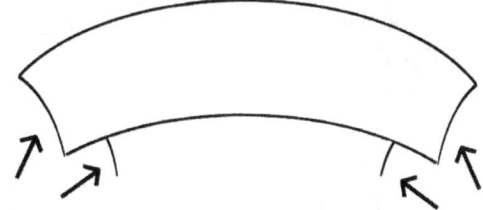

4. Feche as pontas da fita e adicione "rachaduras" para uma aparência envelhecida

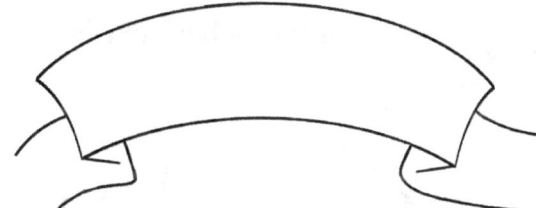

Aleatório "rachaduras"

Rasgado idade

1. Comece com uma linha longa e curva

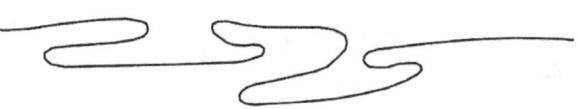

2. Adicione uma linha vertical curta vindo para baixo de cada borda curva

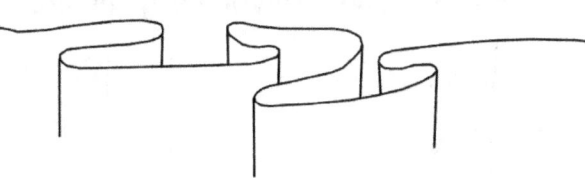

3. Feche a parte inferior do fita com linhas curvas

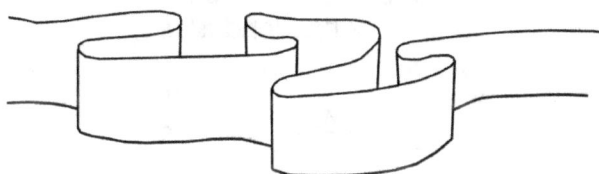

4. Feche as duas pontas da fita "〈" com este forma :

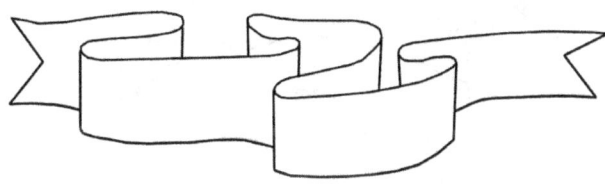

5. Termine com palavras e sombreamento

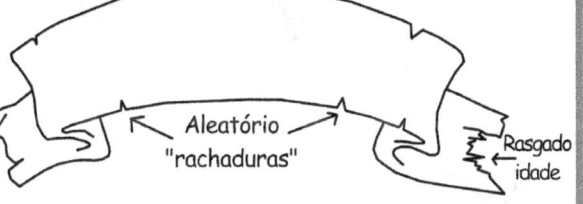

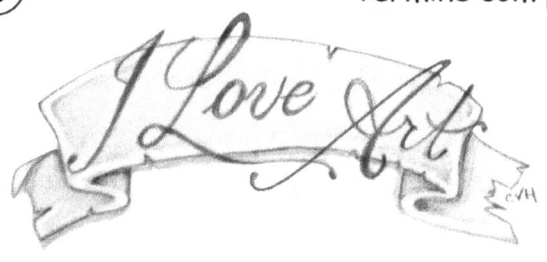

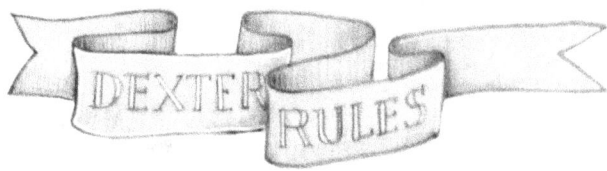

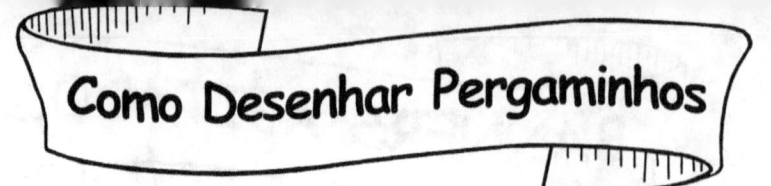

Como Desenhar Pergaminhos

1. Comece com uma linha curva como esta

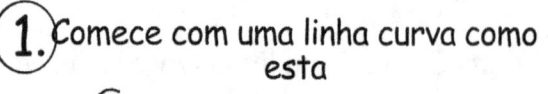

2. Adicione redemoinhos ao final

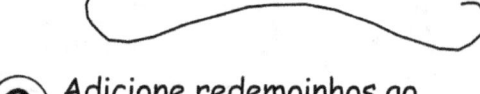

3. Adicione 4 linhas verticais. Estes serão o fim do pergaminho.

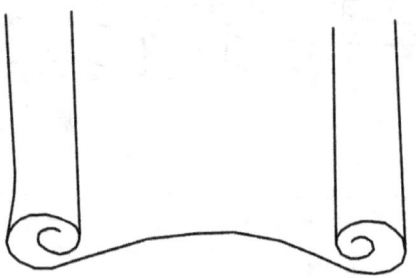

4. Conectar tops com 3 linhas arredondadas.

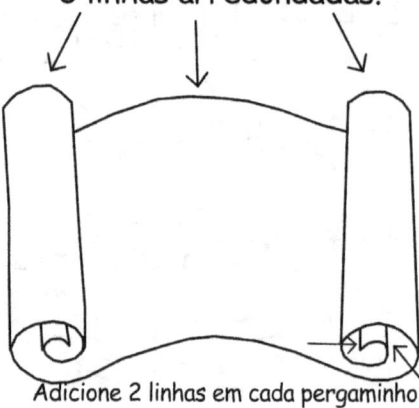

Adicione 2 linhas em cada pergaminho para conectar as curvas

5. Sombra

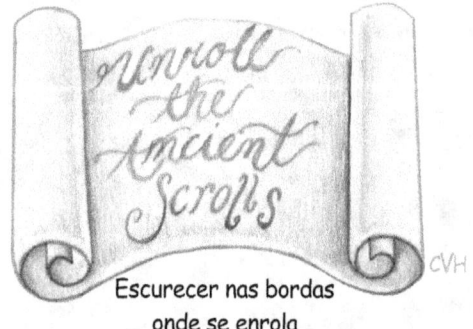

Escurecer nas bordas onde se enrola

1. Comece com um "S" para trás

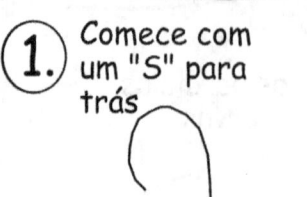

2. Adicione redemoinhos a cada extremidade

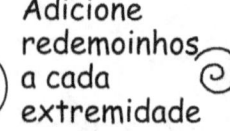

3. Adicione 3 linhas horizontais

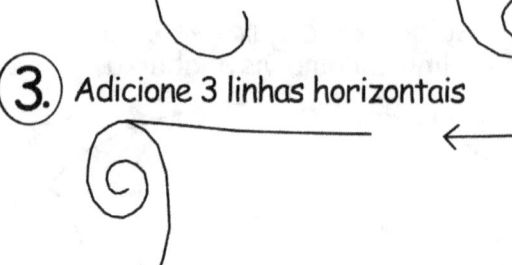

4. Conecte redemoinhos com linhas verticais

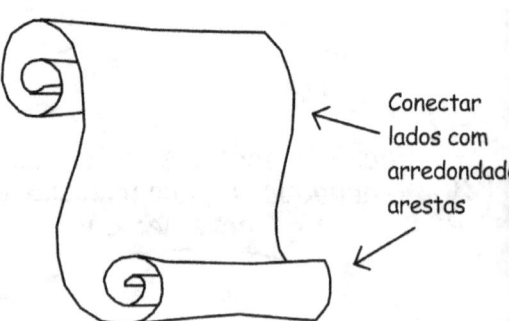

Conectar lados com arredondada arestas

5.

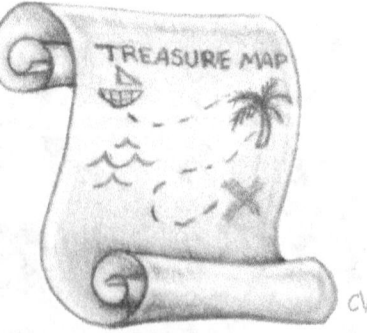

Pergaminhos

Rolo Duplo

1. Comece com 2 ligeiramente linhas paralelas curvas

2. Adicione 2 linhas verticais em cada extremidade (mais perto no centro, mais largo nas pontas)

3. Adicione redemoinhos opostos

< Assim >
como visto abaixo

Conecte-se com as curvas

4. Sombra mais escura no áreas sobrepostas / dobradas

Rolo Único

1. Comece com 2 curvas ligeiramente linhas paralelas. A parte de baixo é mais comprida

borda redonda

2. Crie uma imagem espelhada da porção vertical da forma "L"

Banner final com bordas irregulares →

3. Adicione redemoinho como visto abaixo. Conecte a parte "enrolada" com um topo redondo

Adicione detalhes de "dobra"

4. Tonalidade mais escura na área dobrada

Rolo oposto

1.

2.

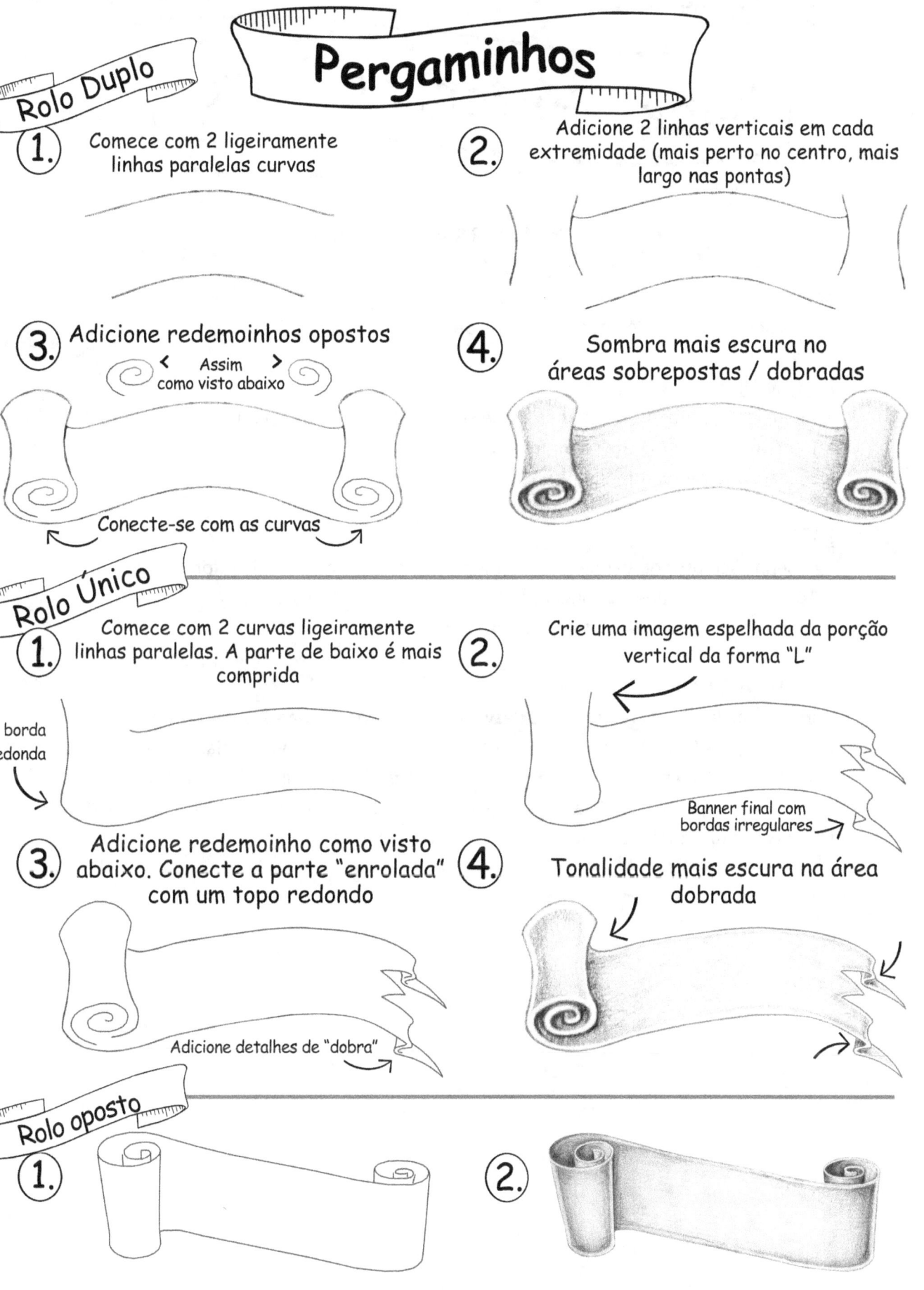

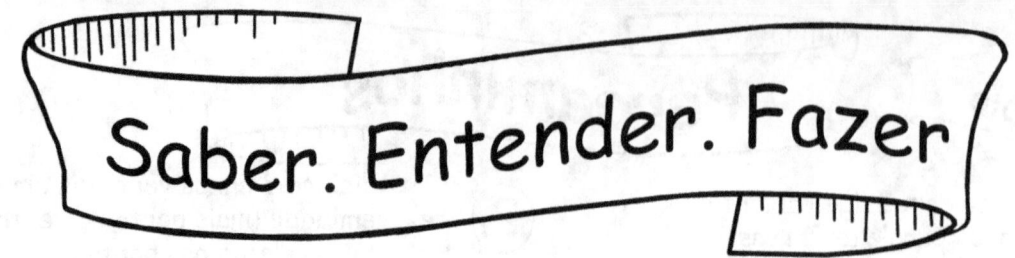

BANNERS AGITADOS

SABER:
Curva, Sobreposição, Perspectiva, Linhas de Recuo

ENTENDER:
• Qualquer formulário 3D (banner) pode ser criado usando uma linha simples como guia
• Transmitir uma ilusão de profundidade
• Sobreposição e sombreamento dão a aparência de 3D

FAZER:
• Desenhe seu próprio Banner / Fita / Pergaminho usando as técnicas fornecidas
• Adicione pelo menos 2 dobras para criar dimensão e interesse
• Encha todo o papel. Não traceje. Sombreie.

VOCABULÁRIO:
Curva - Uma linha ou aresta que se desvia da retidão de forma suave e contínua
Sobreposição - Quando uma coisa está sobre a outra, cobrindo-a parcialmente
Perspectiva - A técnica que os artistas usam para projetar a ilusão do 3D em uma superfície 2D. A perspectiva ajuda a criar uma sensação de profundidade ou espaço recuado.
Linha recuada - Qualquer linha que pareça voltar ao espaço

Bandeiras

Começa aqui

1. Comece com uma forma de "S" invertida (desenhe levemente, pois esta linha será eventualmente apagada)

2. Circule a parte superior e inferior da forma "S" invertida com linhas

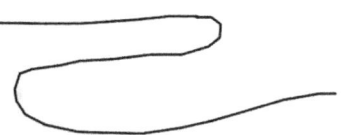

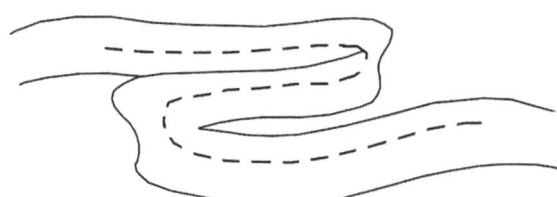

3. Adicione detalhes nas dobras e pontas

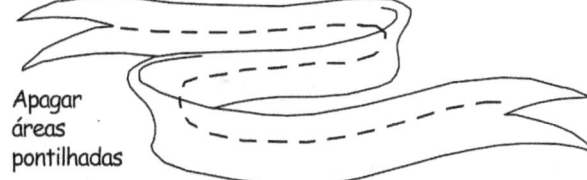

Apagar áreas pontilhadas

4. Sombrear e adicionar texto

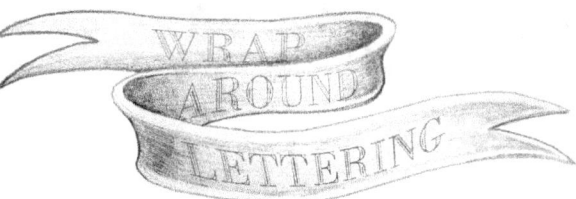

Tente outro

1. A forma de "S" para trás é enrolada frouxamente

2. Desenhe linhas em ambos os lados. Apagar centro

3. Acabar com as pontas soltas

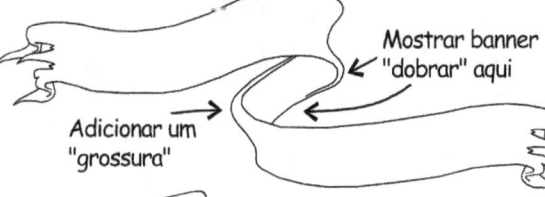

Adicionar um "grossura"

Mostrar banner "dobrar" aqui

4. Sombrear e adicionar uma mensagem

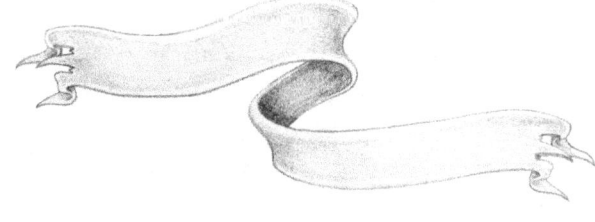

Um Banner Simples

1. Desenhe 2 linhas arqueadas

2. Feche cada um terminar com linhas irregulares

Tente adicionar texto que vai além da bandeira

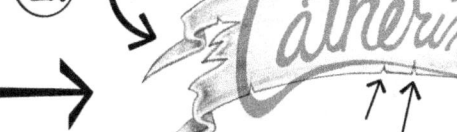

Adicionar aleatório rachaduras para mostrar a idade

Mais banners

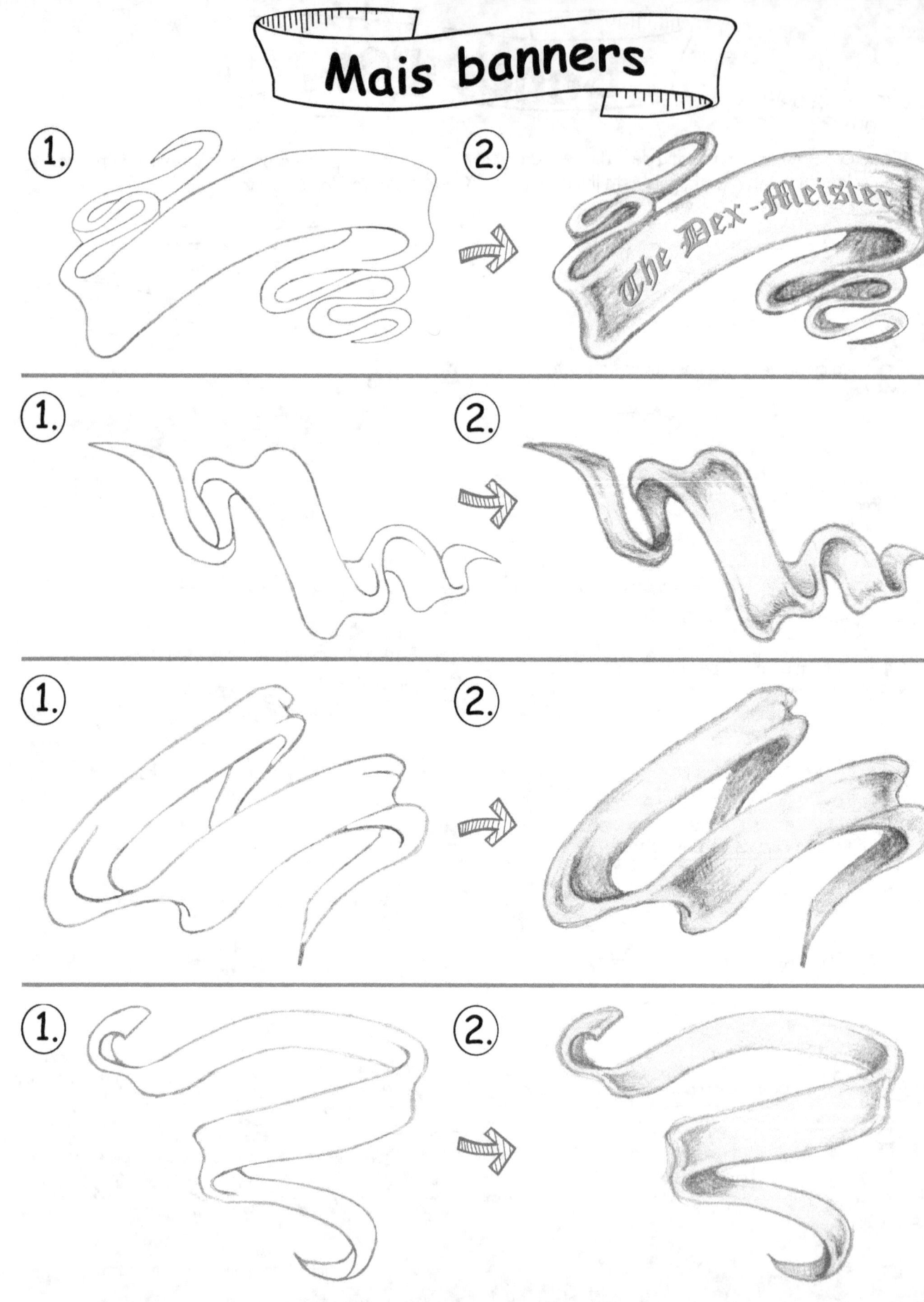

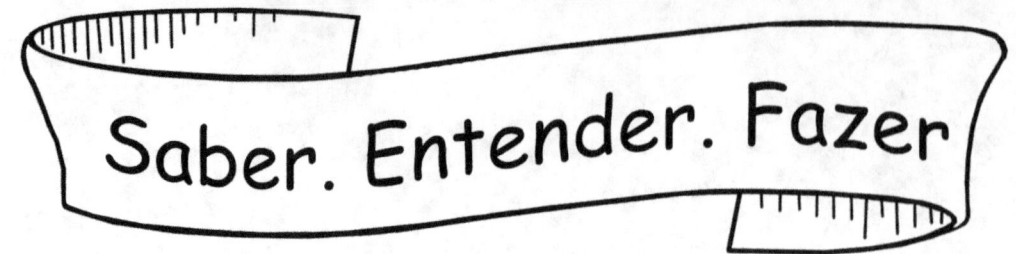

BANDEIRA DOS EUA

SABER:

Uma simples repetição de formas sobrepostas pode dar a aparência de uma bandeira ondulante

ENTENDER:

• Transmitir uma ilusão de dobras
• Envolver listras ou padrões em torno das curvas de uma superfície ajuda a indicar realismo e profundidade

FAZER:

• Crie uma versão ondulante da bandeira dos EUA usando as dicas e técnicas fornecidas
• Adicione 13 listras para representar as 13 colônias originais
• Adicione 50 estrelas para representar os 50 estados
• Não traceje. Sombreie.

VOCABULÁRIO:

Sobreposição - Quando uma coisa está sobre a outra, cobrindo-a parcialmente

Repetição - Desenhar a mesma forma novamente

Quebra automática de linha - Para desenhar sobre um objeto usando linhas de contorno para mostrar a forma

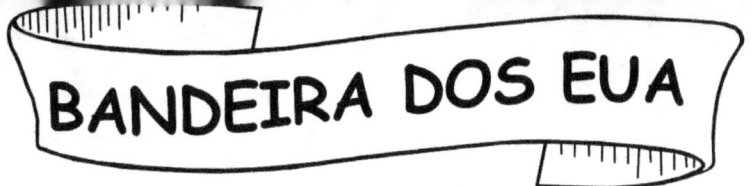

BANDEIRA DOS EUA

1. Comece com um retângulo angulado

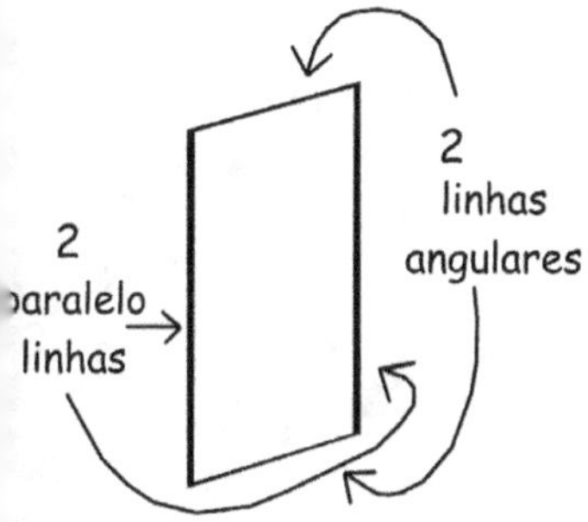

2 linhas angulares

2 paralelo linhas

2. Repita a mesma forma do passo 1

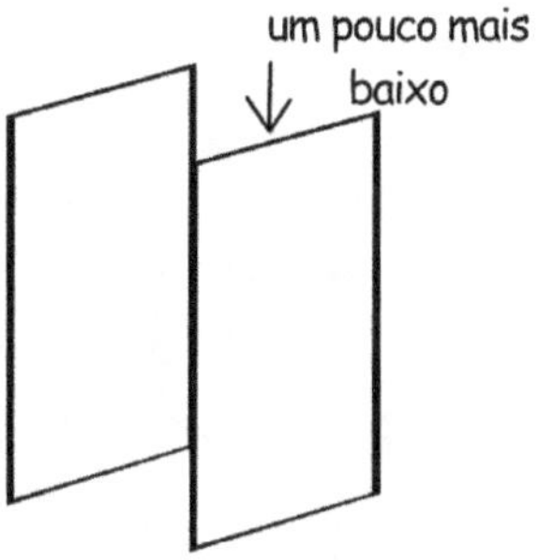

um pouco mais baixo

3. Repita novamente

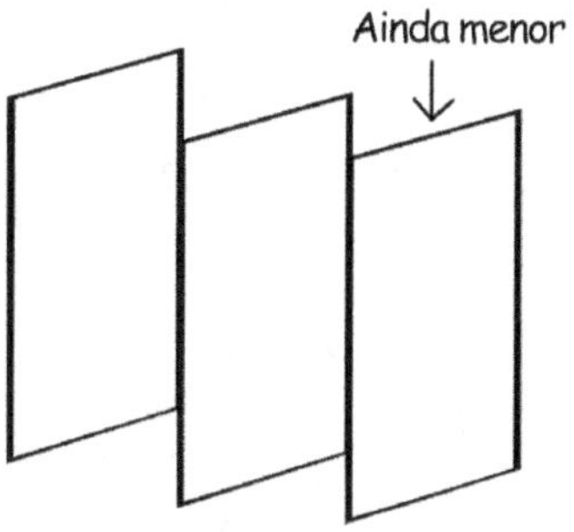

Ainda menor

4. Adicionar 2 letras Formas em "V"

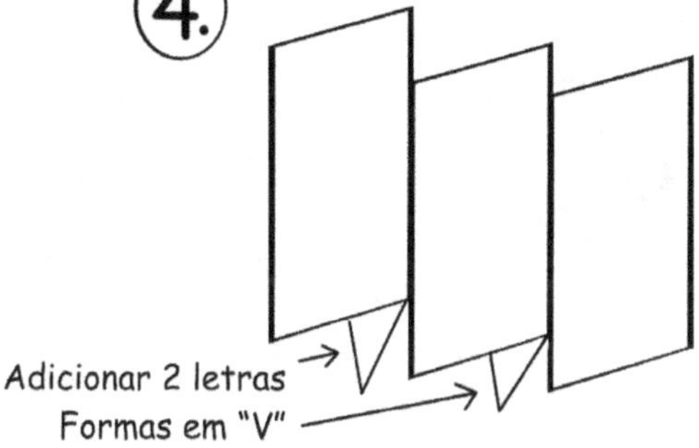

5. Apagar pontilhado áreas

Conecte o triângulo ao retângulo

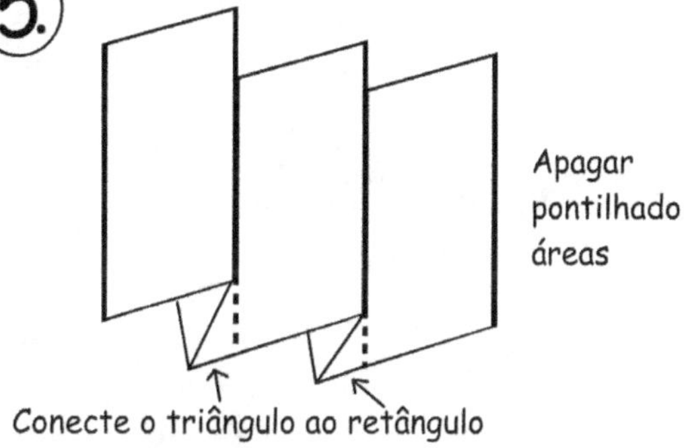

6.

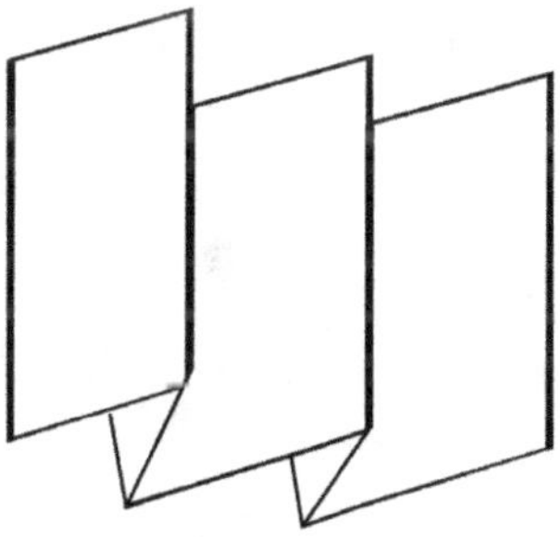

7. arredondar os pontos

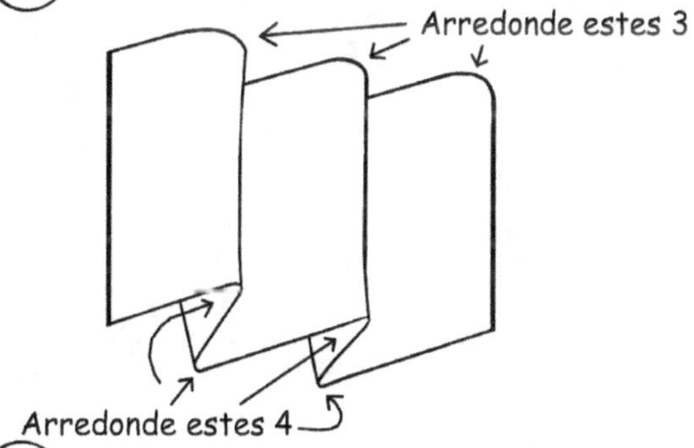

Arredonde estes 3

Arredonde estes 4

8. Adicione listras e áreas onde as estrelas irão

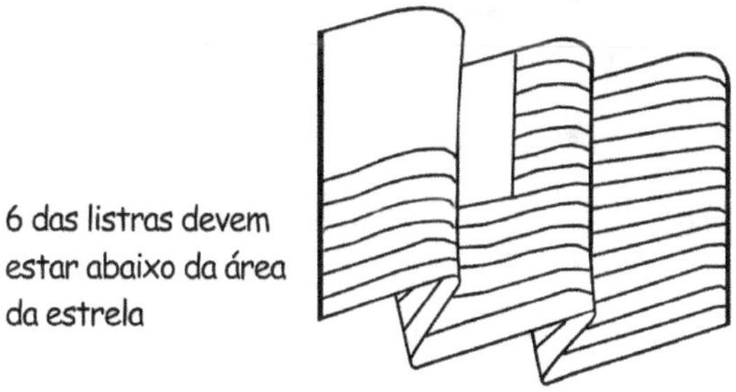

6 das listras devem estar abaixo da área da estrela

9. Sombra

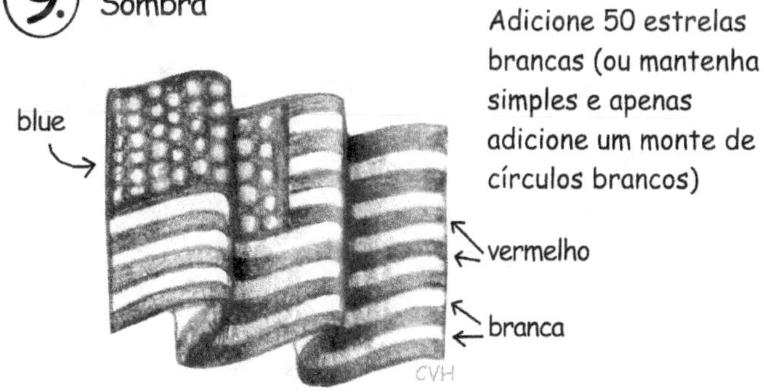

blue

vermelho

branca

Adicione 50 estrelas brancas (ou mantenha simples e apenas adicione um monte de círculos brancos)

CVH

Adicione um total de 13 listras para representar as 13 colônias originais

Capítulo 2

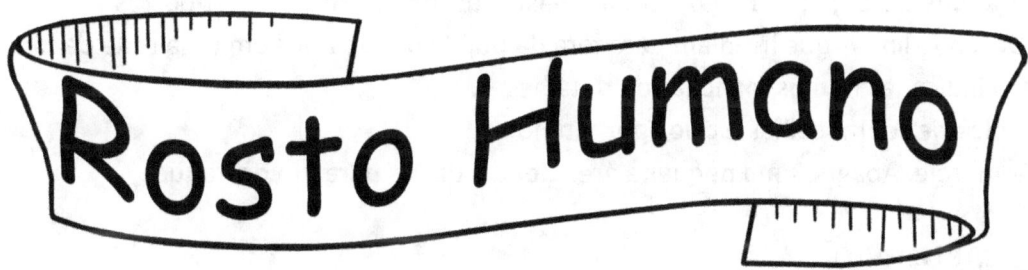

Rosto Humano

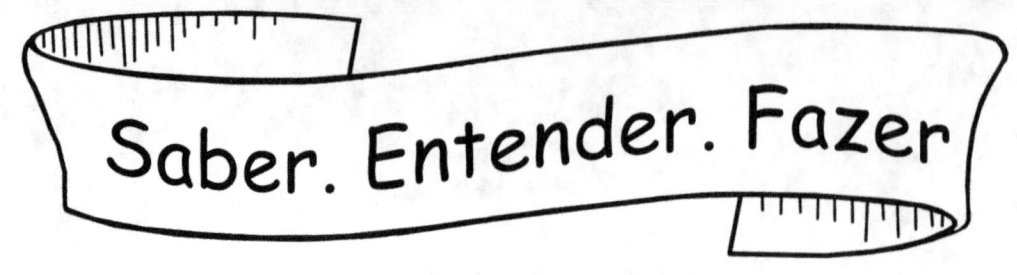

O OLHO HUMANO

SABER:
Partes visíveis do olho (íris, pupila, esclera)

ENTENDER:
• O olho humano médio pode ser criado usando linhas de guia/medidas padrão
• O olho humano é uma esfera
• O olho humano médio é tão largo quanto a distância entre os olhos (uma largura de olho de distância)

FAZER:
• Pratique desenhar um olho humano básico usando as técnicas propostas
• Desenhe linhas que irradiam para fora da pupila (como raios em uma roda de bicicleta) para indicar as muitas manchas de detalhe
• Adicione sobrancelhas e cílios por último
•Sombreie. Apague uma pequena área dentro da íris para um destaque.

VOCABULÁRIO:
Íris - Porção colorida do olho
Pupila - Área mais escura do olho, encontrada no centro da íris
Esclera - Parte branca do globo ocular
Esfera - Uma forma de bola tridimensional, não um círculo plano

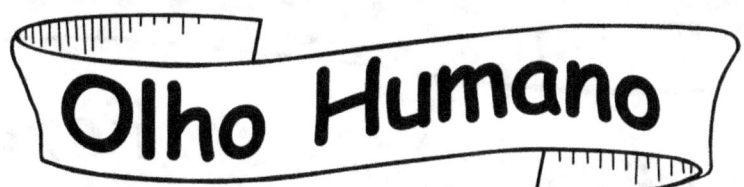

Olho Humano

1. Comece com um círculo. Esta será a íris.

Dica: tente encontrar um círculo que você possa traçar!

2. Adicione um pequeno círculo no centro.

Isso é o pupílo

3. Desenhe um arco sobre o círculo maior

Perceber como é sobrepõe

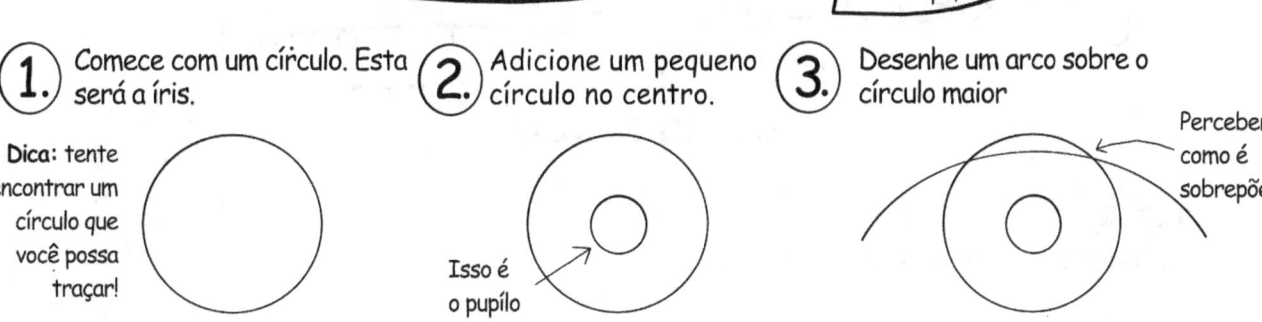

4. Adicionar área inferior da tampa

Apagar pontilhado

Forma de triângulo arredondado

toques no globo ocular tampa inferior

5.

Adicionar arco aqui

Adicionar "grossura" sob a tampa

Linha sob o olho

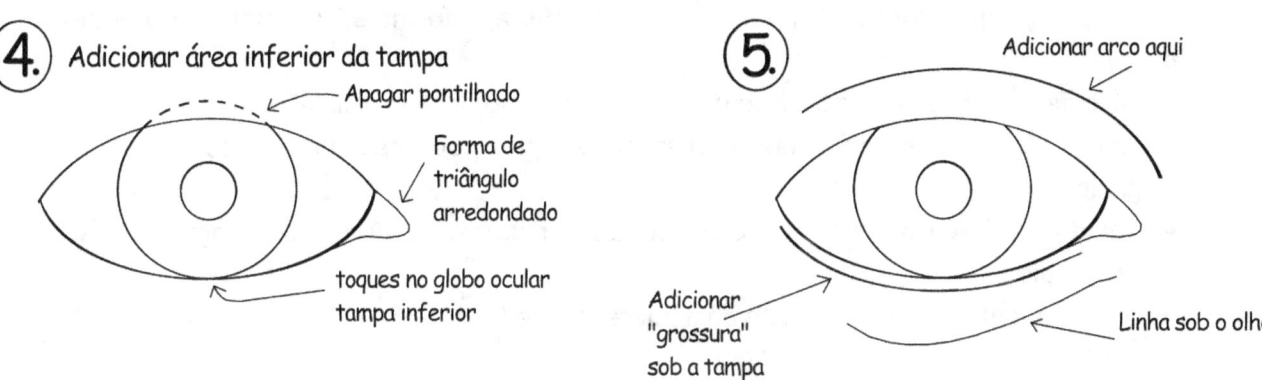

6. "Fan" alguns cílios ao redor da pálpebra superior

Faça-os um pouco mais longos no centro

7. Desenhe "raios" ao redor da pupila

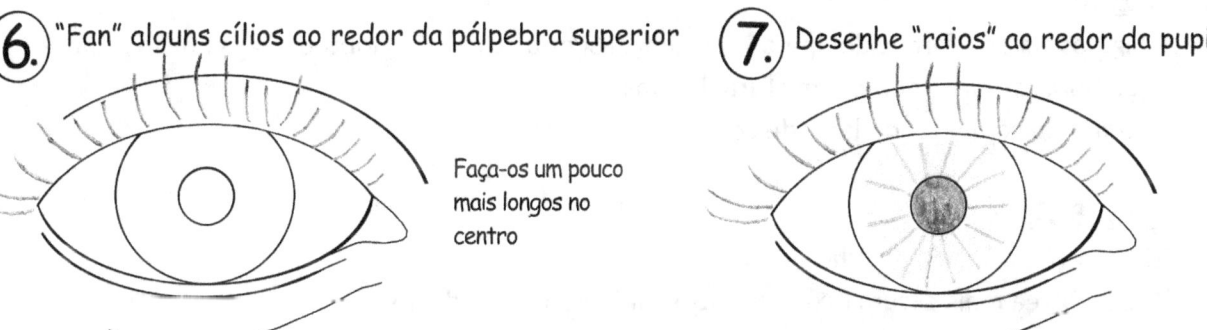

8. Escurecer vincos

9. Sombra. Adicione mais cílios na parte superior e alguns mais curtos na pálpebra inferior.

CVH

Apague alguns pontos na íris para mostrar o brilho.
Adicione mais raios vindos da pupila.

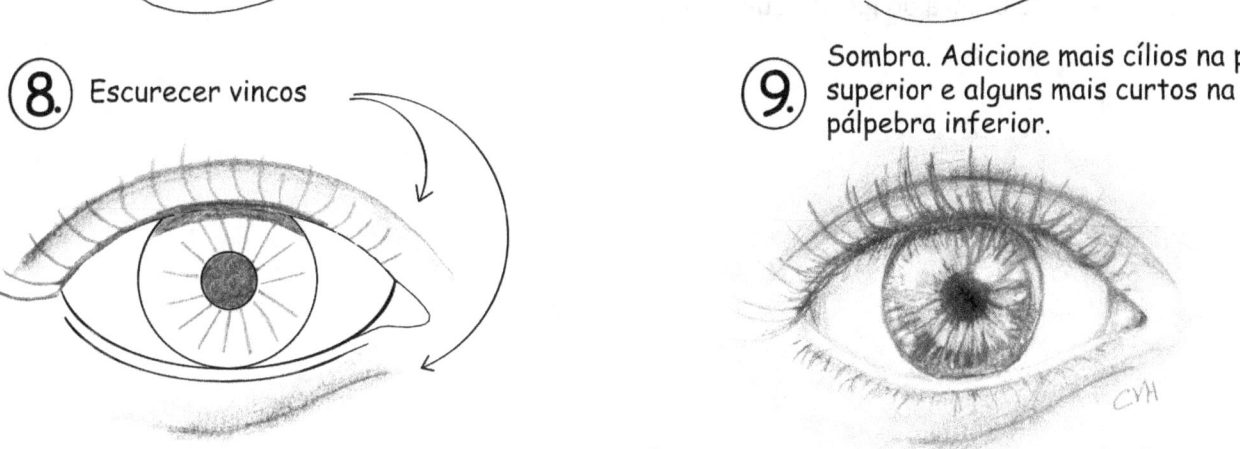

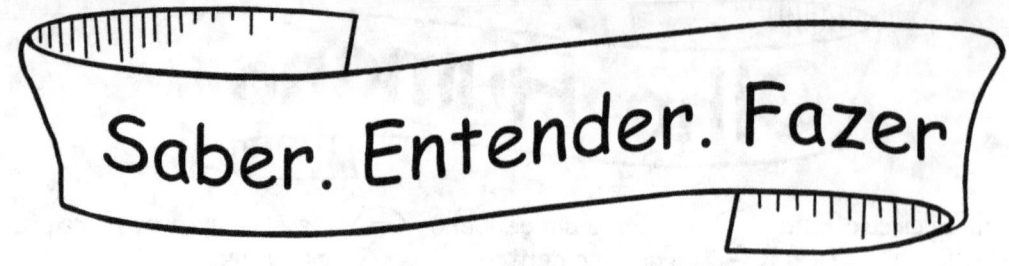

GLOBO OCULAR

SABER:
Íris, Pupila, Esclera, Esfera, Camadas

ENTENDER:
• A diferença entre forma 2D (comprimento e largura) e forma 3D (adicionar profundidade)
• O uso de proporção e observação para criar um globo ocular realista
• Conectar uma série de formas geométricas simples pode criar um objeto complexo (orgânico)
• Camadas e diferenças no tamanho dos objetos em uma cena ajudam a alcançar a ilusão de profundidade
• Sombreamento de alto contraste dá a aparência de forma e 3D

FAZER:
• Siga os passos fornecidos para criar um design original do globo ocular com foco no equilíbrio, sombreamento e mistura de tons
• Sombreie com lápis ou lápis de cor

VOCABULÁRIO:
Íris - Porção colorida do olho
Pupila - Área mais escura do olho, encontrada no centro da íris
Esclera - Parte branca do globo ocular

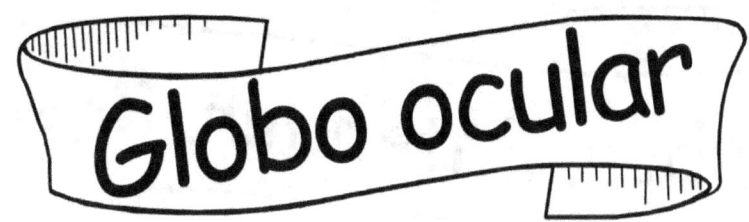

Globo ocular

1. Comece com um círculo.

DICA:
Tente encontrar um círculo que você possa traçar!

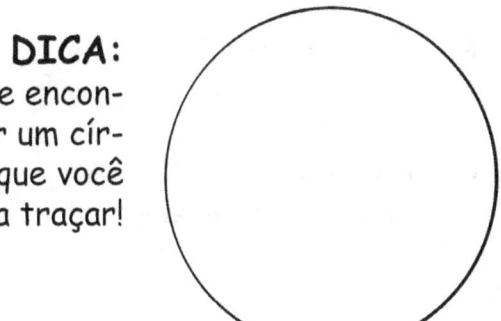

2. Adicione um pequeno círculo no Centro. Esta será a íris.

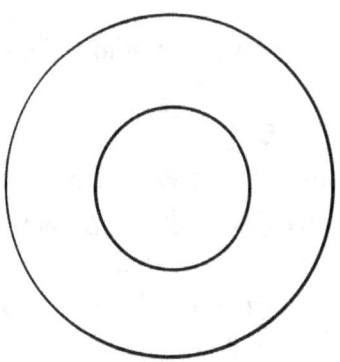

3. Adicione o último círculo menor no centro da íris.

Esse
é
o
aluno

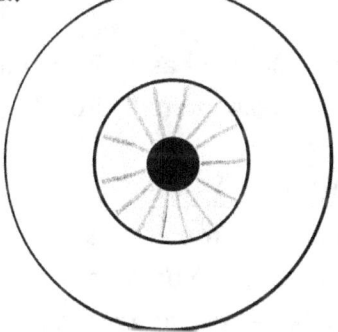

4. Sombreie a pupila de preto. Desenhe "raios" ao redor da pupila.

5. Escureça as bordas da íris. Adicione mais "spokes".

Esfume/sombreie a borda externa do globo ocular para escurecê-la

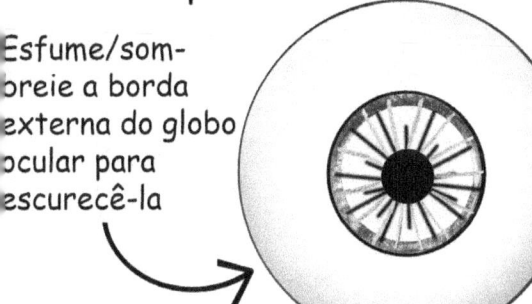

6. Sombreie toda a íris. Adicione mais raios conforme necessário.

Apague algumas áreas da íris para indicar "brilho"

Adicione algumas linhas finas para veias

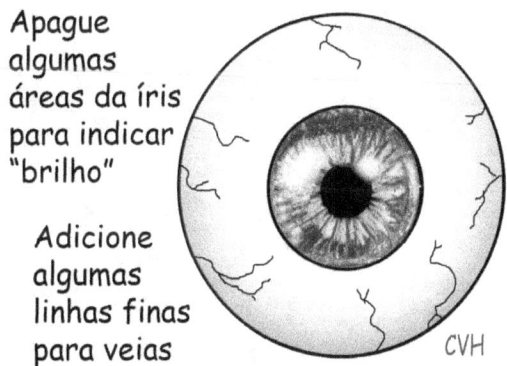

CVH

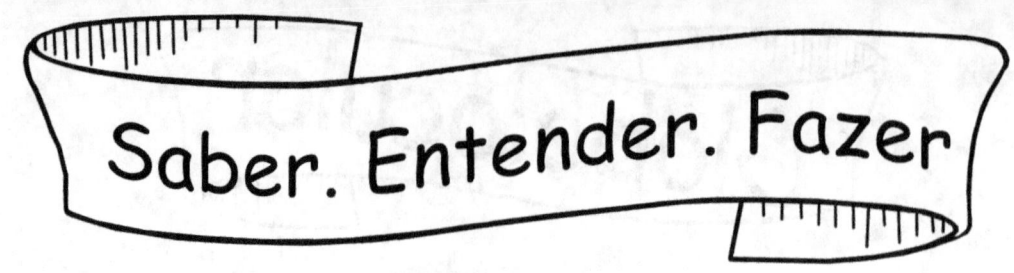

O NARIZ HUMANO

SABER:
O nariz humano médio pode ser criado usando linhas de guia/medidas padrão

ENTENDER:
• O nariz humano médio é tão largo quanto a distância entre os olhos
• O nariz se projeta e geralmente é mais claro no centro e mais escuro nas laterais (dependendo da fonte de luz)
• Um nariz humano é fino no ponto entre os olhos e fica mais largo à medida que se move para baixo do rosto

FAZER:
Pratique desenhar um nariz humano genérico usando as técnicas propostas. Sombreie com lápis e concentre-se no sombreamento, sombras e tons de mistura.

Dica: Não deixe as narinas muito escuras, pois elas chamarão a atenção do resto do rosto e parecerão muito "porcas"

VOCABULÁRIO:
Sombreamento - A mistura de um valor em outro. Mostrar a mudança de claro para escuro ou escuro para claro em um trabalho artístico, escurecendo áreas que seriam sombreadas e deixando outras áreas claras. O sombreamento é usado para produzir ilusões de dimensão e profundidade.

O NARIZ HUMANO

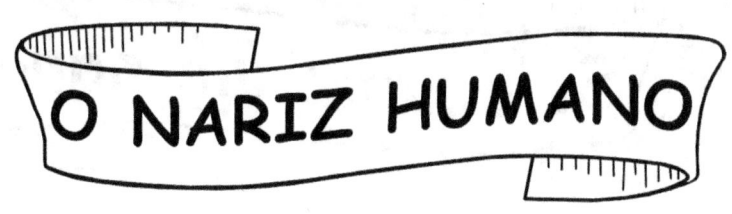

Um Nariz Simples

1. Comece com uma forma de "U"

2. Adicione 2 pequenas formas em "U" nas laterais

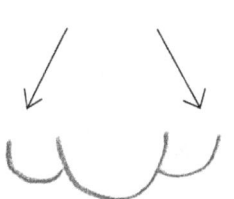

3. Desenhe levemente os lados do nariz

4. Sombrear um lado mais escuro

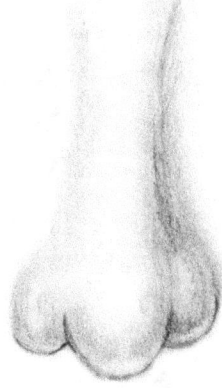

O nariz é sempre mais fino no topo e mais largo na base

Mais avancado

1. Comece com um "U" largo e curve as pontas

2. Adicione uma forma de "parênteses" aos lados

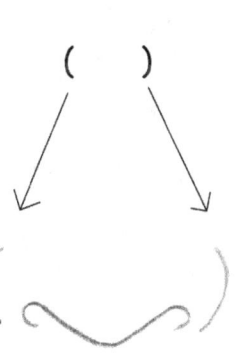

3. Desenhe levemente os lados do nariz

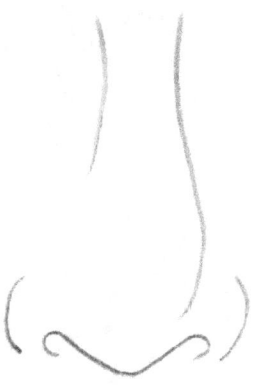

4. Desenhe levemente os lados do nariz

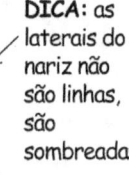

DICA: as laterais do nariz não são linhas, são sombreadas

outro

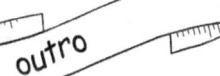

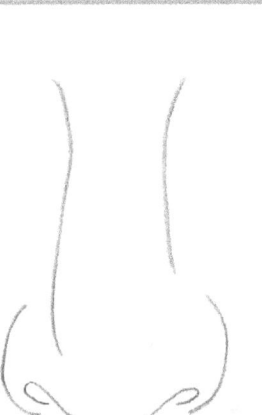

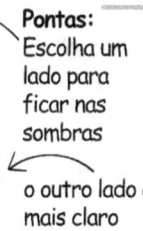

Pontas: Escolha um lado para ficar nas sombras

o outro lado é mais claro

apague alguns pontos para destaques

Selecione um nariz

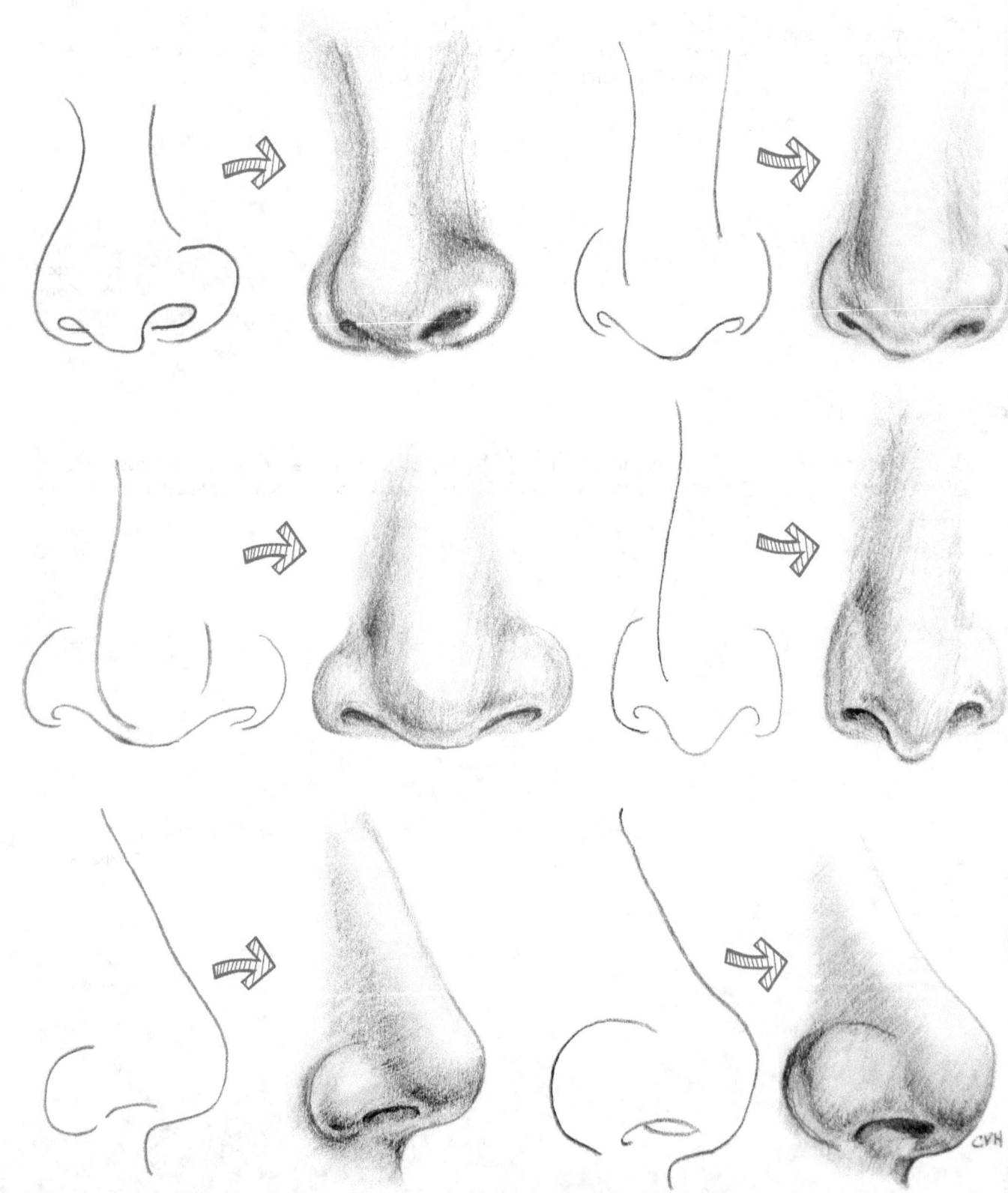

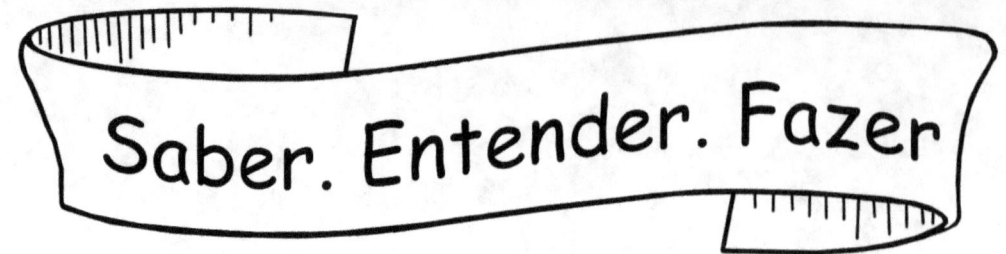

A BOCA HUMANA

SABER:
A boca humana média pode ser desenhada de forma realista usando linhas de guia/medidas padrão. (Ao desenhar um rosto, meça das pupilas para baixo a largura).

ENTENDER:
• O lábio inferior humano médio é mais volumoso e maior do que o lábio superior (na maioria das pessoas!)
• Sombreamento na direção dos planos do lábio criam forma, linhas curvas criam contorno

FAZER:
• Pratique desenhar uma boca humana básica usando as técnicas propostas
•Sombreamento
• Faça o valor mais escuro na linha onde os lábios se encontram. Apague algumas manchas no lábio inferior central para criar um efeito de brilho natural.

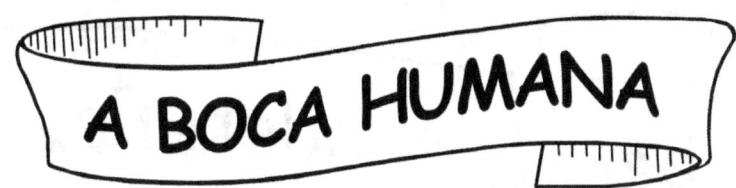

A BOCA HUMANA

1. Comece com uma forma de "pôr do sol"

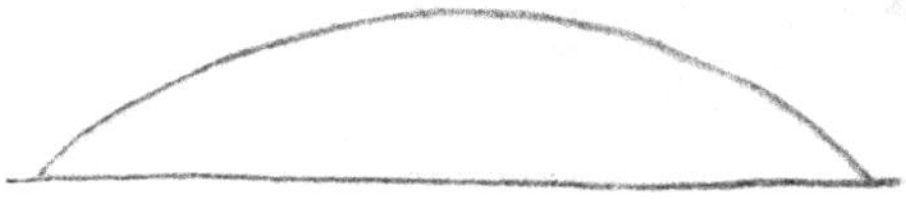

2. Faça recuo arredondado no centro

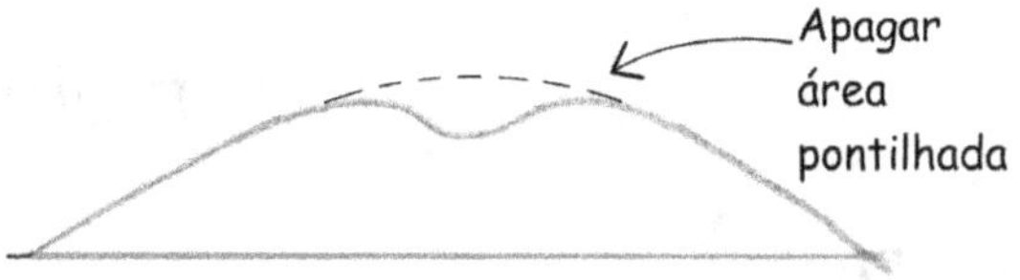

Apagar área pontilhada

3. Faça mais 2 recuos arredondados (desta vez em baixo)

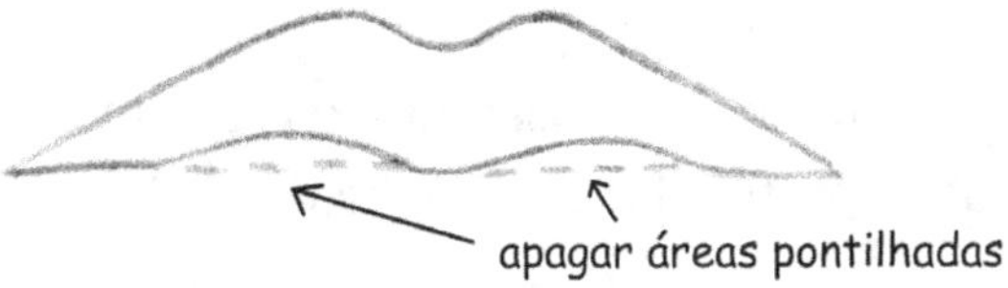

apagar áreas pontilhadas

4. Adicione uma linha curta para indicar a localização do lábio inferior

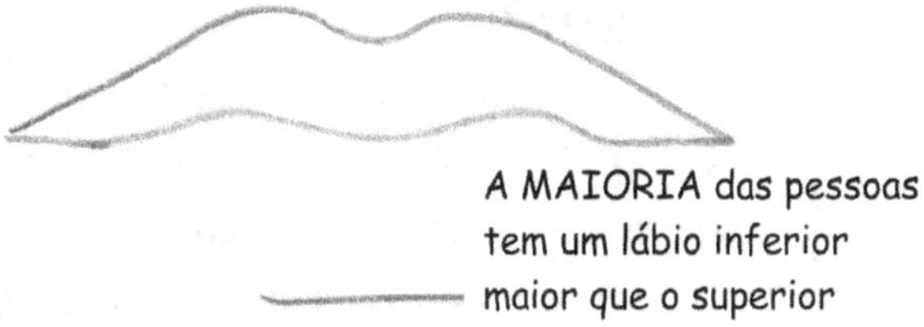

A MAIORIA das pessoas tem um lábio inferior maior que o superior

5. Conecte o lábio inferior com linhas curvas

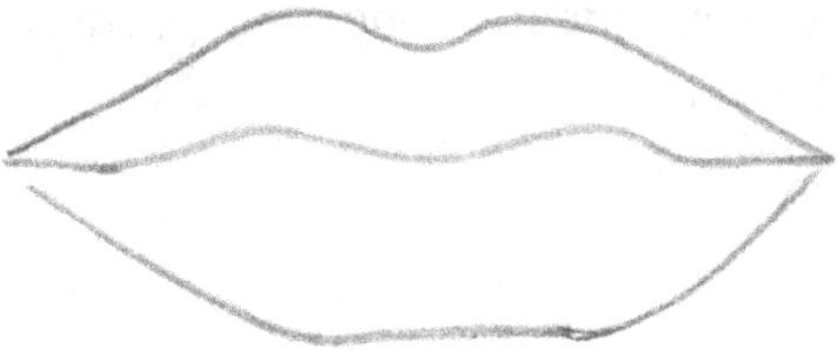

6. Adicionar linhas labiais

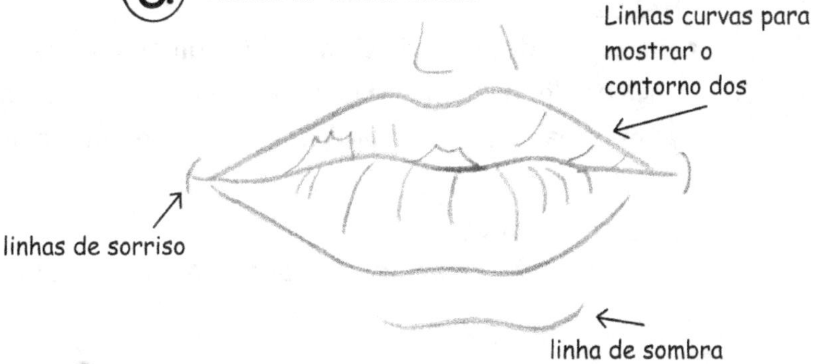

Linhas curvas para mostrar o contorno dos

linhas de sorriso

linha de sombra

7. Sombreie

Dica:
Não tente fazer ambos os lados perfeitos. Os rostos humanos não são exatamente simétricos!

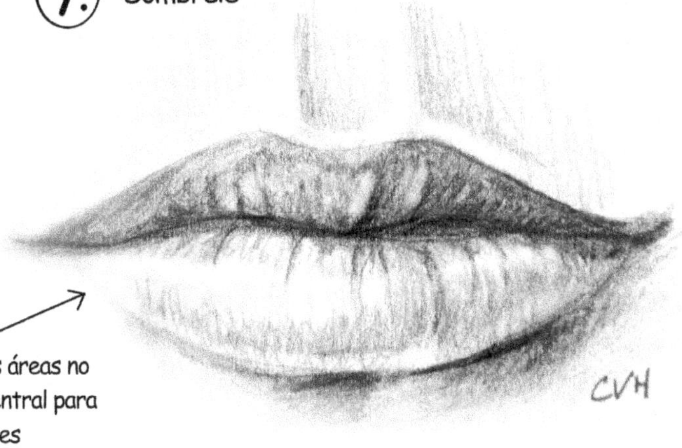

apague algumas áreas no lábio inferior central para destaques

CVH

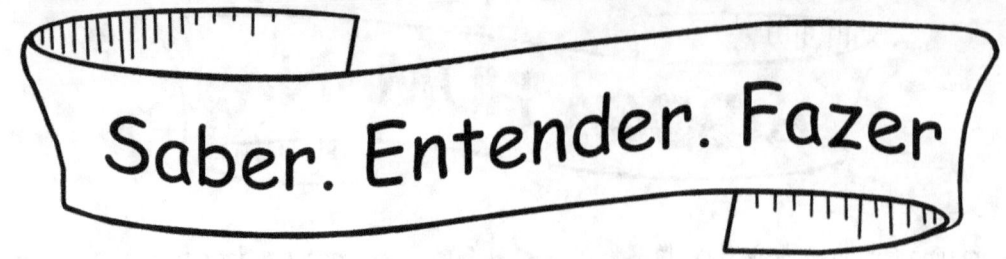

O OUVIDO HUMANO

SABER:

• O ouvido é o órgão do corpo humano que detecta o som e ajuda no equilíbrio e na posição do corpo

• As orelhas humanas são colocadas simetricamente em lados opostos da cabeça

ENTENDER:

• A orelha humana média pode ser desenhada de forma realista usando diretrizes/medidas padrão (meça da borda da linha dos olhos até a parte inferior da linha do nariz ao desenhar orelhas na cabeça)

• O sombreamento usando tons de escala de valor obterá uma renderização mais realista

FAZER:

• Pratique o desenho de uma orelha humana básica usando as técnicas propostas

• Faça o valor mais escuro dentro do "círculo" e sob a área superior arredondada. Apague algumas manchas no lóbulo para criar um efeito de brilho natural.

VOCABULÁRIO:

Simetria - Igual em ambos os lados; proporções equilibradas

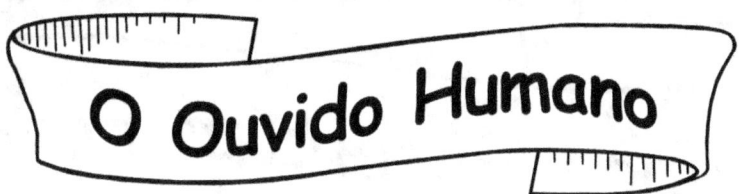

O Ouvido Humano

1. Comece com 2 círculos sobrepostos em uma diagonal

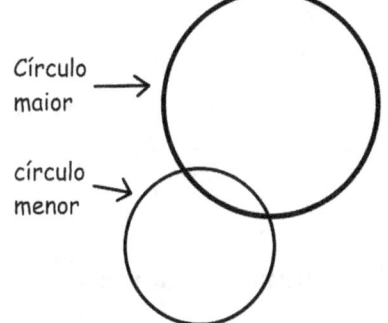

Círculo maior →

círculo menor →

2. Apague as partes mostradas com linhas tracejadas

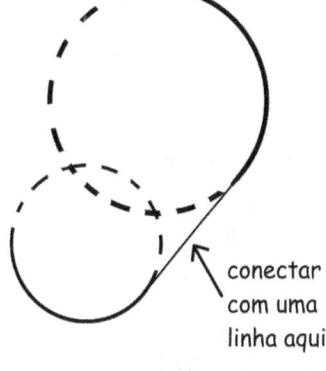

conectar com uma linha aqui

3. Desenhe o topo de uma forma de ponto de interrogação

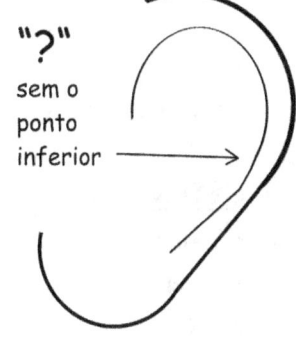

"?" sem o ponto inferior →

4. Adicione um pequeno círculo

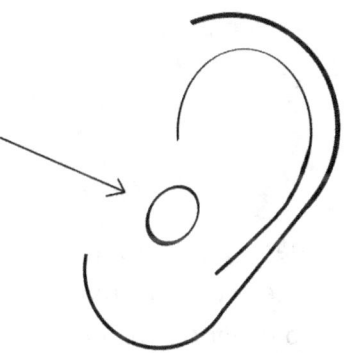

5. Adicione mais como visto abaixo...

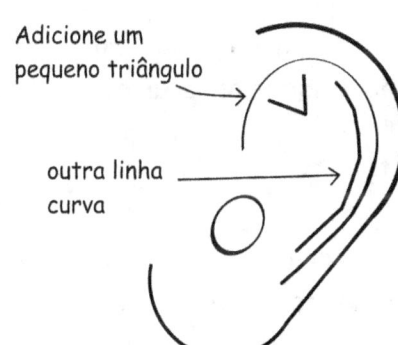

Adicione um pequeno triângulo →

outra linha curva →

6. Adicione mais alguns detalhes

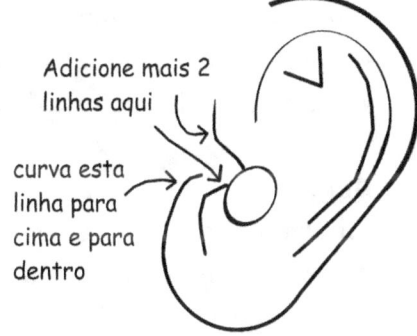

Adicione mais 2 linhas aqui →

curva esta linha para cima e para dentro →

7. Faça essas 2 formas e modele-as em

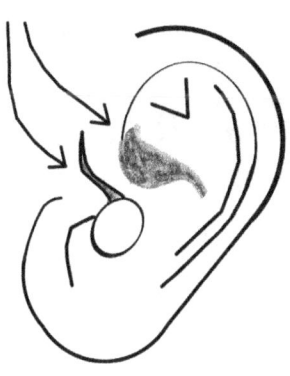

8. Preencha as áreas conforme abaixo

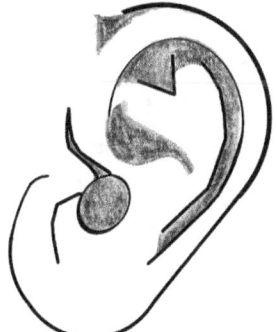

9. Sombreie

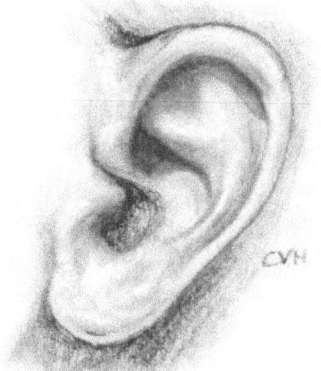

CVH

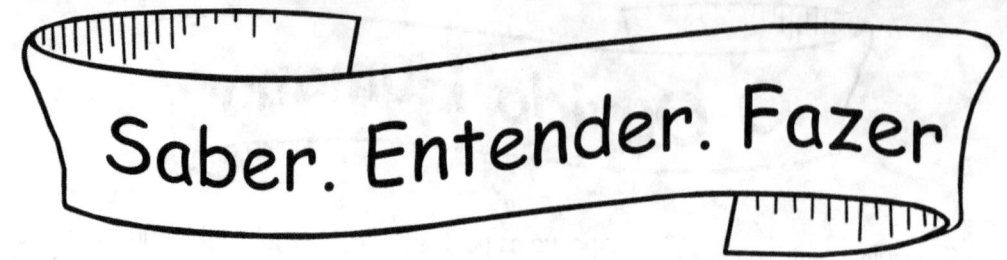

A CABEÇA HUMANA

SABER:
Os passos simples para criar um rosto humano

ENTENDER:
• O uso da proporção para criar uma cabeça e recursos genéricos
• Diferença sutil na forma e tamanho de características específicas nos fazem parecer únicos
• Objetos salientes (nariz, lábios, etc.) criam sombras
• A cabeça humana pode ser medida/criada em uma grade

FAZER:
• Pratique desenhar um rosto/cabeça humana genérica usando as técnicas propostas
• Comece com linhas de orientação, coloque os recursos, sombreamento
• Siga o "Checklist do rosto"

DEPOIS . . .
Autorretratos - Comece com uma grade de rosto básica e, em seguida, use um espelho para ver a forma e o tamanho de suas características individuais. Concentre-se na identidade e na individualidade - são esses pequenos desvios de um rosto genérico que nos fazem parecer únicos!

VOCABULÁRIO:
Proporção - Os tamanhos comparativos e igualdade entre razões

LISTA DE VERIFICAÇÃO FACIAL

CABEÇA:

Sombra abaixo das sobrancelhas, pescoço, nariz, lábio inferior, queixo e possivelmente nas maçãs do rosto (dependendo da fonte de luz)

LÁBIOS:

• Na maioria das pessoas, o lábio superior é menor (e sombreado um pouco mais escuro) do que o inferior
• Apague uma mancha no lábio inferior para dar um "brilho"
• Desenhe linhas de contorno arredondadas para indicar a forma

OLHOS:

• Pinte a pupila de preto, a íris mais clara
• Desenhe "raios" irradiando da pupila para detalhes
• Deixe um destaque branco em algum lugar da íris
• A parte superior do olho (linha dos cílios) deve ser mais escura que a parte inferior
• Os cílios são mais curtos à medida que crescem em direção ao centro do rosto

NARIZ:

• Lado do nariz sombreado (não delineado)
• Cuidado com o nariz "porquinho"

POR ÚLTIMO, MAS NÃO MENOS IMPORTANTE . . .

• Apagar diretrizes
• Crie sobrancelhas, cílios e um estilo de cabelo

NOTA: O cabelo geralmente é mais escuro do que a pele na maioria das pessoas. O sombreamento mais escuro no seu papel deve ser: cabelo, globos oculares (íris/pupilas) e sobrancelhas. Isso é para a maioria dos rostos, mas há algumas exceções.

DICA: Ao desenhar seu próprio rosto, segure o espelho diretamente à sua frente. Alguns alunos olham para o espelho e têm uma visão direta de seus narizes! Isso cria um auto-retrato nada lisonjeiro.

Um rosto humano básico

1.

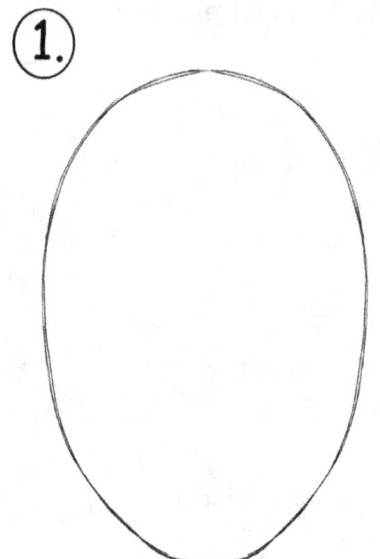

Comece com uma forma de ovo oval ou "de cabeça para baixo". A parte superior deve ser um pouco mais cheia.

2.

Faça uma letra minúscula "t" no centro da face.

3.

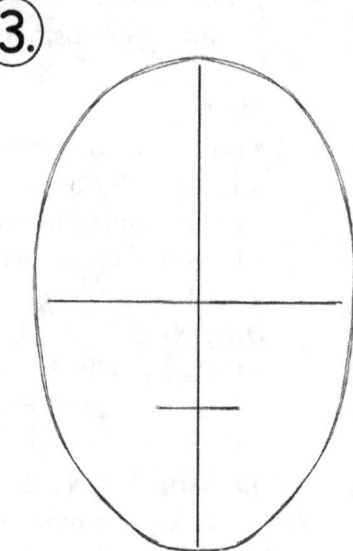

Coloque o dedo no centro do "t" e o outro dedo no queixo. Encontre o centro e desenhe uma linha lá. Esta será a parte inferior do nariz.

4.

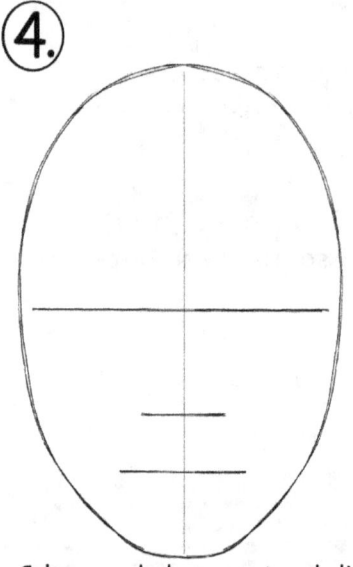

Coloque o dedo no centro da linha que acabou de fazer e o outro dedo no queixo. Encontre o meio, faça uma última linha. Esta será a boca.

5.

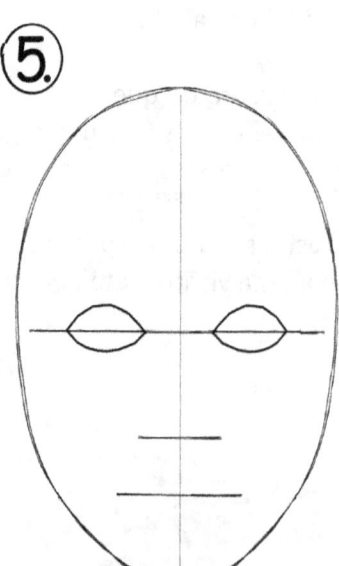

Na linha superior, desenhe 2 formas de amêndoa/bola de futebol para os olhos.

DICA: A distância entre os olhos é aproximadamente a largura de um olho.

6.

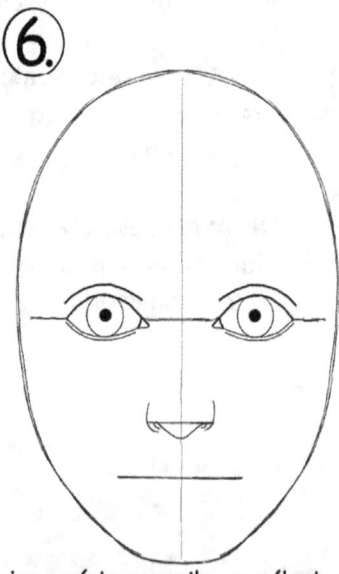

Adicione a íris, a pupila, as pálpebras, etc. Na segunda linha, desenhe a parte inferior do nariz.

Dica: A largura da parte inferior do nariz é aproximadamente igual à largura entre os olhos.

⑦.

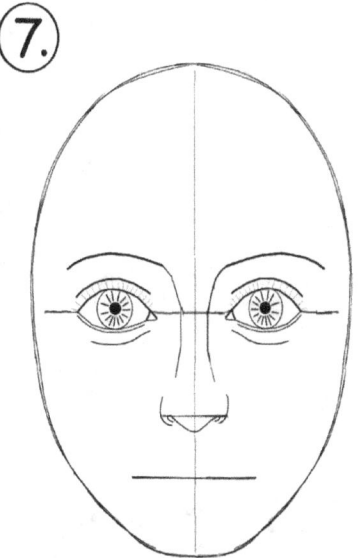

Adicione "raios" na íris e linhas para as sobrancelhas e laterais do nariz. Dica #1: A parte mais gorda do nariz é a base, a parte mais fina fica entre as sobrancelhas. (pense em forma de triângulo)

⑧.

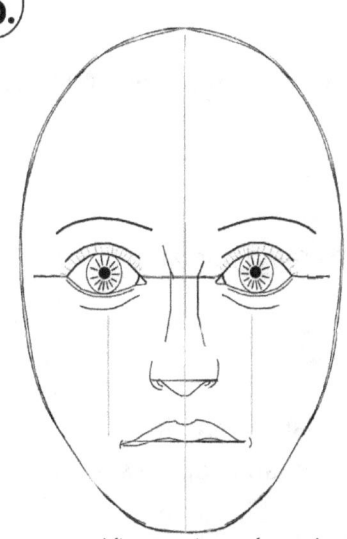

Comece os lábios. A boca é geralmente tão larga quanto a distância entre as pupilas.

Dica: não se esqueça de acrescentar o "arco do cupido": o pequeno divit no alto do lábio superior.

⑨.

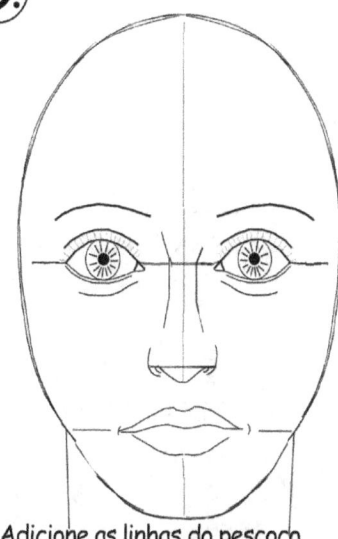

Adicione as linhas do pescoço. Dica: O pescoço é tão largo quanto as bordas das linhas da boca. Adicione o lábio inferior.

Dica: A parte de baixo costuma ser mais cheia que a parte de cima na MAIORIA das pessoas

⑩

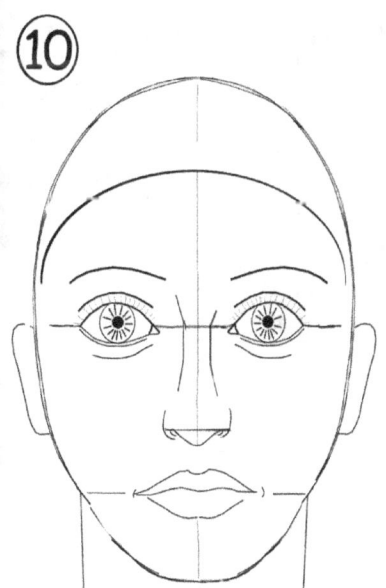

Adicione a linha do cabelo (parece uma touca de natação). Adicione as orelhas.

Dica: A parte superior da orelha se alinha com a linha dos olhos, a parte inferior da orelha se alinha com a parte inferior do nariz,

⑪

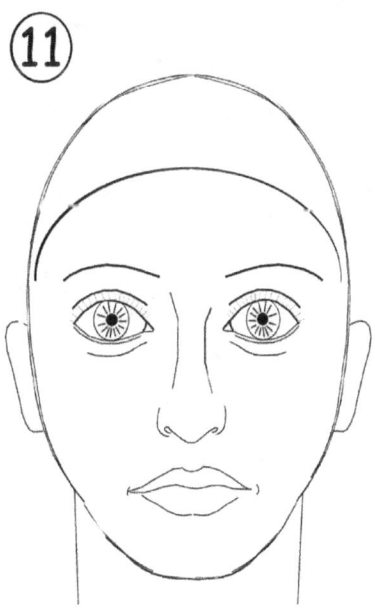

Apague as linhas guia.

⑫

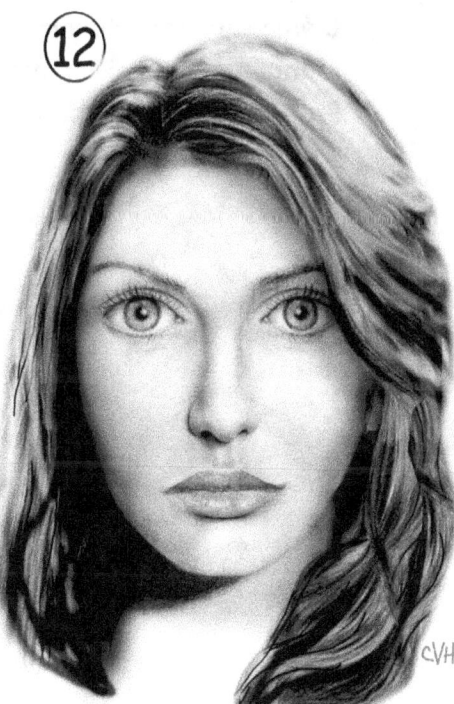

Adicione cabelo e sombra.

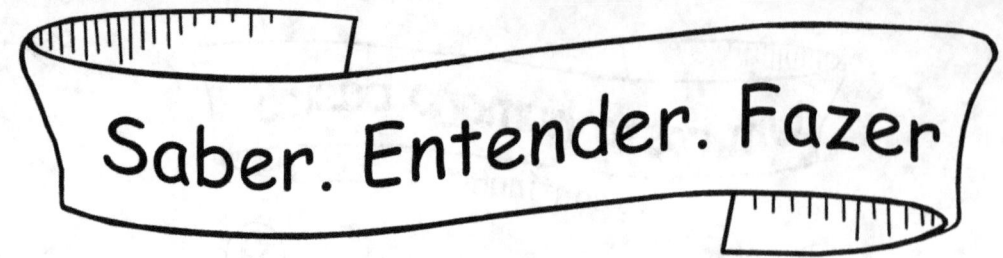

O CRÂNIO HUMANO

SABER:
• Passos simples para criar um crânio humano
• Principais ossos da cabeça

ENTENDER:
• O básico da proporção para criar um crânio
• As características da cabeça humana podem ser medidas/criadas em uma grade

FAZER:
• Pratique desenhar um rosto/cabeça humana genérica usando as técnicas propostas
• Comece com linhas de orientação, coloque os recursos, sombreamento

VOCABULÁRIO:
Neurocrânio - Porção do crânio que envolve a caixa craniana
Crânio Humano - Suporta as estruturas do rosto e forma uma cavidade para o cérebro
Mandíbula - O maxilar inferior
Proporção - Os tamanhos comparativos e a igualdade entre razões

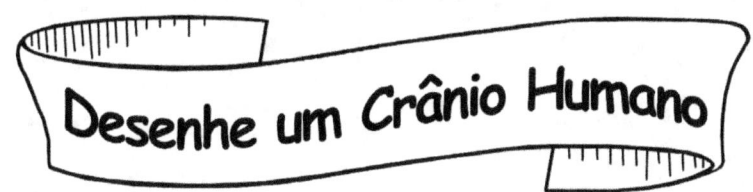

Desenhe um Crânio Humano

1. Comece com um círculo

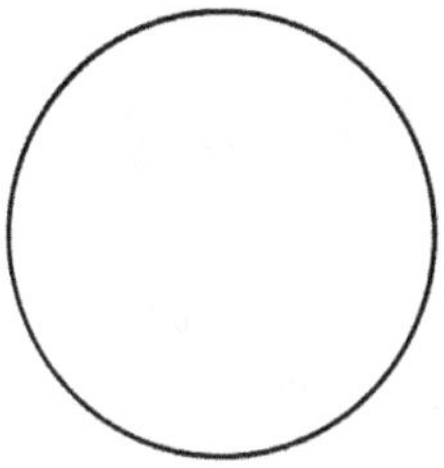

2. Adicionar um retângulo

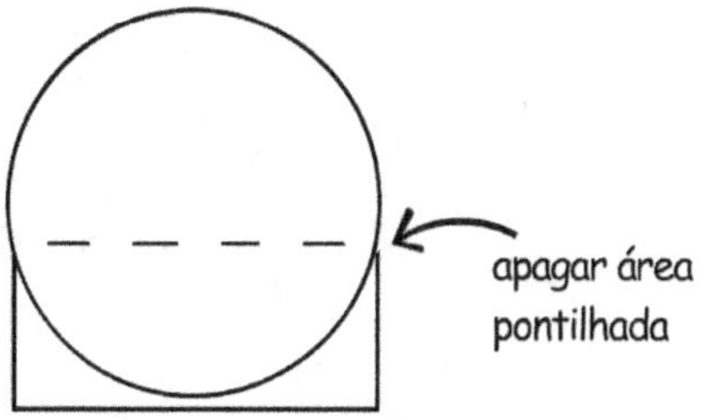

apagar área pontilhada

3. Adicionar linha da mandíbula

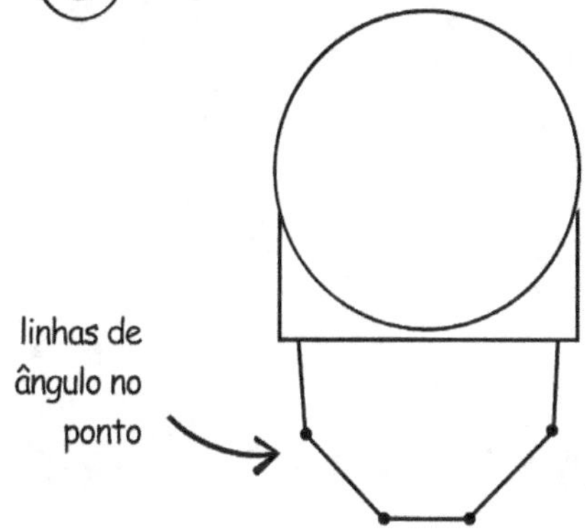

linhas de ângulo no ponto

4.

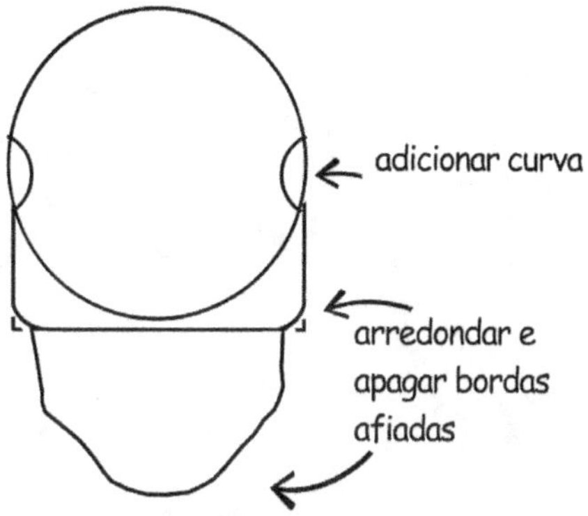

adicionar curva

arredondar e apagar bordas afiadas

5.

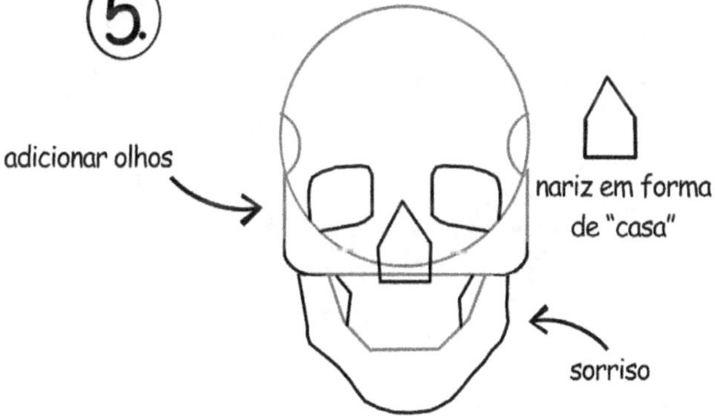

adicionar olhos

nariz em forma de "casa"

sorriso

6.

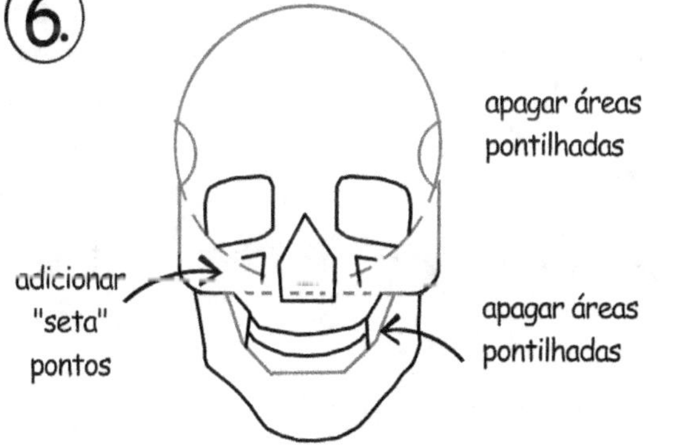

apagar áreas pontilhadas

adicionar "seta" pontos

apagar áreas pontilhadas

7.

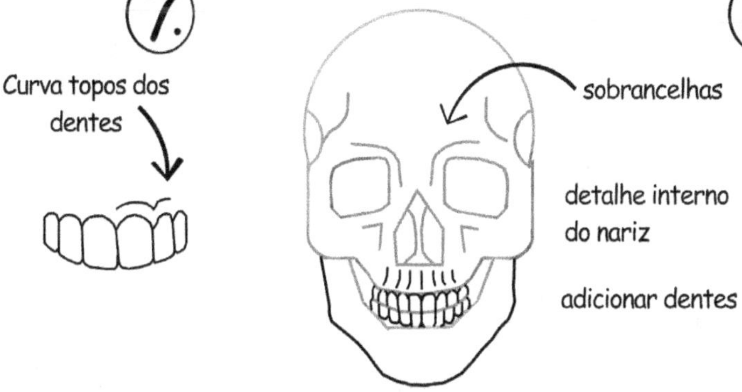

Curva topos dos dentes

8. Sombreie

sobrancelhas

detalhe interno do nariz

adicionar dentes

CVH

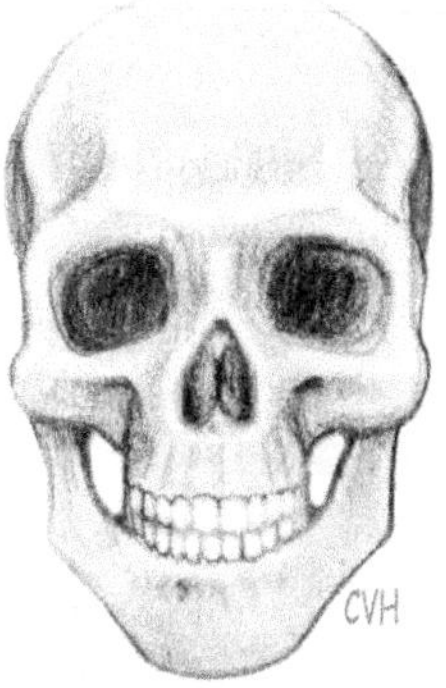

Capítulo 3

Perspectiva

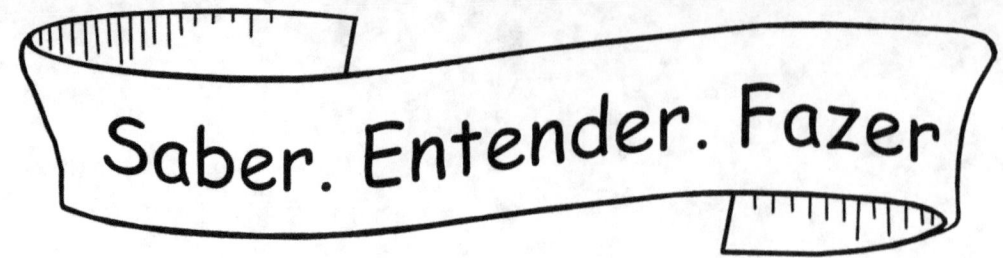

PERSPECTIVA DE UM PONTO

SABER:
Perspectiva de um ponto

ENTENDER:
• Em perspectiva linear, todas as linhas parecem se encontrar em um **único** ponto no horizonte
• Linhas recuadas criam bordas retas que parecem voltar ao espaço

FAZER:
• Crie uma obra de arte original de uma cena de rua usando uma linha do horizonte, ponto de fuga e linhas recuadas para indicar a ilusão do 3D

INCLUIR:
• Pelo menos 6 edifícios
• Uma estrada
• Detalhes como janelas, tijolos e portas
• "Extras" como um carro, placas de rua ou outdoors

VOCABULÁRIO:
Linha do Horizonte - Uma linha onde a água ou a terra parece terminar e o céu começa
Perspectiva de um ponto - Uma forma de perspectiva linear em que todas as linhas parecem se encontrar em um único ponto no horizonte
Linhas recuadas - Linhas que se movem para trás ou para longe do primeiro plano
Ponto de Fuga - Um ponto em uma linha do horizonte onde as linhas entre objetos próximos e distantes parecem se encontrar para produzir uma ilusão de profundidade

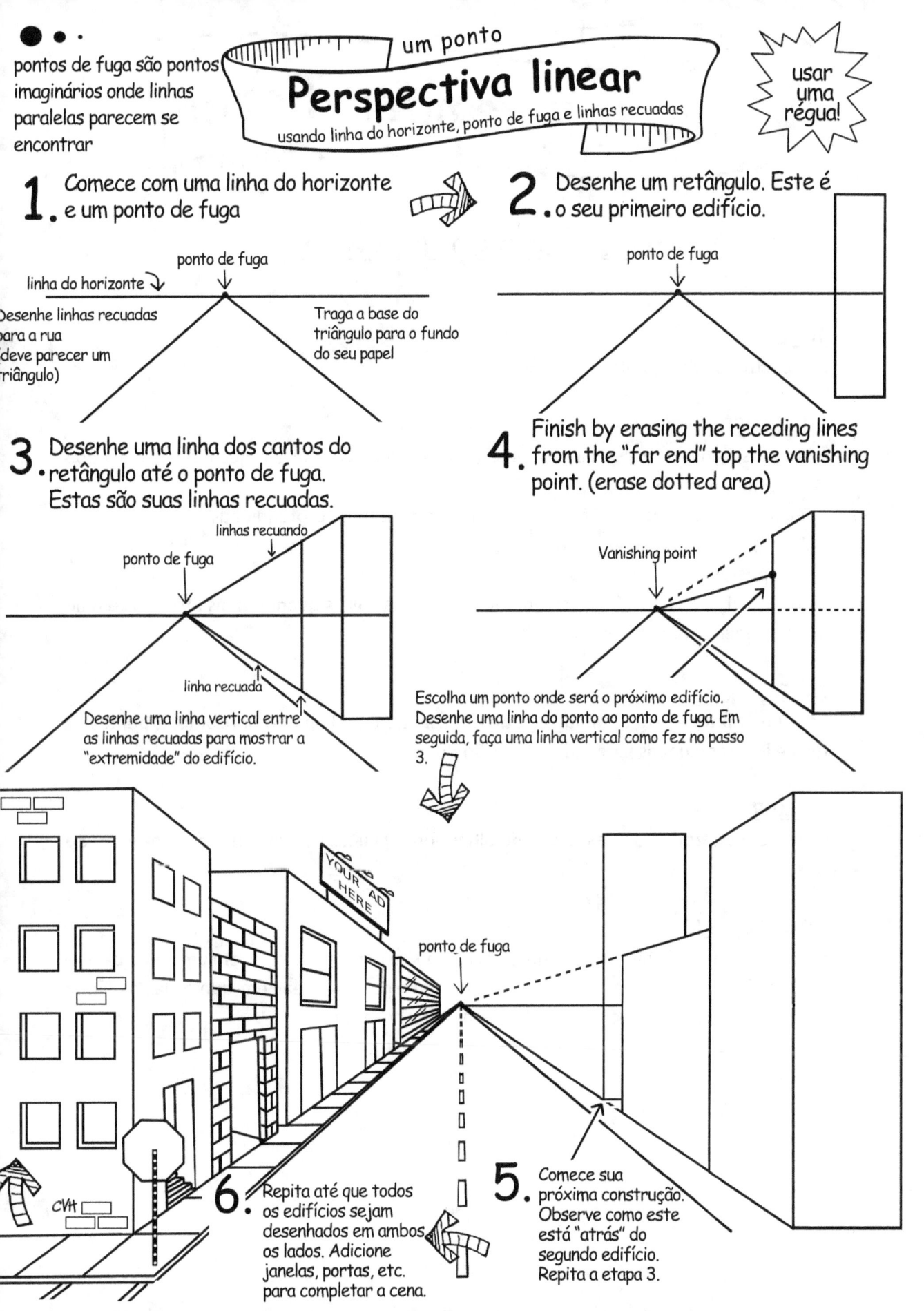

um ponto

Perspectiva linear
usando linha do horizonte, ponto de fuga e linhas recuadas

pontos de fuga são pontos imaginários onde linhas paralelas parecem se encontrar

usar uma régua!

1. Comece com uma linha do horizonte e um ponto de fuga

ponto de fuga

linha do horizonte ↓

Desenhe linhas recuadas para a rua (deve parecer um triângulo)

Traga a base do triângulo para o fundo do seu papel

2. Desenhe um retângulo. Este é o seu primeiro edifício.

ponto de fuga

3. Desenhe uma linha dos cantos do retângulo até o ponto de fuga. Estas são suas linhas recuadas.

linhas recuando

ponto de fuga

linha recuada

Desenhe uma linha vertical entre as linhas recuadas para mostrar a "extremidade" do edifício.

4. Finish by erasing the receding lines from the "far end" top the vanishing point. (erase dotted area)

Vanishing point

Escolha um ponto onde será o próximo edifício. Desenhe uma linha do ponto ao ponto de fuga. Em seguida, faça uma linha vertical como fez no passo 3.

ponto de fuga

YOUR AD HERE

CVH

6. Repita até que todos os edifícios sejam desenhados em ambos os lados. Adicione janelas, portas, etc. para completar a cena.

5. Comece sua próxima construção. Observe como este está "atrás" do segundo edifício. Repita a etapa 3.

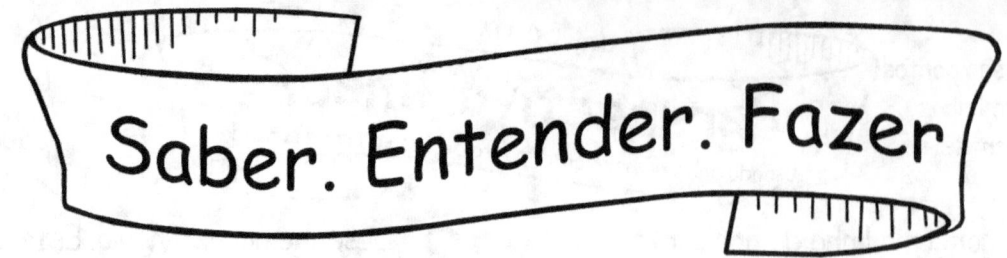

PERSPECTIVA DE DOIS PONTOS

SABER:
Perspectiva de dois pontos

ENTENDER:
• Em perspectiva linear, todas as linhas parecem se encontrar em qualquer um dos dois pontos no horizonte
• Técnicas de perspectiva são usadas para criar a ilusão de profundidade
• Variação entre tamanhos de assuntos
•Sobreposição
• Colocar objetos no chão representado como mais baixos quando mais próximos e mais altos na página quando mais distantes

FAZER:
Crie uma obra de arte de uma cena de rua usando uma linha do horizonte, 2 pontos de fuga e linhas recuadas para indicar a ilusão do 3D

INCLUIR:
Pelo menos 7 edifícios, 2 estradas, detalhes como janelas, tijolos e portas, e muitos "extras"

VOCABULÁRIO:
Profundidade - A distância da frente para trás ou de perto para longe em uma obra de arte
Perspectiva de Dois Pontos - Uma forma de perspectiva linear em que todas as linhas parecem se encontrar em um dos dois pontos no horizonte

Os edifícios que você está desenhando podem ficar abaixo ou acima da linha do horizonte.

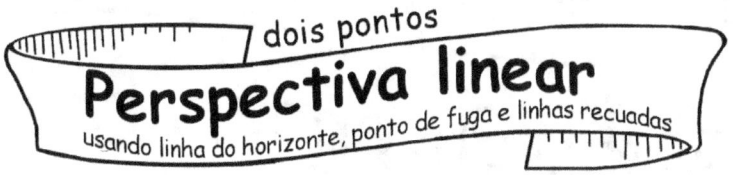

dois pontos

Perspectiva linear

usando linha do horizonte, ponto de fuga e linhas recuadas

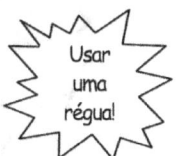

Usar uma régua!

1. Comece com uma linha do horizonte e dois pontos de fuga e uma linha vertical para sua primeira construção.

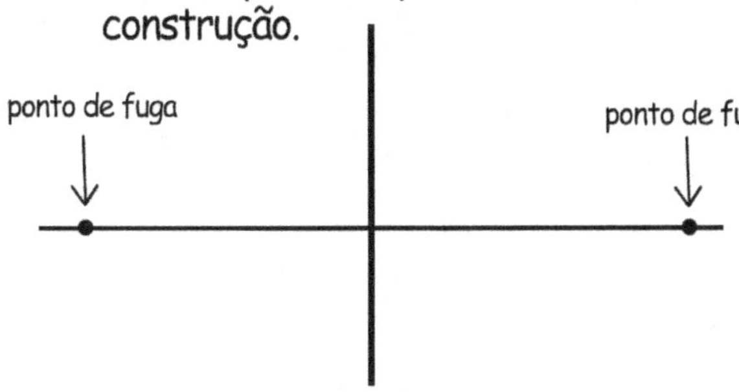

ponto de fuga

ponto de fuga

2. Em seguida, desenhe um retângulo de sua linha vertical central para AMBOS os pontos de fuga.

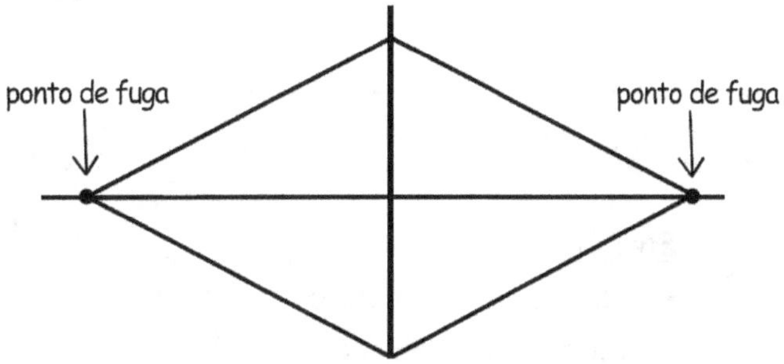

ponto de fuga

ponto de fuga

3. Desenhe mais 2 linhas em cada lado da linha vertical central. Este será o seu primeiro edifício.

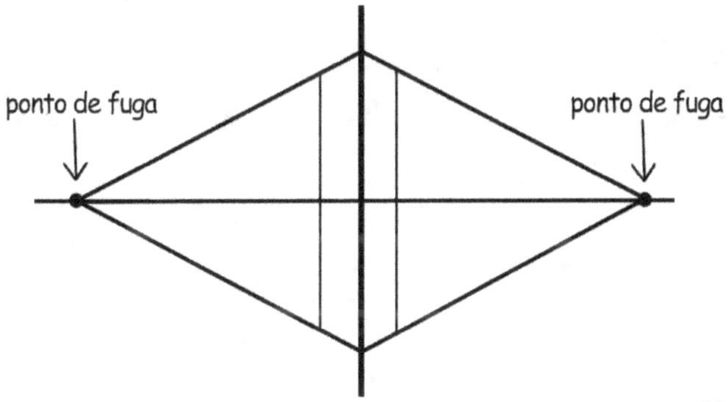

ponto de fuga

ponto de fuga

4. Crie outro prédio menor. Observe que o topo deste novo prédio está ABAIXO da linha do horizonte.

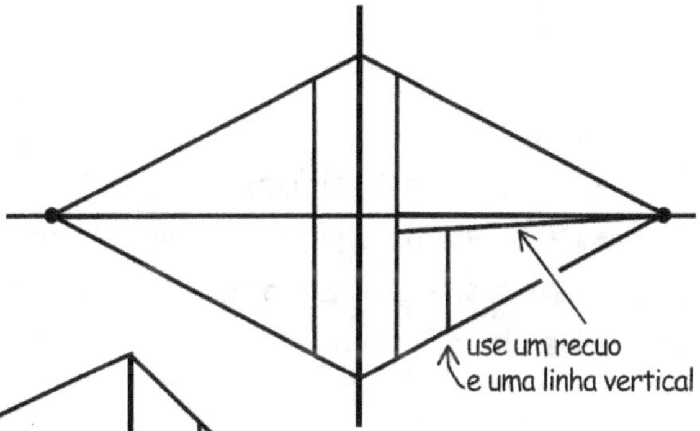

use um recuo e uma linha vertical

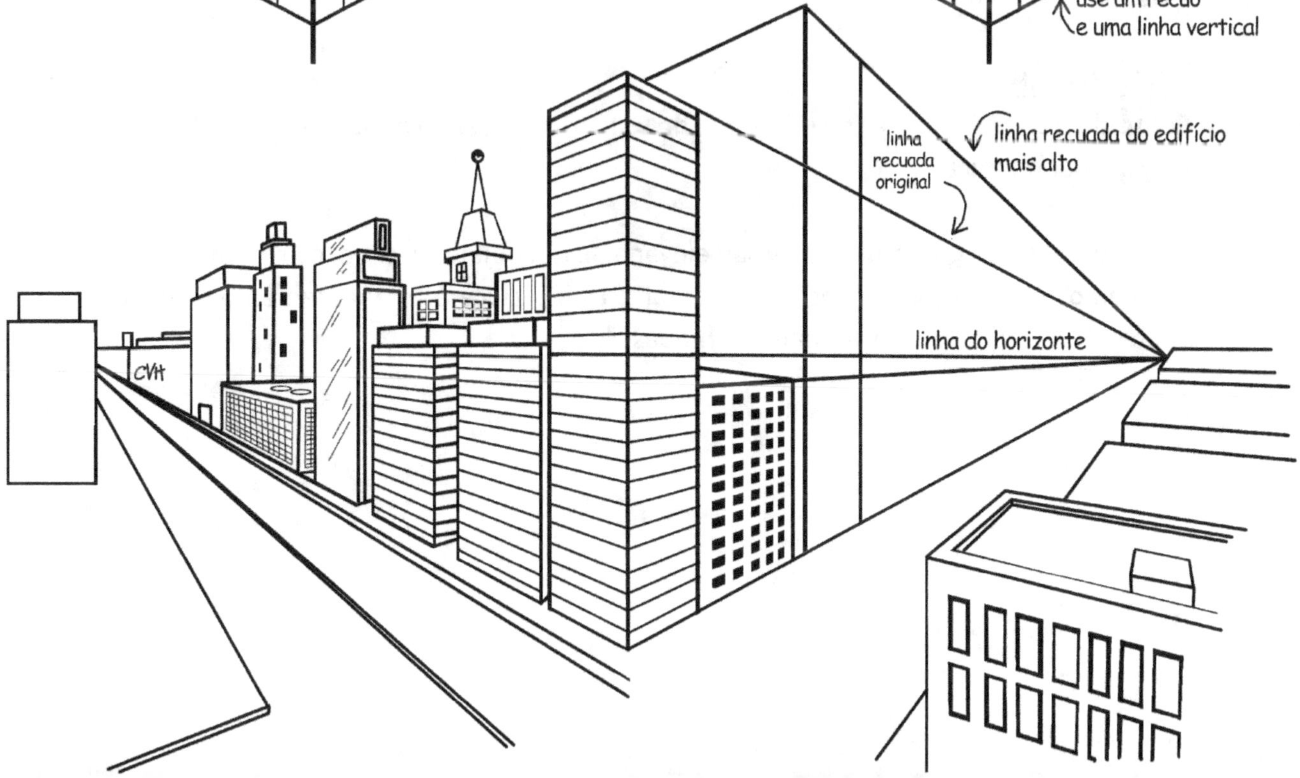

linha recuada original

linha recuada do edifício mais alto

linha do horizonte

CVH

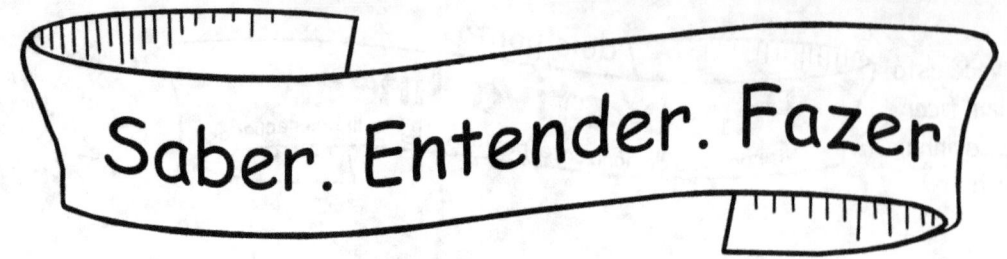

PONTO DE VISTA AÉREO

SABER:
Ponto de vista aéreo

ENTENDER:
• Técnicas usadas para criar uma visão de "olhos de pássaro"
• Utilização de linhas de recuo

FAZER:
• Crie uma visão de "olhos de pássaro" de uma cena da cidade usando um ponto de fuga e linhas recuadas

INCLUIR:
• Pelo menos 8 edifícios
• Detalhes como janelas, tijolos e portas
• Árvores, estradas e outros "extras" ao redor da base dos edifícios
• Detalhes do telha

VOCABULÁRIO:
Ponto de Vista Aéreo - Ver de um ponto de vista a uma grande altura, também chamado de vista panorâmica

Visão de olhos de pássaro - Uma visão elevada de um objeto de cima, com uma perspectiva como se o observador fosse um pássaro. Esta técnica é frequentemente usada na confecção de plantas, plantas baixas e mapas.

Ponto de Vista Aéreo
uma visão "olho de pássaro" da cidade
usando a perspectiva de um ponto

1. Primeiro, desenhe várias formas quadradas em torno de um ponto de fuga central. Estes serão os telhados de seus edifícios!

ponto de fuga

2. Em seguida, desenhe linhas recuadas de cada canto (sem passar pelas formas) até o ponto de fuga.

ponto de fuga

usar uma régua!

6. Termine adicionando árvores, estradas e outros "extras" ao redor da base dos edifícios.

3. Depois de desenhar todas as linhas recuadas, desenhe a base de cada edifício.

Tenha cuidado para não desenhar sobre outros edifícios!

Dica: as "linhas da janela" recuam para a ferramenta de ponto de fuga

4. APAGUE as linhas recuadas da parte inferior dos edifícios até o ponto de fuga.

5. Adicione padrões de "janelas" e detalhes do telhado

CVH

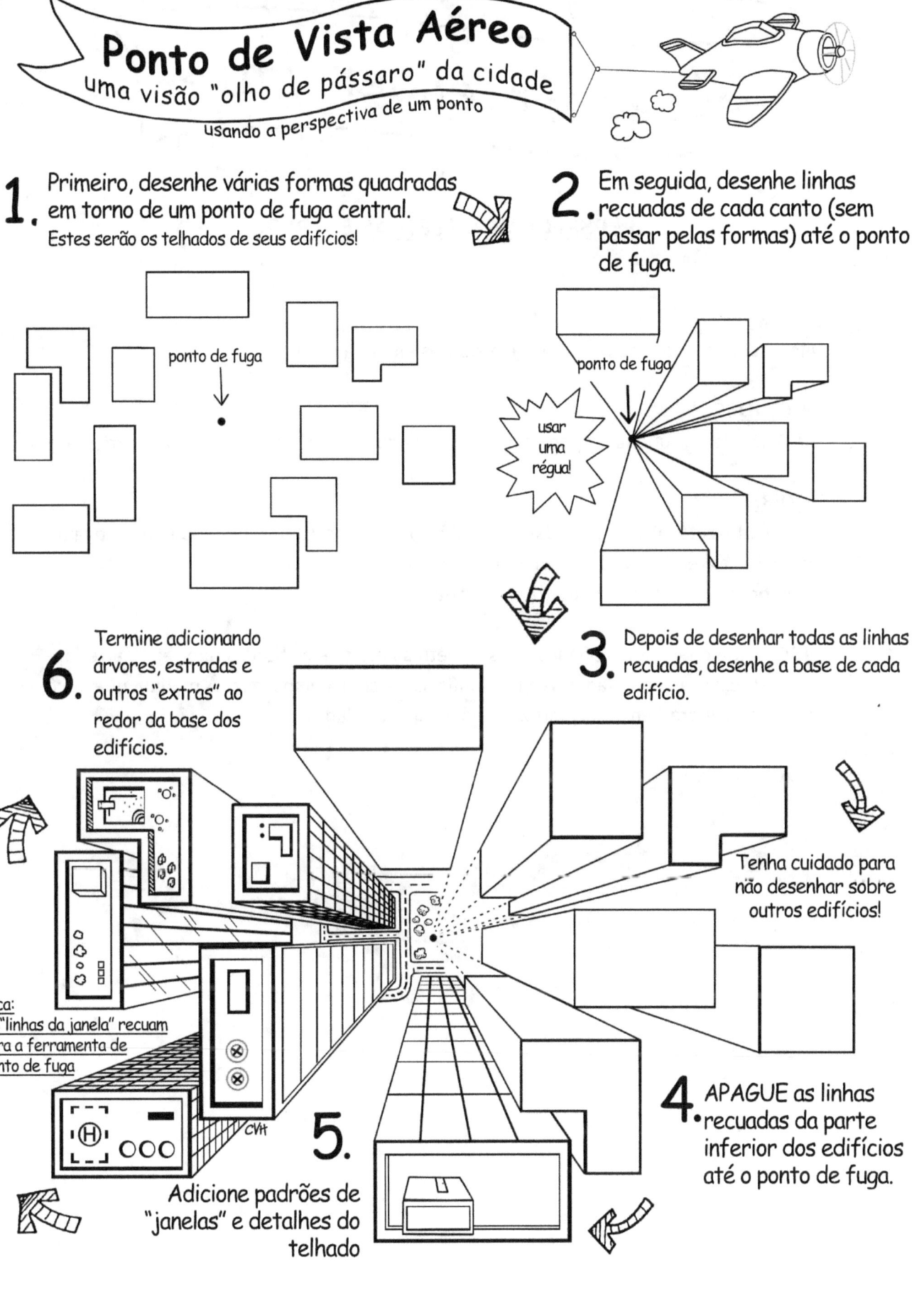

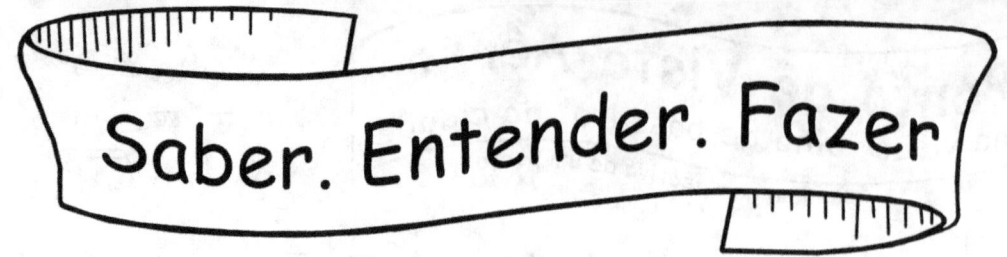

PERSPECTIVA DE LETRAS EM BLOCO

SABER:
Diferenças entre objetos próximos e distantes em uma cena

ENTENDER:
• A ilusão de profundidade pode ser criada usando técnicas de perspectiva de um ponto

FAZER:
• Seguindo as técnicas fornecidas, crie a ilusão de letras 3D usando uma perspectiva de ponto, linhas recuadas e letras de bloco para escrever seu nome
• Sombreie e adicione uma borda chanfrada

DICA: Tente criar cantos afiados em suas letras para que as bordas não sejam arredondadas. Arestas arredondadas são mais difíceis de criar perspectiva. À medida que você pratica e melhora, tente usar letras de bolha arredondadas.

Use uma régua!

LETRAS MAIÚSCULAS: Desenhe seu nome usando perspectiva

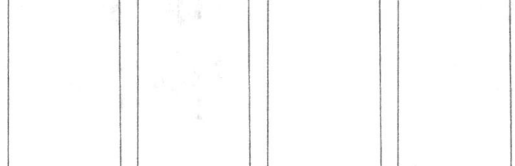

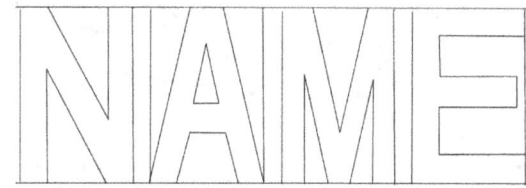

1. Primeiro, desenhe uma caixa para cada letra do seu nome. Certifique-se de que haja um pouco de espaço entre cada caixa.

2. Em seguida, "corte" suas letras de cada caixa. Use as bordas da caixa como parte de cada letra, conforme necessário.

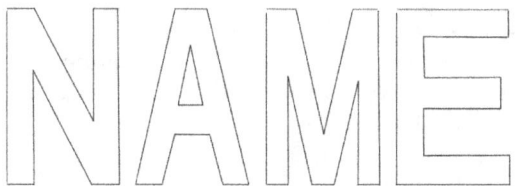

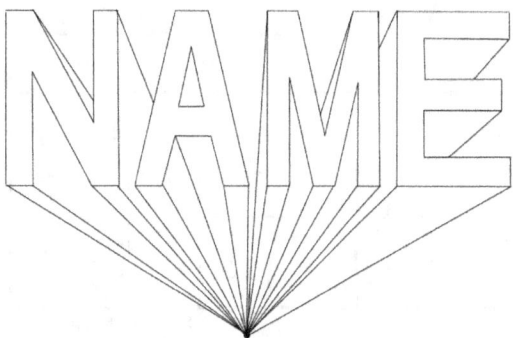

3. Apague as linhas que você não precisa. Crie um ponto centralizado sob suas letras. Este será o seu ponto de fuga.

4. Com a régua, alinhe cada canto de cada letra até o ponto de fuga e desenhe uma linha. Pare sua linha quando ela tocar em outra letra. Ajuda fazer todas as partes de baixo das letras primeiro.

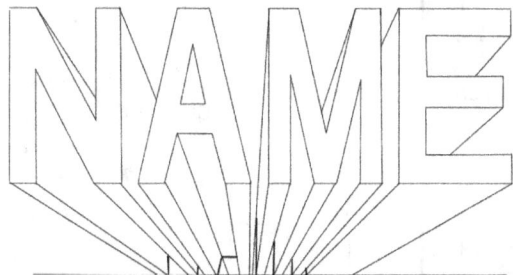

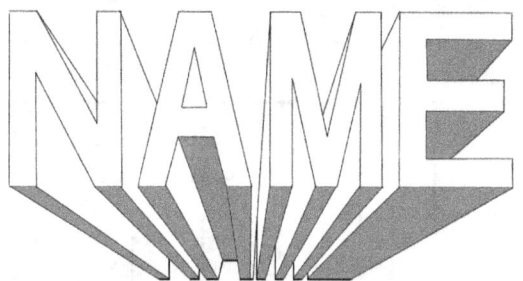

5. Em seguida, desenhe uma linha ligeiramente acima do ponto base e apague as linhas abaixo dela. Em seguida, desenhe uma linha para coincidir com a extremidade da letra.

6. Apague as linhas que você não precisa. Sombreie a parte inferior de cada seção de letra recuada com um tom escuro.

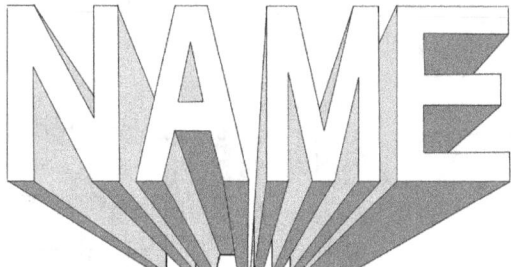

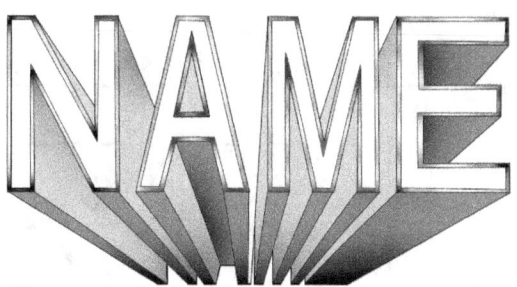

7. Em seguida, pinte as seções restantes com um tom mais claro.

8. Termine adicionando uma linha de bisel dentro de cada letra. Sombra para um visual "esculpido".

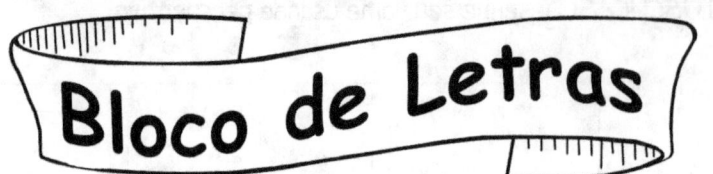
Bloco de Letras

Alfabeto "folha de

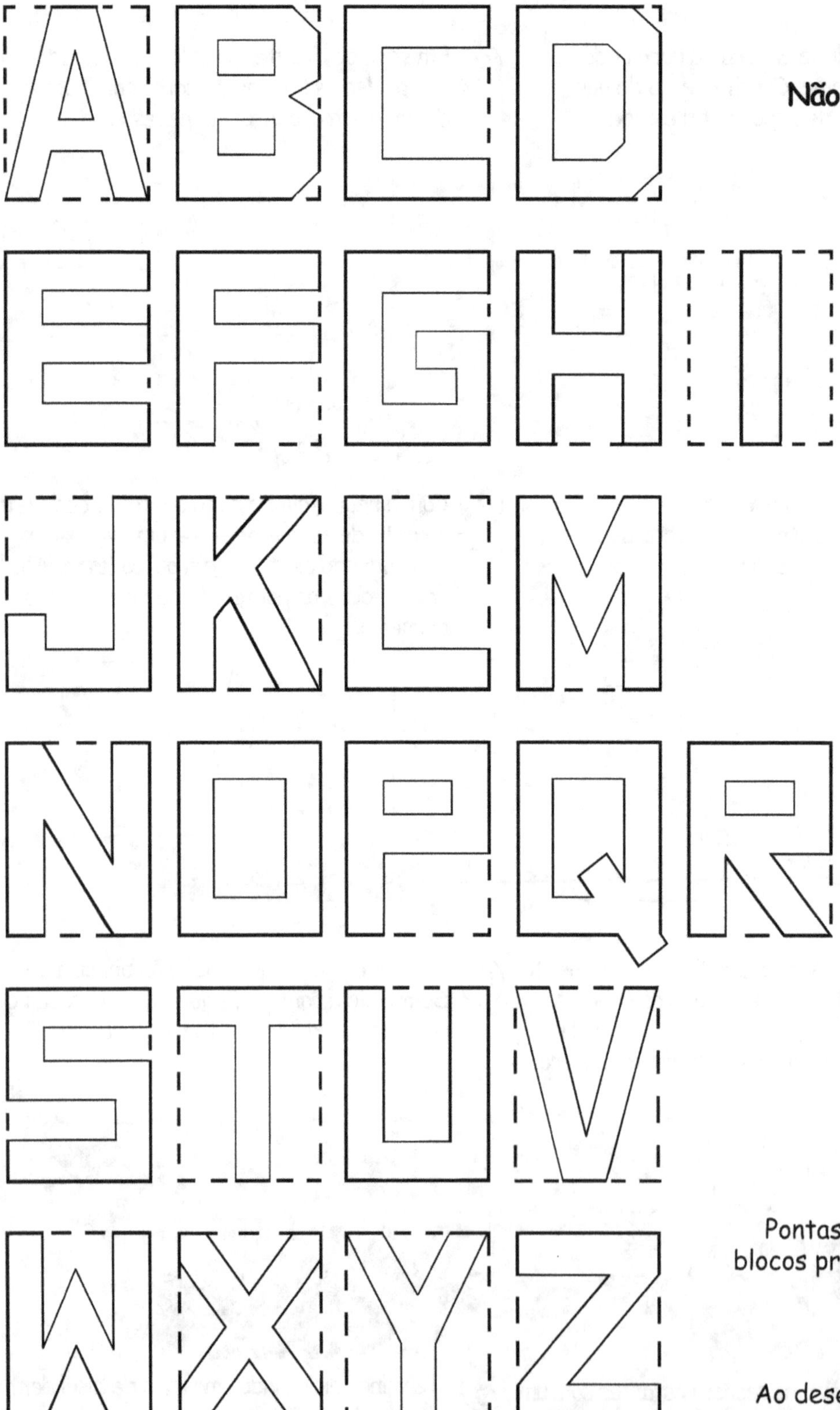

A B C D
E F G H I
J K L M
N O P Q R
S T U V
W X Y Z

Não sabe como fazer uma letra "caixa"?

1. Comece com um bloco

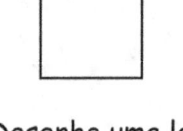

2. Desenhe uma letra dentro das bordas do bloco

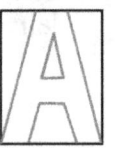

3. Apague as bordas que não fazem parte da carta

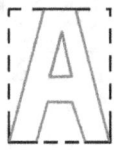

4. Pronto, pronto!

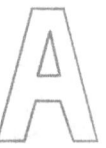

Pontas: Desenhe todos os seus blocos primeiro e depois desenhe c letras dentro.

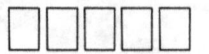

Ao desenhar uma palavra. não se esqueça de deixar um pouco de espa entre cada bloco.

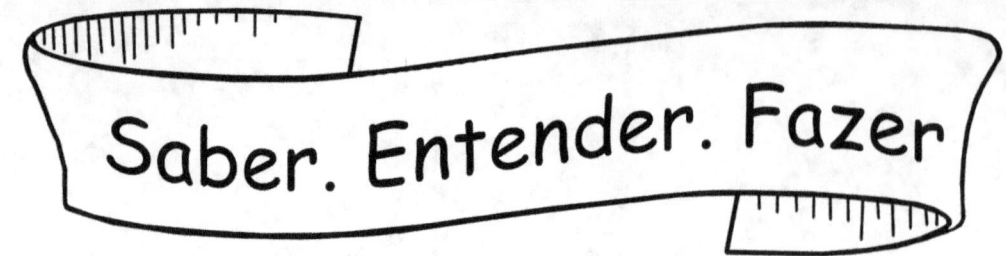

DESENHE UM ICEBERG

SABER:
Como criar uma sensação de profundidade em uma obra de arte

ENTENDER:
• Sobreposição e diferenças no tamanho dos objetos em uma cena ajudam a alcançar a ilusão de profundidade
• Os objetos desenhados que aparecem perto de nós são grandes e geralmente perto da parte inferior da página. Os objetos que aparecem mais longe de nós em um desenho geralmente são pequenos e mais altos na página.

FAZER:
Crie uma obra de arte original mostrando sobreposição e profundidade, incluindo pelo menos 3 icebergs de tamanhos diferentes, ondulações na água e uma linha do horizonte

VOCABULÁRIO:
Linha do horizonte - Uma linha onde a água ou a terra parece terminar e o céu começa
Forma Orgânica - Uma forma irregular que pode ser encontrada na natureza
Perspectiva - A técnica usada para criar a ilusão de 3D em uma superfície 2D.

A perspectiva ajuda a criar uma sensação de profundidade ou espaço recuado.

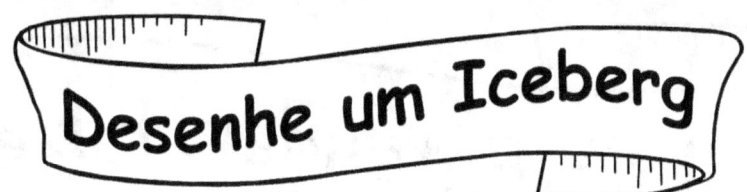

Desenhe um Iceberg

1. Comece com uma forma orgânica

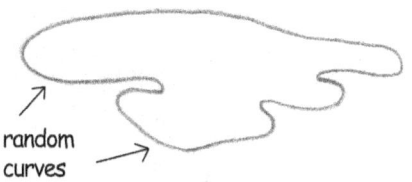

random
curves

2. Adicione linhas verticais em cada curva indo para baixo

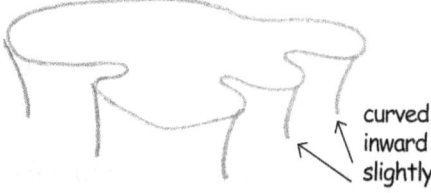

curved
inward
slightly

3. Conecte as verticais que você acabou de fazer com uma base curva

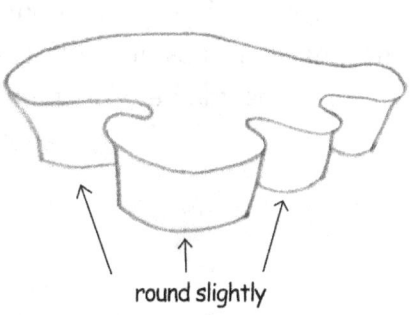

round slightly

4. Adicione algumas formas orgânicas menores mais acima na página

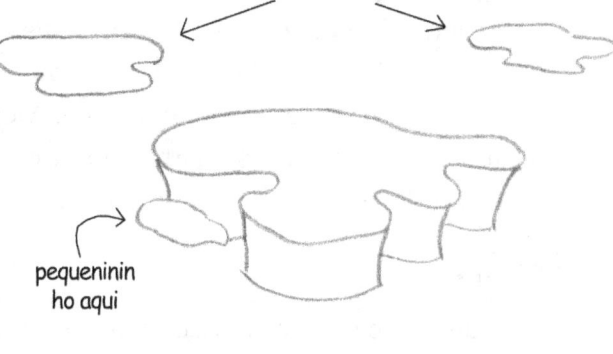

pequeninin
ho aqui

5. Conecte as formas menores com linhas verticais

icebergs de fundo mais finos do que icebergs de primeiro plano

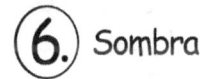

6. Sombra

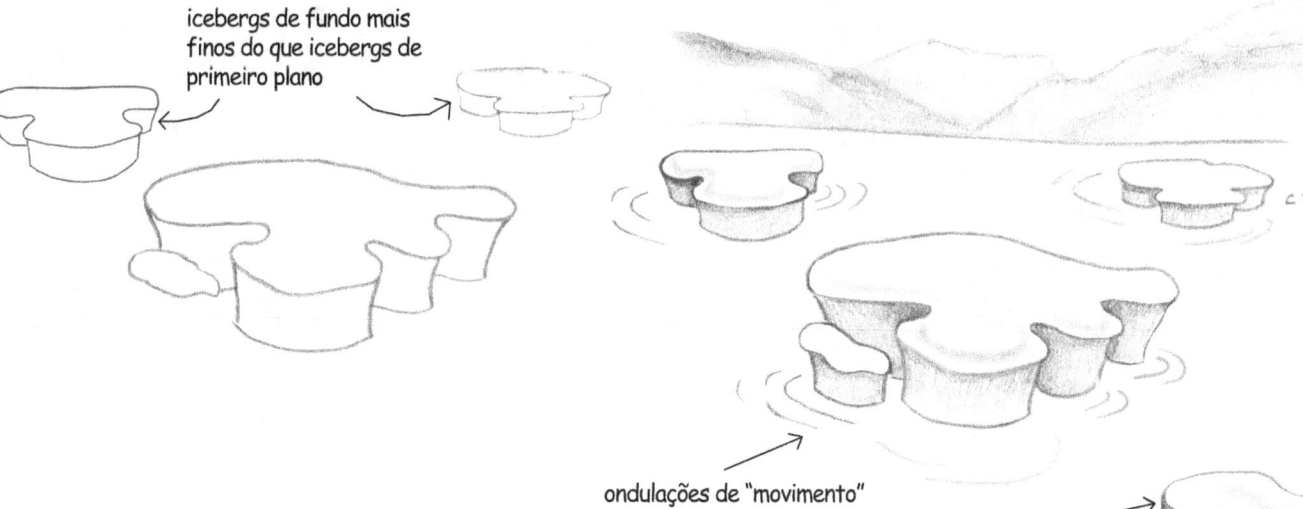

ondulações de "movimento"

sombra escura em cima mais clara em baixo

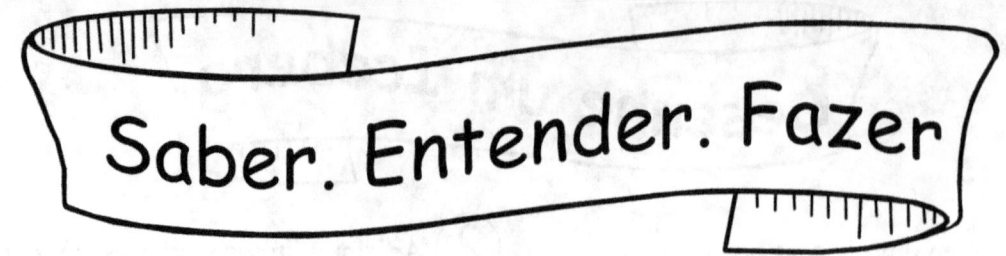

DESENHE 2 TOCA-DISCOS

SABER:

Outra maneira de usar linhas recuadas e criar uma sensação de profundidade em um trabalho artístico

ENTENDER:

Os objetos desenhados que aparecem perto de nós são grandes e geralmente próximos à parte inferior da página. Os objetos que aparecem mais longe de nós em um desenho são pequenos e mais altos na página. Mesmo que itens individuais possam retratar a profundidade quando as partes "mais próximas" são desenhadas grandes e as partes "distantes" são desenhadas pequenas.

FAZER:

Crie uma arte de 2 toca-discos como visto no folheto

VOCABULÁRIO:

Perspectiva - A técnica usada para criar a ilusão de 3D em uma superfície 2D. A perspectiva ajuda a criar uma sensação de profundidade ou espaço recuado.

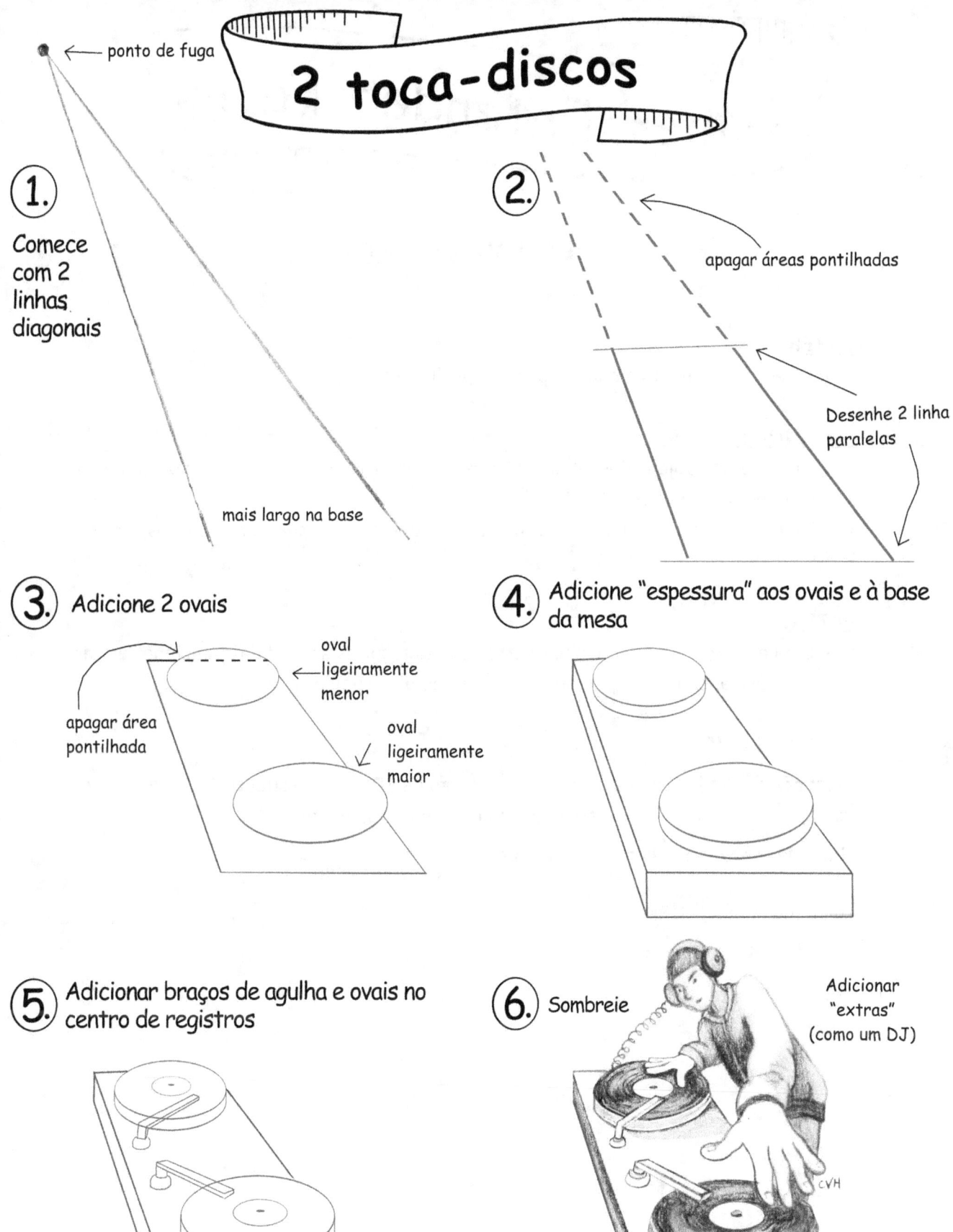

2 toca-discos

ponto de fuga

1. Comece com 2 linhas diagonais

mais largo na base

2. apagar áreas pontilhadas

Desenhe 2 linha paralelas

3. Adicione 2 ovais

oval ligeiramente menor

oval ligeiramente maior

apagar área pontilhada

4. Adicione "espessura" aos ovais e à base da mesa

5. Adicionar braços de agulha e ovais no centro de registros

6. Sombreie

Adicionar "extras" (como um DJ)

CVH

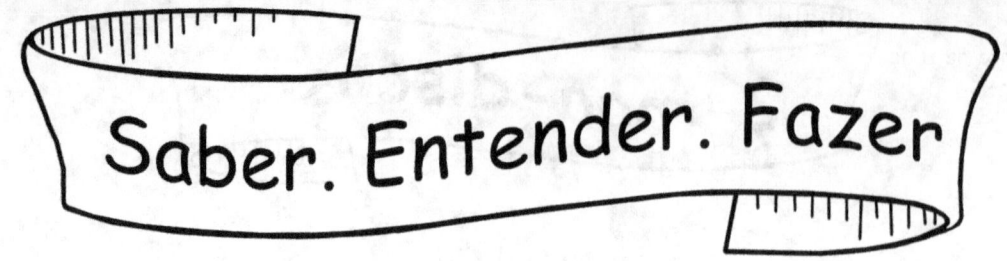

UM LIVRO ABERTO

SABER:

Linhas recuadas ajudam a criar a ilusão de profundidade

ENTENDER:

• A parte de um objeto desenhado que está mais próxima da parte inferior da página parece maior do que o resto
• Adicionar uma curva a linhas retas de um objeto em um desenho cria interesse e realismo

FAZER:

Crie uma arte original de um livro aberto usando técnicas aprendidas. Adicione "extras" como uma vela, caneta de pena e tinteiro ou texto nas páginas.

VOCABULÁRIO:

Perspectiva - A técnica usada para criar a ilusão de 3D em uma superfície 2D. A perspectiva ajuda a criar uma sensação de profundidade ou espaço recuado.

Linha de recuo - Uma linha que volta para o espaço

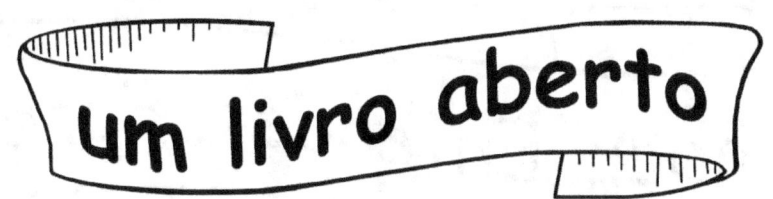

um livro aberto

1. Desenhe uma linha de ângulos com uma forma de "pássaro voador" no topo, como mostrado.

mais deste lado

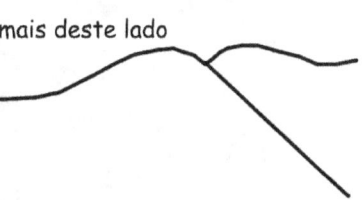

2. Adicione uma leve linha diagonal à "asa" esquerda.

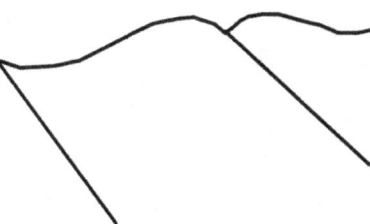

3. Transforme a linha que você desenhou em um retângulo. Obser que as linhas curtas dessa forma estão em um ângulo.

mais deste lado

4. Crie 2 curvas e uma linha para indicar a "extremidade" do livro. Adicione uma forma de "pássaro voador" ao fundo, como você fez na etapa 2.

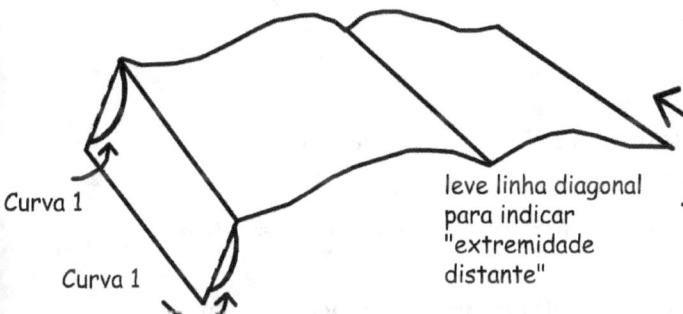

Curva 1

Curva 1

leve linha diagonal para indicar "extremidade distante"

5. Adicione uma curva na "extremidade" do livro uma linha amassada na base, conforme mostrado. Apague a área pontilhada.

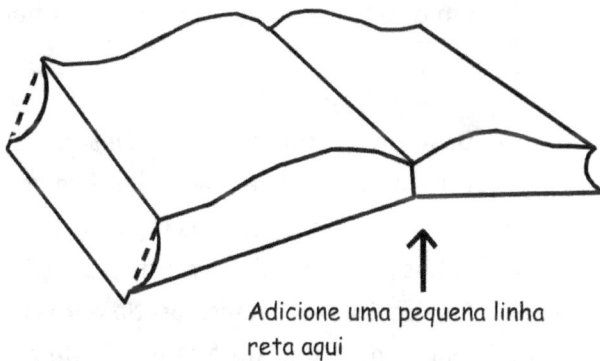

Adicione uma pequena linha reta aqui

6. Adicione uma capa de livro embaixo

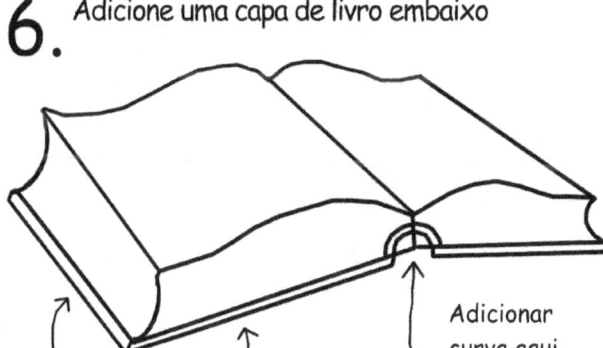

Adicionar curva aqui

Desenhe linhas nas bordas para indicar a espessura da capa do livro

7. Finalmente, adicione linhas para as páginas. Adicione "extras" para torná-lo mais interessante.

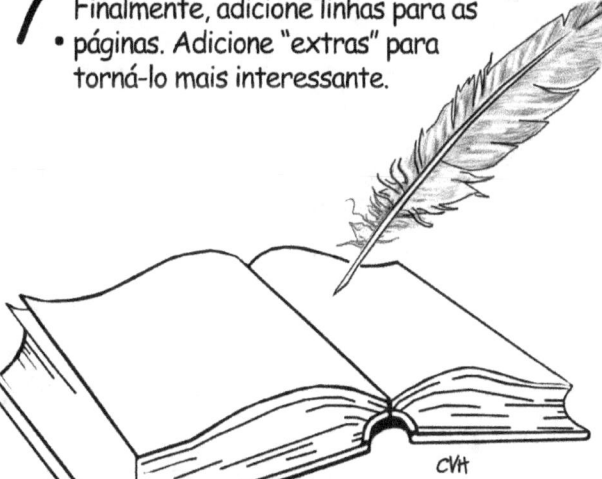

CVH

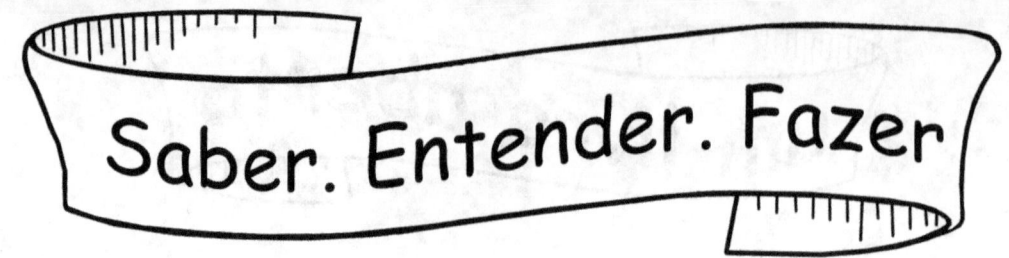

PORTÕES ABERTOS

SABER:
Linhas verticais, Linhas paralelas

ENTENDER:
Na maioria dos desenhos arquitetônicos, as linhas verticais são todas paralelas ou as horizontais são todas paralelas. Raramente ambos os tipos de linhas são perfeitamente paralelos e retos no mesmo desenho. Neste caso, todas as linhas verticais são perfeitamente retas e paralelas, as horizontais não.

FAZER:
Crie uma arte de portões abertos usando técnicas aprendidas. Adicione "extras" como um design de rolagem, barras, alvenaria, etc.

VOCABULÁRIO:
Desenhos Arquitetônicos - Desenhos que retratam edifícios feitos pelo homem
Horizontal - Reta e plana, paralela ao horizonte. O oposto é vertical.
Paralelo - Duas ou mais linhas retas ou arestas no mesmo plano que não se cruzam. As linhas paralelas têm a mesma direção.
Perspectiva - A técnica usada para criar a ilusão de 3D em uma superfície 2D. A perspectiva ajuda a criar uma sensação de profundidade ou espaço recuado.
Linha Vertical - A direção que vai em linha reta para cima e para baixo

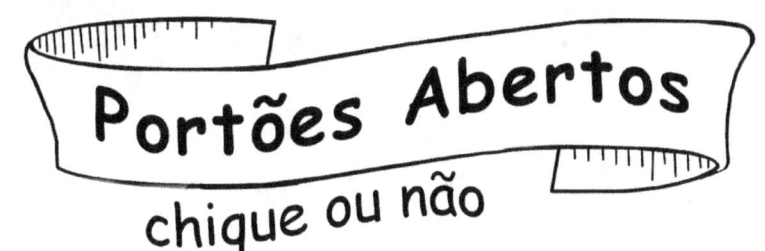

Portões Abertos

chique ou não

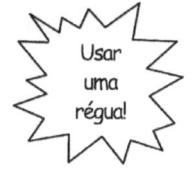

Usar uma régua!

1. Comece com um retângulo angulado como este

2. Repita essa forma, mas desta vez faça uma imagem espelhada

3. Adicione um retângulo fino em cada lado e 2 linhas dentro de cada portão (ângulo para cima)

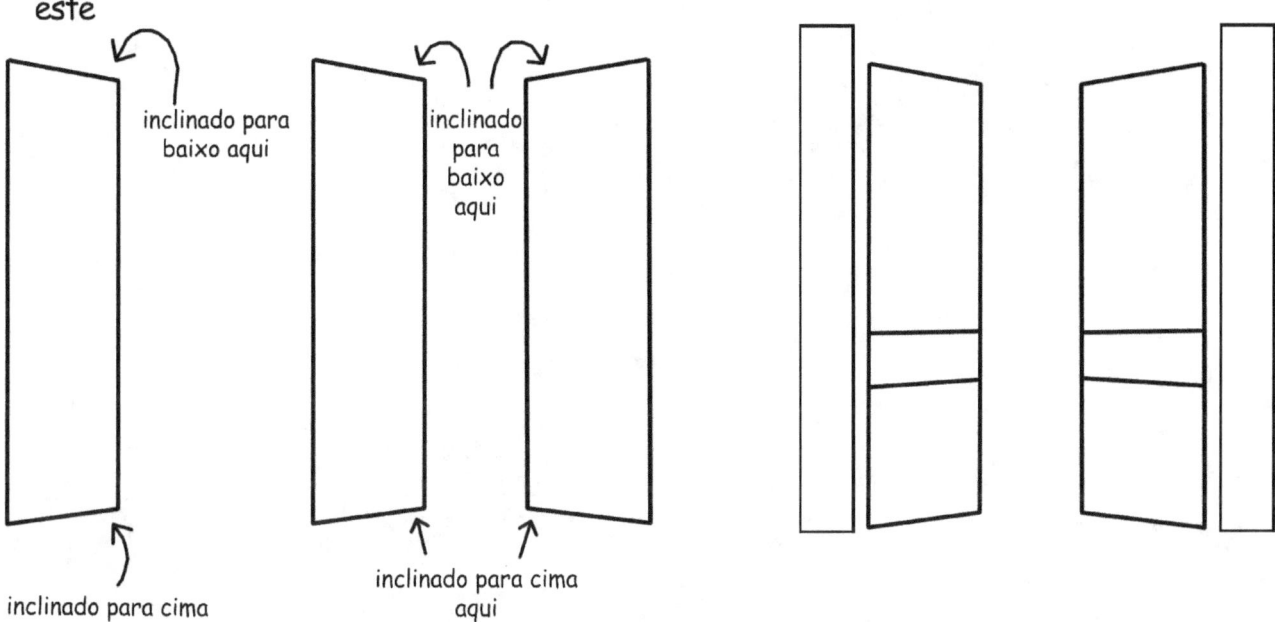

inclinado para baixo aqui

inclinado para baixo aqui

inclinado para cima aqui

inclinado para cima aqui

4. Adicione linhas paralelas próximas umas das outras dentro do portão

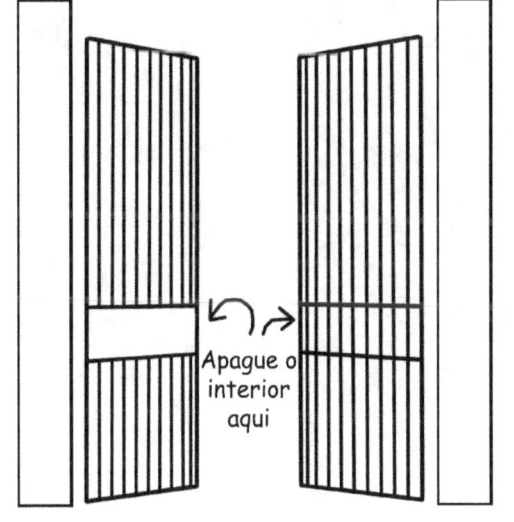

Apague o interior aqui

5. Adicione pergaminhos sofisticados dentro do portão e no topo, se quiser

use sua imaginação

Adicione alguns retângulos para "tijolos" dentro do pilar

Estenda a cer em ambos os lados se você tiver espaço

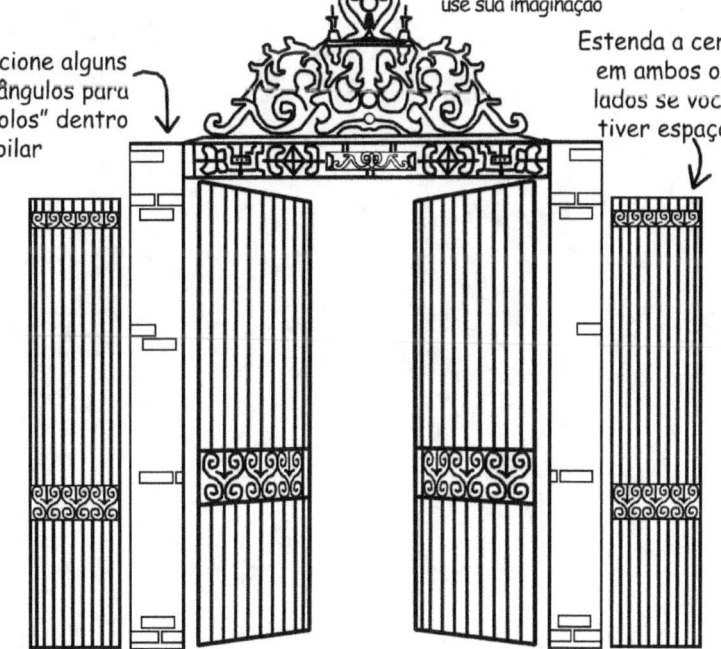

CVH

Capítulo 4

Feriados e Temporadas

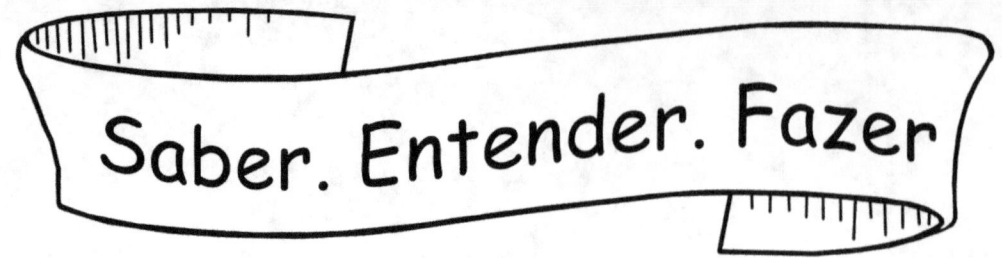

DIA DOS NAMORADOS
Cadeado de Coração e Chave

SABER:
Desenhar objetos vistos em vários ângulos pode adicionar interesse a um trabalho

ENTENDER:
• Como adicionar profundidade e interesse a um objeto desenhado
• Como tomar formas simples e transformá-las em itens mais complexos

FAZER:
Crie uma obra de arte original de um cadeado em forma de coração com uma chave antiquada

VOCABULÁRIO:
Profundidade - A terceira dimensão. A distância aparente da frente para trás ou de perto para longe em uma obra de arte.
Perspectiva - A técnica usada para criar a ilusão de 3D em uma superfície 2D. A perspectiva ajuda a criar uma sensação de profundidade ou espaço recuado.

Bloqueio de coração com chave

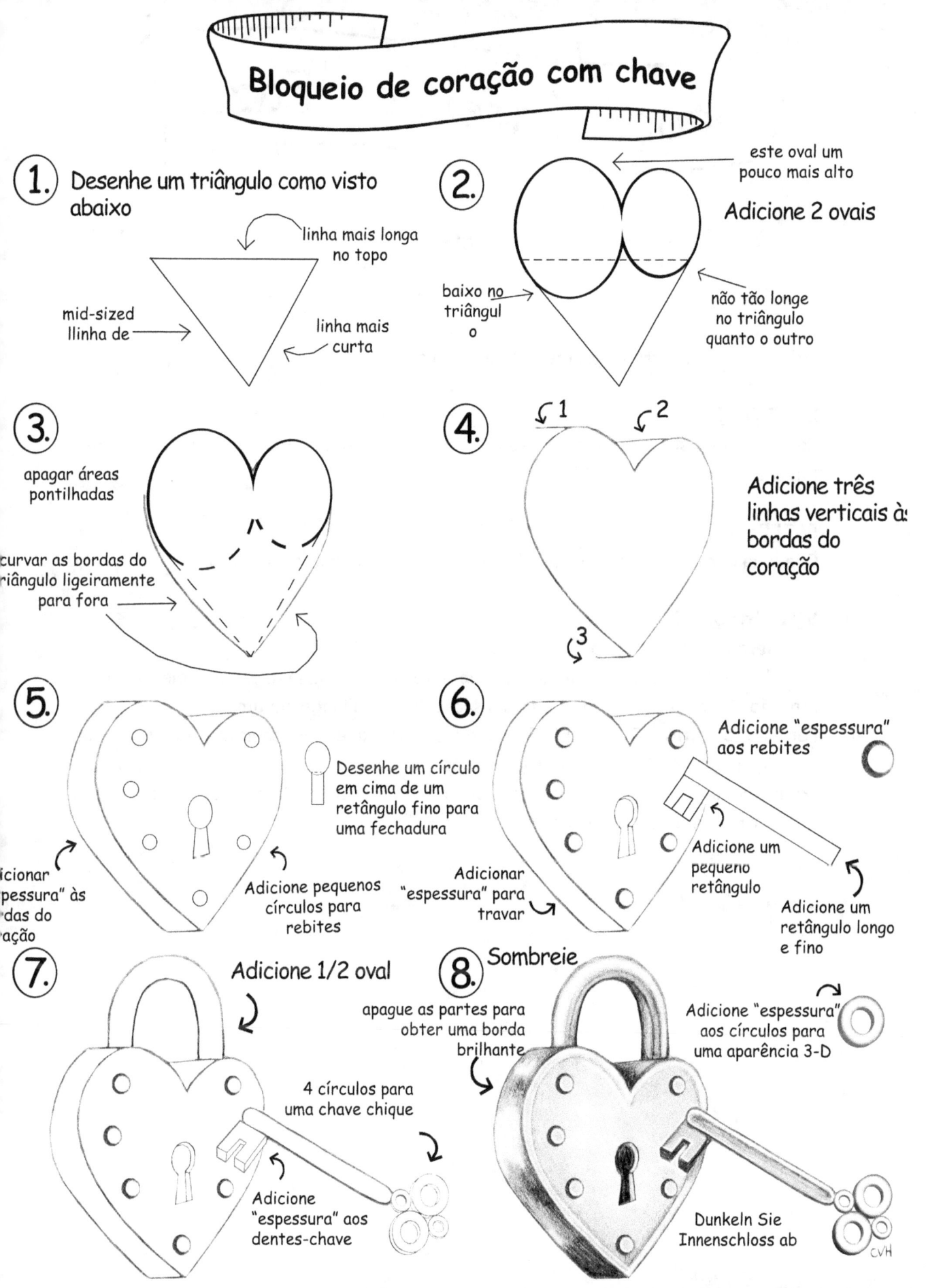

1. Desenhe um triângulo como visto abaixo

linha mais longa no topo

mid-sized llinha de

linha mais curta

2. Adicione 2 ovais

este oval um pouco mais alto

baixo no triângulo

não tão longe no triângulo quanto o outro

3. apagar áreas pontilhadas

curvar as bordas do triângulo ligeiramente para fora

4. Adicione três linhas verticais às bordas do coração

1   2   3

5. Desenhe um círculo em cima de um retângulo fino para uma fechadura

icionar "pessura" às das do ação

Adicione pequenos círculos para rebites

6. Adicione "espessura" aos rebites

Adicione um pequeno retângulo

Adicionar "espessura" para travar

Adicione um retângulo longo e fino

7. Adicione 1/2 oval

4 círculos para uma chave chique

Adicione "espessura" aos dentes-chave

8. Sombreie

apague as partes para obter uma borda brilhante

Adicione "espessura" aos círculos para uma aparência 3-D

Dunkeln Sie Innenschloss ab

CVH

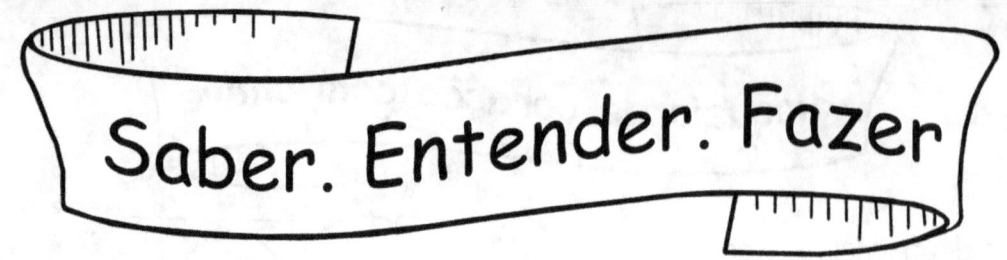

ROSA

SABER:
A diferença entre formas geométricas e orgânicas

ENTENDER:
Conectar uma série de formas geométricas simples pode criar um objeto complexo (orgânico)

FAZER:
Crie uma obra de arte original de uma rosa usando as técnicas fornecidas

VOCABULÁRIO:
Assimetria - Um objeto é diferente em ambos os lados

Equilíbrio - Um princípio de design, equilíbrio refere-se à maneira como os elementos da arte são organizados para criar uma sensação de estabilidade em uma obra.

Forma Geométrica - Qualquer forma 2D ou forma 3D que tenha mais matemática do que o design orgânico. Os desenhos geométricos são tipicamente feitos com linhas retas.

Forma Orgânica - Uma forma irregular que pode ser encontrada na natureza, em vez de uma forma mecânica ou angular

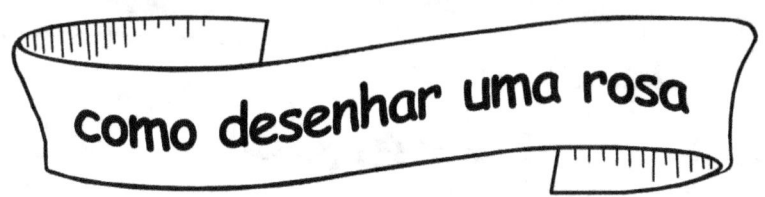

como desenhar uma rosa

1. desenhe levemente um pequeno oval acima de um grande círculo

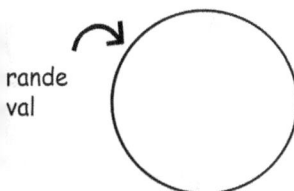

oval pequeno

grande oval

2. Conecte as chapes com linhas de 2 ângulos

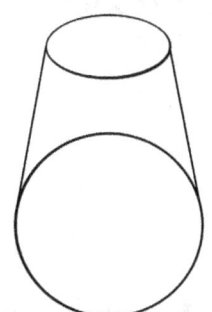

3. Adicione uma linha diagonal/curva como visto abaixo

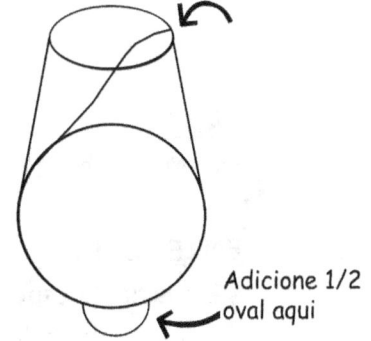

Adicione 1/2 oval aqui

4. Apagar áreas pontilhadas

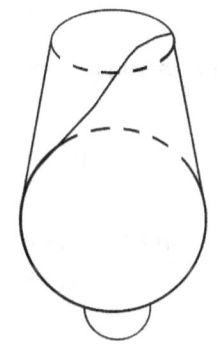

5. Adicionar curva

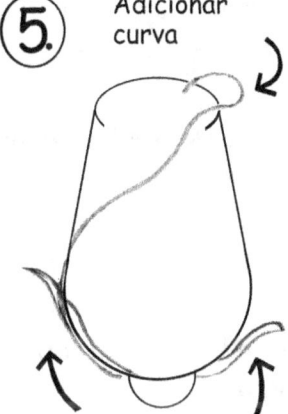

Adicione 2 folhas de base

6. Conecte a curva com 2 linhas

Adicione mais 3 folhas de base

7. Adicione uma pequena forma oval aqui

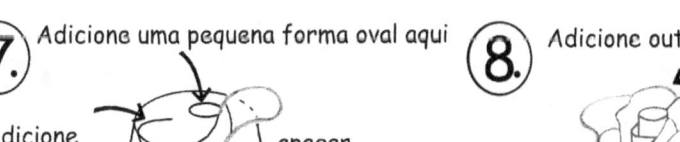

Adicione uma pequena curva aqui

apagar áreas pontilhadas

8. Adicione outra pétala

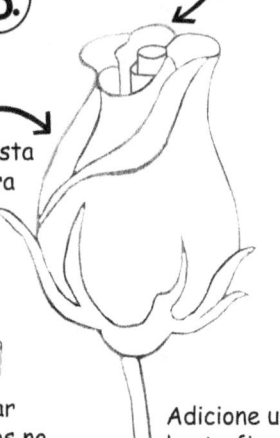

curvar esta linha para fora

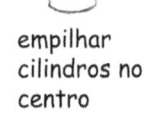

empilhar cilindros no centro

Adicione uma haste fina

9. Sombreie

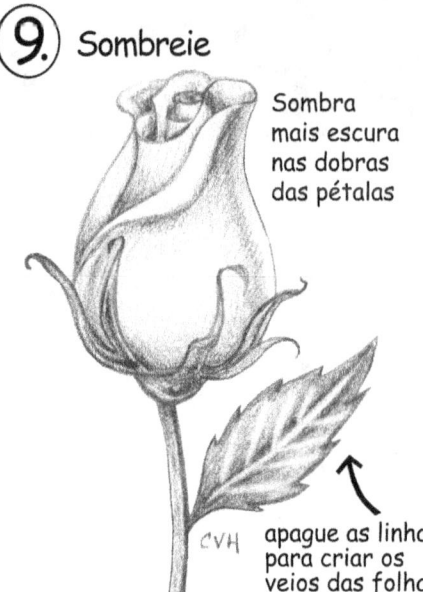

Sombra mais escura nas dobras das pétalas

CVH

apague as linhas para criar os veios das folhas

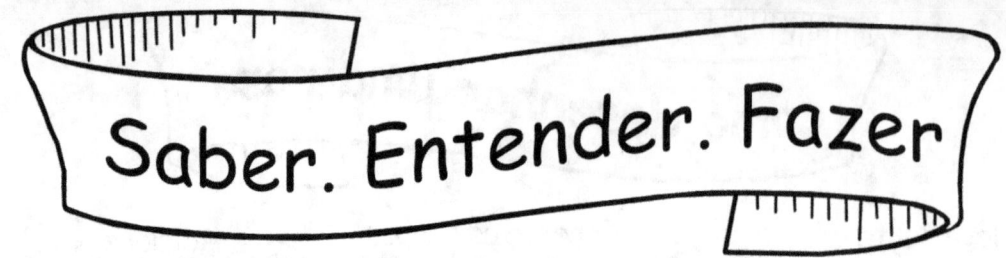

CISNES DO AMOR

SABER:
Simetria do espelho

ENTENDER:
• Simetria de espelho é quando as partes de uma imagem ou objeto são organizadas de modo que um lado duplique (espelhe) o outro
• A simetria perfeita raramente é encontrada na natureza

FAZER:
Os alunos tentarão criar um design simétrico de "Cisnes do amor" usando formas simples e as dicas e truques fornecidos

VOCABULÁRIO:
Simetria do espelho - As partes de uma imagem ou objeto organizado de modo que um lado duplique, ou espelhe, o outro. Também conhecido como equilíbrio formal, seu oposto é a assimetria ou equilíbrio assimétrico.
A simetria está entre as dez classes de padrões

O que você fizer de um lado, tente replicar no outro...

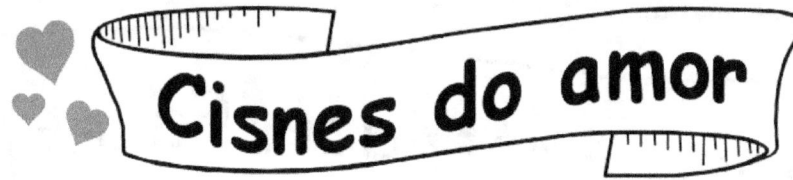

Cisnes do amor

usando a simetria do espelho

1. Comece com 2 formas ovais quase se encostando

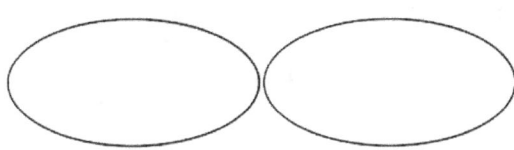

2. Em quase 3/2 do desenho, faça uma linha através dos ovais

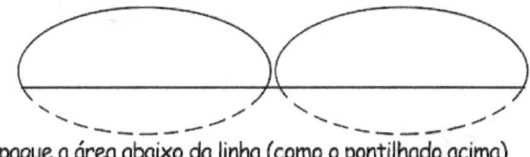

apague a área abaixo da linha (como o pontilhado acima)

3. Adicione caudas triangulares nos dois lados

faça um pequeno triângulo aqui

linha diagonal aqui

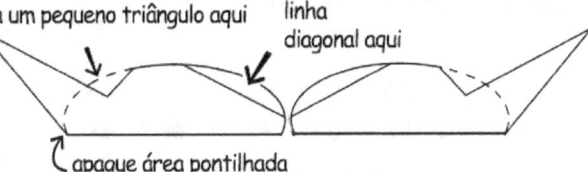

apague área pontilhada

4. Desenhe um círculo tocando as diagonais

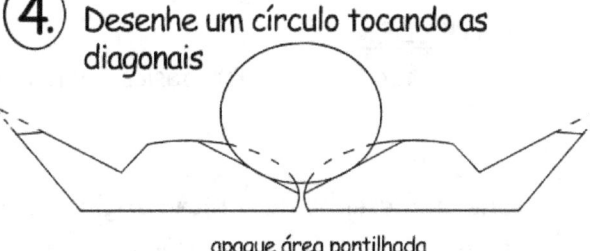

apague área pontilhada

5.

arredonde este triângulo

Desenhe uma forma de "pássaro"

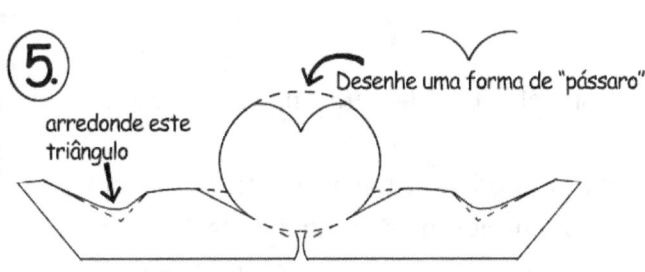

apague áreas pontilhadas

6. Adicione um pequeno oval e um retânulo no centro

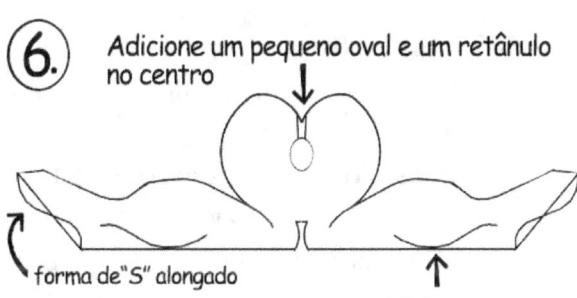

forma de "S" alongado

Adicione uma asa

7. apague

Desenhe uma forma de "coração" dentr da área do

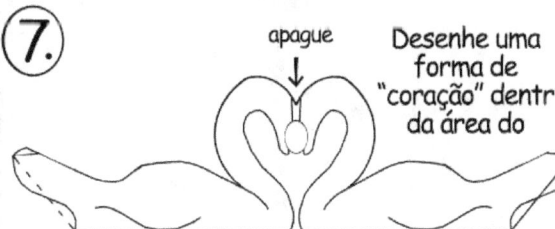

8. Detalhe do bico

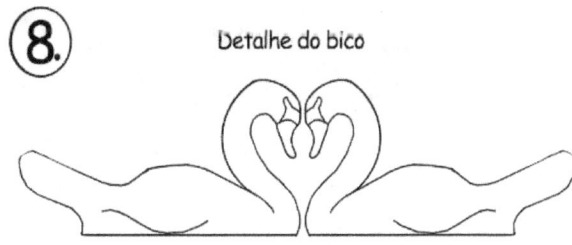

9. Sombreie

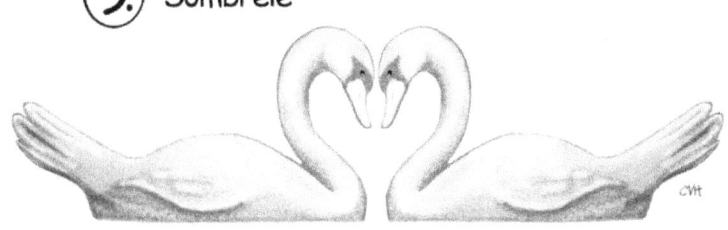

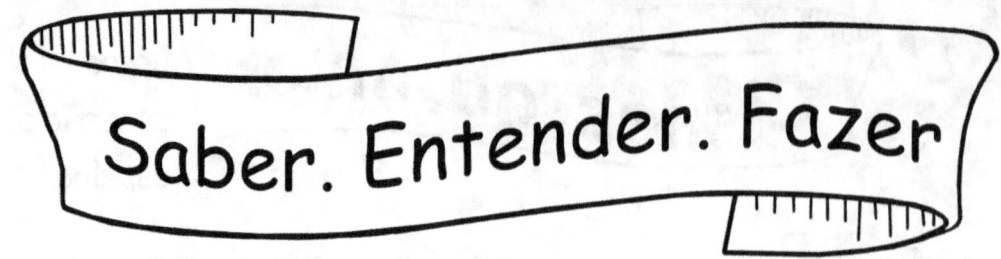

CORAÇÃO COM ARAME FARPADO

SABER:
Conectar algumas formas geométricas simples pode criar um objeto mais complexo

ENTENDER:
Usando técnicas de sobreposição para dar a um objeto a aparência de forma 3D

FAZER:
Crie um desenho de coração original envolto em arame farpado. Use linhas curvas e sobrepostas no topo do coração para dar a ilusão de "embrulho" e profundidade.

VOCABULÁRIO:
Forma 3D - Um elemento de arte que é tridimensional (altura, largura e profundidade) e possui volume

Sobreposição - Quando uma coisa está sobre a outra, cobrindo-a parcialmente. Aprender isso é um dos meios mais importantes de transmitir uma ilusão de profundidade. (Outros meios incluem tamanhos variados e posicionamento em um plano recuado, juntamente com a perspectiva linear e aérea.)

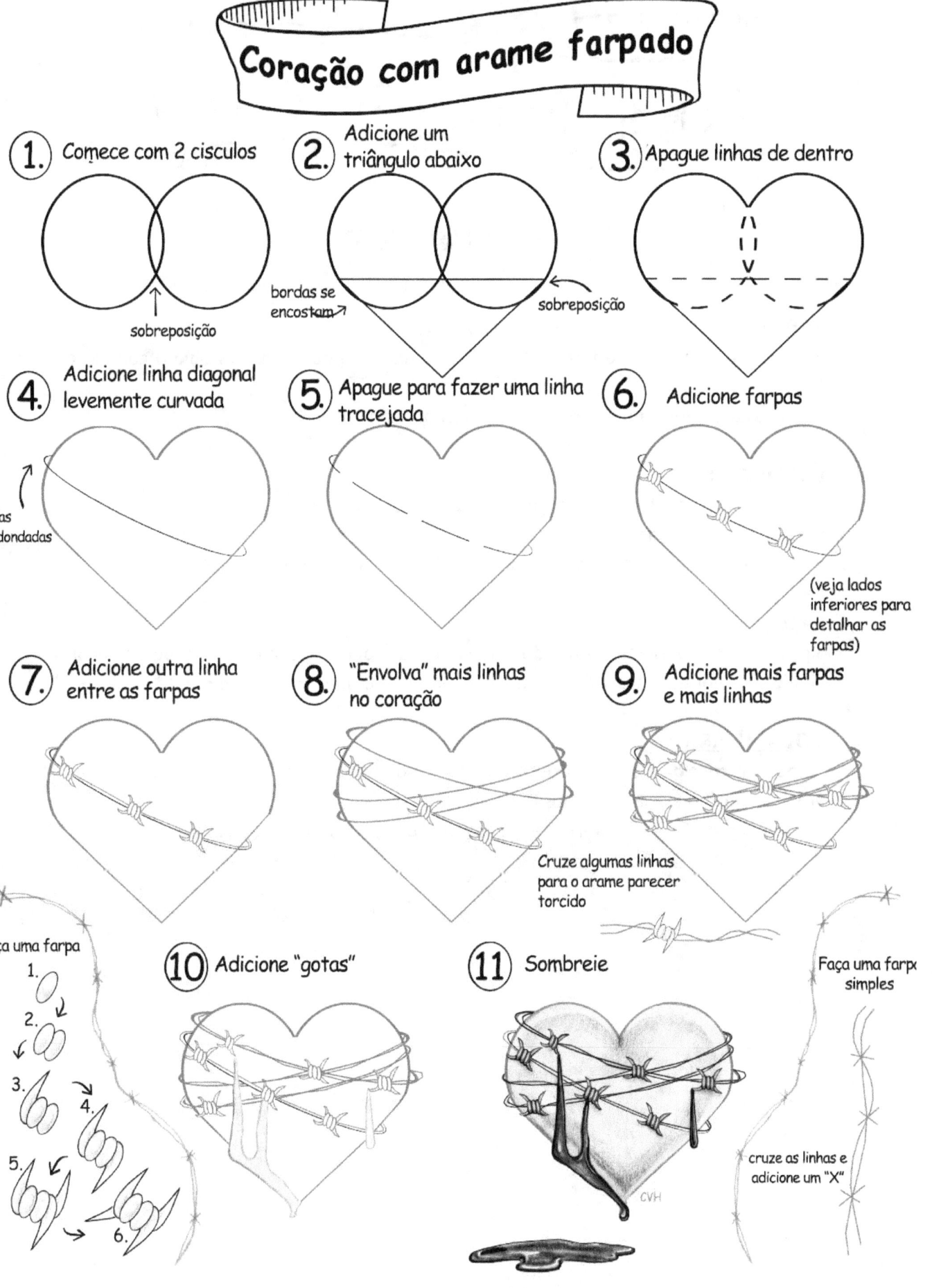

Coração com arame farpado

1. Comece com 2 cisculos

sobreposição

2. Adicione um triângulo abaixo

bordas se encostam↗

sobreposição

3. Apague linhas de dentro

4. Adicione linha diagonal levemente curvada

das edondadas

5. Apague para fazer uma linha tracejada

6. Adicione farpas

(veja lados inferiores para detalhar as farpas)

7. Adicione outra linha entre as farpas

8. "Envolva" mais linhas no coração

9. Adicione mais farpas e mais linhas

Cruze algumas linhas para o arame parecer torcido

aça uma farpa
1.
2.
3.
4.
5.
6.

10 Adicione "gotas"

11 Sombreie

CVH

Faça uma farpx simples

cruze as linhas e adicione um "X"

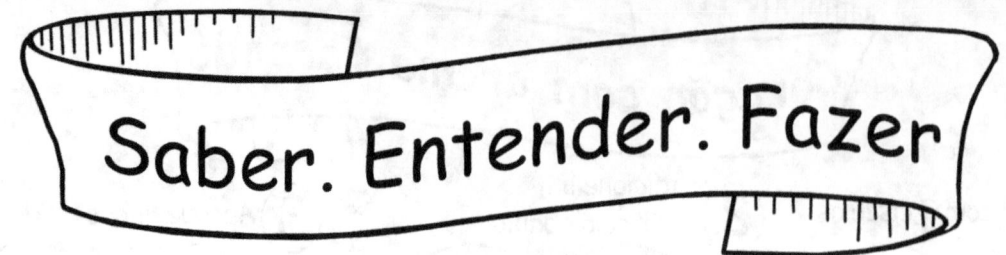

ARABESCO E ROSA

SABER:
• Conectar uma série de formas geométricas simples pode criar um objeto complexo (orgânico)
• Linhas curvas indicam perspectiva via sobreposição

ENTENDER:
• Sobreposição e diferenças no tamanho dos objetos em uma cena ajudam a alcançar a ilusão de profundidade
• Sombreamento de alto contraste dá a aparência de forma e 3D

FAZER:
Siga as etapas no folheto fornecido para criar sua própria versão de um arabesco envolvendo uma flor de rosas. Adicione uma mensagem no banner e na sombra.

VOCABULÁRIO:
Sombreamento de alto contraste - Uma grande diferença entre valores escuros e claros em um trabalho artístico (menos tons médios)
Sobreposição - Quando uma coisa está sobre a outra, cobrindo-a parcialmente

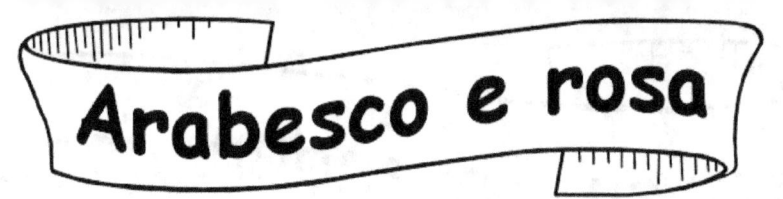

Arabesco e rosa

1. Comece com um espiral

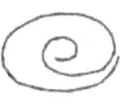

2. Adicione uma base (parece uma taça de vinho)

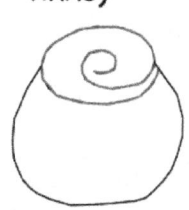

3. Adicione "asas" e 3 petalas

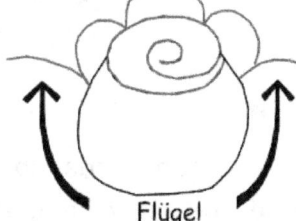

Flügel

4. Asas de "Frango"

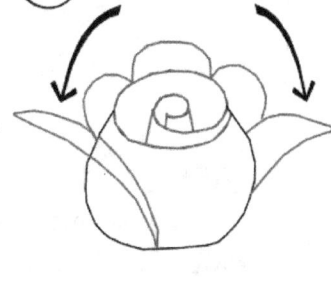

5. Adicione petalas curvadas abaixo e início da haste

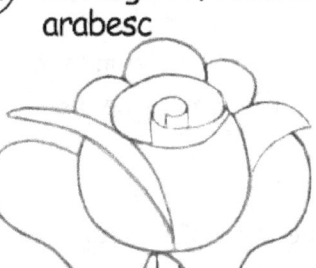

6. A rosa está pronta! Em seguida, comece o arabesc

linhas curvas anguladas

7. Linhas vesticais de cada curva

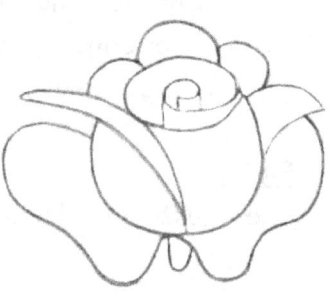

faça 6 linhas verticais

8. Faça o fundo e finalize o arabesco

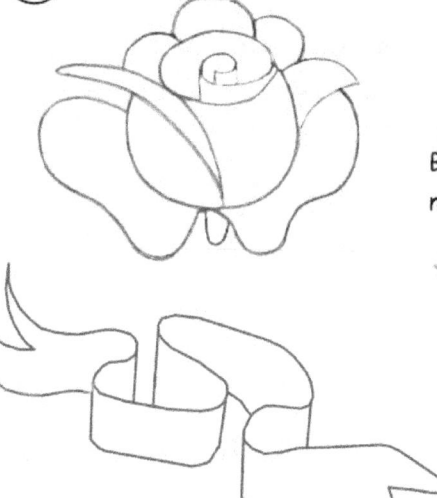

Borda irregular nas folhas

9. Adicione caule, folhas e letras. Somreie!

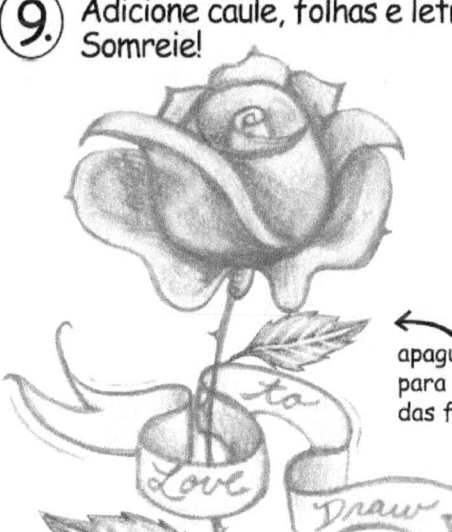

apague linhas para criar veias das folhas

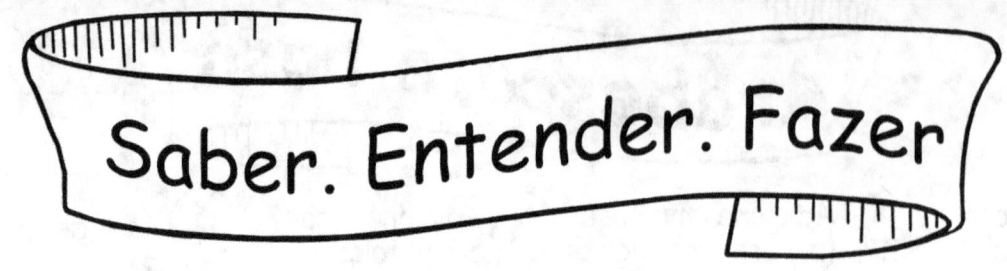

POTE DE OURO

SABER:
• Formas simples combinadas podem criar objetos mais complexos
• Muitos objetos (feitos pelo homem e naturais) são baseados no cilindro

ENTENDER:
• Os discos são cilindros curtos
• Usando os princípios de um cilindro (base arredondada e um topo de elipse) pode criar uma variedade de formas quando usado no desenho

FAZER:
Crie a ilusão de um pote 3D cheio de "discos" de moedas de ouro. Sombreie.

VOCABULÁRIO:
Cilindro - Um tubo que aparece tridimensional
Disco - Um oval 3D
Elipse - Um círculo visto em um ângulo (desenhado como um oval)

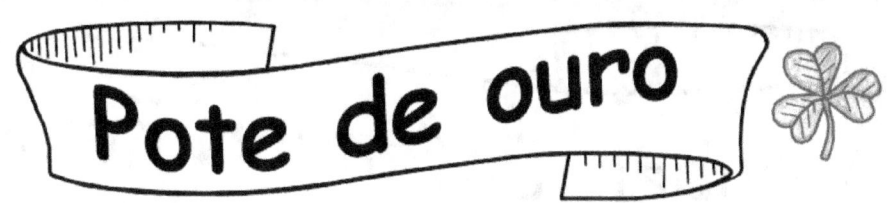

Pote de ouro

1. Comece com oval

2. Adicione a parte de baixo de uma forma de círculo

3. Adicione aro inferior para criar "espessura"

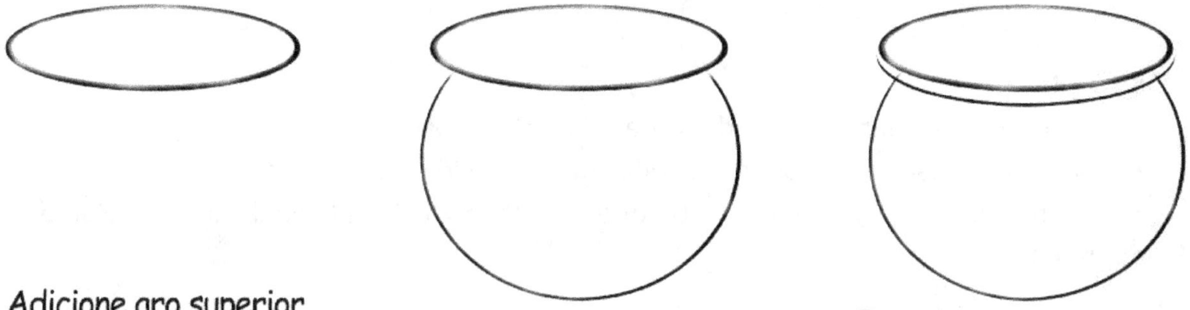

4. Adicione aro superior para adicionar "espessura" no topo

5. pequeno círculo

pernas

6.

moeda 3-D

Adicione cabo curvo

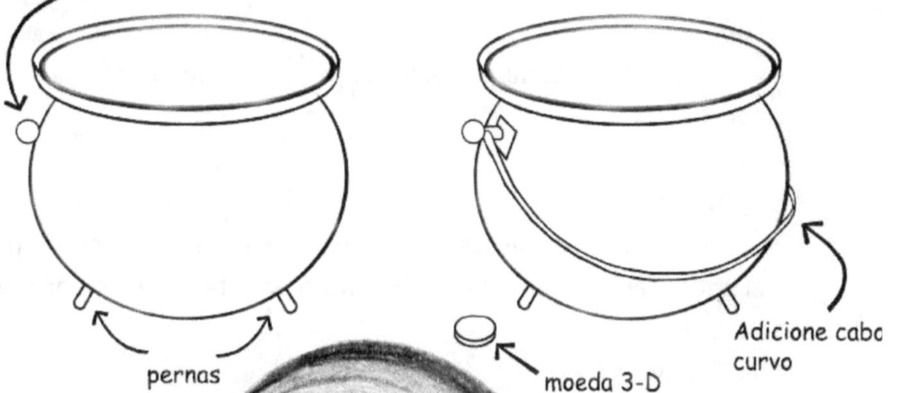

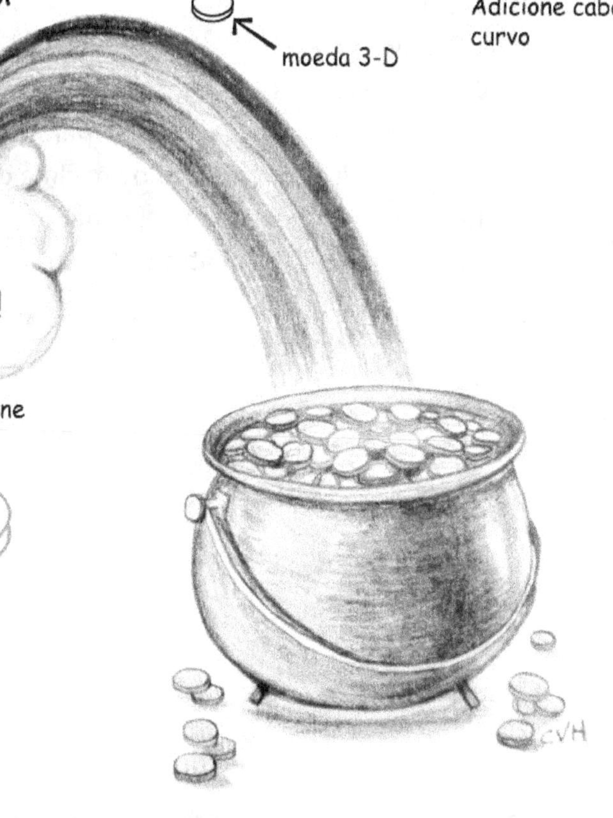

2 Mareiras de fazer uma moeda 3-D
Teste as duas maneiras e veja qual você gosta mais!

1. Oval

2. Adicione outro

3. Apague área pontilhada

4. Adicione detalhes

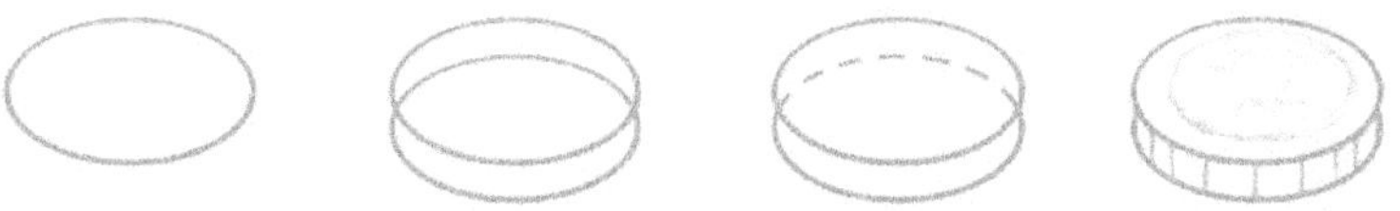

ou

1. Oval

2. Adicione 2 linhas

3. Conecte

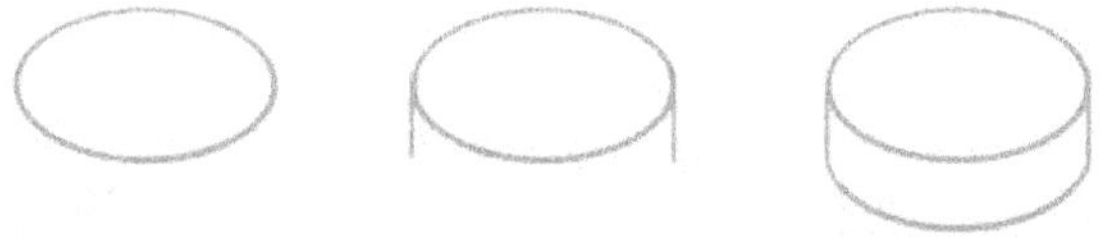

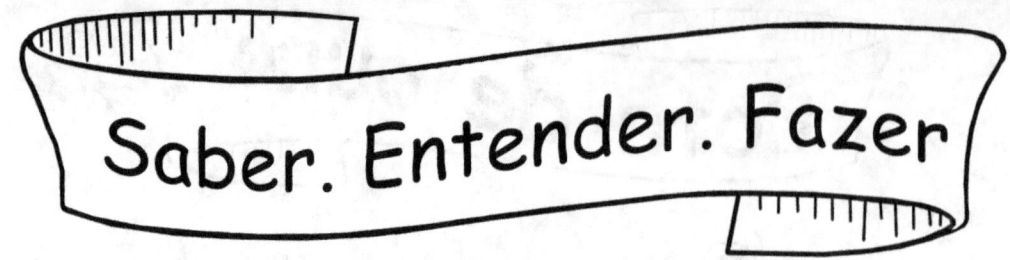

COISAS FOFAS DE PÁSCOA

SABER:

• Formas simples combinadas podem criar objetos complexos

• Uma seção transversal de um cone pode criar um recipiente

• Adicionar linhas de "hachura" ao interior de um objeto delineado dá-lhe forma, volume e sombra

ENTENDER:

• Técnica de "hachura" e "hachura cruzada" para mostrar sombra, textura ou forma em um objeto

• A textura é usada por artistas para mostrar como pode ser a sensação de algo ou do que é feito

FAZER:

Crie um trabalho artístico incluindo os objetos descritos no folheto. Adicione "extras". Experimente os detalhes de hachura para textura e sombreamento.

VOCABULÁRIO:

Cone - Duas linhas na borda de uma elipse que eventualmente se encontram

Hachura - Uma série de linhas paralelas estreitamente espaçadas. Quando mais linhas são colocadas em um ângulo em cima dessas linhas, isso é chamado de hachura cruzada.

Textura - A maneira como algo parece que pode parecer em uma obra de arte

Volume - O espaço dentro de uma forma 3D

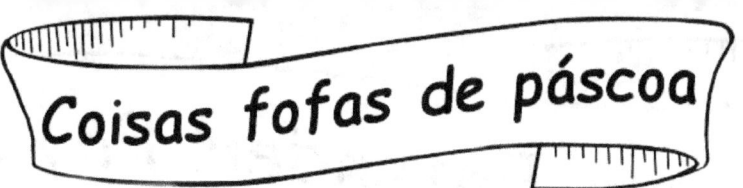

Coisas fofas de páscoa

1. Comece com um oval

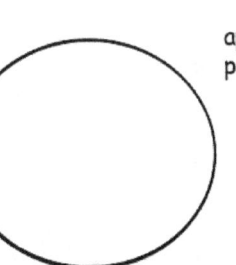

2. Adicione outro oval sobreposto

apague área pontilhada

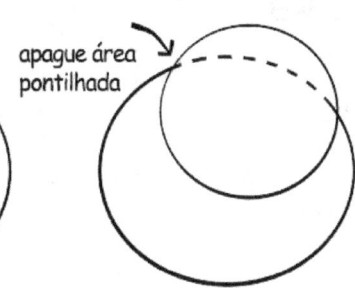

3. Adicione 2 círculos pela metade na base

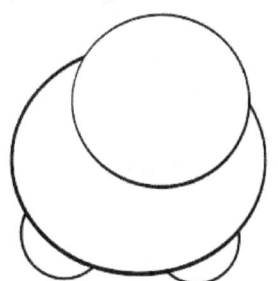

4. Adicione um bico triangular

apague

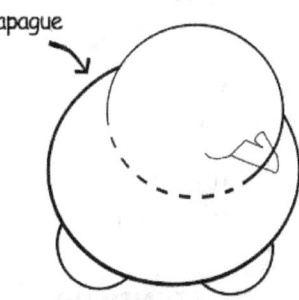

5. Adicione olho e 2 pernas finas

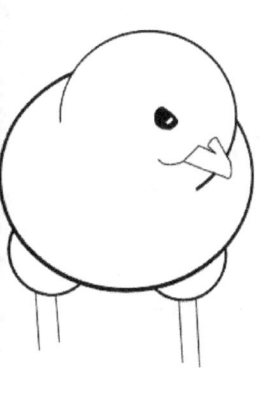

6. Adicione 3 dedos em cada perna

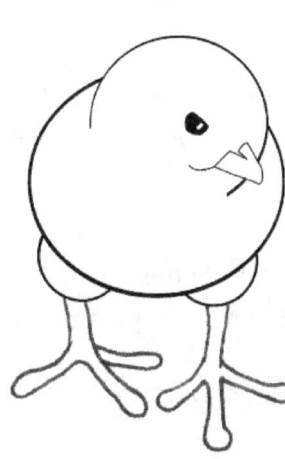

7. Faça bordas externas "peludas" com linhas de hachura

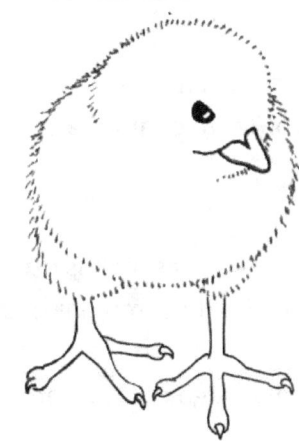

8. Sombreie

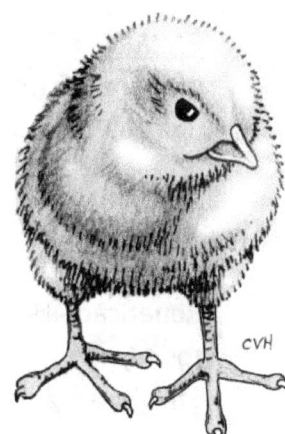

1. Comece com 2 ovais

maior

enor

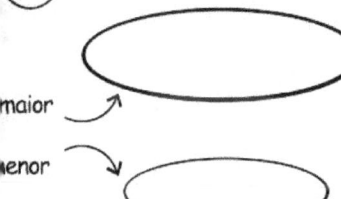

Cesto de

2. Conecte os lados

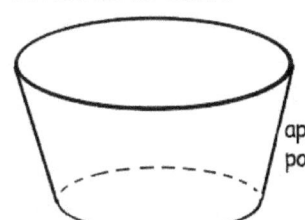

apague área pontilhada

3.

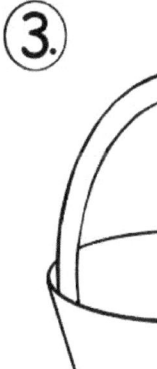

Adicione meio oval para a alça

4. Sombreie

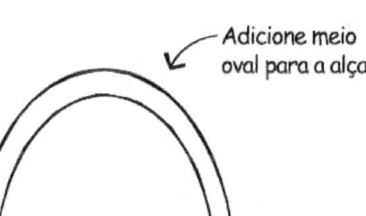

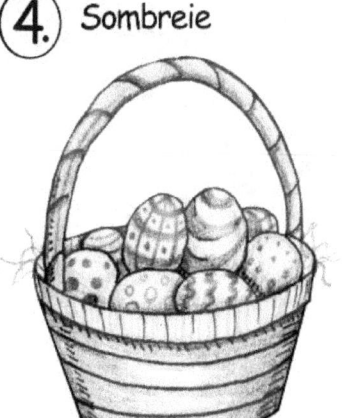

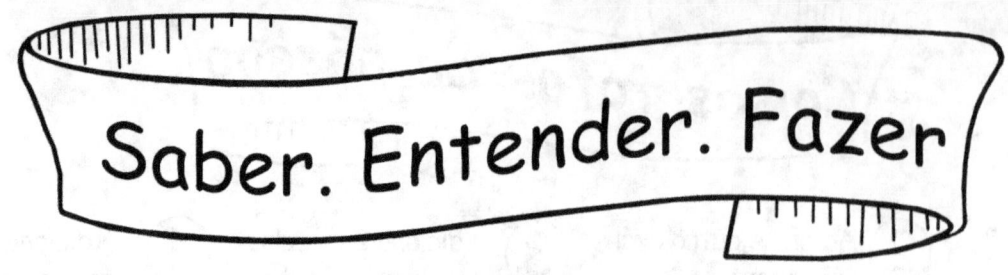

OVOS DE PÁSCOA

SABER:
Transformar uma forma 2D em uma forma 3D ao adicionar linhas de contorno, padrão e sombreamento

ENTENDER:
A técnica de "envolver" linhas e padrões em torno de um objeto para que ele apareça em 3D

FAZER:
Crie um desenho padrão "envolvido" em torno de uma forma para criar uma forma de ovo de Pascoa festivo. Tente criar uma cesta de ovos, como visto na apostila.

VOCABULÁRIO:
Padrão - A repetição de formas, linhas ou cores em um design
Repetição - Uma maneira de combinar elementos da arte para que os mesmos elementos sejam usados repetidamente
Envolto - A aparência de algo curvado em torno de outro objeto

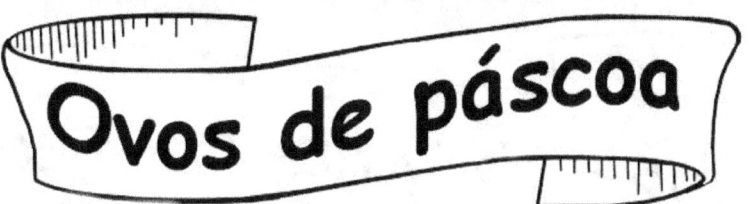

Ovos de páscoa

1. Comece com um formato básico de ovo

menor no topo

maior na base

2. Adicione linhas curvas para mostrar profundidade

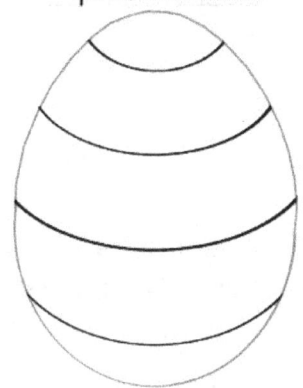

3. Adicione decoração

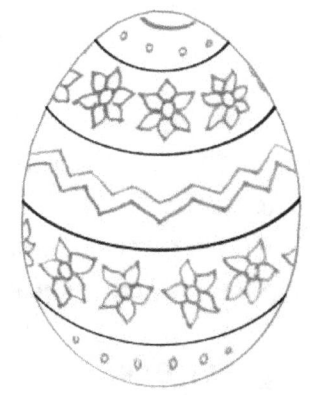

ou tente isso

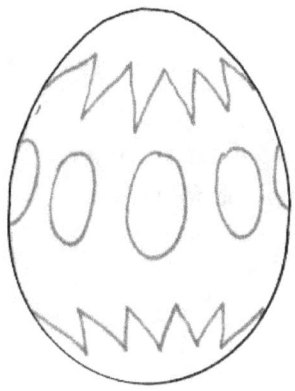

Adicione cor e sombra

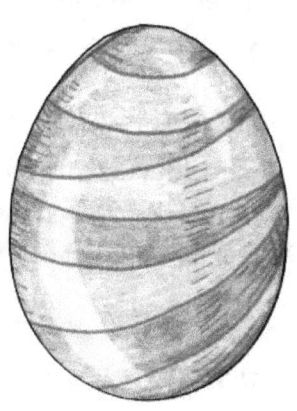

Cesta de ovos

Comece com alguns ovos

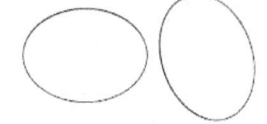

Adicione mais abaixo deles

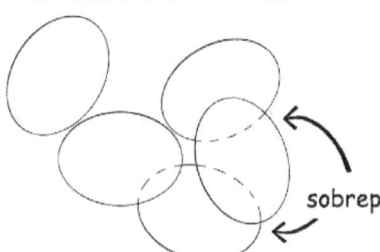

sobreposição

Adicione mais...

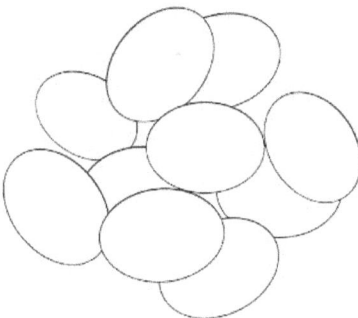

Decore e sombreie

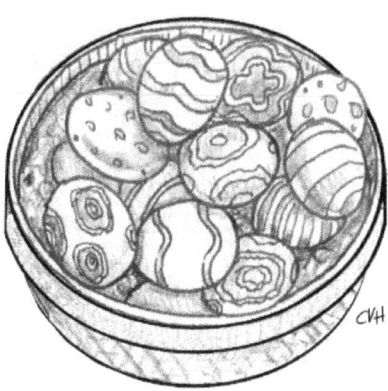

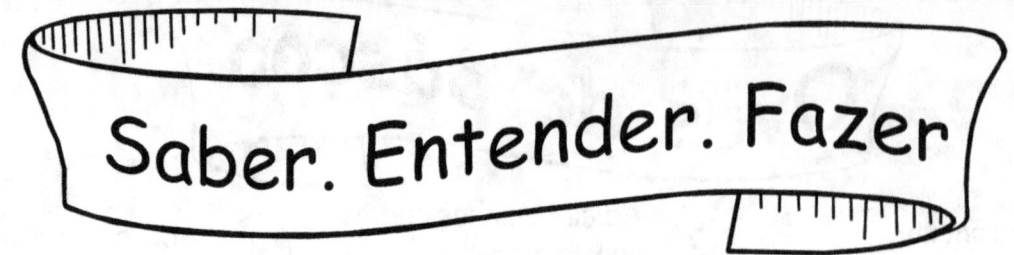

TULIPA DA PRIMAVERA

SABER:
• Conectar uma série de formas geométricas simples pode criar um objeto complexo (orgânico)
• A diferença entre formas geométricas e orgânicas
• A linha pode indicar a perspectiva através da sobreposição

ENTENDER:
• Sobreposição e diferenças no tamanho dos objetos em uma cena ajudam a alcançar a ilusão de profundidade
• Sombreamento de alto contraste dá a aparência de forma e 3D

FAZER:
Desenhe sua versão de um buquê de tulipas de primavera usando as dicas e truques fornecidos. Desenhe pelo menos 3 flores. Adicione algo que você não vê no folheto para tornar seu trabalho artístico exclusivo (um vaso, hastes amarradas com uma fita e etc). Não traceje. Sombreie.

VOCABULÁRIO:
Sombreamento de alto contraste - Uma grande diferença entre valores escuros e claros em um trabalho artístico (menos tons médios)
Sobreposição - Quando uma coisa está sobre a outra, cobrindo-a parcialmente

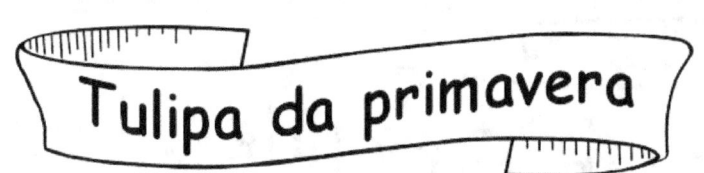

Tulipa da primavera

1. Comece com uma forma circular

2. Adicione um chapéu de "cone"

apague área pontilhada

parece uma gota!

3. Apague a parte superior do círculo

Adicione a outra neste ângulo

4. Adicione outra "gota"

5. Apague a área dentro da primeira gota

Apague áreas pontilhadas

6. Adicione outra "gota"

7. Adicione dois pontos

8. Adicione linhas curvas para pistilos

9. Adicione meio círculo para base da haste

10. Adicione 2 linhas para a haste

11. Adicione uma folha angulada

12. Sombreie

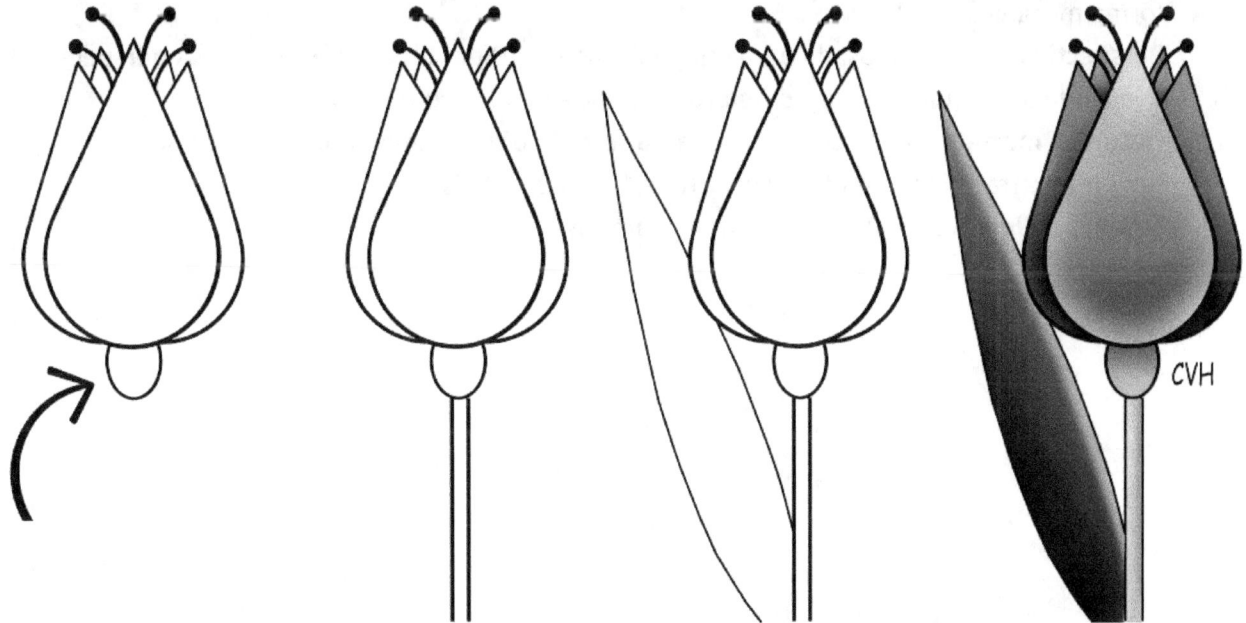

CVH

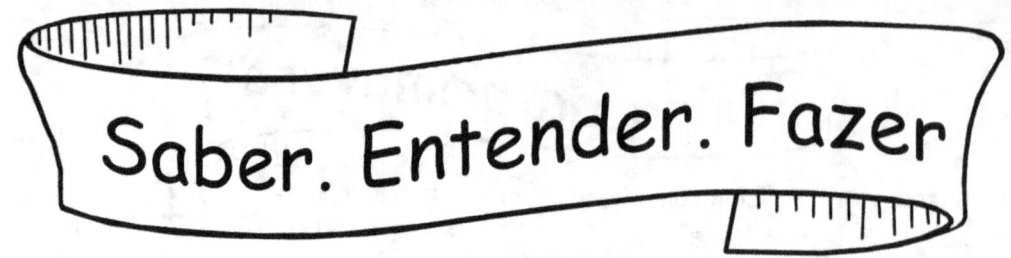

FLOR DE CEREJEIRA

SABER:
Equilíbrio, Forma Orgânica, Padrão, Perspectiva, Repetição, Simetria/Assimetria

ENTENDER:
• A sobreposição de formas simples pode ser o primeiro passo para a criação de formas complexas
• Simplificar uma obra de arte consiste em quebrar as partes principais de um objeto em formas simples. Uma vez que as formas simples são descobertas, mais detalhes podem ser adicionados.

FAZER:
• Siga os passos fornecidos para criar um desenho original de natureza morta de flores de cerejeira
• Comece com linhas de contorno e formas geométricas simples e sobreponha conforme necessário para criar realismo
• Sombreamento com lápis (ou lápis de aquarela e use conforme as instruções)

VOCABULÁRIO:
Orgânico - Uma forma irregular que pode ser encontrada na natureza, em vez de uma forma mecânica regular
Perspectiva - A técnica usada para criar a ilusão de 3D em uma superfície 2D. A perspectiva ajuda a criar uma sensação de profundidade ou espaço recuado.
Natureza morta - Um desenho, pintura ou foto de objetos inanimados posicionados em uma mesa (tradicionalmente vasos, frutas, legumes, etc.)
Simetria - Um objeto que é o mesmo em ambos os lados

Flor de cerejeira

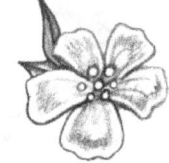

1. Comece com um zig-zag, "Z" invertido

Desenhe isso suavemente. É uma linha de guia e será apagada eventualmente

2. Adicione pequenos círculos em cada ponta

3. "Engrosse" a haste adicionando linhas em cada lado

Adicione uma abertura aqui

4. Apague o centro pontilhado (guias originais)

Oval

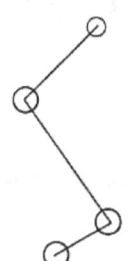
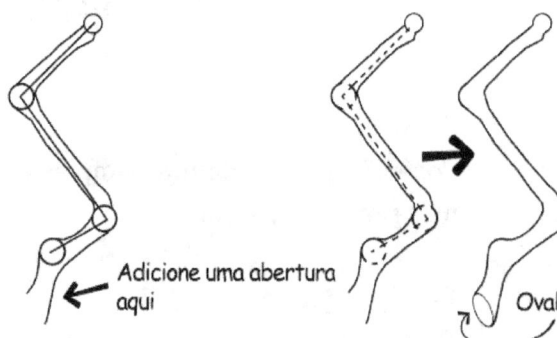

5. Adicione um círculo de guia para a primeira flor

Círculo

Desenhe suavemente 5 triângulos pequenos dentro do círculo

Em seguida, apague as bordas fora dos triângulos

Curve as bordas e adicione pontos no centro

Apague todas as linhas de guia

6. Adicione detalhes nas pétalas

Conecte com uma haste

Adicione mais círculos de guia para as flores

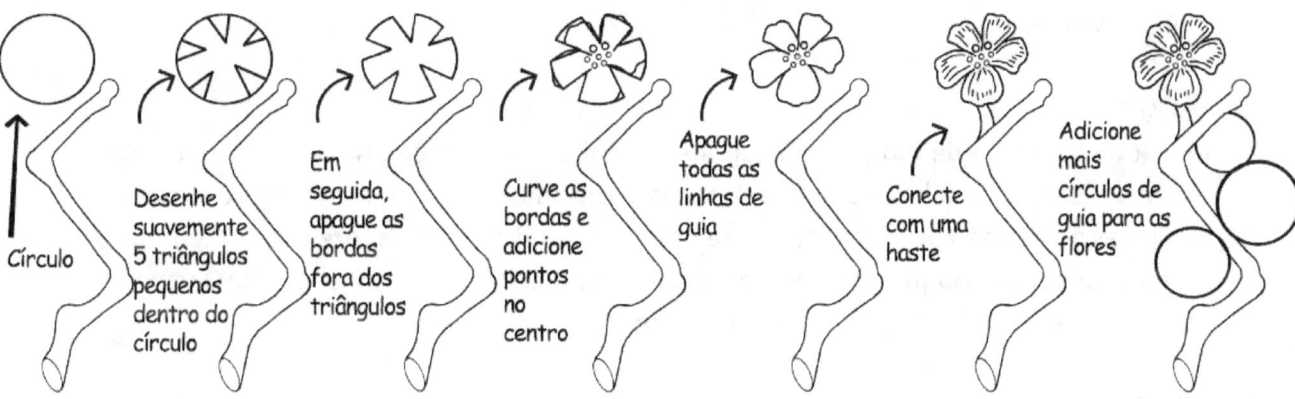

7. Transforme círculos em flores

Adicione outro círculo

Desenhe outro ramo

Desenhe outro ramo

8. Adicione botões de flores no final

Adicione folhas onde os ramos dobram

9. Sombreie

CVH

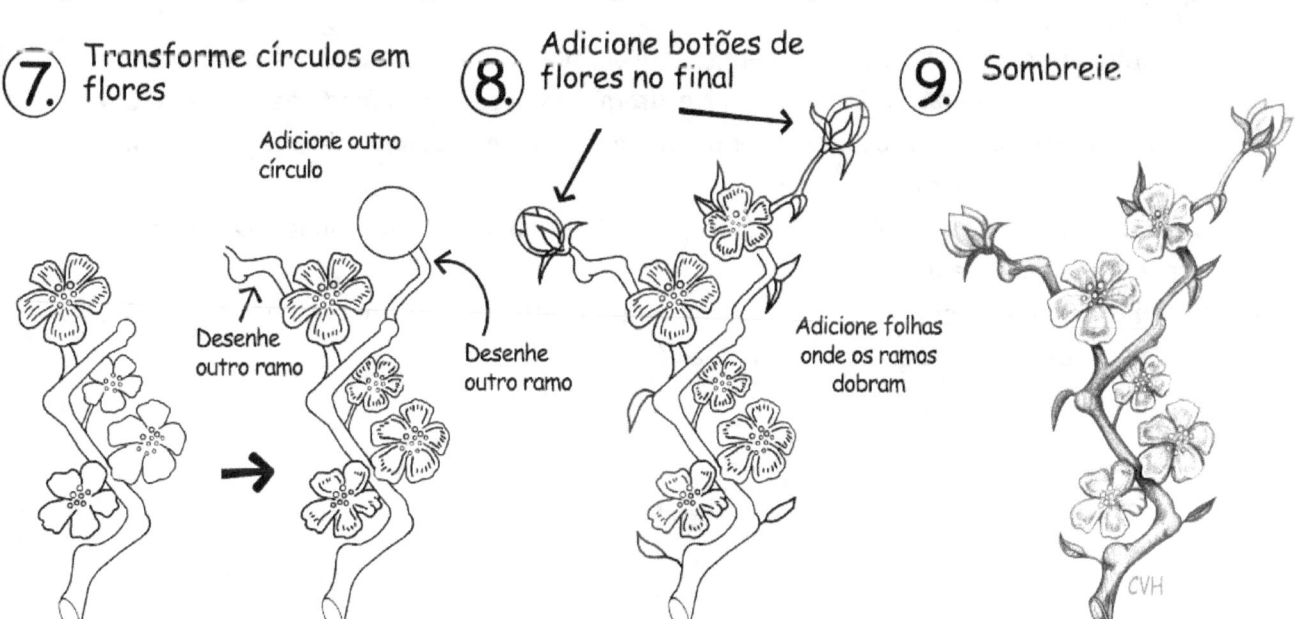

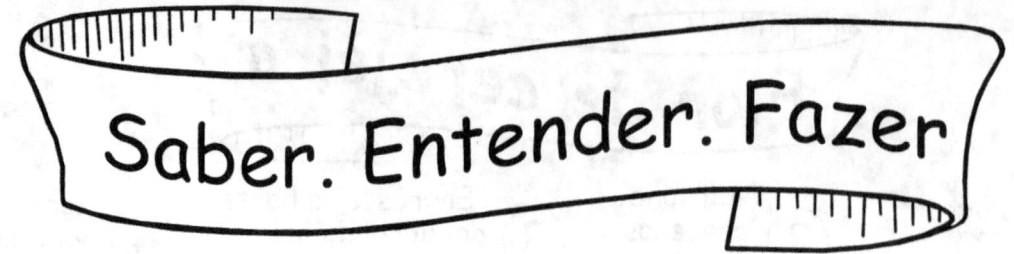

CRIATURAS DE HALLOWEEN

SABER:
Você pode criar criaturas simples e originais no estilo de desenho animado usando formas simples e geométricas

ENTENDER:
• Para tornar um trabalho original, esse trabalho deve ter elementos que não são copiados ou tracejados
• Qualidades expressivas em seu desenho adicionam um sentimento, humor ou ideia ao seu personagem

FAZER:
Pratique a criação de um personagem de desenho animado original com tema de Halloween usando as linhas guias geométricas fornecidas. Desenhe suavemente para que as linhas guias possam ser apagadas, se necessário. Adicione ou altere certos elementos conforme necessário para torná-lo exclusivo. Tente criar um personagem NÃO visto no folheto. Use sua imaginação e adicione um monte de "extras".

VOCABULÁRIO:
Desenho animado - Um desenho geralmente simples criado para fazer as pessoas pensarem, ficarem com raiva, rirem ou se divertirem. Um desenho animado geralmente tem linhas simples, usa cores básicas e conta uma história em uma série de imagens chamadas molduras ou painéis.
Qualidades Expressivas - Os sentimentos, humores e ideias comunicadas ao espectador através de uma obra de arte
Original - Qualquer obra considerada um exemplo autêntico das obras de um artista, em vez de uma reprodução, imitação ou uma cópia

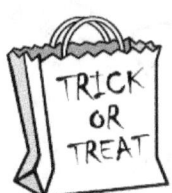

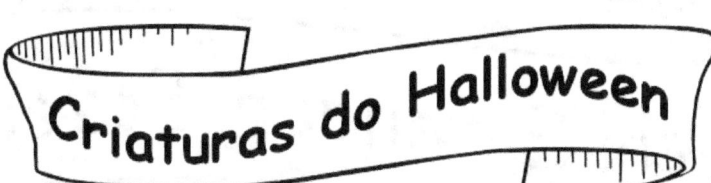

Criaturas do Halloween

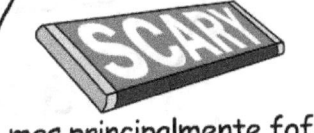

mas principalmente fofo!

1. Comece com um corpo feito de formas simples

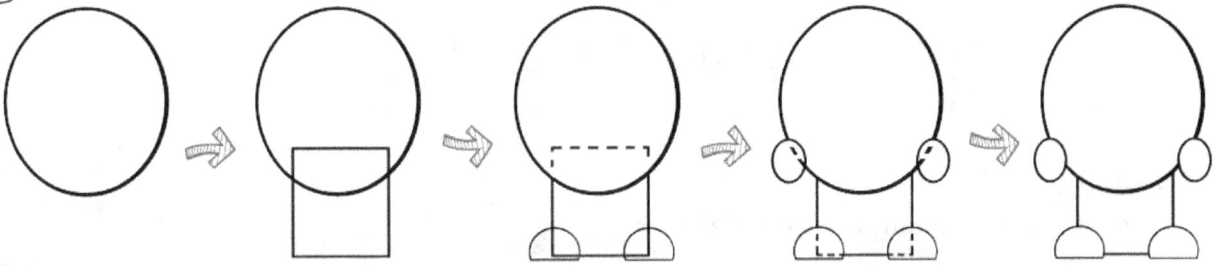

2. Em seguida, escolha olhos expressivos...

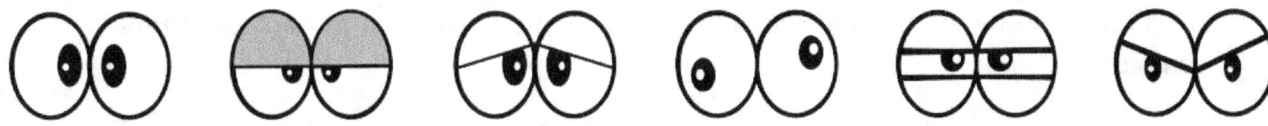

3. Finalmente, adicione quantos detalhes forem necessários para criar um personagem único e nteressante

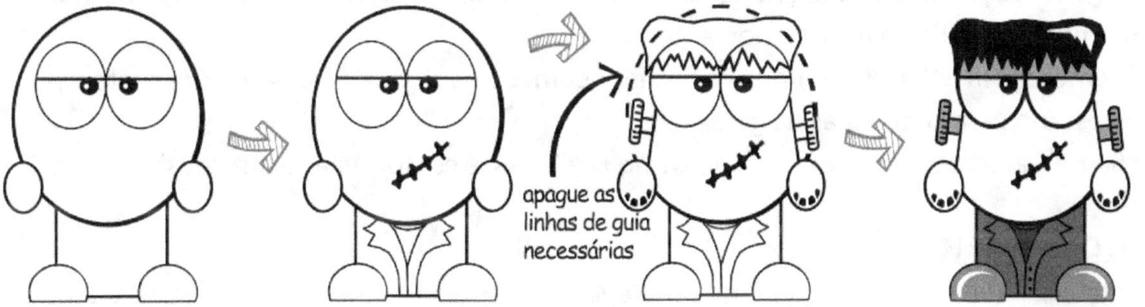

apague as
linhas de guia
necessárias

mais criaturas...

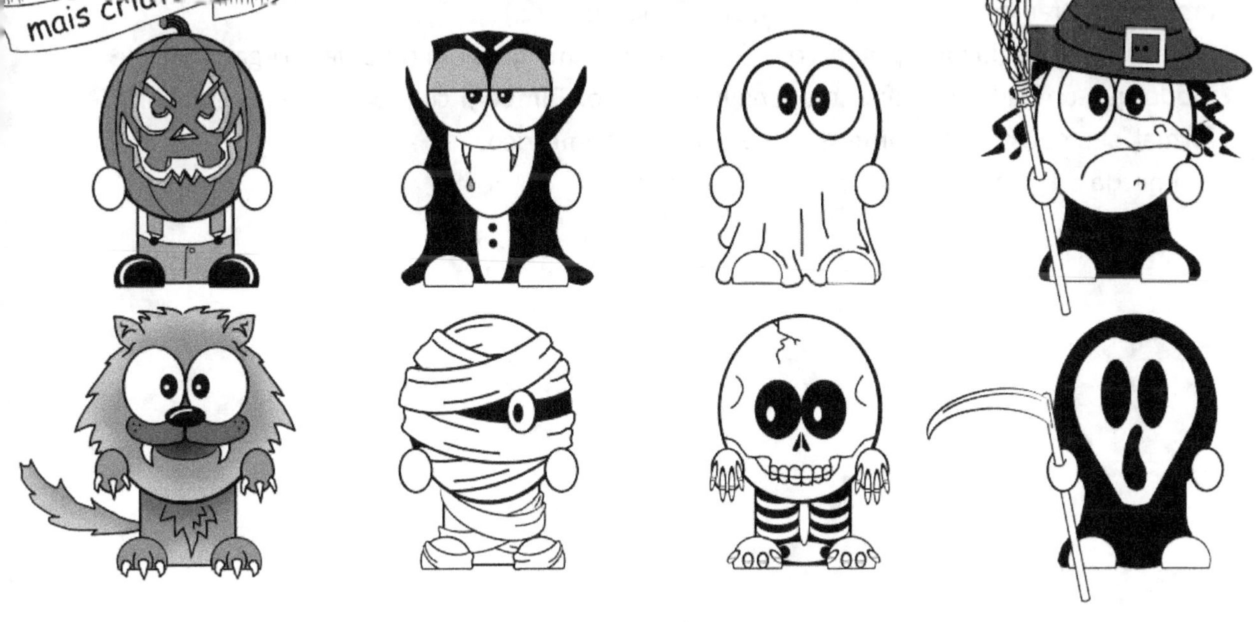

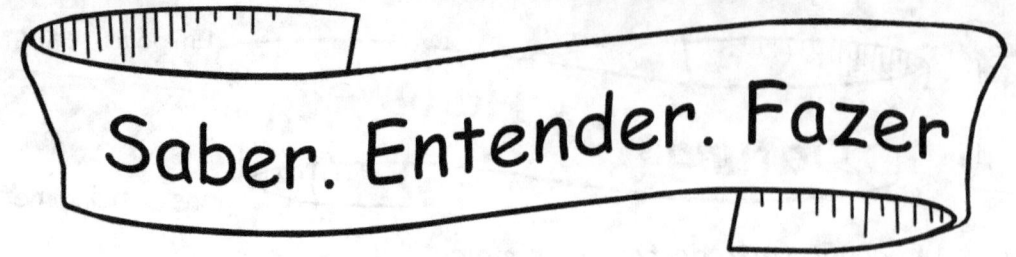

FOLHA DE OUTONO

SABER:
Forma Orgânica, Simetria, Assimetria

ENTENDER:
A sobreposição de formas simples pode ser o primeiro passo para a criação de formas complexas

FAZER:
• Siga as etapas fornecidas (ou posicione uma seleção de folhas da vida) para criar um desenho original de natureza morta
• Comece com linhas de contorno e formas geométricas simples e sobreponha conforme necessário para criar linhas de guia
• Sombreamento com lápis (ou lápis de aquarela e use conforme as instruções)

VOCABULÁRIO:
Orgânico - Uma forma irregular que pode ser encontrada na natureza, em vez de uma forma mecânica regular
Natureza morta - Um desenho, pintura ou foto de objetos inanimados posicionados em uma mesa (tradicionalmente vasos, frutas, legumes, etc.)
Simetria - (ou equilíbrio simétrico) - As partes de uma imagem ou objeto organizado de modo que um lado duplique, ou espelhe, o outro. Também conhecido como equilíbrio formal, seu oposto é a assimetria ou equilíbrio assimétrico.
A simetria está entre as dez classes de padrões.

Tem uma folha de
verdade disponível?
Traceje o contorno desta
folha e pule para o
passo 6

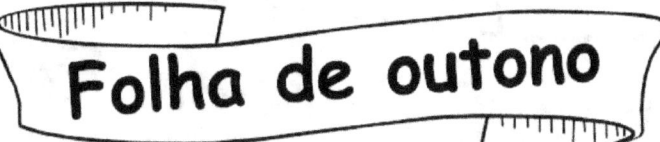

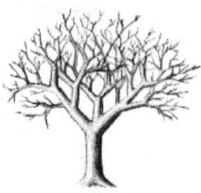

1. Comece com um
formato de gota

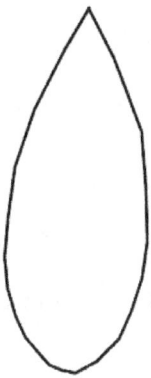

2. Adicione mais 2 formas
de gota anguladas para
os lados

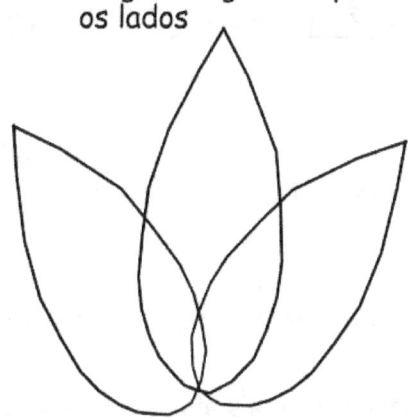

3. Desenhe pontos ao redor
das formas de gota como
visto abaixo

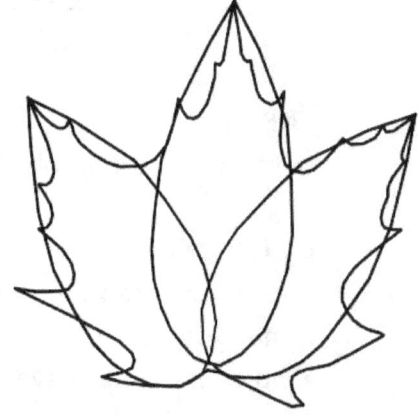

4. Apague as formas de gota
originais como mostrado do
tracejado

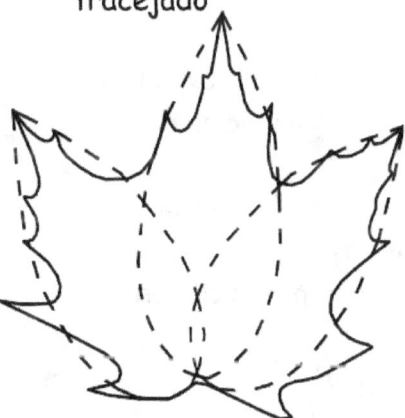

5. Deve parecer com o
formato ôrganico abaixo

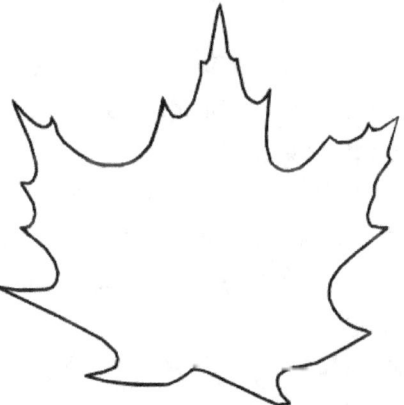

6. Desenhe "veias' dos
pontos mais altos até a
base

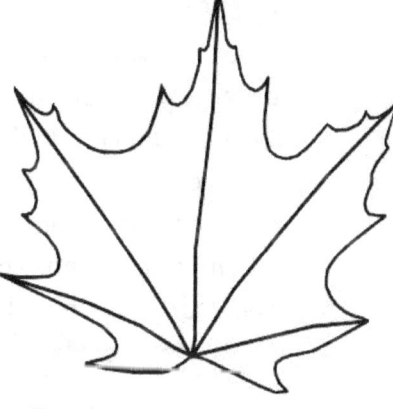

7. Adicione algumas veias
menores

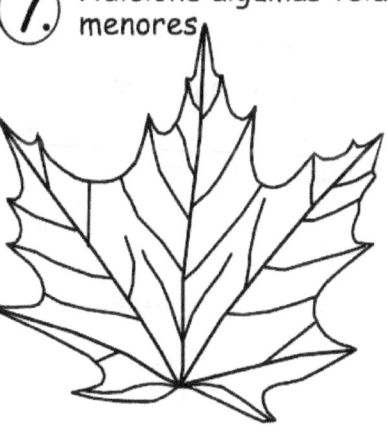

8. Adicione mais veias e uma
haste

9. Sombreie

Pontas da
folha podem
ser mais
escuras

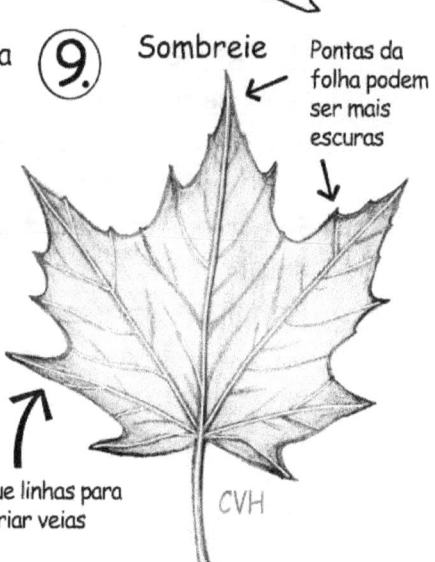

apague linhas para
criar veias

CVH

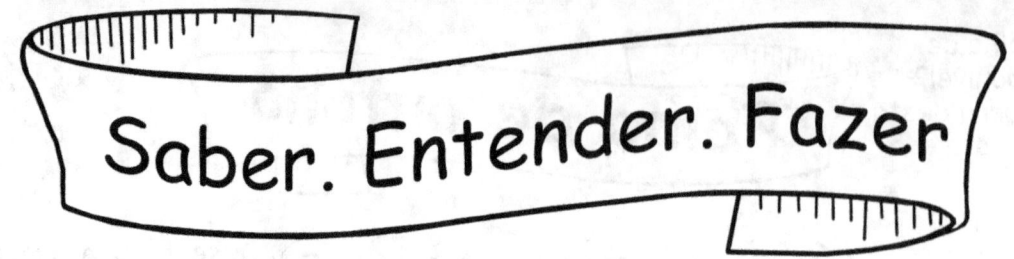

NATUREZA MORTA DE AÇÃO DE GRAÇAS

SABER:
Linha de Contorno, Sobreposição, Perspectiva, "Natureza Morta"

ENTENDER:
• A sobreposição de formas simples é o primeiro passo para a criação de formulários complexos
• Objetos grandes devem ser desenhados mais abaixo na página para aparecer perto. Pequenos objetos devem ser desenhados mais acima na página para aparecer mais longe (frutas na tigela).

FAZER:
• Veja e discuta exemplos de sobreposição e imagens que têm elementos próximos e distantes, concentrando-se em como a sobreposição e a diferença de tamanho ajudam a alcançar uma ilusão de profundidade
• Siga os passos fornecidos (ou posicione uma seleção de frutas e vegetais) para criar um desenho original de natureza morta com um tema de "Ação de Graças"
• Comece com linhas de contorno e formas geométricas simples e sobreponha conforme necessário para criar linhas de guia
• Sombreie com lápis ou lápis de aquarela (use conforme as instruções)

VOCABULÁRIO:
Linha de contorno - Linhas que cercam e definem as bordas de um assunto
Sobreposição - Quando uma coisa está sobre outra, cobrindo parcialmente outra coisa para transmitir profundidade ou ilusão
Sombreamento - Mostrando a alteração de claro para escuro ou escuro para claro em uma imagem
Forma 2D- Um espaço fechado
Natureza morta - Um desenho, pintura ou foto de objetos inanimados posicionados em uma mesa (tradicionalmente vasos, frutas, legumes, etc.)

A natureza morte é um desenho ou pintura de objetos inanimados

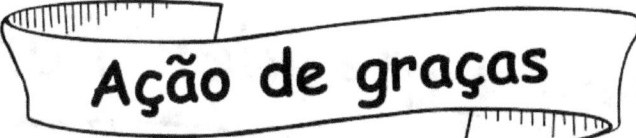

Ação de graças

1. Comece com um formato de círculo do lado DIREITO do seu papel

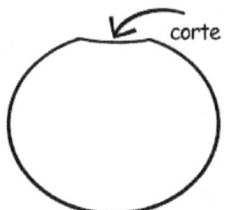

corte

2. Adicione um cículo com um oval angulado

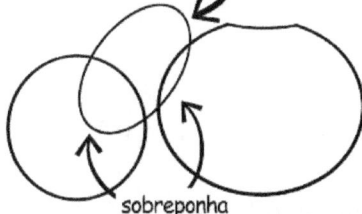

sobreponha

3. Adicione outra forma circular

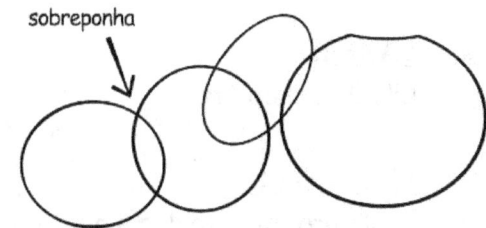

sobreponha

4. Apague as áreas indicadas com a linha pontillhada

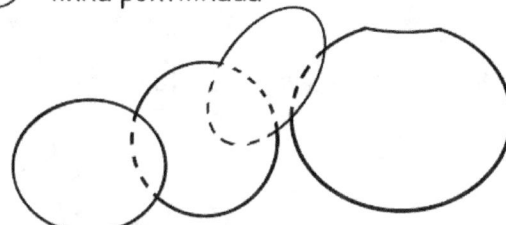

5. Adicione hastes

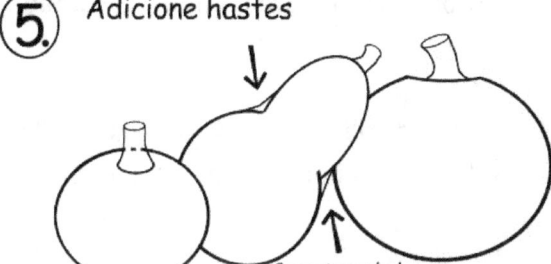

Conecte os lados

6. Adicione um oval

Apegue linhas internas

sobreponha

7. Apague áreas pontilhadas

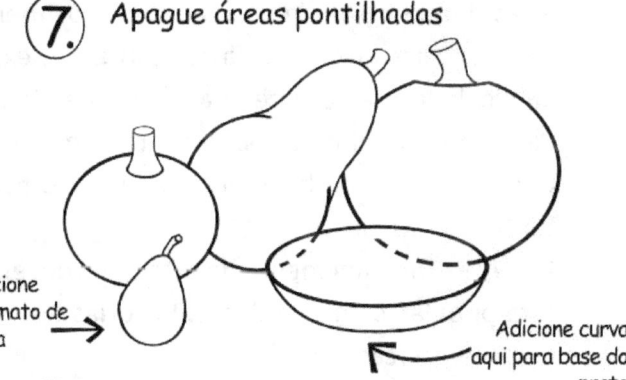

adicione formato de pera

Adicione curva aqui para base do prato

8. Preencha o prato com formas ovais/circulares

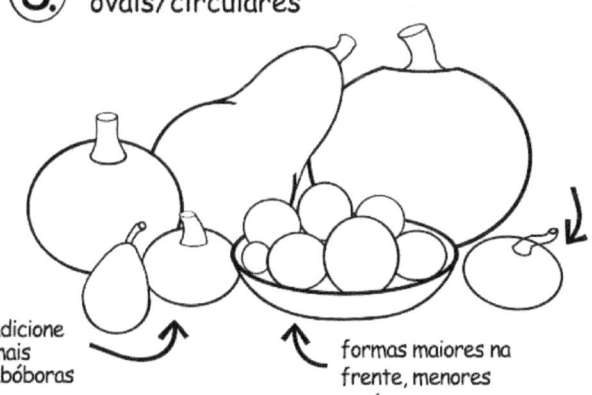

adicione mais abóboras

formas maiores na frente, menores atrás

9. Sombreie com lápis colorido

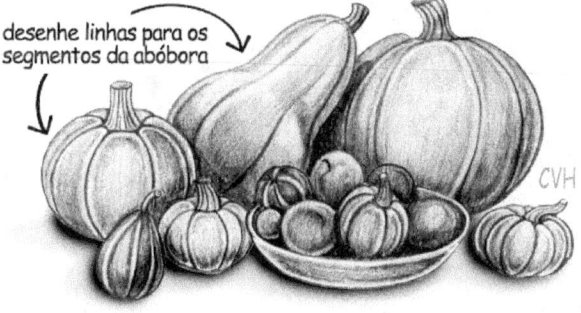

desenhe linhas para os segmentos da abóbora

CVH

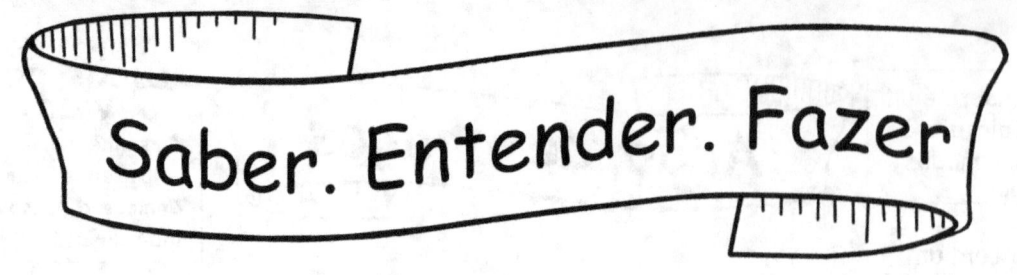

LATA DE CONSERVA...

SABER:

Cilindros, Pop Art

ENTENDER:

• Cilindros na arte dão a aparência de um tubo circular 3D

• Warhol fez da pintura Campbell's Tomato Soup um ícone da Pop Art em 1962

FAZER:

Crie uma lata cilíndrica usando o estilo "Pop Art" de Warhol. "Envolva" um rótulo e texto ao redor da lata para indicar 3D. Sombreie.

VOCABULÁRIO:

Andy Warhol (6 de agosto de 1928 - 22 de fevereiro de 1987) foi um artista americano que foi uma figura de destaque no movimento de arte visual conhecido como pop art. Seus trabalhos exploram a relação entre expressão artística, cultura de celebridades e publicidade que floresceu na década de 1960.

Cilindro - Um tubo que aparece tridimensional

Oval - Uma forma bidimensional que se parece com um círculo que foi esticado para torná-lo mais longo

Pop Art - Um movimento de arte que concentra a atenção em imagens familiares da cultura popular, como outdoors, histórias em quadrinhos, anúncios de revistas e produtos de supermercado

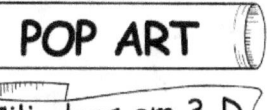
POP ART
Cilindros em 3-D

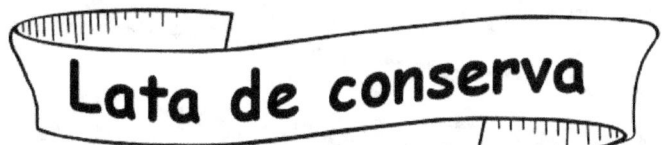
Lata de conserva

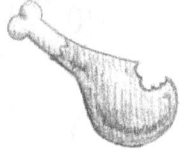

(1.) Comece com um oval

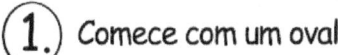

(2.) Adicione outro oval

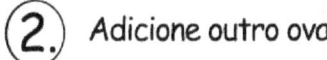

(3.) Conecte com 2 linhas horizontais

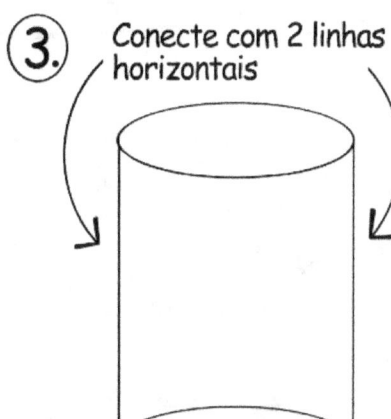

(4.) Desenhe uma linha fina em cima para indicar uma "espessura"

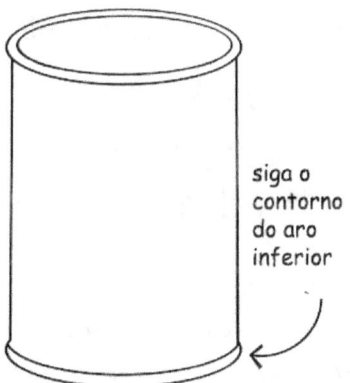

siga o contorno do aro inferior

(5.) Preencha a lata com diversas formas ovais

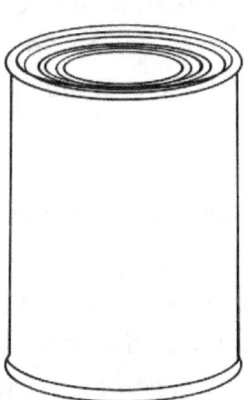

(6.) Desenhe uma linha circular para indicar a área do rótulo

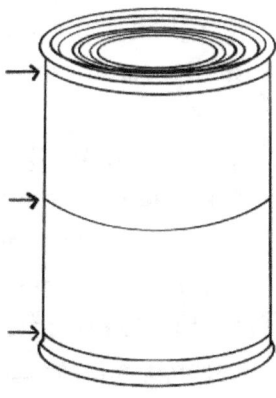

(7.) Desenhe suavemente uma linha curva para indicar onde suas palavras estarão

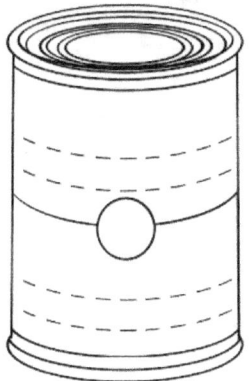

(8.) Esboce seu texto

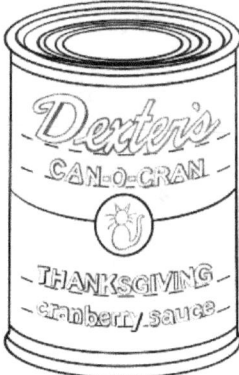

(9.) Sombreie

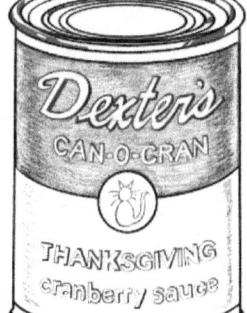

CVH

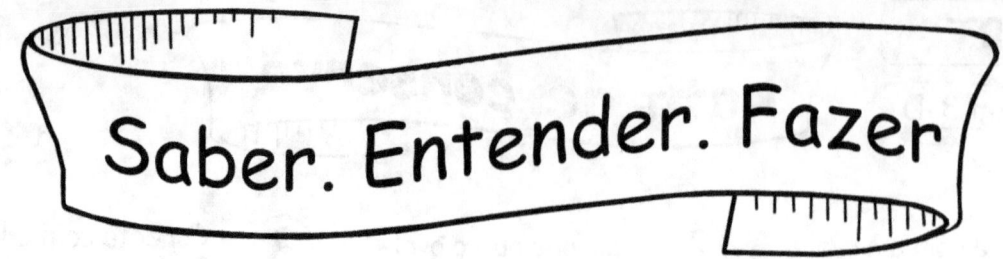

ABÓBORA

SABER:
Sombreamento, Camadas, Escorço, Sobreposição

ENTENDER:
• Ao adicionar valor a uma forma (2D) cria forma (3D)
• A luminosidade ou escuridão de um valor indica uma fonte de luz em um objeto

FAZER:
Desenhe sua versão de uma abóbora usando as dicas e truques fornecidos. O centro da sua abóbora deve estar mais baixo na página e os lados devem parecer recuar para trás para mostrar encurtamento. Não traceje. Sombreie.

VOCABULÁRIO:
Mesclagem - Para mesclar tons aplicados a uma superfície de modo que não haja uma linha nítida indicando o início ou o fim de um tom
Escorço - Uma maneira de representar um objeto de modo que ele transmita a ilusão de profundidade, parecendo empurrar para a frente ou voltar para o espaço. O sucesso do escorço muitas vezes depende de um ponto de vista ou perspectiva em que os tamanhos das partes próximas e distantes de um assunto contrastam muito.
Sobreposição - Quando uma coisa está sobre a outra, cobrindo-a parcialmente
Sombreamento - Mostrando a alteração de claro para escuro ou escuro para claro em uma imagem

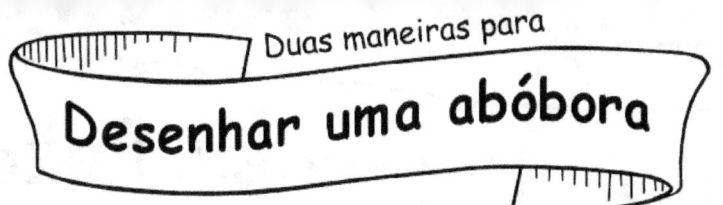

Duas maneiras para

Desenhar uma abóbora

1. Comece com um oval longo

apague o pontilhado

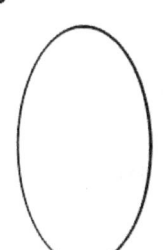

2. Adicione mais dois ovais ao lado e atrás

sobreponha

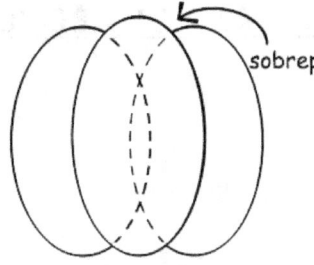

3. Adicione mais dois ovais em cada lado como mostrado

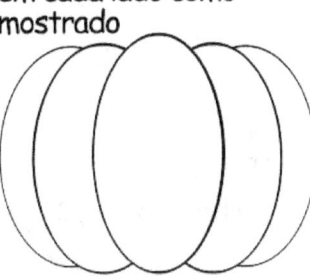

4. Adicione uma haste

Elipse

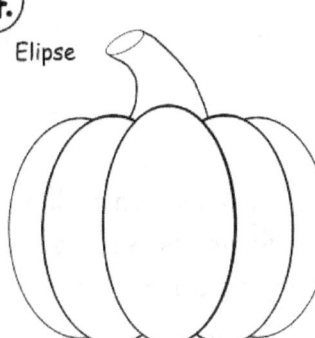

5. Adicione detalhes

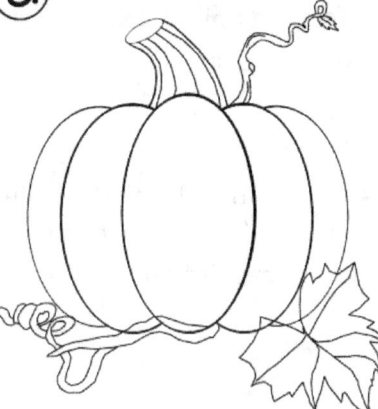

6. Pinte ou sombreie

mais escuro nos vincos

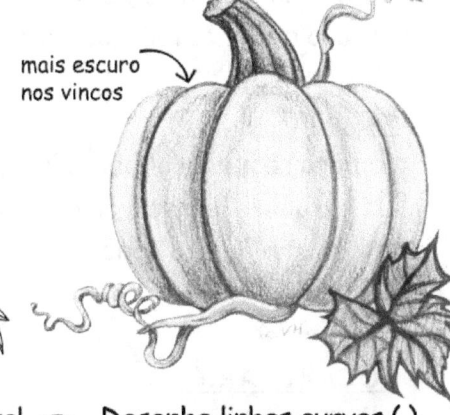

ou tente isso...

1. Comece com um formato oval/circlar

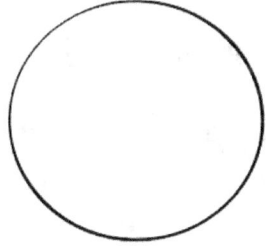

2. Adicione um pequeno oval na área do meio em cima

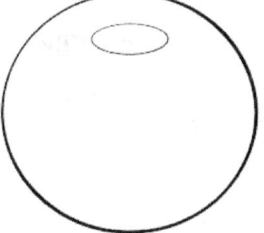

3. Desenhe linhas curvas ( ) vindo do oval

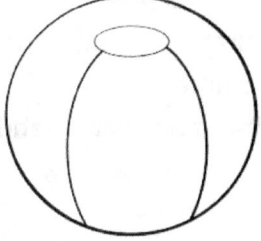

4. Adicione mais duas curvas

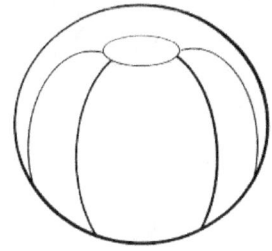

5. Continue as curvas pelo desenho

Adicione amassados

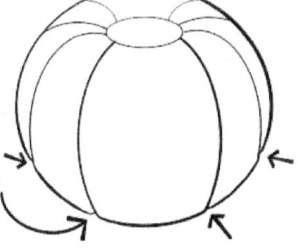

6. Adicione uma haste no oval e sombreie

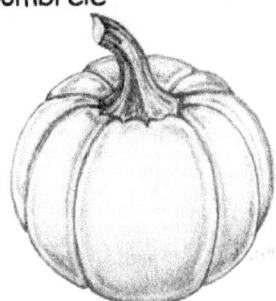

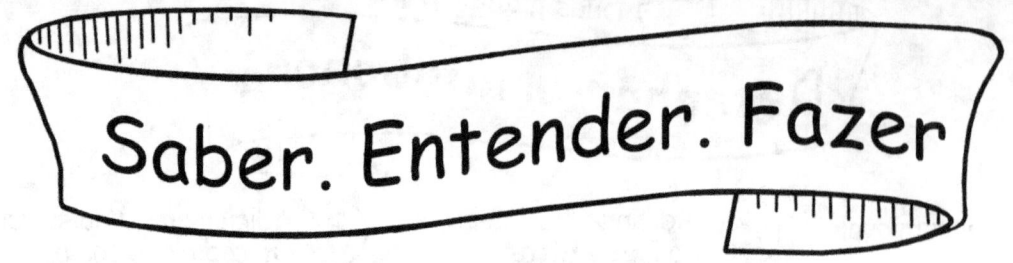

LANTERNA DE ABÓBORA

SABER:
Equilíbrio, Forma, 3D

ENTENDER:
• Adicionar padrão e sombreamento a um objeto dá a ele forma e dimensão
• O uso de linhas recuadas para mostrar perspectiva

FAZER:
Comece com uma abóbora básica e, em seguida, "esculpa" um design nela usando as dicas e truques fornecidos. Adicione muitos "extras" e certifique-se de que todas as partes "esculpidas" estão conectadas - sem peças flutuantes! Seja original! Não traceje. Sombreie.

VOCABULÁRIO:
Equilíbrio - A maneira como os elementos da arte são organizados em uma obra de arte para criar uma sensação de estabilidade, um arranjo agradável ou proporção de partes em uma composição
Forma 3D - Uma forma tridimensional (altura, largura e profundidade) que envolve o volume
Tridimensional - Tendo, ou parecendo ter, altura, largura e profundidade

Jack O'Lantern

1. Comece com um esboço básico de abóbora

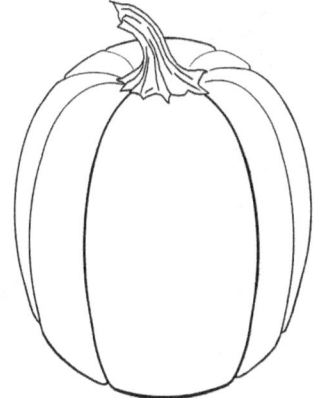

2. Desenhe o contorno dos olhos, nariz e boca

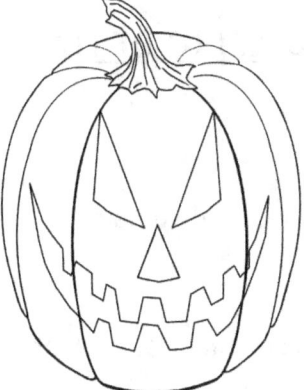

3. Apague todas as linhas dentro dos olhos, nariz e boca

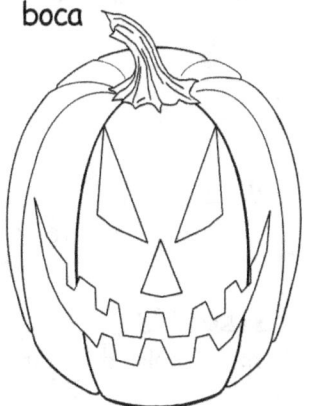

4. Desenhe linhas diagonais curtas nos cantos dos olhos, nariz e boca

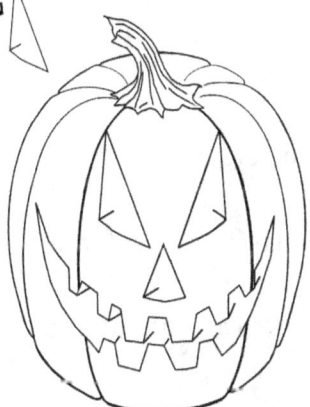

5. Conecte-se com ângulos para criar uma "espessura"

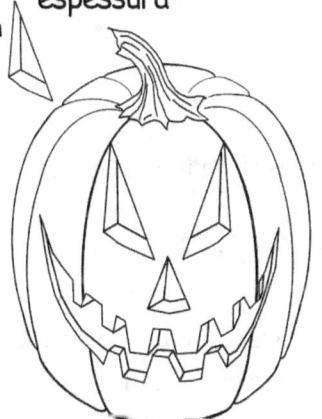

6. Sombreie

Os valores mais claros devem estar nos buracos "esculpidos" para mostrar que a abóbora tem uma vela!

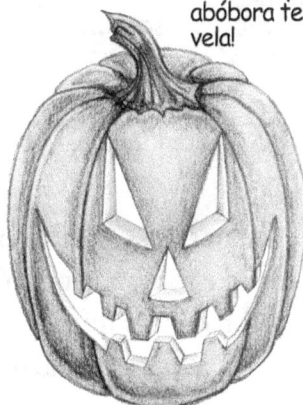

Seja criativo

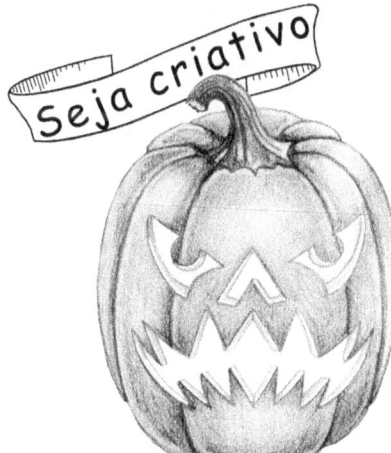

Todas as "partes esculpidas" devem ser conectadas .... sem peças flutuantes!

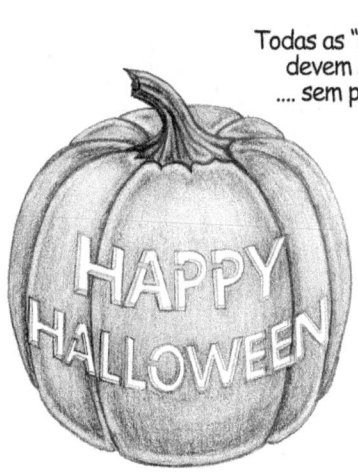

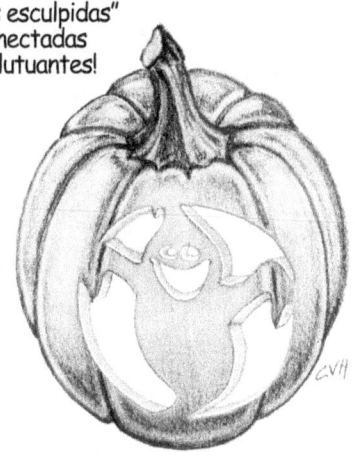

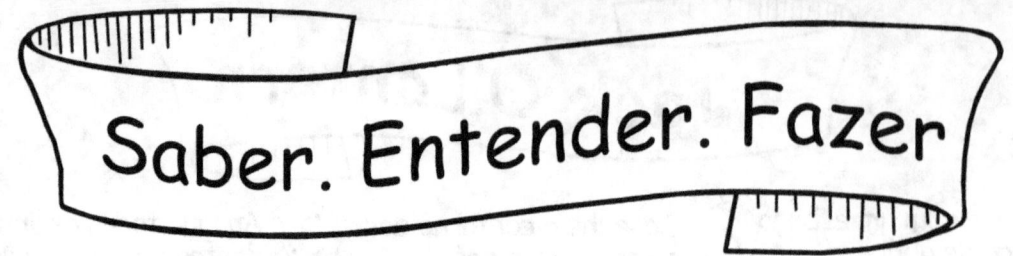

CELEIRO DE NATAL

SABER:
Passos simples para criar uma vista 3/4 de uma casa

ENTENDER:
Uma maneira de criar a aparência de uma casa 3D mostrando perspectiva em uma visão 3/4

FAZER:
Crie um celeiro de Natal em uma cena de paisagem mostrando perspectiva. Adicione árvores e sombra.

VOCABULÁRIO:
Paisagem - Uma obra de arte que retrata a paisagem. Geralmente há algum céu na cena.

Perspectiva - A ilusão do 3D em uma superfície 2D, criando uma sensação de profundidade e recuando o espaço

Visão de três quartos (3/4) - Uma visão de um rosto ou qualquer outro assunto que esteja a meio caminho entre uma visão completa e uma vista lateral

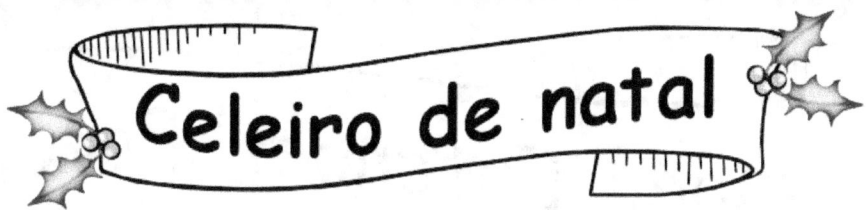

Celeiro de natal

1. Desenhe um retângulo (com formas dentro como visto abaixo)

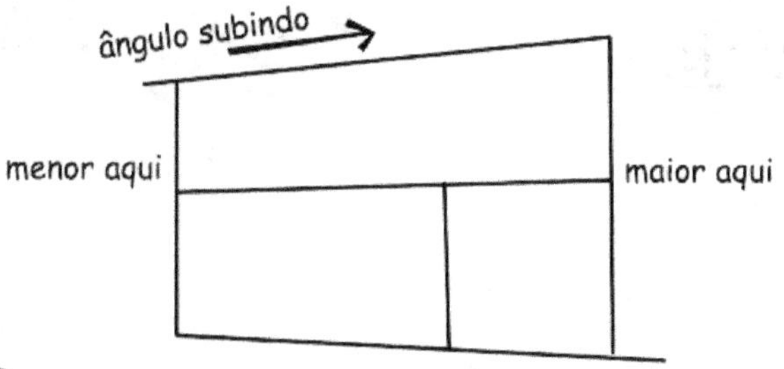

ângulo subindo →

menor aqui

maior aqui

2.

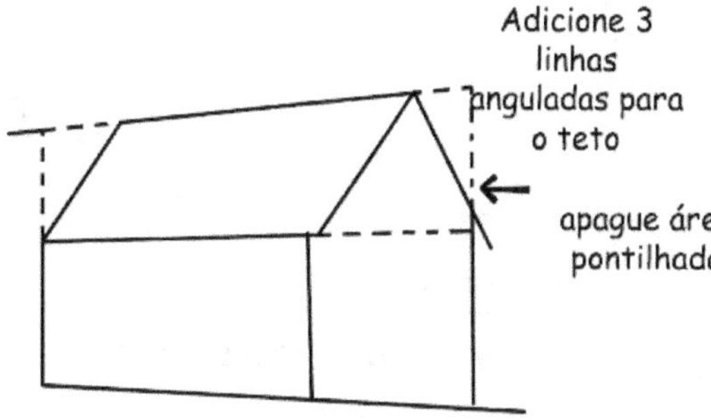

Adicione 3 linhas anguladas para o teto

apague área pontilhada

3.

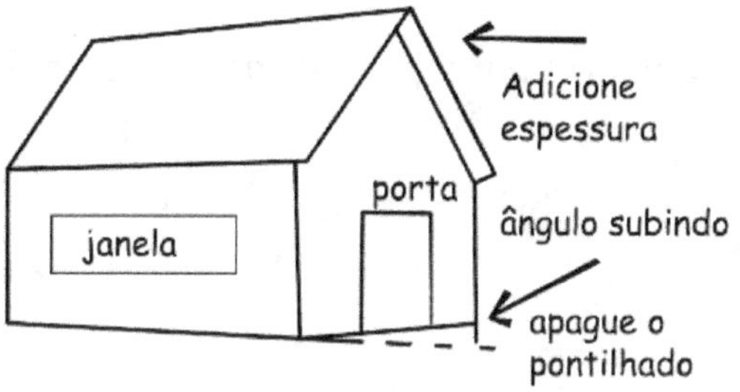

Adicione espessura

ângulo subindo

janela

porta

apague o pontilhado

4.

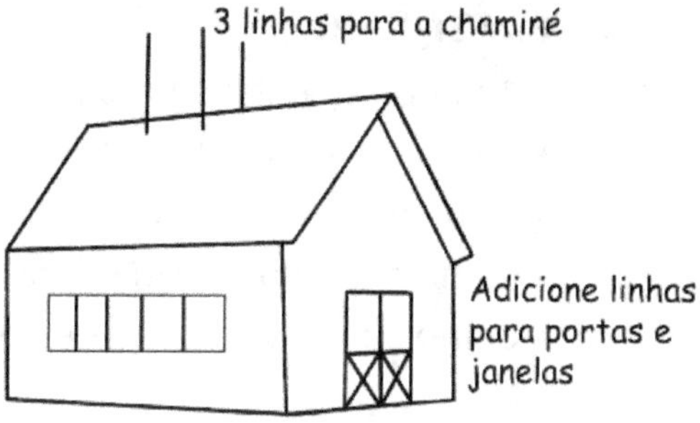

3 linhas para a chaminé

Adicione linhas para portas e janelas

5.

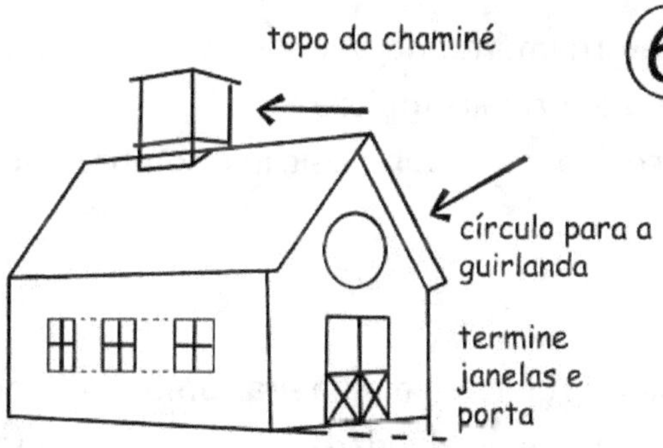

topo da chaminé

círculo para a guirlanda

termine janelas e porta

6.

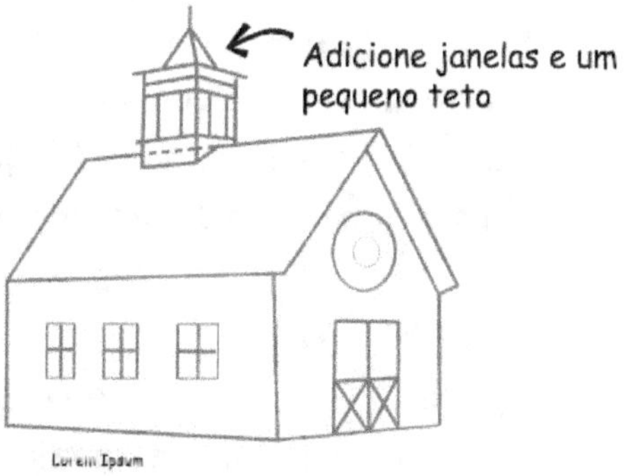

Adicione janelas e um pequeno teto

Lorem Ipsum

7. Adicione árvores

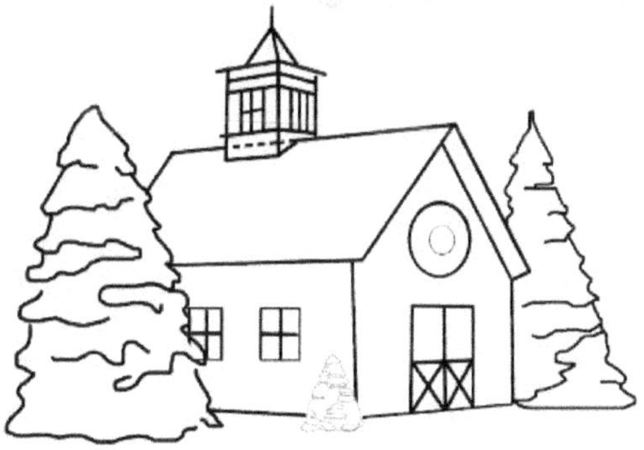

8. Sombreie

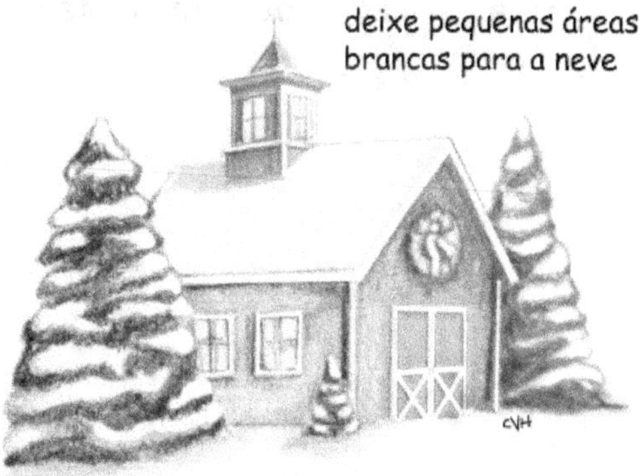

deixe pequenas áreas brancas para a neve

cvh

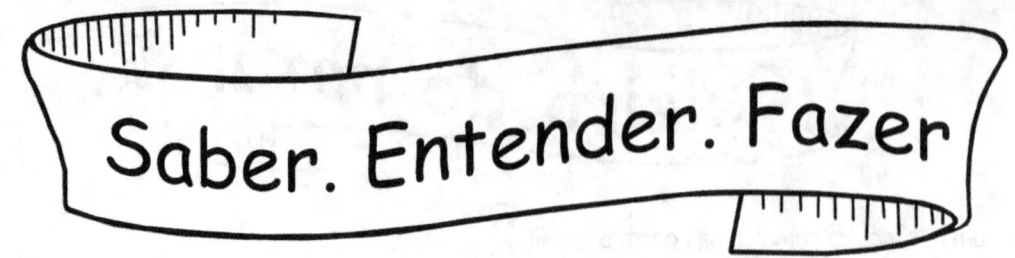

ENFEITES DE NATAL

SABER:
Formas geométricas, Destaque, Repetição, Textura

ENTENDER:
• A diferença entre forma 2D e forma 3D
• Como organizar elementos em uma obra de arte para que eles pareçam simétricos ou igualmente equilibrados
• Como criar um design eficaz usando formas simples
• Como criar a aparência de textura

FAZER:
• Siga os passos fornecidos para criar um ornamento de bola original que começa com um círculo simples conectado para criar uma forma complexa
• Use técnicas 3D aprendidas que se concentram na sobreposição e sombreamento para transmitir a ilusão de profundidade

VOCABULÁRIO:
Equilíbrio - Um princípio de design, equilíbrio refere-se à maneira como os elementos da arte são organizados para criar uma sensação de estabilidade em uma obra; um arranjo agradável ou harmonioso ou proporção de partes ou áreas em um projeto ou composição.
Repetição - Para continuar um padrão repetidamente
Textura - A técnica que um artista usa para fazer um objeto parecer com uma certa sensação

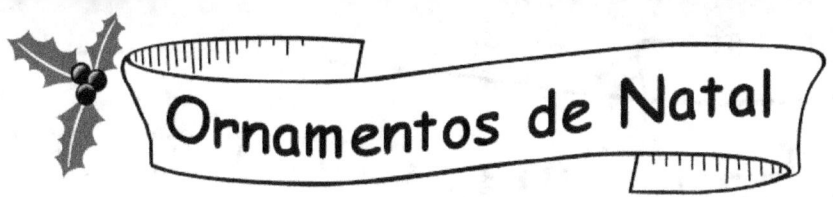 

Ornamentos de Natal

1. Comece com um círculo

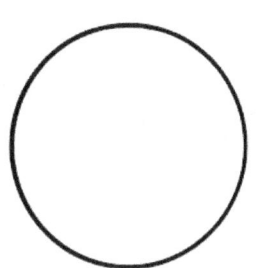

2. Adicione um pequeno oval em cima

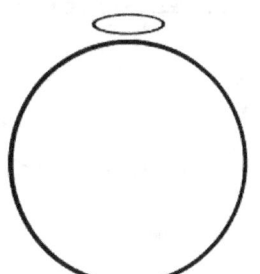

3. Adicione linhas verticais descendentes das pontas do oval

feche com uma linha curvada

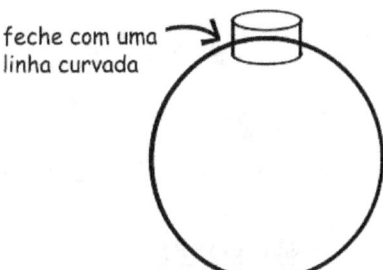

4. Adicione uma alça no centro do ovak

apague "atrás" (área pontilhada)

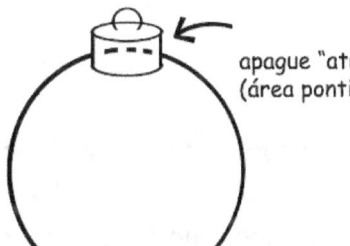

5. Adicione linhas verticais para mostrar textura

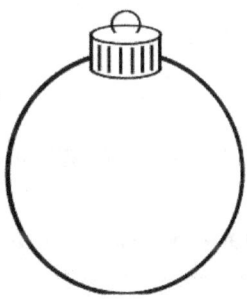

6. Adicione um gancho

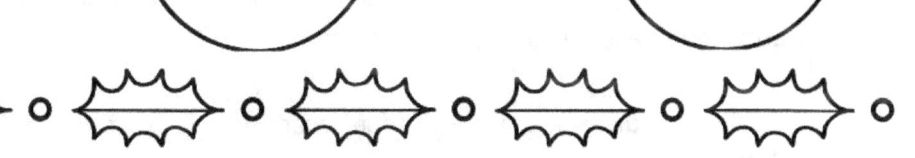

Borda de azevinho

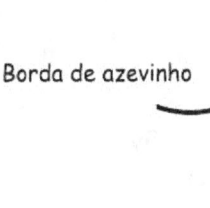

Dica:
Azevinhos são verdes e as bagas são vermelhas

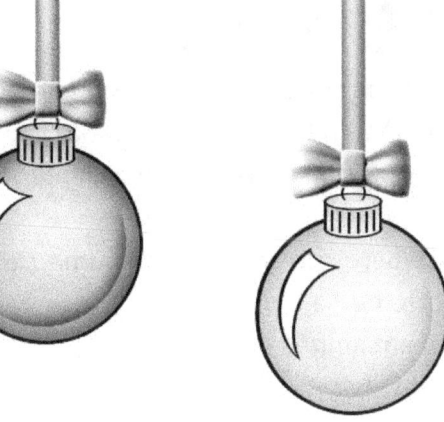 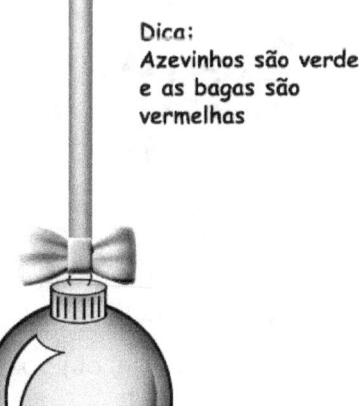

Crie um cartão de felicitações com ao menos 3 ornamentos

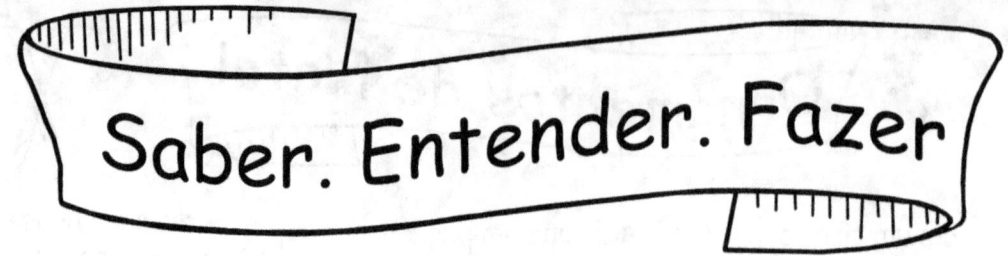

FLOCOS DE NEVE SIMPLES

SABER:
Ângulos de 45 e 90 graus, Repetição, Simetria rotacional

ENTENDER:
• Não existem dois flocos de neve iguais
• A variação nos tamanhos dos objetos ao desenhá-los cria interesse e profundidade

Opcional: em belas artes, um ponto focal destaca uma parte específica do interesse em uma obra de arte

FAZER:
• Siga as etapas fornecidas para criar um design de floco de neve com foco na simetria rotacional
• O aluno combinará uma variedade de estilos e tamanhos de flocos de neve para criar uma cena de inverno

Opcional: adicione um ponto focal usando uma cor mínima (lápis de cor) em uma ou duas áreas da cena para criar interesse

VOCABULÁRIO:
Ponto Focal - A parte da composição de uma obra de arte na qual o interesse ou a atenção se concentram. O ponto focal pode ser mais interessante por várias razões: pode ser dada ênfase formal; seu significado pode ser controverso, incongruente ou de outra forma convincente.

Simetria rotacional - Um objeto que parece o mesmo após uma certa quantidade de movimento circular em torno do centro desse objeto

Simetria - Um objeto que é o mesmo em ambos os lados

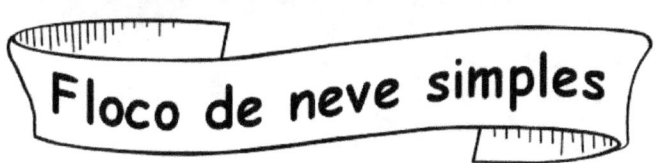

Floco de neve simples

1. Use uma régua e desenhe uma cruz simétrica

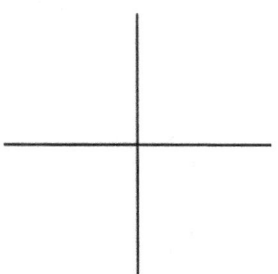

2. Desenhe uma forma de "X" menor através da cruz

iso irá criar 8 ângulos iguais de 45 graus

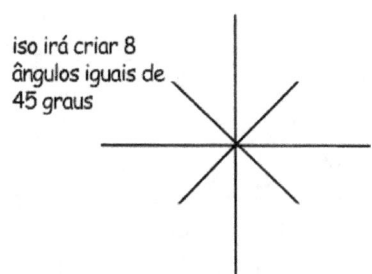

3. Desesnhe uma linha atrvés de cada final da cruz e linhas em "X"

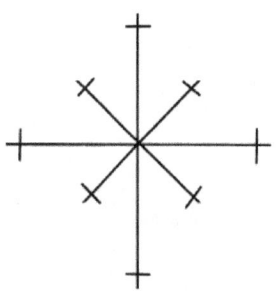

4. Desenhe um pequeno círculo no final de cada linha com "X"

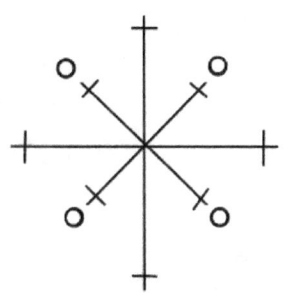

5. Adicione uma segunda linha mais longa através do final das linhas com cruz e "X"

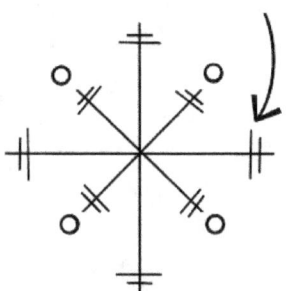

6. Adicione um pequeno círculo no centro

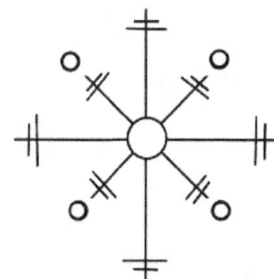

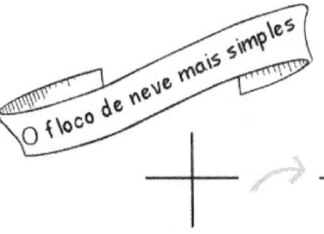

O floco de neve mais simples

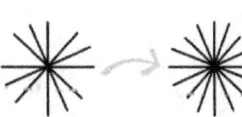

ou tente pequenos círculos

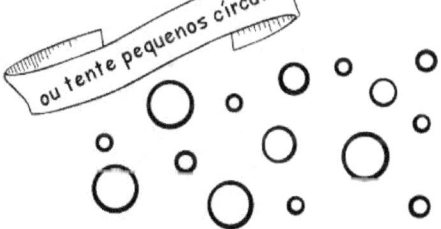

capítulo 5

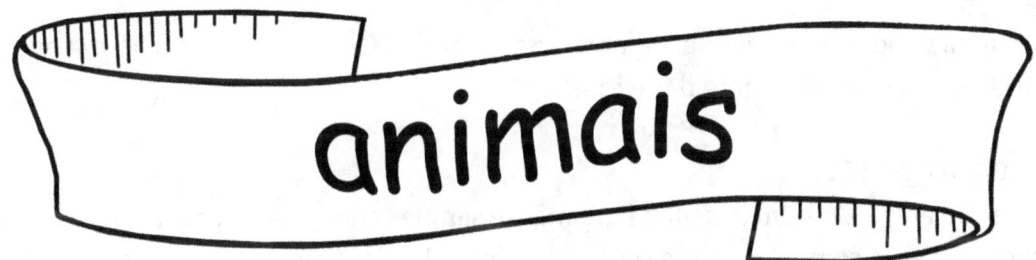
animais

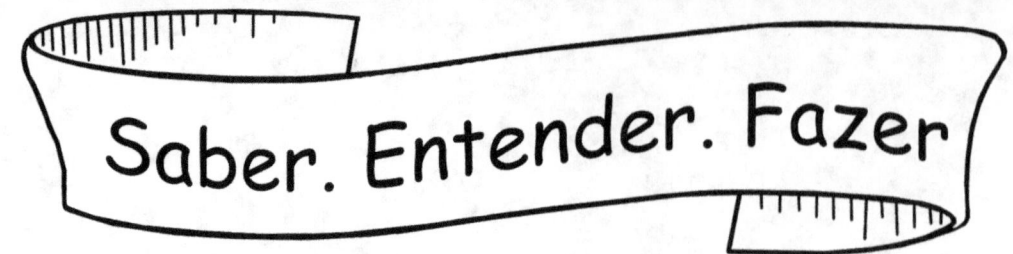

ANIMAIS DOS DESENHOS ANIMADOS

SABER:
Você pode fazer quase QUALQUER criatura de desenho animado usando os passos fornecidos

ENTENDER:
As etapas básicas e genéricas que podem ser alteradas ou adicionadas para criar um personagem de desenho animado ORIGINAL

FAZER:
Crie uma visão frontal E lateral de um personagem NÃO visto no folheto. Use sua imaginação e adicione um monte de "extras".

VOCABULÁRIO:
Desenho animado - Um desenho geralmente simples criado para fazer as pessoas pensarem, ficarem com raiva, rirem ou se divertirem. Um desenho animado geralmente tem linhas simples, usa cores básicas e conta uma história em uma série de imagens chamadas molduras ou painéis.

Original - Qualquer obra considerada um exemplo autêntico das obras de um artista, em vez de uma reprodução ou imitação

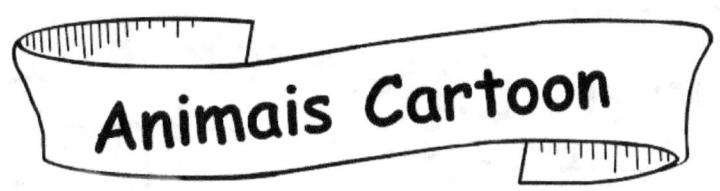

Animais Cartoon

Siga esses passos para fazer uma visão frontal de quase QUALQUER criatura em cartoon!

Comece → Sombreie →

Adicione 2 bochechas em círculo

Adicione 2 olhos ovais

Dê "expressão" aos olhos

Siga esses passos para fazer uma visão lateral de quase QUALQUER criatura em cartoon

Comece Sombreie topo do nariz →

Boca

Adicione dobra do nariz

Adicione olho oval

Adicione o segundo olho

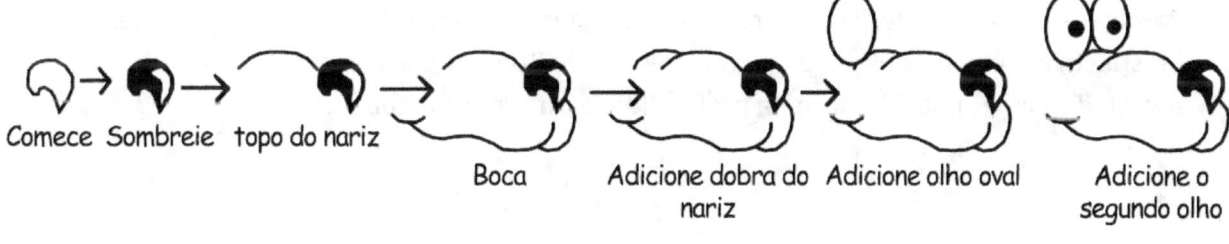

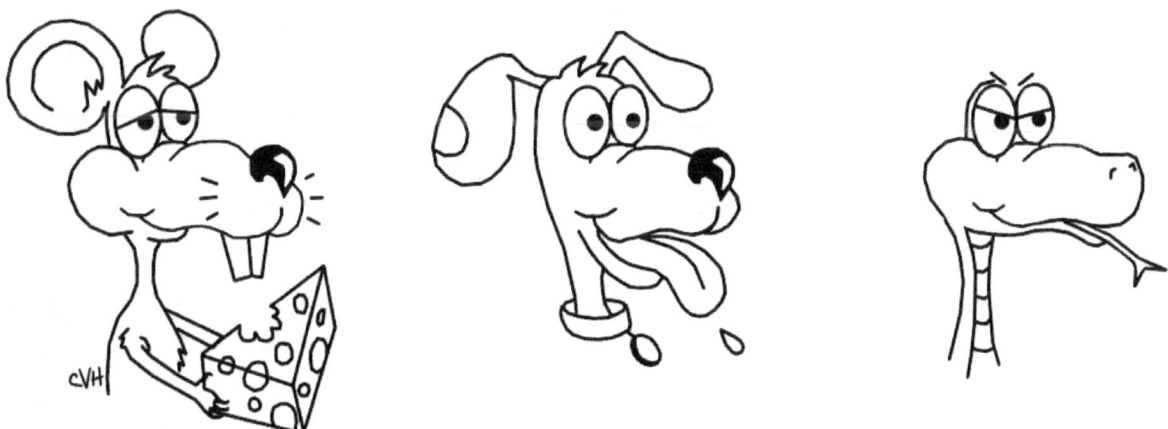

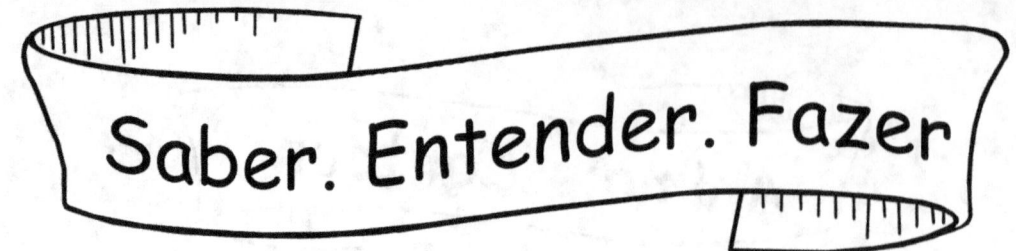

FAMÍLIA PATO

SABER:
• Como criar uma sensação de profundidade em uma obra de arte
• Como pegar algumas formas simples e combiná-las para criar um pato reconhecível

ENTENDER:
• Sobreposição e diferenças no tamanho e posicionamento de objetos em uma cena podem ajudar a alcançar a ilusão de profundidade
• Linhas, formas, texturas e sombras podem ser desenhadas para indicar uma sensação de movimento em uma obra de arte

FAZER:
Crie uma obra de arte de uma família de patos, incluindo pelo menos 1 pato grande, 4 patos pequenos e ondulações na água para mostrar o movimento em uma cena de paisagem

VOCABULÁRIO:
Paisagem - Uma obra de arte que retrata a paisagem. Geralmente há algum céu na cena.
Perspectiva - A técnica usada para criar a ilusão de 3D em uma superfície 2D. A perspectiva ajuda a criar uma sensação de profundidade ou espaço recuado.

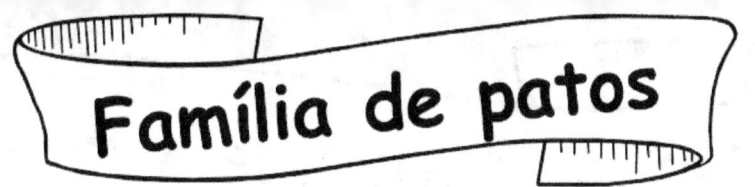

Família de patos

1. Comece com um pequeno círculo

2. Adicione um bico arredondado

3. Curve suavemente o
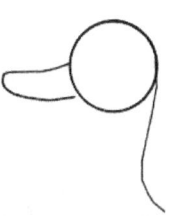

4. Adicione um corpo oval
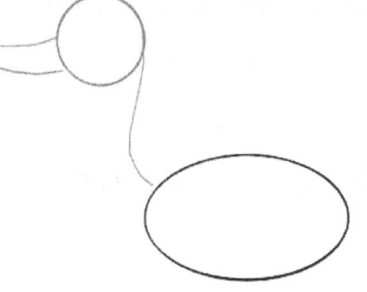

5. Cauda com formato de triângulo
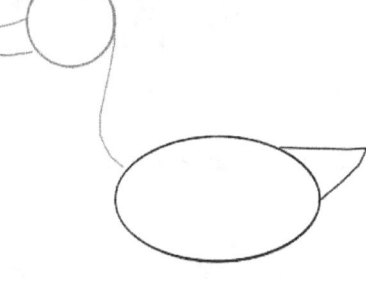

6. Mais detalhes da cauda..
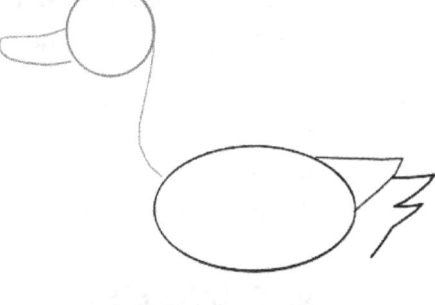

7. Adicione parte da frente do pescoço e peito
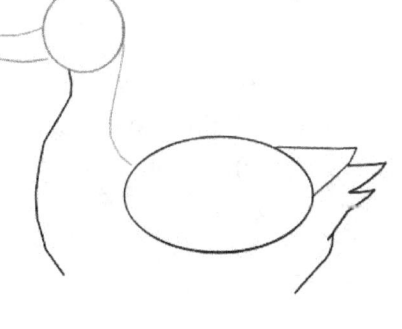

8. Apague áreas pontilhadas
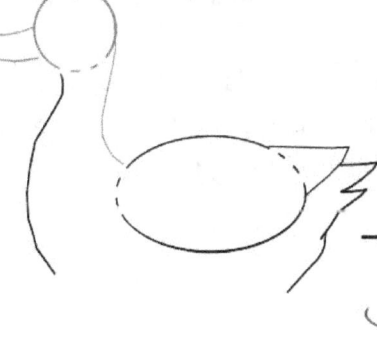

9. Adicione um olho e ondulações na água para indicar movimento
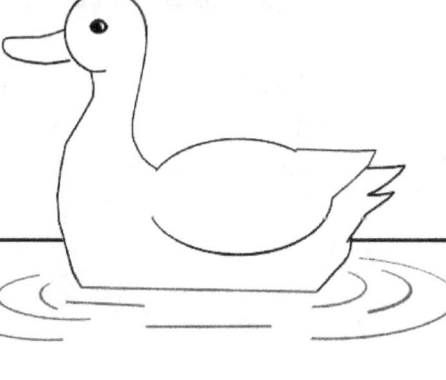

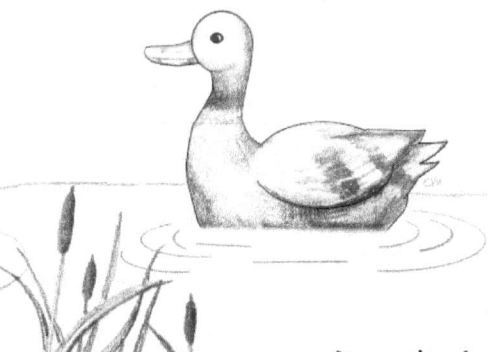

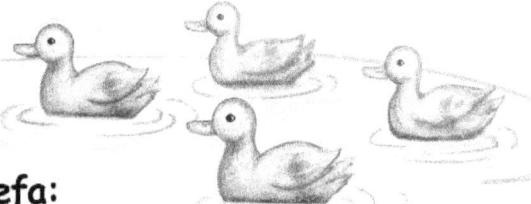

Tarefa:
Desenhe 1 pato grande e 4 patos menores em um lago

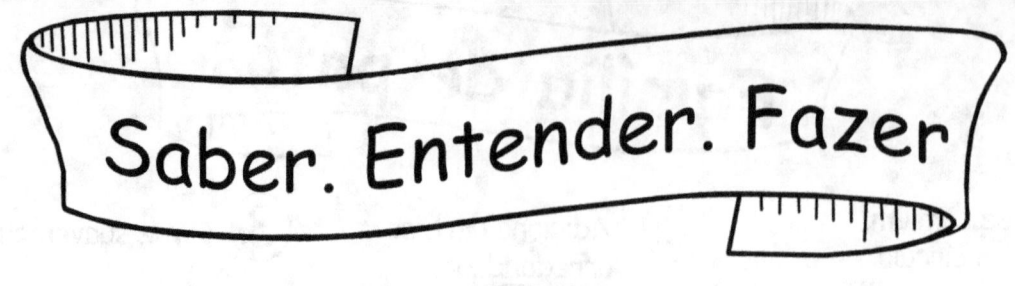

COELHO

SABER:
Textura

ENTENDER:
As técnicas que um artista usa para mostrar como pode ser a sensação de algo ou do que é feito em uma obra de arte

FAZER:
Crie uma arte original de um coelho indicando uma textura "peluda" com linhas curtas de hachura. Sombreie.

VOCABULÁRIO:
Hachura - Linhas paralelas estreitamente espaçadas
Textura - A maneira como algo parece em uma obra de arte. Texturas simuladas são sugeridas por um artista com diferentes pinceladas, linhas de lápis, etc.

Algumas palavras que descrevem várias texturas incluem: plana, lisa, brilhante, aveludada, plumas, macia, molhada, pegajosa, peluda, arenosa, coriácea, crepitada, espinhosa, abrasiva, áspera, esburacada, ondulada, inchada, enferrujada, viscosa, etc.

Coelho

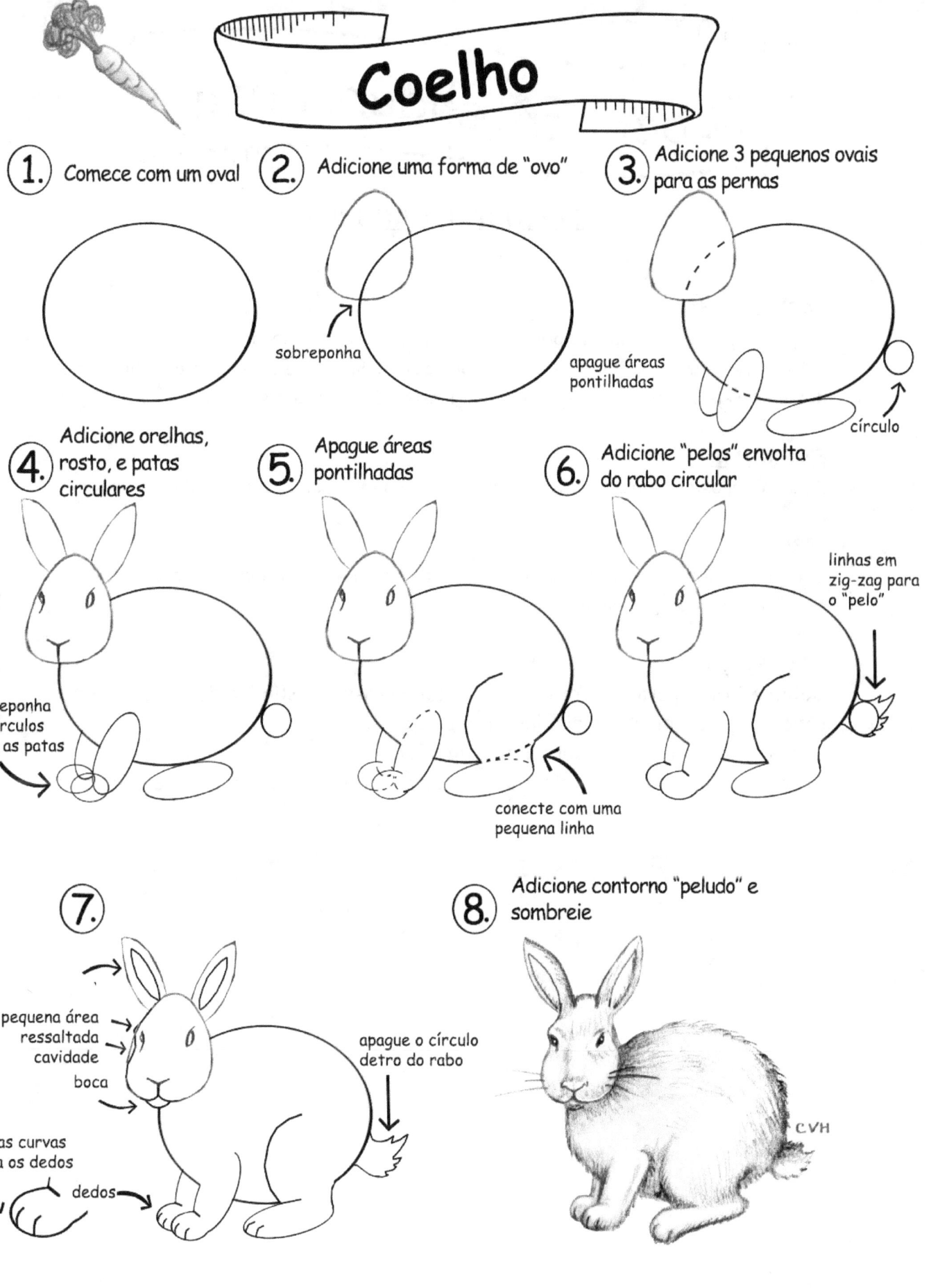

1. Comece com um oval

2. Adicione uma forma de "ovo"

sobreponha

apague áreas pontilhadas

3. Adicione 3 pequenos ovais para as pernas

círculo

4. Adicione orelhas, rosto, e patas circulares

sobreponha círculos ra as patas

5. Apague áreas pontilhadas

conecte com uma pequena linha

6. Adicione "pelos" envolta do rabo circular

linhas em zig-zag para o "pelo"

7.

pequena área ressaltada
cavidade
boca

apague o círculo detro do rabo

nhas curvas ra os dedos

dedos

8. Adicione contorno "peludo" e sombreie

CVH

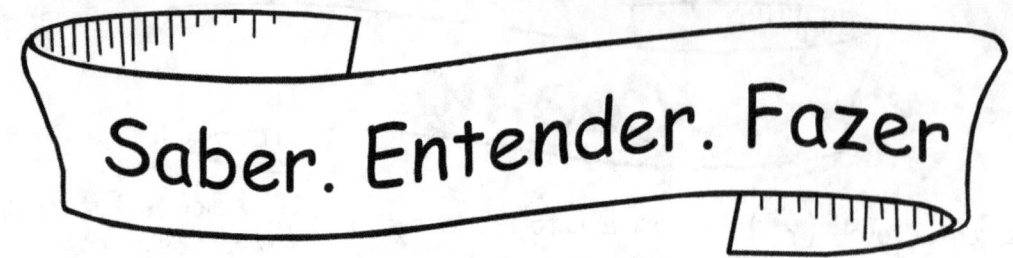

DESENHE UM PINGUIM

SABER:
• Formas simples combinadas podem criar objetos mais complexos
• Adicionar outros elementos a um desenho pode criar interesse, contar uma história e detalhes (veja o capítulo "Perspectiva" para instruções de iceberg)

ENTENDER:
Itens sobrepostos e em camadas ajudam a criar uma sensação de profundidade e realismo

FAZER:
Crie uma arte original de um pinguim seguindo as etapas fornecidas. Coloque-o "em cima" de um iceberg e em uma cena.

VOCABULÁRIO:
Detalhe - Uma parte de um todo. Uma característica distintiva de um objeto ou cena que pode ser vista mais claramente de perto.
Camada - Algo colocado sobre outra superfície
Sobreposição - Quando uma coisa está sobre a outra, cobrindo-a parcialmente

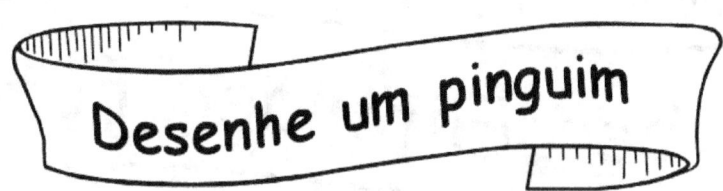

Desenhe um pinguim

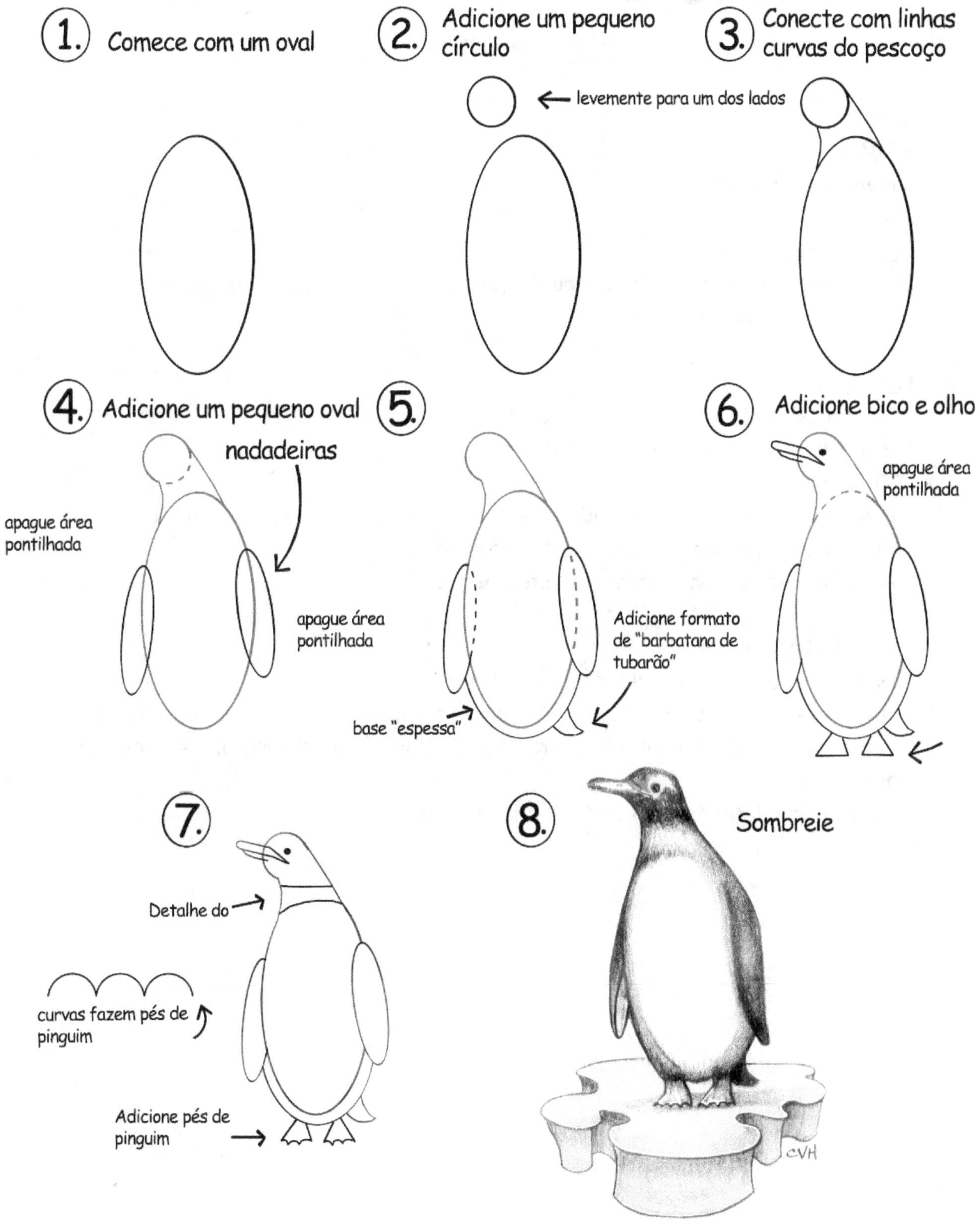

1. Comece com um oval

2. Adicione um pequeno círculo

← levemente para um dos lados

3. Conecte com linhas curvas do pescoço

4. Adicione um pequeno oval
nadadeiras

apague área
pontilhada

apague área
pontilhada

5.

base "espessa"

Adicione formato de "barbatana de tubarão"

6. Adicione bico e olho

apague área
pontilhada

7.

Detalhe do →

curvas fazem pés de ↑
pinguim

Adicione pés de
pinguim →

8.

Sombreie

CVH

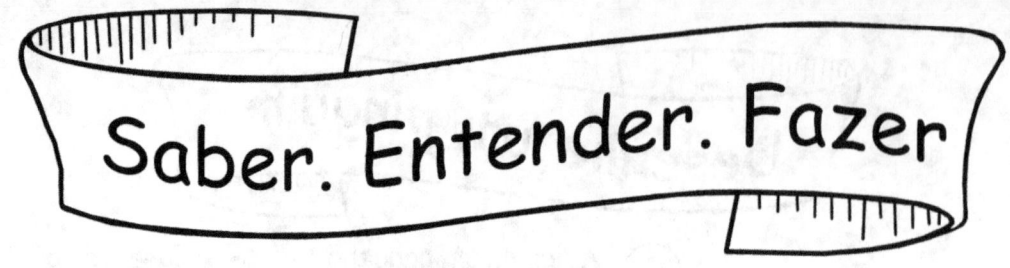

DESENHANDO ASAS

SABER:
Simetria e Assimetria

ENTENDER:
O equilíbrio ajuda a criar interesse ou design em uma obra de arte. Simetria e assimetria oferecem dois tipos de equilíbrio.

FAZER:
• Pratique simetria desenhando uma criatura com asas que têm a mesma forma em ambos os lados usando as ideias fornecidas

   OR

• Pratique a assimetria desenhando uma criatura com asas que estão em posições diferentes em ambos os lados usando as ideias fornecidas
• Adicione "extras" como um halo, chifres ou forcado

VOCABULÁRIO:
Assimetria - Um objeto é diferente em ambos os lados
Equilíbrio - Um princípio de design, equilíbrio refere-se à maneira como os elementos da arte são organizados para criar uma sensação de estabilidade em uma obra.
Simetria - Um lado de um objeto é igual ao outro

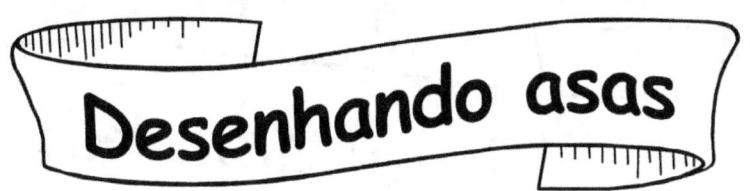

Desenhando asas

1. comece com uma base peg person

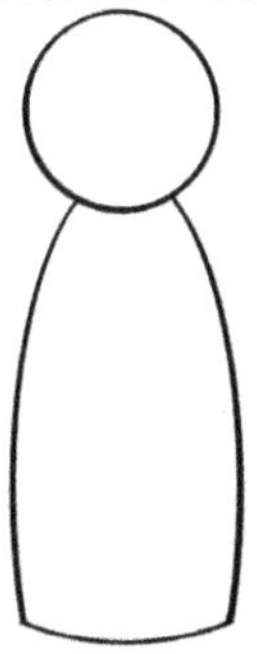

Asas de anjo

2. esboce levemente as asas angulares

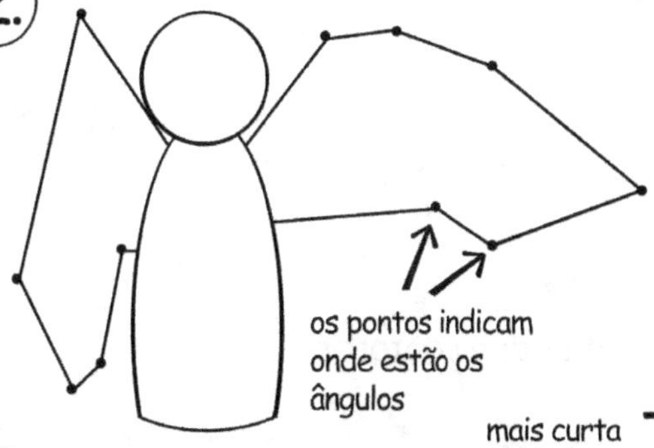

os pontos indicam onde estão os ângulos

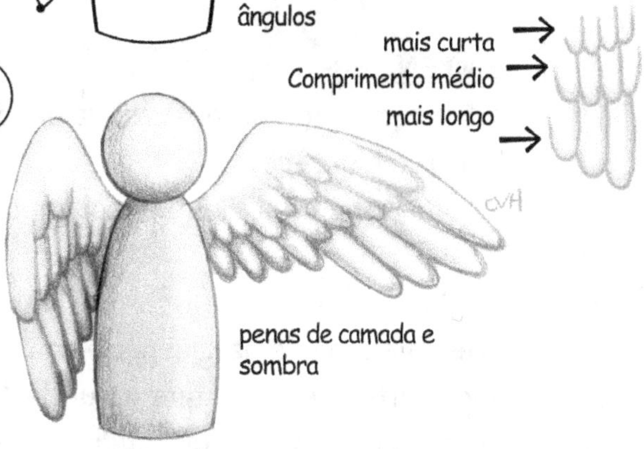

mais curta
Comprimento médio
mais longo

3. curvar os ângulos

desenhe 5 penas curtas

4 penas longas

4.

penas de camada e sombra

CVH

1. comece com uma base peg person

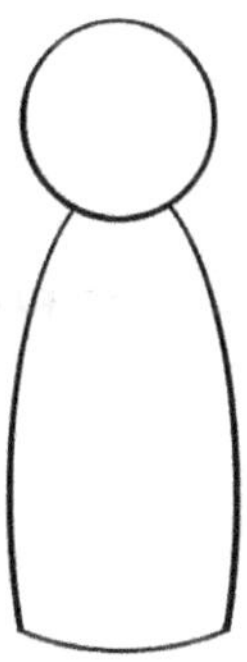

asas do diabo

2. 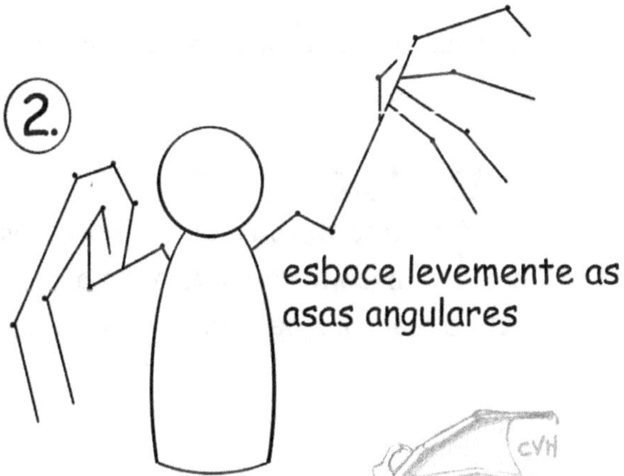 esboce levemente as asas angulares

3.

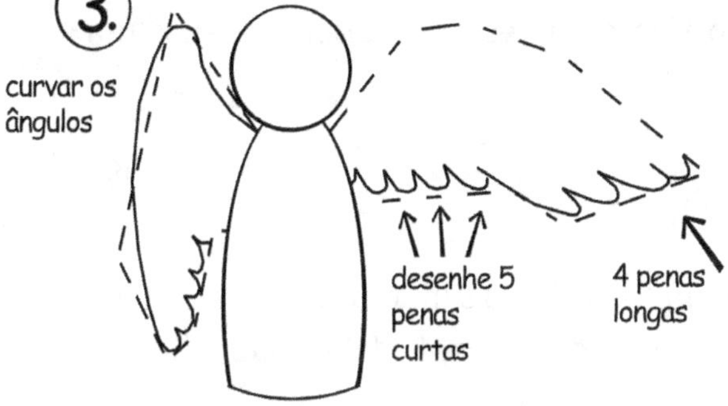

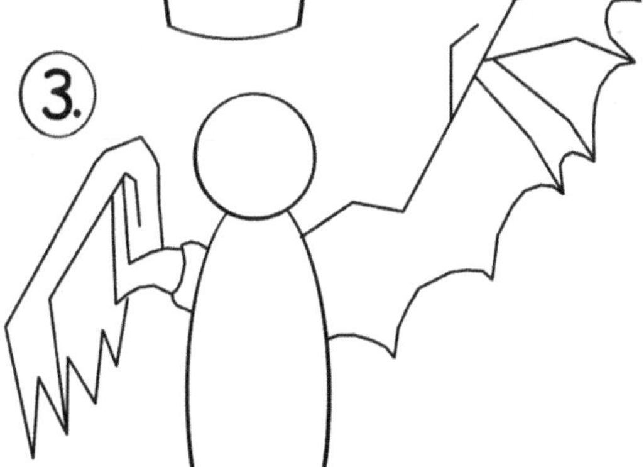

4.

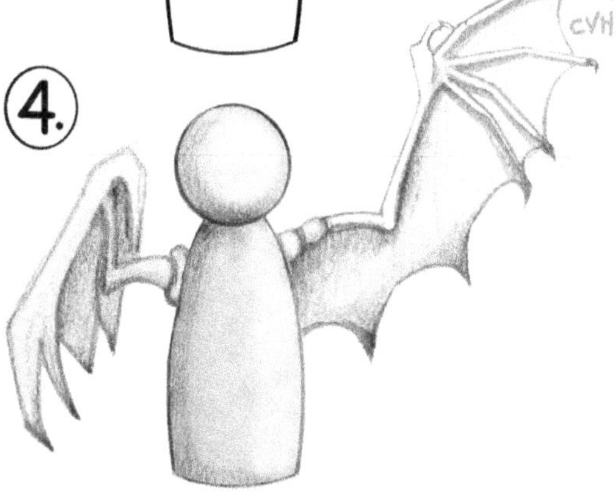

CVH

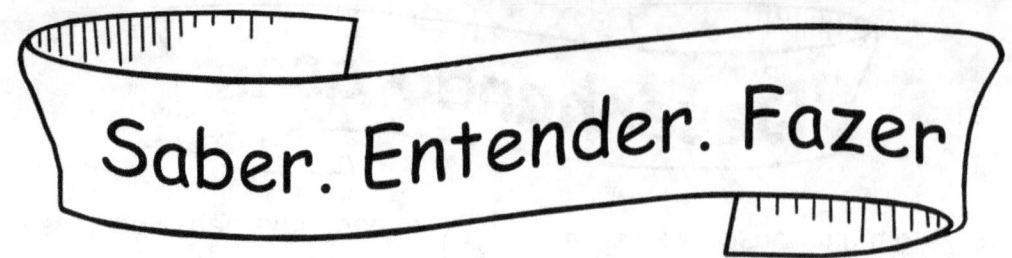

PÁSSAROS EM VOO

SABER:
Silhueta e contorno

ENTENDER:
• Silhuetas são contornos detalhados, mas não têm detalhes no interior - apenas um bloco sólido de cor
• Como fazer uma silhueta reconhecível

FAZER:
Crie uma cena de paisagem original com foco em pelo menos 3 silhuetas de pássaros em voo. Certifique-se de que há um esboço detalhado de cada ave, incluindo detalhes de penas, cabeça, corpo ou cauda.

DICA: Sua silhueta estará bem desenhada se outras pessoas puderem reconhecer o que é!

VOCABULÁRIO:
Contorno - O contorno e outras bordas visíveis de um objeto desenhado
Silhueta - Um contorno detalhado preenchido com uma cor sólida, tipicamente preto em um chão branco, e na maioria das vezes para um retrato

A silhueta é um contorno detalhado

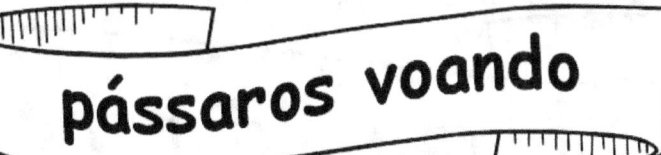
pássaros voando

Abaixo tem três amostras de diversas silhuetas de pássaros que você pode desenhar

1. Comece com uma forma larga de "V"

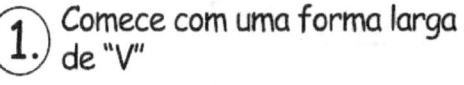

2. Adicione um pequeno círculo no centro abaixo do "V"

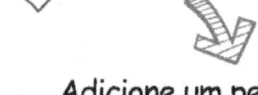

3. Engrosse o "V" e adicione uma cauda em triângulo

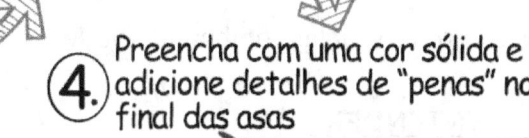

4. Preencha com uma cor sólida e adicione detalhes de "penas" no final das asas

---

1. Comece com uma forma larga de "W"

2. "Engrosse" o "W"

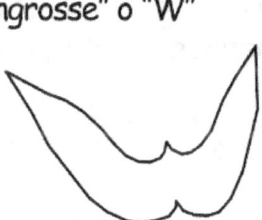

3. Adicione a cabeça e cauda de triângulo

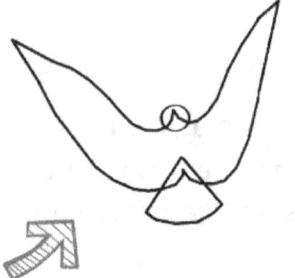

4. Preencha com uma cor sólida e adicione detalhes de pena

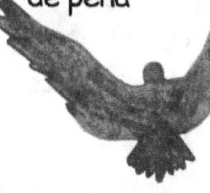

---

1. Comece com uma forma larga de "V"

2. Engrosse o "V" e feche os lados com linhas anguladas

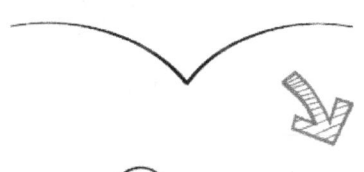

3. Adicione forma de ""barbatana de tubarão" na cabeça e cauda em

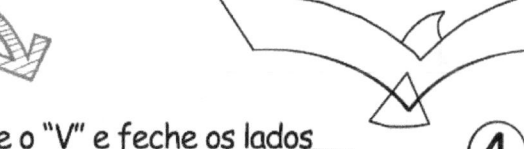

4. Preencha com uma cor sólida e adicione detalhes de pena

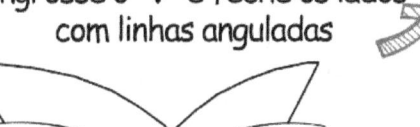

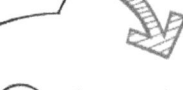

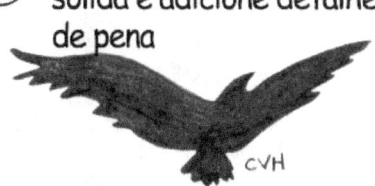

CVH

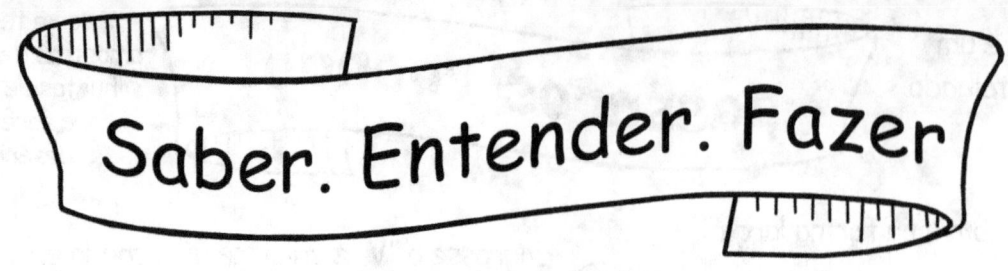

DESENHE UM PITBULL

SABER:
Formas simples combinadas podem criar objetos mais complexos

ENTENDER:
Cada objeto complexo pode ser simplificado em uma série de formas geométricas e orgânicas conectadas

FAZER:
Crie uma arte original de um cão pitbull. Use linhas de contorno e sombreamento para indicar estrias musculares. Sombreie.

VOCABULÁRIO:
Complexo - Uma maneira de combinar os elementos da arte de maneiras envolvidas, para criar relacionamentos intrincados e complicados. Uma imagem composta de muitas formas de diferentes cores, tamanhos e texturas seria chamada de complexa.

Linhas de contorno - O contorno e outras bordas visíveis de uma massa, figura ou objeto

Desenhe um cachorro Pitbull

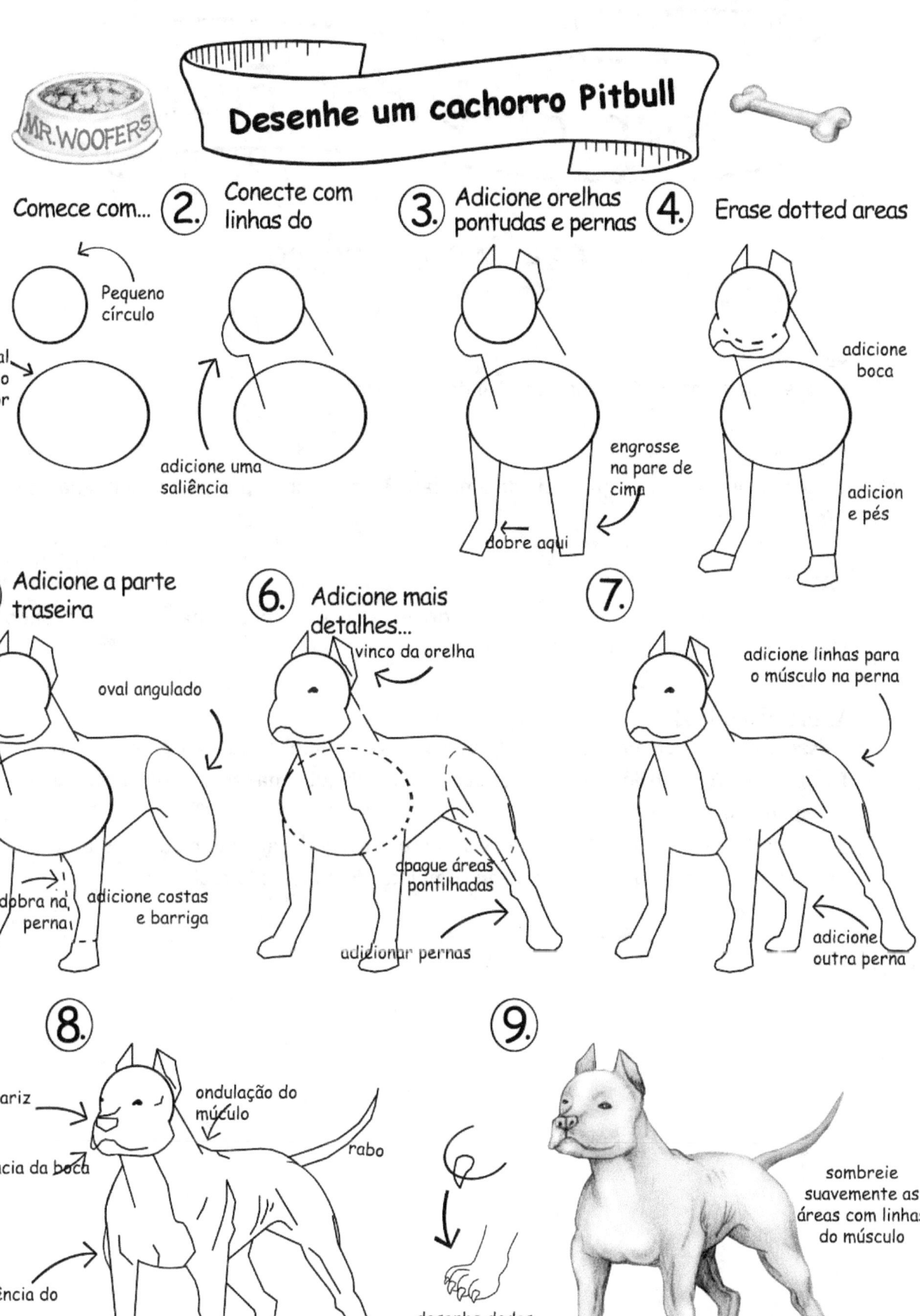

1. Comece com...
- Pequeno círculo
- um oval um pouco maior

2. Conecte com linhas do
- adicione uma saliência

3. Adicione orelhas pontudas e pernas
- engrosse na pare de cima
- dobre aqui

4. Erase dotted areas
- adicione boca
- adicion e pés

5. Adicione a parte traseira
- oval angulado
- dobra na perna
- adicione costas e barriga

6. Adicione mais detalhes...
- vinco da orelha
- apague áreas pontilhadas
- adicionar pernas

7.
- adicione linhas para o músculo na perna
- adicione outra perna

8.
- nariz
- ondulação do múculo
- rabo
- saliência da boca
- saliência do

9.
- desenhe dedos com garras
- sombreie suavemente as áreas com linhas do músculo

MR.WOOFERS

CVH

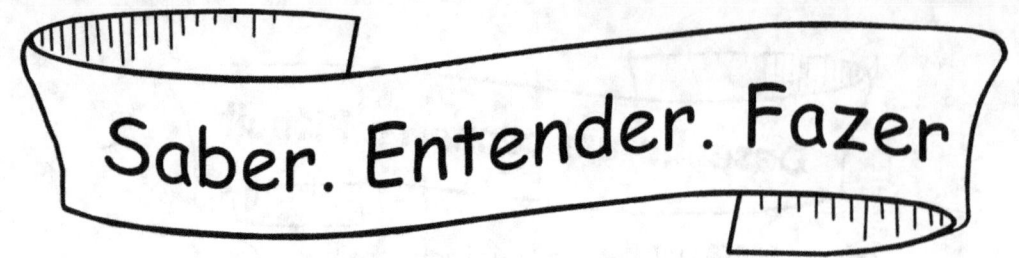

NA CASA DO CACHORRO

SABER:
Passos simples para criar uma vista 3/4 de uma casa

ENTENDER:
Uma maneira de criar a aparência de uma casa 3D mostrando perspectiva em uma visão 3/4

FAZER:
Crie uma casinha de cachorro com painéis originais em uma cena de paisagem mostrando perspectiva. Adicione um cão de sua escolha e sombreie.

VOCABULÁRIO:
Paisagem - Uma obra de arte que retrata a paisagem. Geralmente há algum céu na cena.

Perspectiva - A ilusão do 3D em uma superfície 2D, criando uma sensação de profundidade e recuando o espaço

Visão de três quartos (3/4) - Uma visão de um rosto ou qualquer outro assunto que esteja a meio caminho entre uma visão completa e uma visão lateral

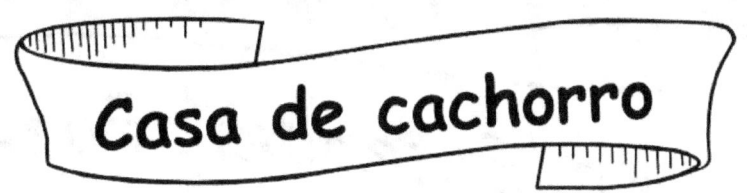

Casa de cachorro

1. Comece com três linhas verticais

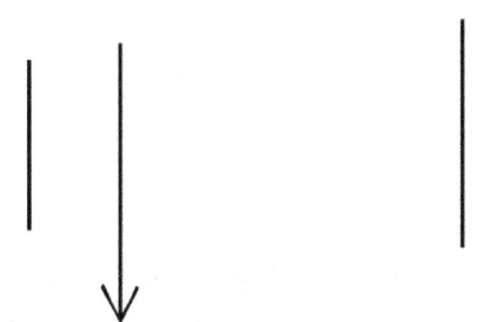

2. Conecte-os no topo e na base

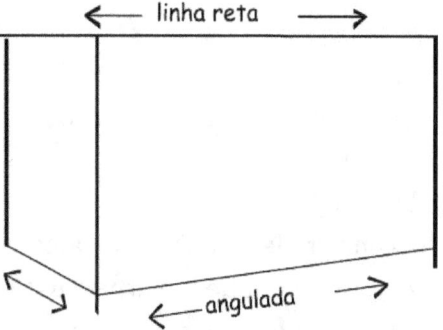

linha reta

angulada

3. Desenhe uma seta apontando para cima

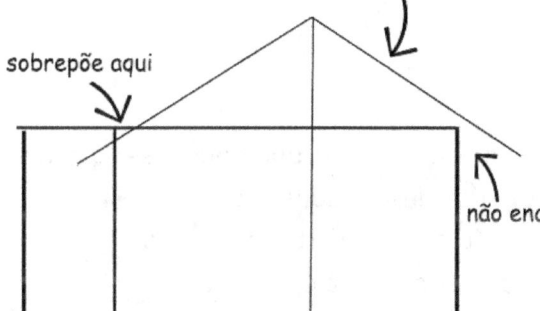

sobrepõe aqui

não encosta

4. Adicione "espessura" no teto

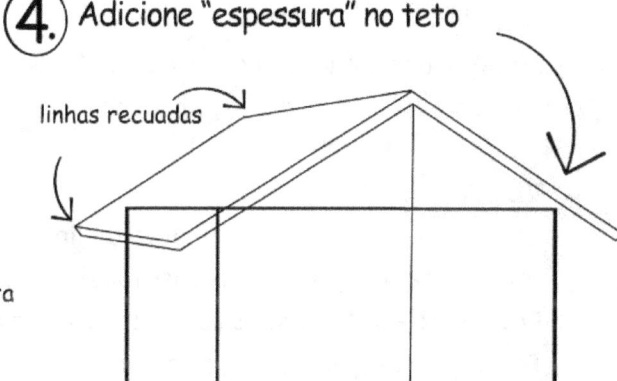

linhas recuadas

5.

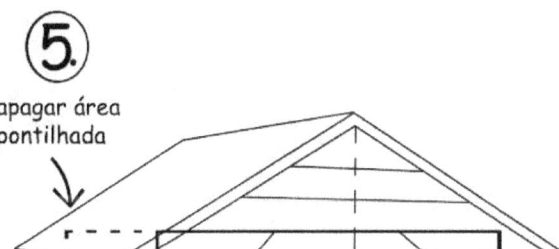

apagar área pontilhada

bordas anguladas

6. Adicione um cachorro e sombreie

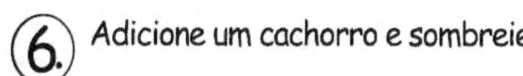

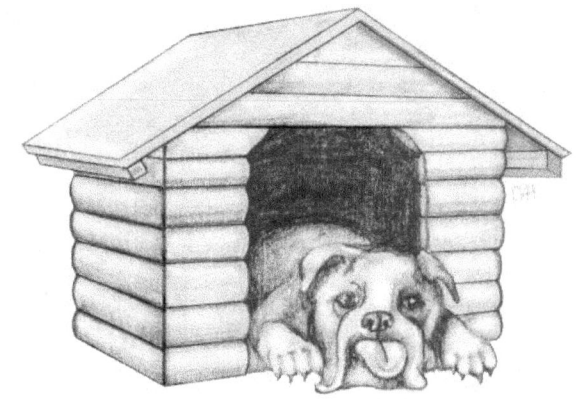

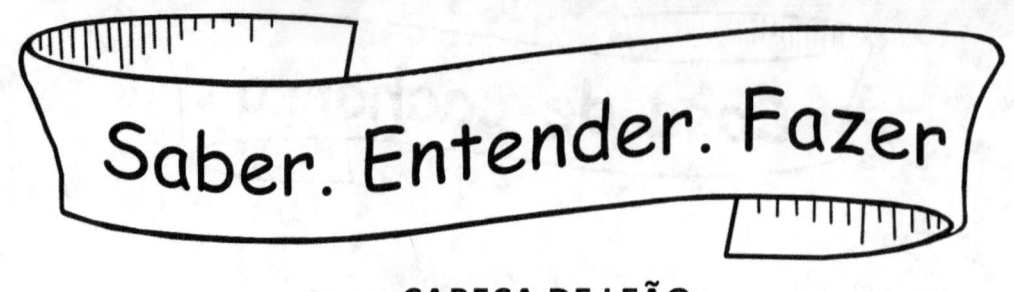

CABEÇA DE LEÃO

SABER:
Os passos para criar uma cabeça de leão

ENTENDER:
• Uma grade simples pode ajudar no desenho de uma face de leão proporcional
• As técnicas que um artista usa para mostrar como pode ser a sensação ou do que algo é feito em uma obra de arte

FAZER:
Pratique desenhar uma cabeça de leão usando os passos fornecidos. Indique a textura na juba com uma série de linhas curvas. Sombreie.

VOCABULÁRIO:
Grade - Uma estrutura ou padrão de linhas cruzadas ou paralelas que podem ser usadas como linhas de guia para o posicionamento de objetos desenhados
Proporção - os tamanhos comparativos e a colocação de uma parte para outra
Textura - A maneira como algo parece ou pode parecer em uma obra de arte

Cabeça de leão

1. Comece com linhas vistas aqui

letra "X"

2. Adicione olhos, bochecas e queixo

3. Cabeça circular

orelhas redondas

4. Juba em formato de

5. Desenhe linhas de "zig-zag" em volta da juba

adicione uma curva na frente das orelhas

apague áreas pontilhadas

6. Adicione nariz em formaro de coração

curve os lados do nariz

Boca arredondada

7.

pelo nas orelhas

pupíla nos olhos

adicione mais linhas de pelo

8. Mais pelo...

9. Sombreie

CVH

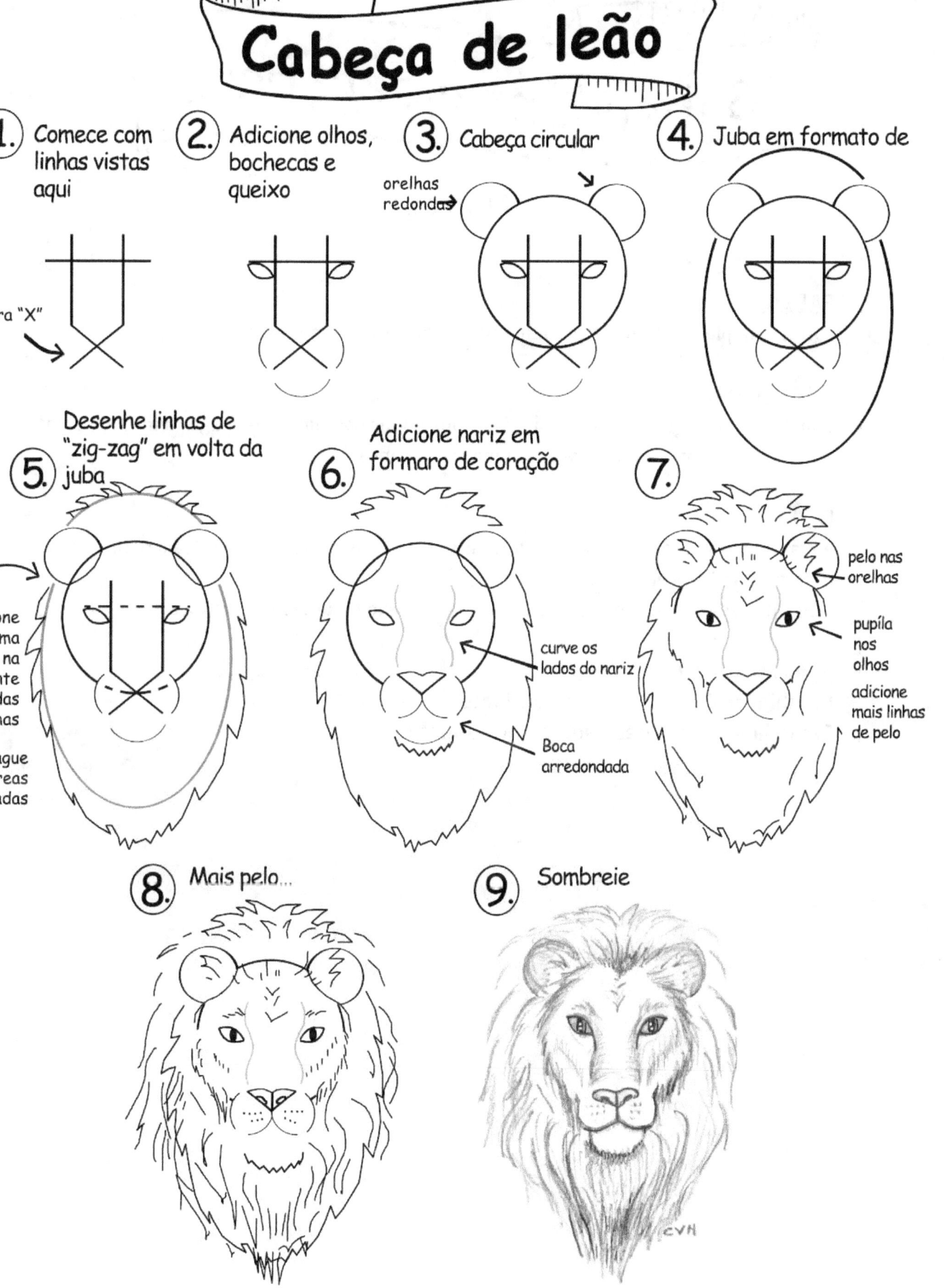

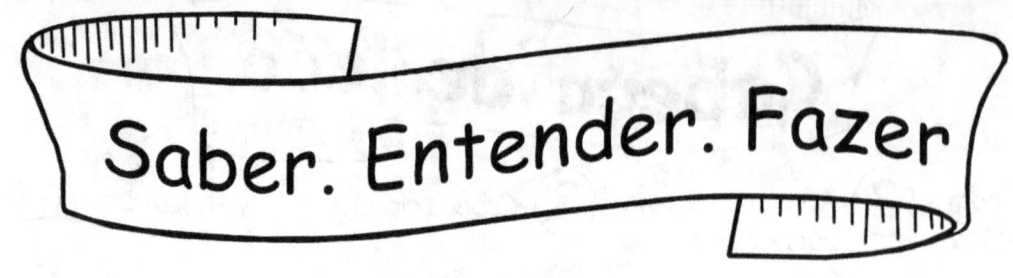

CRÂNIO DE VACA

SABER:
Formas simples combinadas podem criar objetos mais complexos

ENTENDER:
Combinar formas simples em camadas, conectá-las com linhas e apagar o interior é um truque usado por artistas para criar uma semelhança.

FAZER:
• Pratique a divisão de objetos em formas simples, olhando ao redor da sala para os itens e simplificando-os visualmente
• Siga os passos fornecidos e crie sua própria versão de um crânio de vaca

VOCABULÁRIO:
Combinar - Dois ou mais objetos juntos
Camada - Algo colocado sobre outra superfície

Crânio de vaca

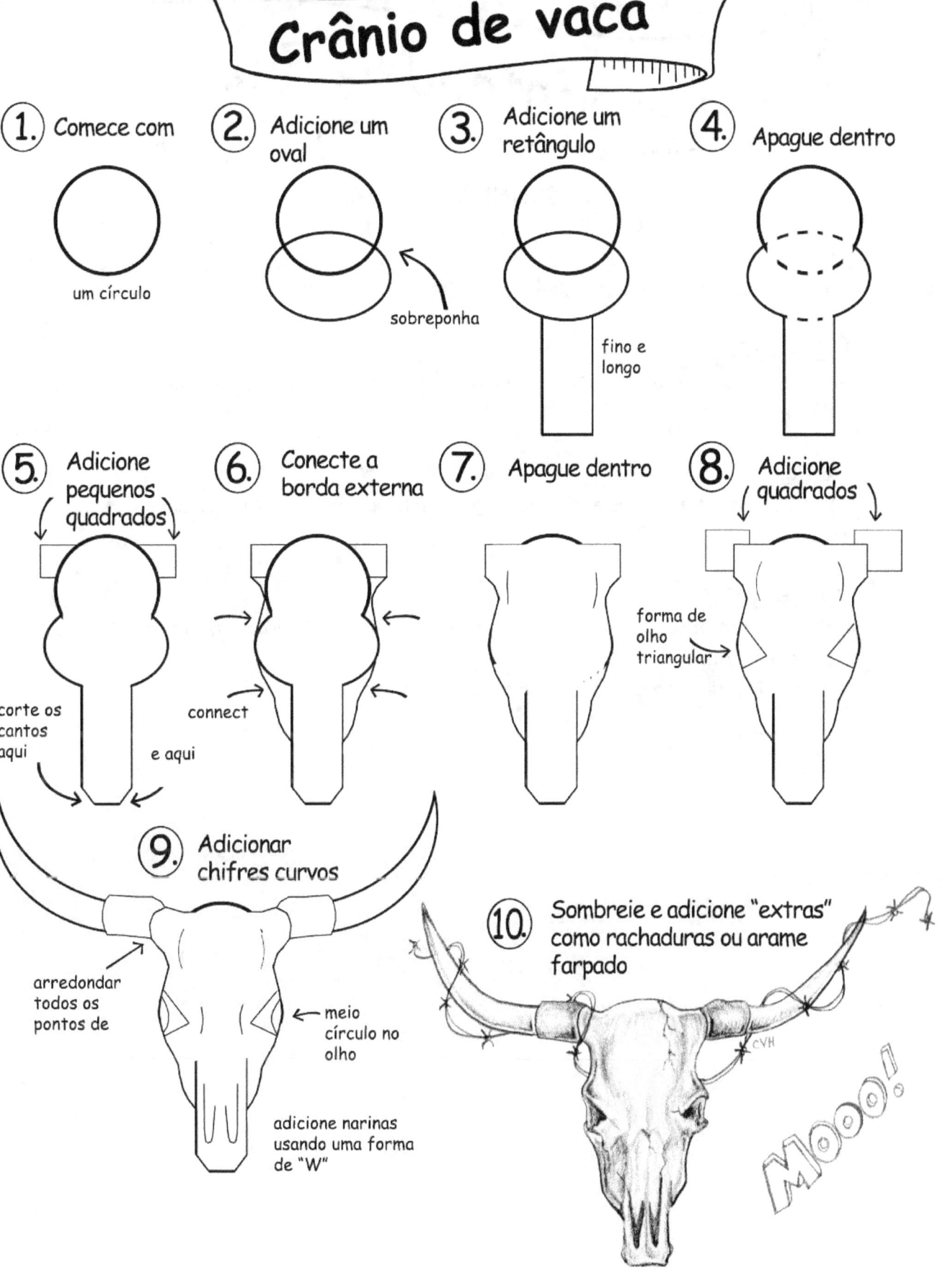

1. Comece com

um círculo

2. Adicione um oval

sobreponha

3. Adicione um retângulo

fino e longo

4. Apague dentro

5. Adicione pequenos quadrados

corte os cantos aqui

e aqui

6. Conecte a borda externa

connect

7. Apague dentro

8. Adicione quadrados

forma de olho triangular

9. Adicionar chifres curvos

arredondar todos os pontos de

meio círculo no olho

adicione narinas usando uma forma de "W"

10. Sombreie e adicione "extras" como rachaduras ou arame farpado

CVH

Moooo!

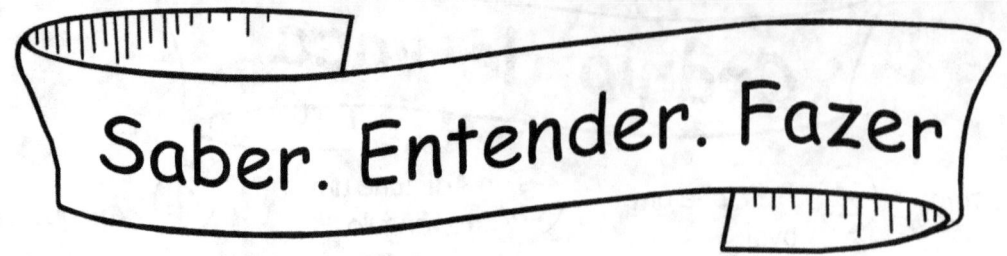

DESENHE UMA COBRA

SABER:
Formas simples combinadas podem criar objetos mais complexos

ENTENDER:
Adicionar linhas de contorno "envolvendo-as" em torno de tubos dá a aparência de detalhes e 3D

FAZER:
• Siga os passos fornecidos e crie sua própria versão de uma cobra enrolada
• Sombreie

VOCABULÁRIO:
Linhas de contorno - O contorno ou linhas de detalhes internas de um objeto que mostram a forma
Volume - Refere-se ao espaço dentro de uma forma 3D

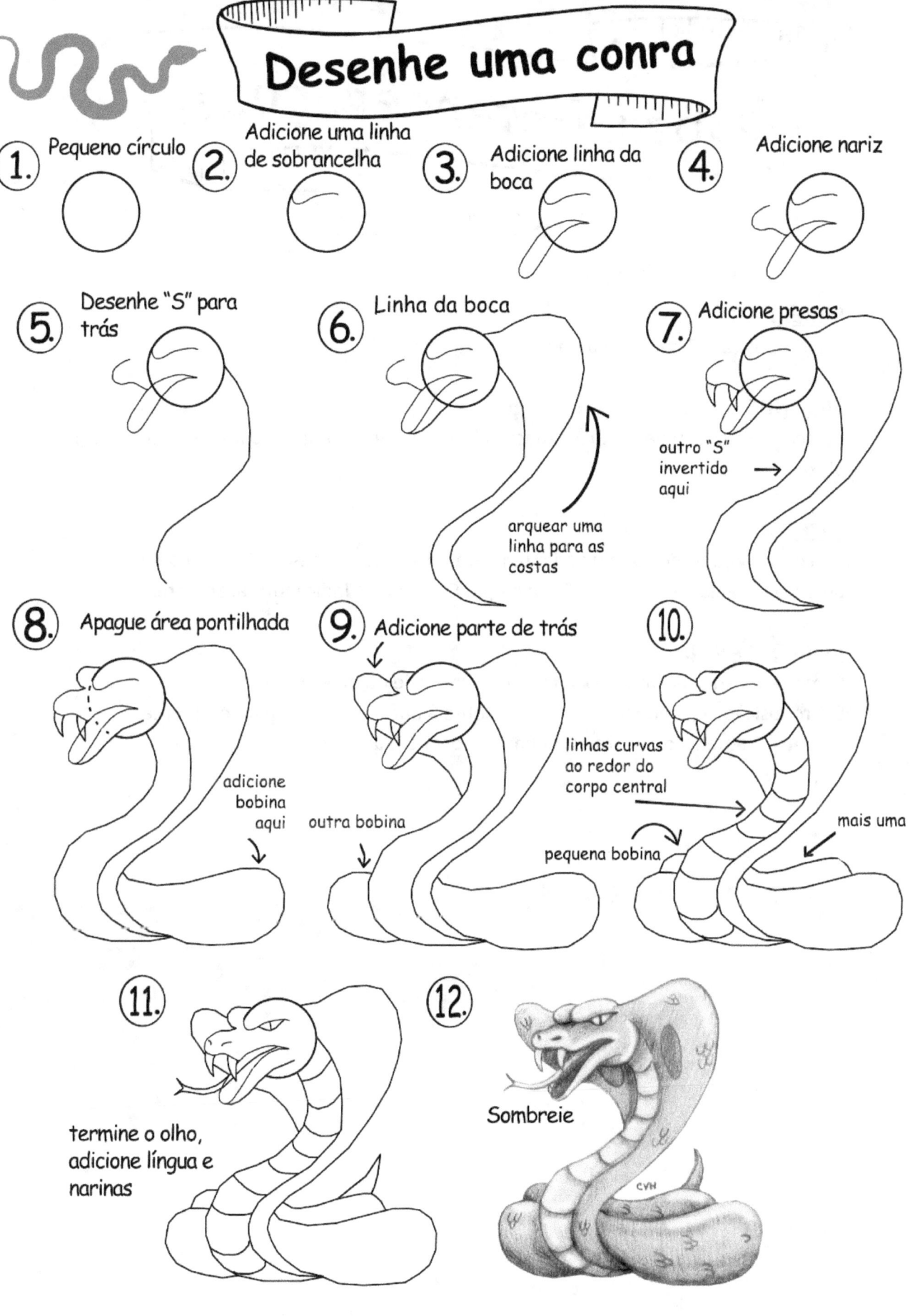

Desenhe uma conra

1. Pequeno círculo

2. Adicione uma linha de sobrancelha

3. Adicione linha da boca

4. Adicione nariz

5. Desenhe "S" para trás

6. Linha da boca

arquear uma linha para as costas

7. Adicione presas

outro "S" invertido aqui

8. Apague área pontilhada

adicione bobina aqui

9. Adicione parte de trás

outra bobina

10.

linhas curvas ao redor do corpo central

pequena bobina

mais uma

11. termine o olho, adicione língua e narinas

12. Sombreie

CVH

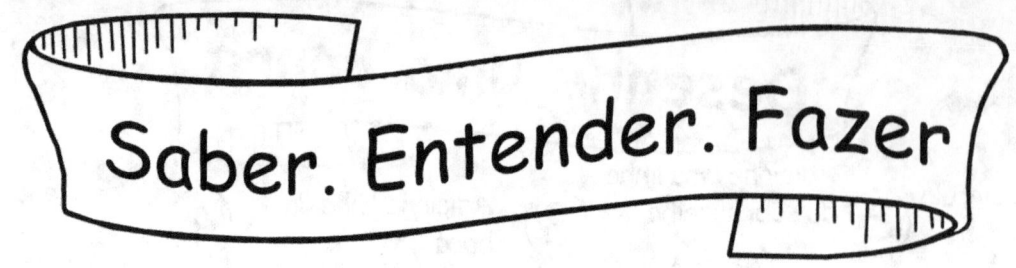

TIGRE ESCALANDO

SABER:
• Sobreposição, Camadas, Padrão

ENTENDER:
Colocar formas simples em camadas pode ser o primeiro passo para criar formas complexas

FAZER:
Siga os passos fornecidos para criar um tigre escalando. Torne-o único criando um padrão de listras original que "envolve" seu corpo. O "envolto" indica forma. Sombreie.

VOCABULÁRIO:
Camadas - Para colocar algo sobre outra superfície ou objeto
Sobreposição - Quando uma coisa está sobre a outra, cobrindo-a parcialmente
Padrão - A repetição de formas, linhas ou cores em um design

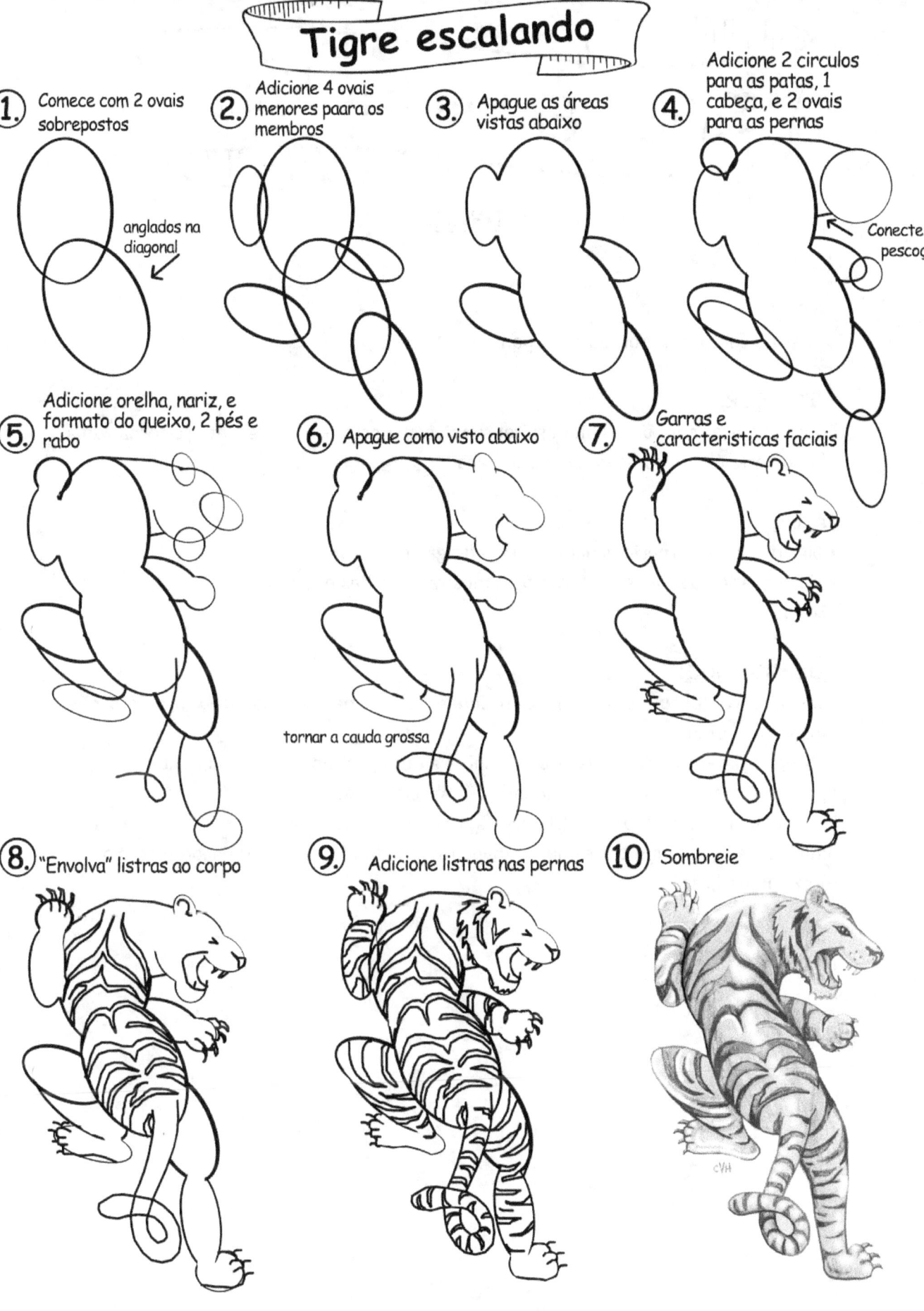

Tigre escalando

1. Comece com 2 ovais sobrepostos

anglados na diagonal

2. Adicione 4 ovais menores paara os membros

3. Apague as áreas vistas abaixo

4. Adicione 2 circulos para as patas, 1 cabeça, e 2 ovais para as pernas

Conecte o pescoço

5. Adicione orelha, nariz, e formato do queixo, 2 pés e rabo

6. Apague como visto abaixo

tornar a cauda grossa

7. Garras e caracteristicas faciais

8. "Envolva" listras ao corpo

9. Adicione listras nas pernas

10 Sombreie

CVH

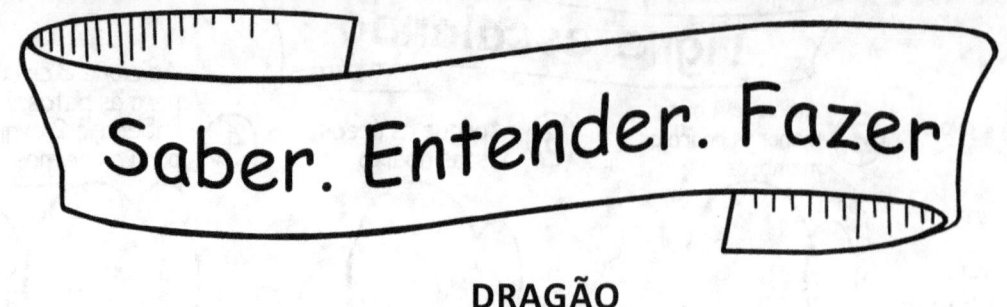

DRAGÃO

SABER:
Linhas de contorno, sobreposição, padrão, estilizar

ENTENDER:
Como começar com uma linha espiral simples e construir sobre ela até se tornar uma obra de arte única representando um dragão

FAZER:
• Siga os passos fornecidos para criar um dragão estilizado
• Use linhas de padrão e contorno para mostrar detalhes e forma
• Sombreie

VOCABULÁRIO:
Linhas de contorno - O contorno ou linhas de detalhes internas de um objeto que mostram a forma

Sobreposição - Quando uma coisa está sobre a outra, cobrindo-a parcialmente

Padrão - A repetição de formas, linhas ou cores em um design

Estilizar - Para alterar formas 2D, formas 3D, cores ou texturas naturais, a fim de fazer uma representação em um estilo ou maneira predefinida, em vez de acordo com a natureza ou tradição

Dragão do Oriente

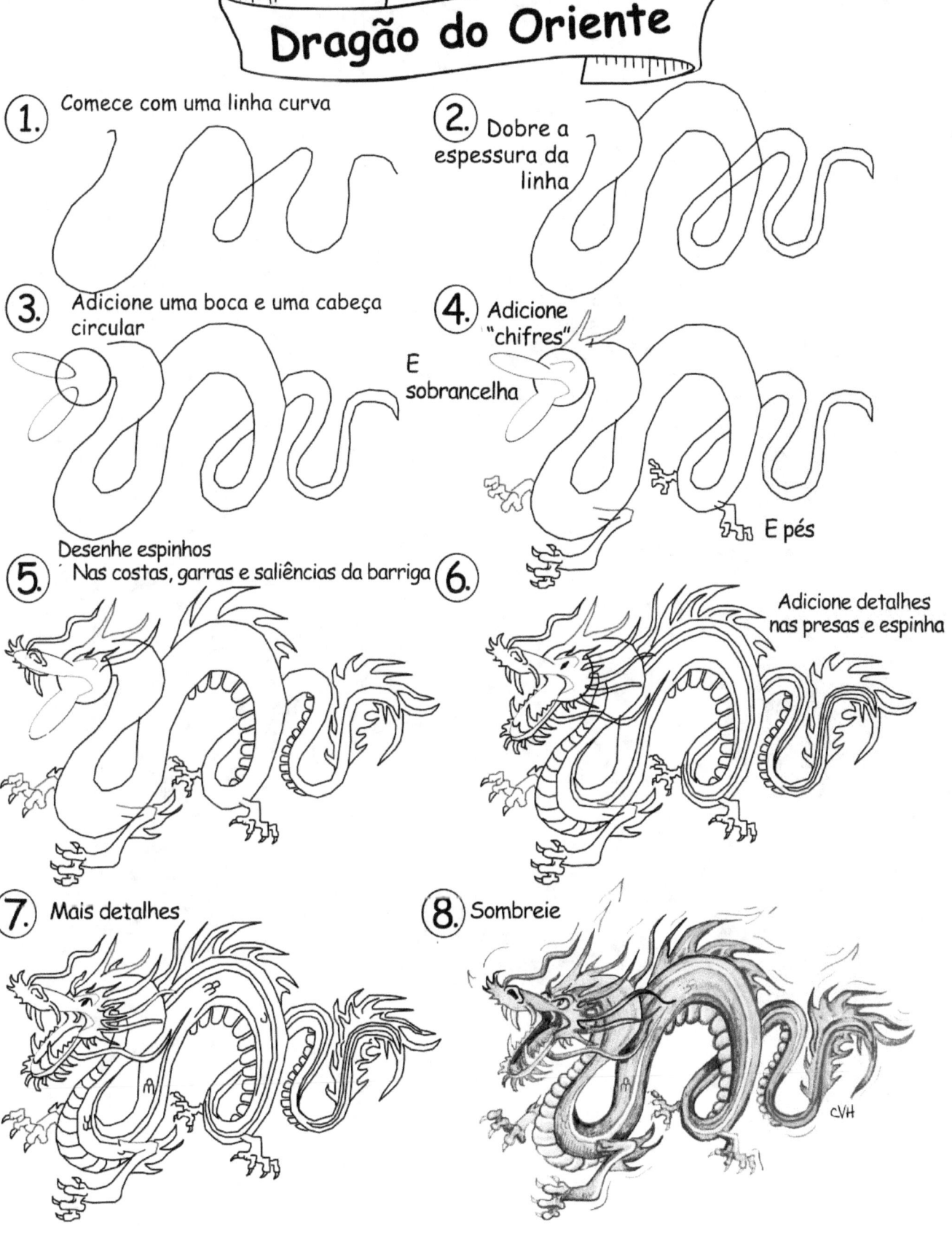

1. Comece com uma linha curva

2. Dobre a espessura da linha

3. Adicione uma boca e uma cabeça circular

E sobrancelha

4. Adicione "chifres"

E pés

5. Desenhe espinhos
Nas costas, garras e saliências da barriga

6. Adicione detalhes nas presas e espinha

7. Mais detalhes

8. Sombreie

CVH

Capítulo 6

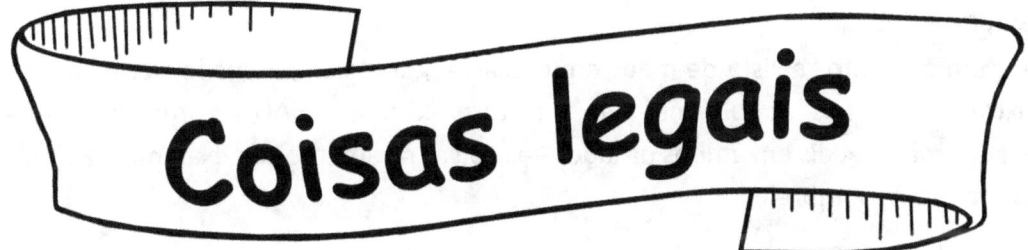

Coisas legais

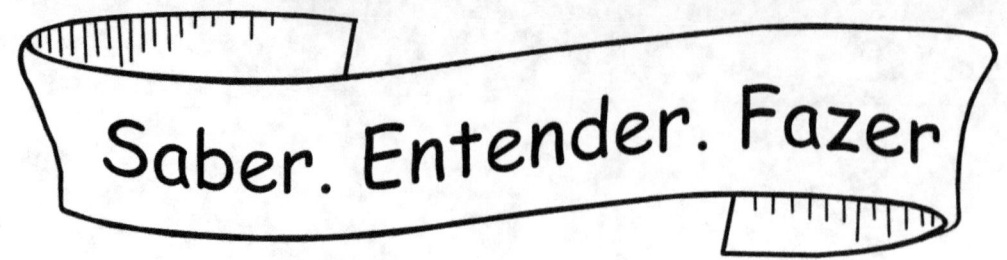

MÃOS EM ORAÇÃO

SABER:
• Simetria de forma orgânica

ENTENDER:
• Como representar mãos em oração realistas usando linhas de contorno, sombreamento e pequenos detalhes
• Como quebrar formas orgânicas em linhas simples e angulares

FAZER:
Crie um conjunto realista de mãos em oração seguindo os passos fornecidos. Adicione "extras" como Rosário, algemas etc. para torná-lo único. NÃO se preocupe em tentar fazer as mãos iguais em ambos os lados - as coisas raramente são exatamente simétricas por natureza. Sombreie.

VOCABULÁRIO:
Linhas de contorno - O contorno ou linhas de detalhes internas de um objeto que mostram a forma
Forma Orgânica - Uma forma irregular que pode ser encontrada na natureza, em vez de uma forma mecânica ou angular
Simetria - Um objeto que é o mesmo em ambos os lados

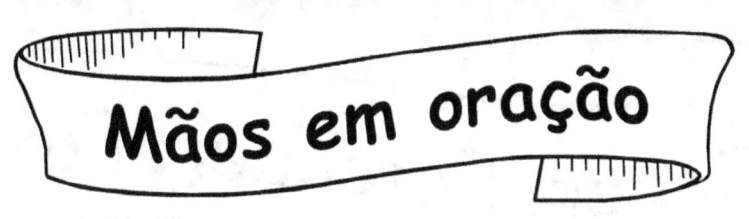

Mãos em oração

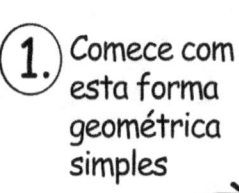

1. Comece com esta forma geométrica simples

(ângulo nos pontos)

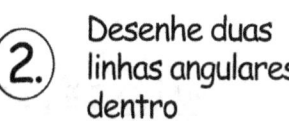

2. Desenhe duas linhas angulares dentro

(ângulo nos pontos)

Adicionar base arredondada

apagar linhas pontilhadas

3. Adicionar três " Y " formas

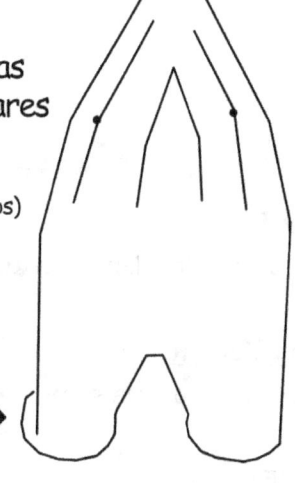

4. Adicione juntas, unhas e detalhes do punho

Adicione saliências nas áreas das juntas

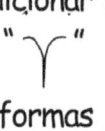

5.

Adicione detalhes de rugas, unhas, punhos e colares

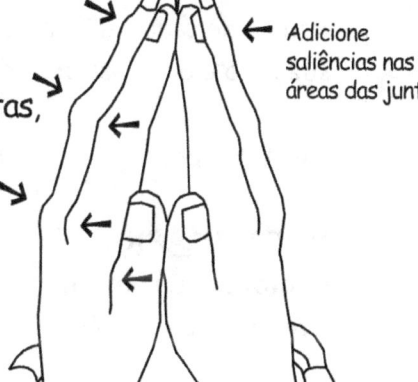

6. Sombra

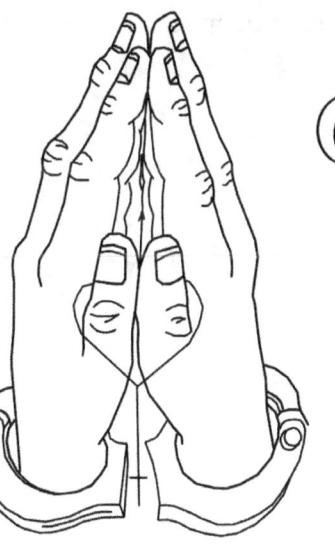

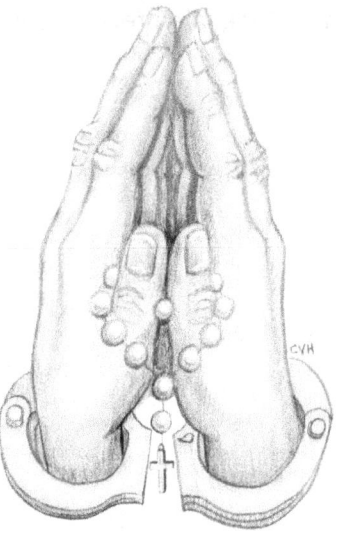

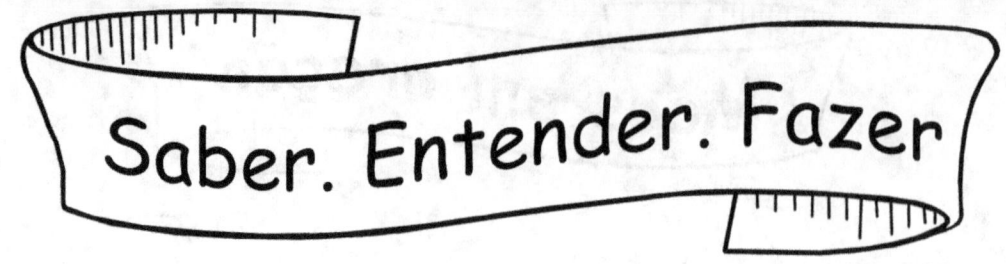

MÃO DE ESQUELETO

SABER:
Ossos da Mão, Linha de Contorno e Observação

ENTENDER:
Desenhando uma semelhança através da observação

FAZER:
Com base em sua própria mão, desenhe uma mão de esqueleto enquanto aprende os nomes de cada seção óssea usando as dicas e truques fornecidos. Ao desenhar, observe sua mão e onde estão os dedos. Estes representam as seções entre os ossos.

DICA: Segure o lápis em um ângulo de 90 graus ao traçar sua mão.

VOCABULÁRIO:
Contorno - O contorno e outras bordas visíveis de uma massa, figura ou objeto
Observação - Receber conhecimento do mundo exterior através dos sentidos

DICA: Isso parece muito legal quando desenhado em papel de construção preto usando pastéis de óleo branco. Ainda use lápis para o contorno da mão. Não é tão fácil de ver, mas você não precisa apagá-lo depois para o efeito de mão do esqueleto.

Olhar!

mão de esqueleto

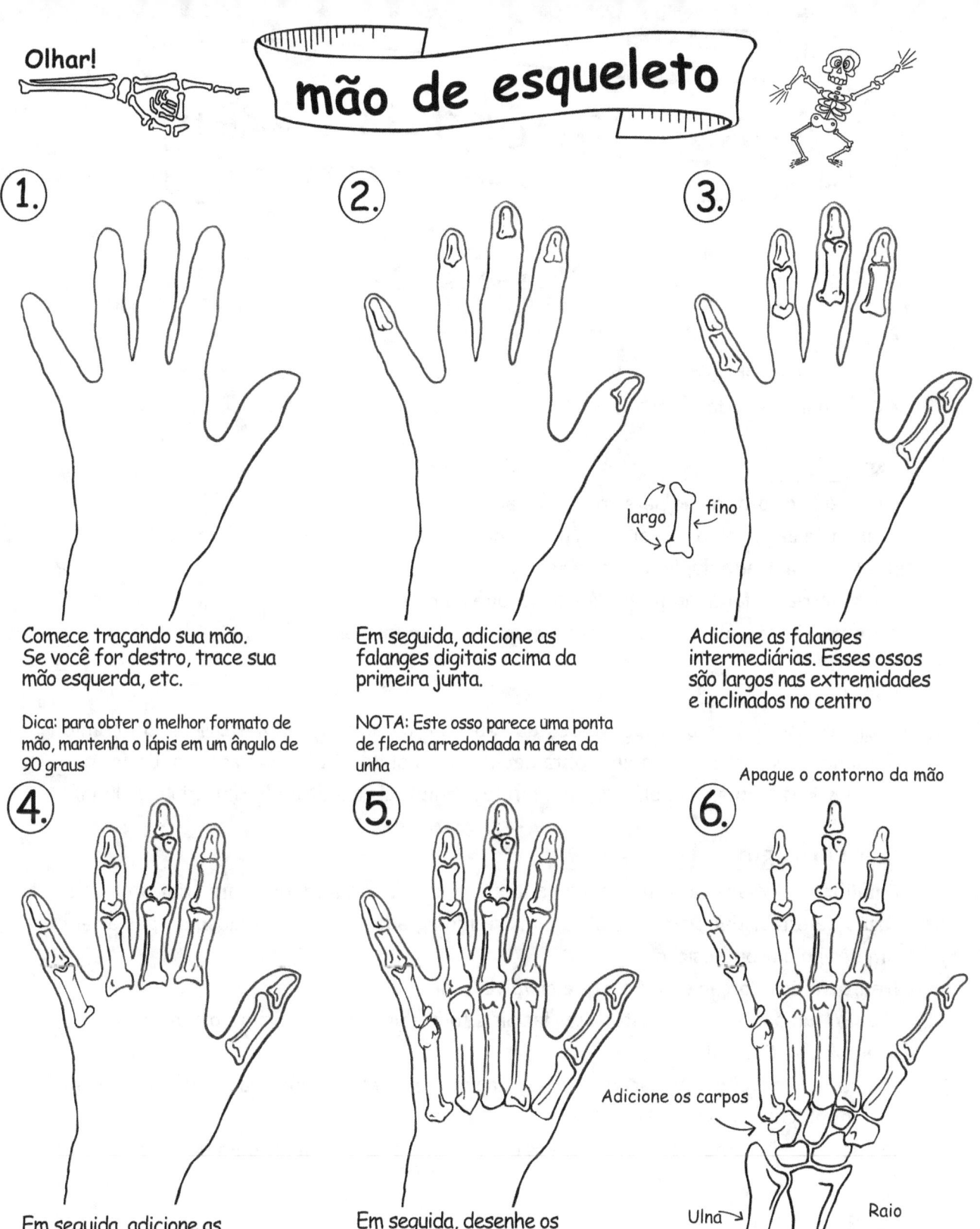

1.

Comece traçando sua mão.
Se você for destro, trace sua
mão esquerda, etc.

Dica: para obter o melhor formato de
mão, mantenha o lápis em um ângulo de
90 graus

2.

Em seguida, adicione as
falanges digitais acima da
primeira junta.

NOTA: Este osso parece uma ponta
de flecha arredondada na área da
unha

3.

Adicione as falanges
intermediárias. Esses ossos
são largos nas extremidades
e inclinados no centro

largo   fino

4.

Em seguida, adicione as
falanges proximais. Isso
completará a parte do dedo
da mão do esqueleto.

5.

Em seguida, desenhe os
metacarpos. Estes quase atingem
a área do pulso.

6.

Apague o contorno da mão

Adicione os carpos

Ulna   Raio

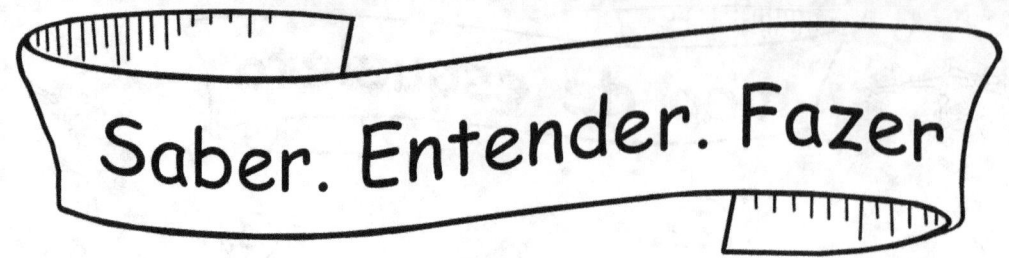

TRÊS CAVEIRAS

SABER:
• Simetria/Equilíbrio do Espelho
• Principais ossos da cabeça

ENTENDER:
• O básico da proporção para criar um crânio
• Simetria de espelho é quando as partes de uma imagem ou objeto são organizadas de modo que um lado duplique (espelhe) o outro
• A simetria perfeita raramente é encontrada na natureza
• Formas 3D complexas podem ser simplificadas em formas 2D

FAZER:
O aluno discutirá os principais ossos da cabeça e as proporções básicas de um crânio humano. Eles então criarão uma obra de arte original de "Três Caveiras" usando formas geométricas simples embelezadas em formas complexas e indicando simetria espelhada.

VOCABULÁRIO:
Equilíbrio - A maneira como os elementos da arte são organizados para criar uma sensação de estabilidade em uma obra; um arranjo agradável ou harmonioso de partes em um design ou composição

Neurocrânio - Porção do crânio que envolve a caixa craniana

Crânio Humano - Suporta estruturas faciais e forma uma cavidade para o cérebro

Mandíbula - O maxilar inferior

Simetria do espelho - As partes de uma imagem ou objeto organizadas de modo que um lado duplique (ou espelhe) o outro

Proporção - Os tamanhos comparativos e a colocação de uma peça para outra

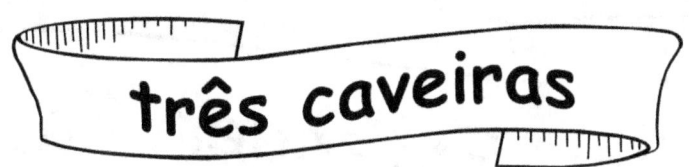

três caveiras

1. Comece com um círculo

2. Adicione mais 2 círculos de cada lado

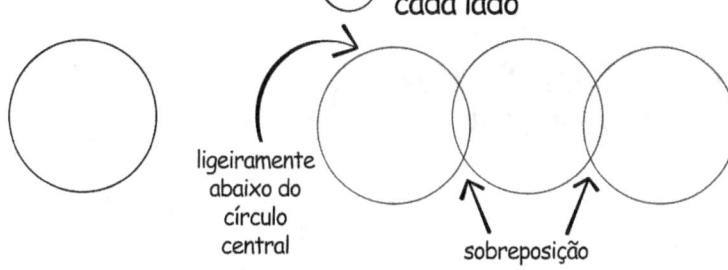

ligeiramente abaixo do círculo central

sobreposição

3. Adicione formas abaixo dos círculos como visto abaixo

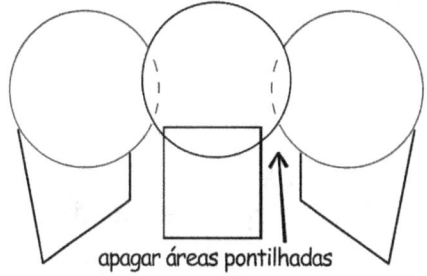

apagar áreas pontilhadas

4. Adicione narizes triangulares, apare o queixo e apague áreas pontilhadas

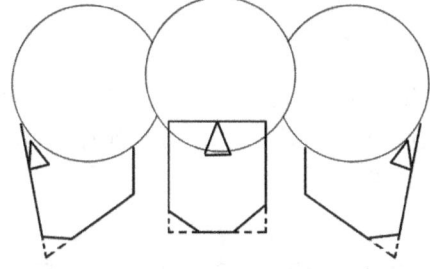

5. Adicione ovais para os olhos perto da metade inferior dos círculos, como visto abaixo

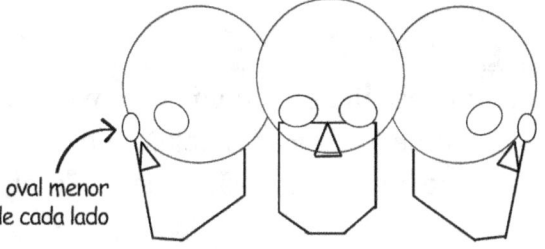

oval menor de cada lado

6. Adicione as sobrancelhas e as maçãs do rosto conforme indicado abaixo

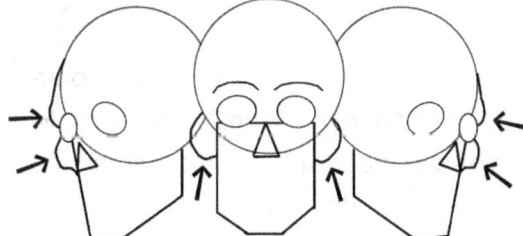

7. Adicione linhas de dentes e detalhes nas laterais

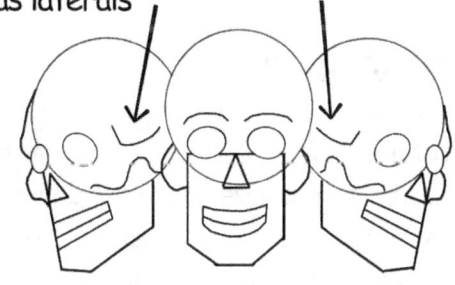

8. Adicione detalhes do dente, arredonde a linha da mandíbula e apague as áreas pontilhadas

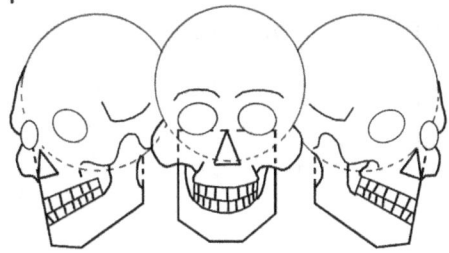

9. Suavize quaisquer bordas afiadas e sombra

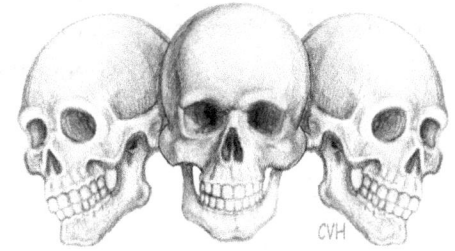

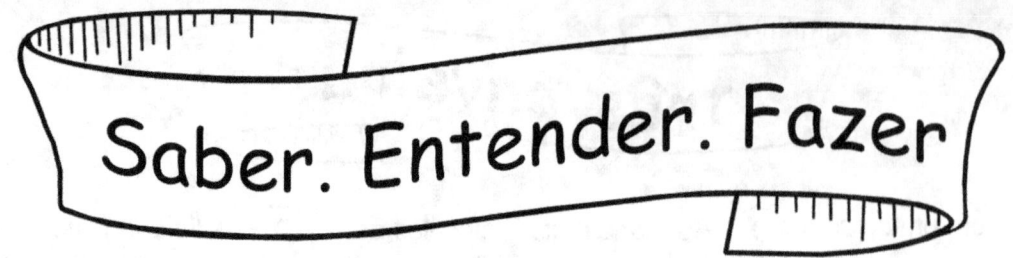

POSIÇÕES DAS MÃOS
(Dedo Indicador)

SABER:
Escorço, Perspectiva

ENTENDER:
Como criar a ilusão de 3D em que os tamanhos das partes próximas e distantes de um objeto contrastam muito

FAZER:
Crie um desenho de uma mão com o dedo indicador visto de frente. Certifique-se de que o dedo indicador seja muito maior do que o resto da mão, a fim de dar a aparência de escorço. Não traceje. Sombreie.

DICAS: Ao sombrear, faça os valores mais escuros entre os dedos e os vincos dos dedos. Apague algumas manchas nas juntas superiores, nos centros dos dedos e entre os vincos para criar um efeito de destaque natural.

VOCABULÁRIO:
Escorço - Uma maneira de representar um objeto de modo que ele transmita a ilusão de profundidade, parecendo empurrar para a frente ou voltar para o espaço. O sucesso do escorço muitas vezes depende de um ponto de vista ou perspectiva em que os tamanhos das partes próximas e distantes de um assunto contrastam muito.
Destaque - A área em qualquer superfície que reflita mais luz; para direcionar a atenção ou enfatizar uma área de um desenho através do uso de valor
Perspectiva - A técnica usada cria uma sensação de profundidade ou recuo de espaço em uma obra de arte; a ilusão de 3D em uma superfície 2D
Ponto de Vista - Uma posição ou ângulo a partir do qual algo é observado ou considerado; a direção do olhar do espectador

Posições das Mãos

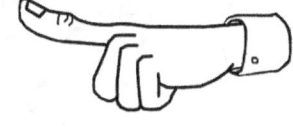

Apontando para você

1. Comece com um círculo

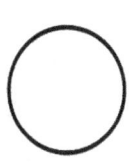

2. Adicione um oval angulado

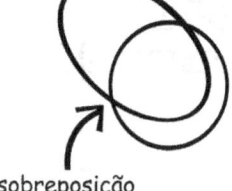

sobreposição

3. Adicione um oval mais longo ao lado dele

mais baixo

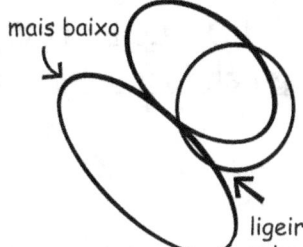

ligeira sobreposição

4. Adicione outro oval longo

Desenhe em um ângulo descendente

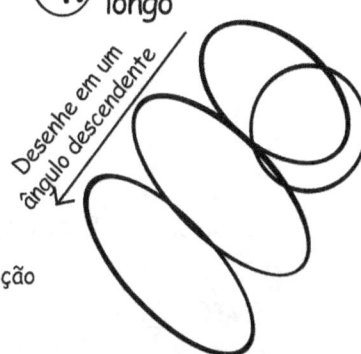

5. Adicione um último oval angulado

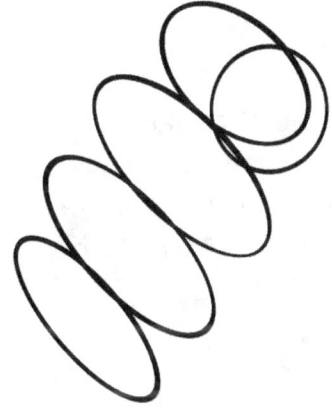

6. Adicione um oval para o polegar

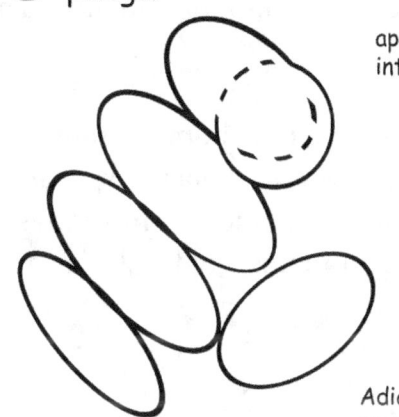

7. Conecte os topos das juntas com linhas curvas

apague a área interna do dedo

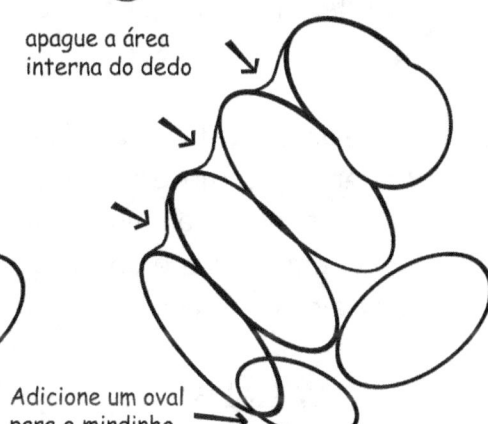

Adicione um oval para o mindinho

8. Adicionar uma unha

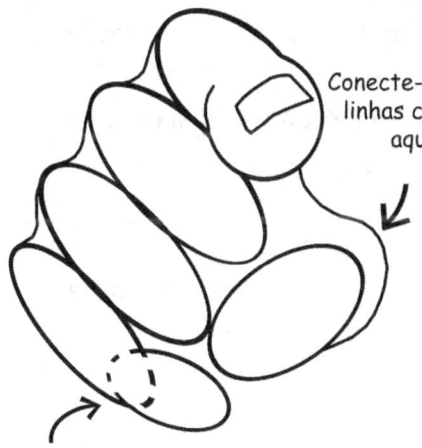

Conecte-se com linhas curvas aqui

Apague a área pontilhada dentro do mindinho

9. Adicionar rugas nas juntas Apagar áreas pontilhadas

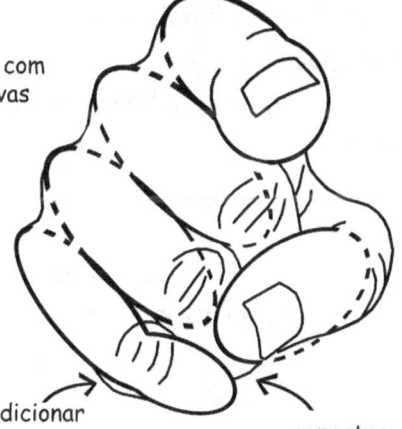

adicionar solavanco

conectar

10. Sombra

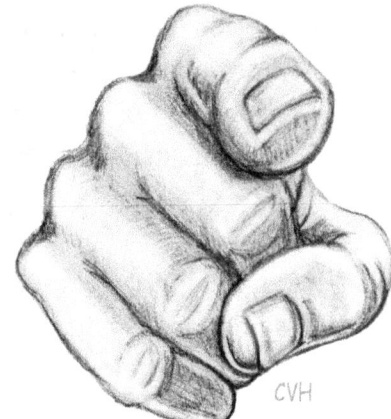

CVH

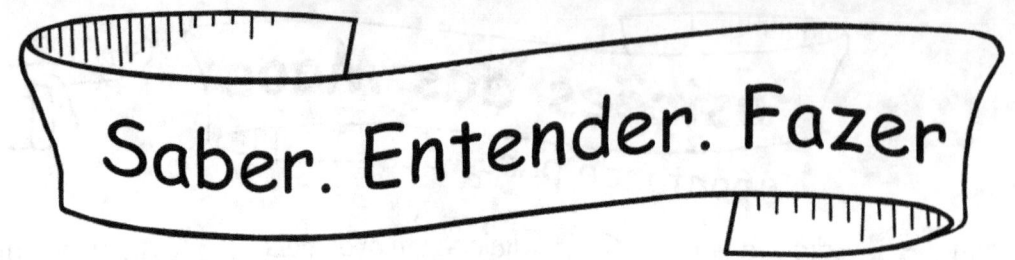

POSIÇÕES DAS MÃOS
(Segurando um relógio derretendo)

SABER:
Perspectiva, Proporção

ENTENDER:
• O uso de proporção, perspectiva e observação para criar uma mão segurando um objeto
• Diferenças sutis de forma e tamanho tornam nossas mãos únicas

FAZER:
Crie um desenho original de uma mão humana segurando um objeto (relógio derretendo). Comece com uma série de ovais "espaçados" e construa sobre essas formas, eventualmente transformando-as em formas de dedo. Veja sua própria mão em concha e observe o tamanho natural e os ângulos para referência. Não traceje. Sombreie.

VOCABULÁRIO:
Forma 3D - Uma forma 3D (altura, largura e profundidade) que envolve o volume
Destaque - A área em qualquer superfície que reflita mais luz; para direcionar a atenção ou enfatizar uma área de um desenho através do uso de valor
Perspectiva - A técnica que os artistas usam para projetar uma ilusão do mundo tridimensional em uma superfície bidimensional. A perspectiva ajuda a criar uma sensação de profundidade e recuo do espaço.
Proporção - Um princípio de design, proporção refere-se à relação comparativa de uma parte de um objeto com outra

Extensões:
Em 1931, Salvador Dalí pintou uma de suas obras mais famosas, A Persistência da Memória, que introduziu uma imagem surrealista de relógios de bolso derretidos.

Posições das Mãos

Segurando itens

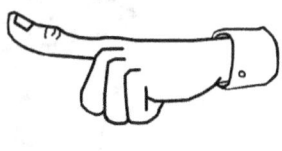

1. Desenhe um oval angular

Desenhe linhas-guia claras para ajudar na colocação dos dedos

2. Adicionar outro

um pouco mais baixo

3. E outro um pouco menor aqui

mais alto

4. Adicione um mindinho

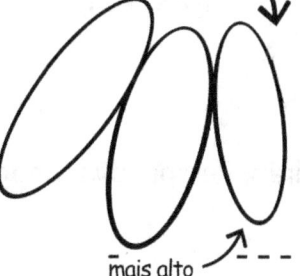

5. Adicionar um polegar

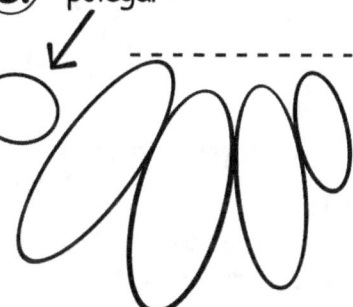

6. Apagar guias. Adicionar pregos

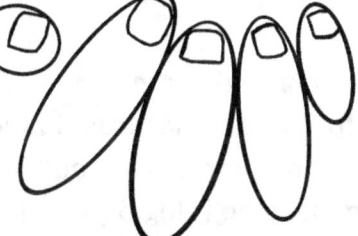

7. Adicione "rugas" na área da junta

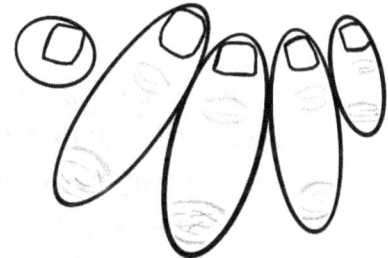

8. Adicionar forma de círculo na área da palma da mão para o relógio

9. Desenhe extensões para cada dedo e gotas "derretendo"

dente

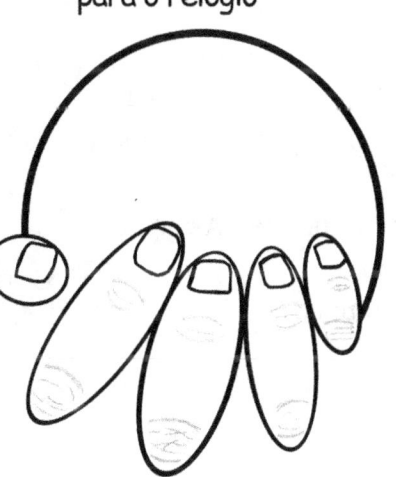

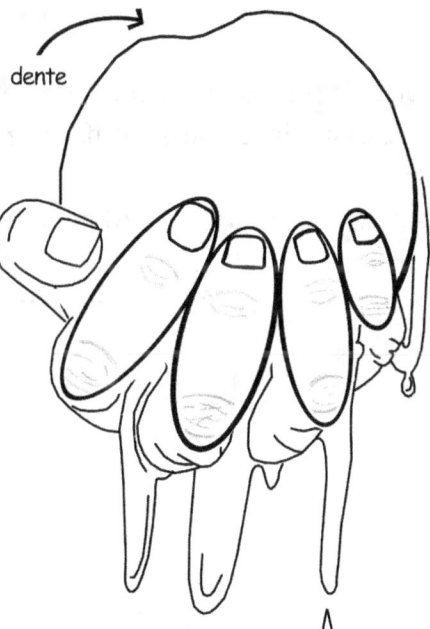

10. Adicionar mostrador do relógio. Sombra

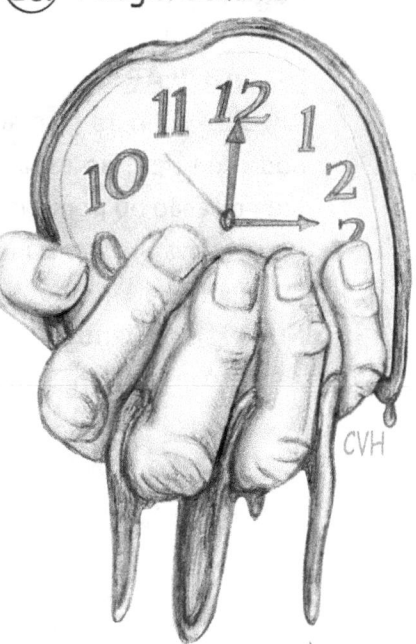

CVH

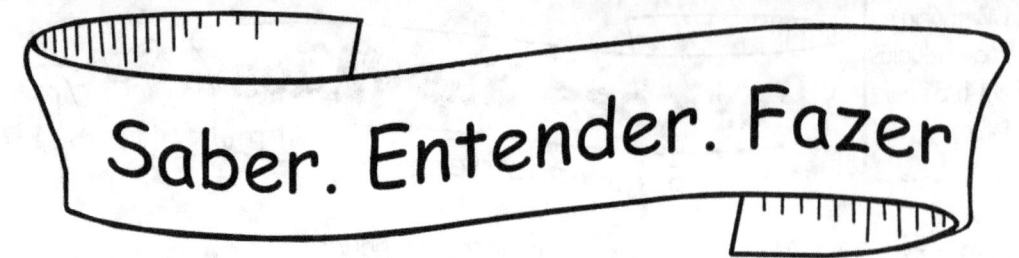

RELÓGIO DE BOLSO

SABER:
Ângulo, Equilíbrio, Padrão, Perspectiva, Repetição, Numerais Romanos

ENTENDER:
Colocar formas geométricas simples em um padrão específico ou em um ângulo pode aumentar o realismo e os detalhes de um objeto, bem como criar interesse e a ilusão de profundidade.

FAZER:
• Siga os passos fornecidos para criar um cronômetro "aberto" detalhado com base nas linhas de guia de formas geométricas simples
• Usando números ou algarismos romanos, equilibre esses números igualmente e em sequência em torno da face do relógio (ou seja, # 12 é de 180 graus do # 6)
• Use técnicas 3D aprendidas que se concentram na perspectiva para transmitir a ilusão de profundidade. Os alunos também deverão considerar tamanho, posição, detalhe e matiz.

VOCABULÁRIO:
Ângulo - A figura formada por dois planos divergentes de uma linha comum. "Ângulo" pode se referir ao espaço entre essas linhas ou superfícies, e também pode se referir a uma direção ou ponto de vista.
Perspectiva - A técnica usada para criar a ilusão de 3D em uma superfície 2D. A perspectiva ajuda a criar uma sensação de profundidade ou espaço recuado.
Numerais romanos - O sistema numérico na Roma antiga, usa combinações de letras do alfabeto latino para significar valores

relógio de bolso

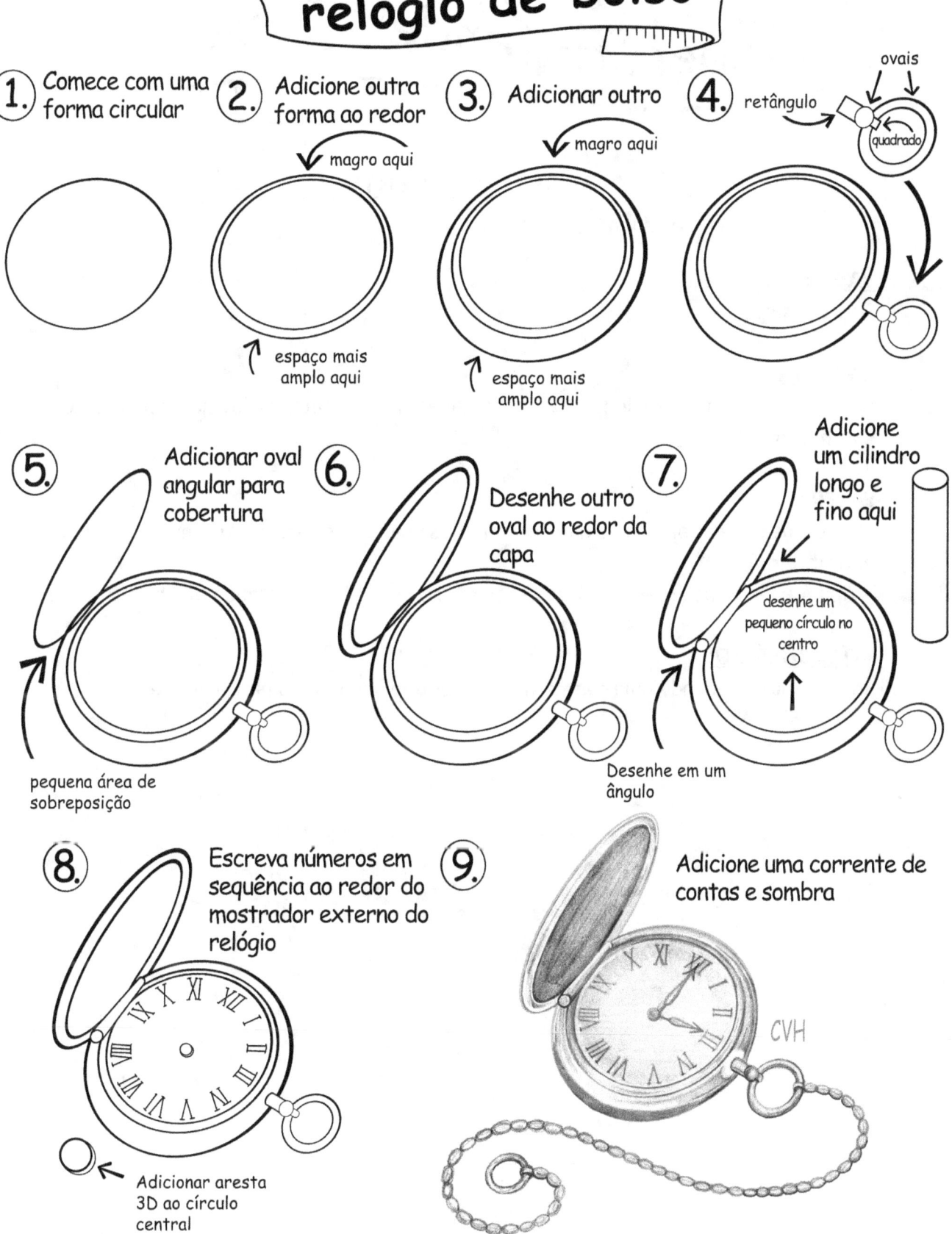

1. Comece com uma forma circular

2. Adicione outra forma ao redor

magro aqui

espaço mais amplo aqui

3. Adicionar outro

magro aqui

espaço mais amplo aqui

4. retângulo

ovais

quadrado

5. Adicionar oval angular para cobertura

pequena área de sobreposição

6. Desenhe outro oval ao redor da capa

7. Adicione um cilindro longo e fino aqui

desenhe um pequeno círculo no centro

Desenhe em um ângulo

8. Escreva números em sequência ao redor do mostrador externo do relógio

Adicionar aresta 3D ao círculo central

9. Adicione uma corrente de contas e sombra

CVH

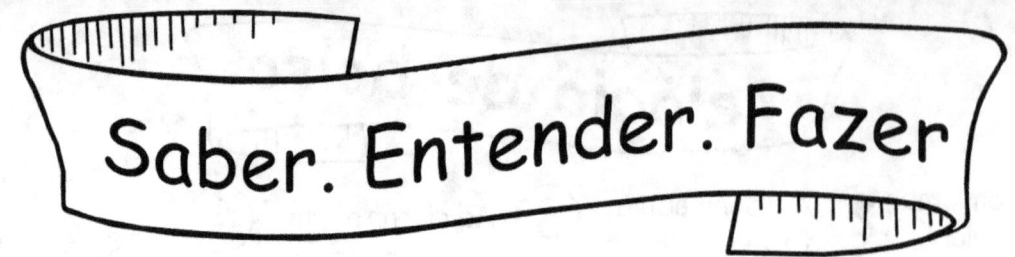

ELOS DE CORRENTE

SABER:
Sobreposição

ENTENDER:
Como criar a aparência de formas interligadas usando técnicas de sobreposição e sombreamento

FAZER:
• Crie uma cadeia realista de elos interligados usando as dicas e truques fornecidos
•Sombreie
• Apague algumas áreas em cada elo para criar um efeito metálico de "brilho"

VOCABULÁRIO:
Sobreposição - Quando uma coisa está sobre a outra, cobrindo-a parcialmente

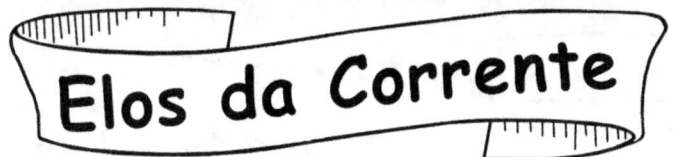
Elos da Corrente

1. Comece com um retângulo

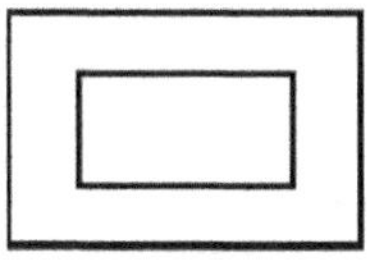

dentro de um retângulo

2. Arredondar todos os cantos

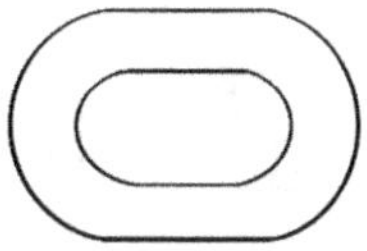

(igualar por dentro)

3. Adicione outro pequeno retângulo arredondado

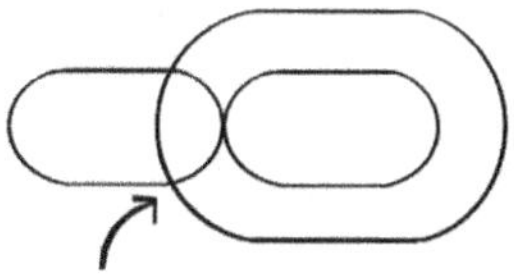

ele deve tocar o outro pequeno retângulo arredondado

4. Envolva esse pequeno retângulo arredondado

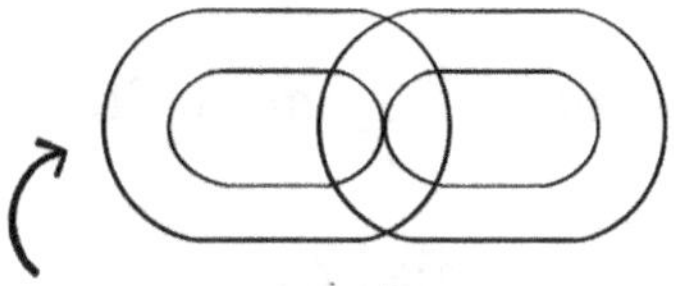

com outro grande

5. Apagar áreas pontilhadas

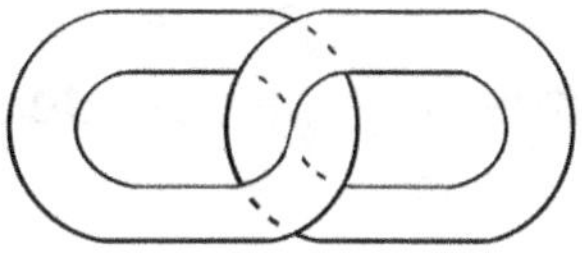

6. Adicionar parte do próximo link

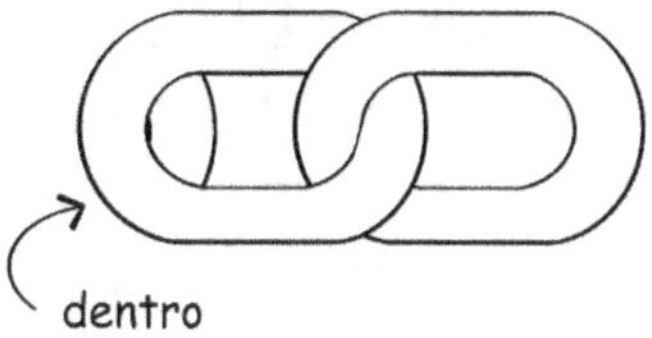

dentro

7. Complete o link

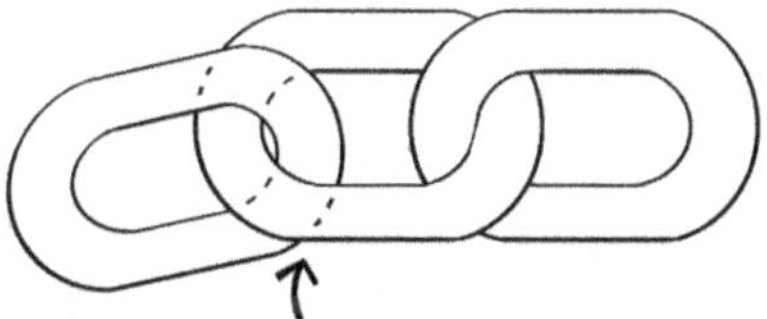

apagar área pontilhada

8. Adicionar outro link

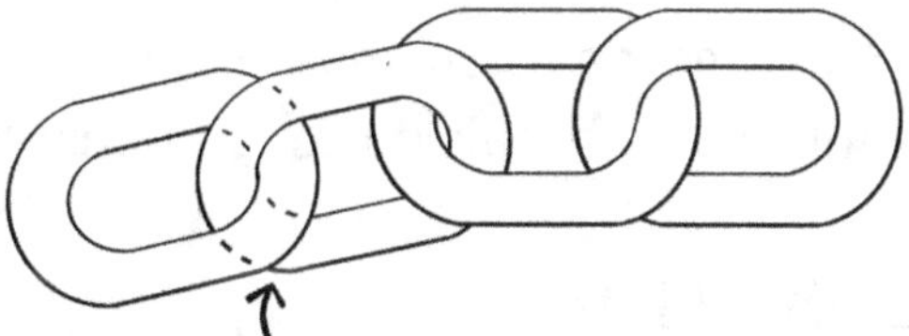

apagar área pontilhada

9. Tente virar este próximo link de lado

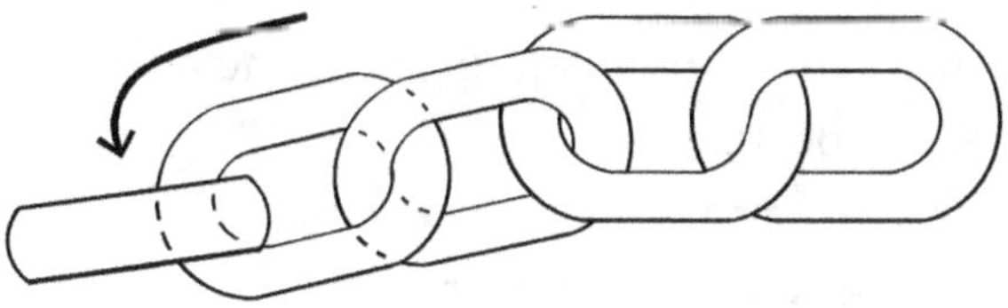

(os links nem sempre ficam planos)

10. Continue adicionando links até atingir o efeito desejado

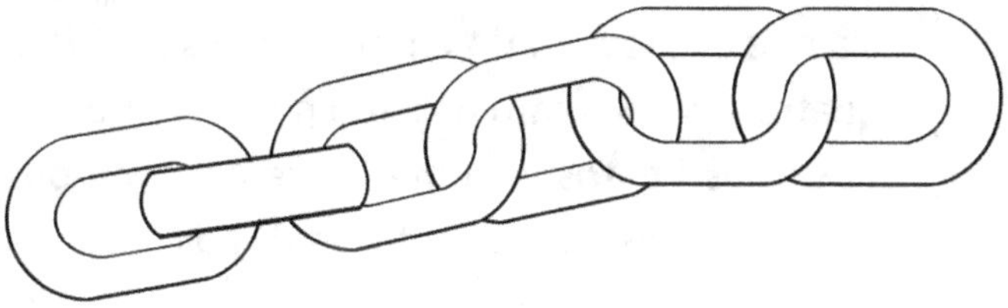

11. Sombra

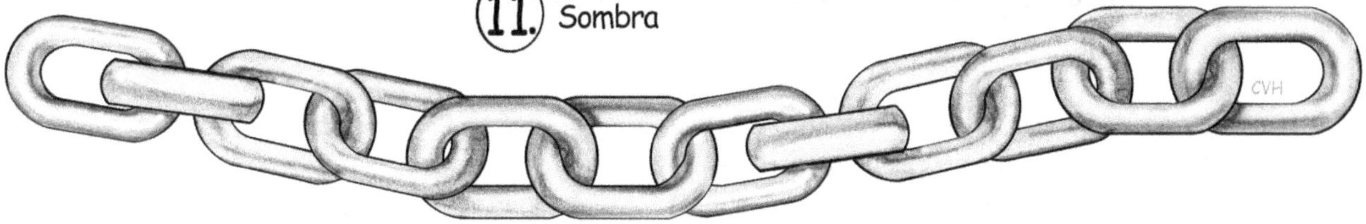

CVH

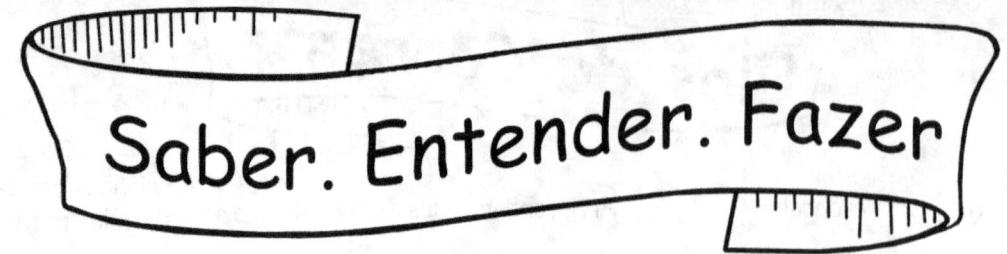

ROSA DOS VENTOS

SABER:
Equilíbrio, Bússola, Repetição, Simetria Rotacional

ENTENDER:
• Como organizar elementos em uma obra de arte para que eles pareçam simétricos ou igualmente equilibrados
• Uma rosa dos ventos é usada para exibir a orientação das direções cardinais e seus pontos intermediários

FAZER:
• Siga as etapas fornecidas para criar um design original da Rosa dos Ventos com foco na simetria rotacional
• Sombreie com lápis ou cor com marcador

VOCABULÁRIO:
Equilíbrio - Um princípio de design, equilíbrio refere-se à maneira como os elementos da arte são organizados para criar uma sensação de estabilidade em uma obra; um arranjo agradável ou harmonioso ou proporção de partes ou áreas em um projeto ou composição.
Bússola - Um instrumento de navegação que mede as direções em um quadro de referência que é estacionário em relação à superfície da Terra. O quadro de referência define as quatro direções cardinais (ou pontos) - norte, sul, leste e oeste.
Rosa dos Ventos - É uma figura em uma bússola, mapa, carta náutica ou monumento usado para exibir a orientação das direções cardinais e seus pontos intermediários
Simetria rotacional - Um objeto que parece o mesmo após uma certa quantidade de movimento circular em torno do centro desse objeto
Simetria - Um objeto que é o mesmo em ambos os lados

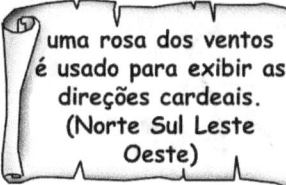

uma rosa dos ventos é usado para exibir as direções cardeais. (Norte Sul Leste Oeste)

Rosa dos Ventos

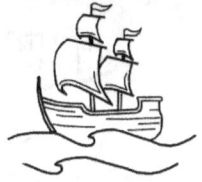

1. Use uma régua e desenhe uma cruz simétrica

2. Desenhe uma forma de "X" através da cruz

3. Coloque 4 pontos em intervalos iguais na parte "X"

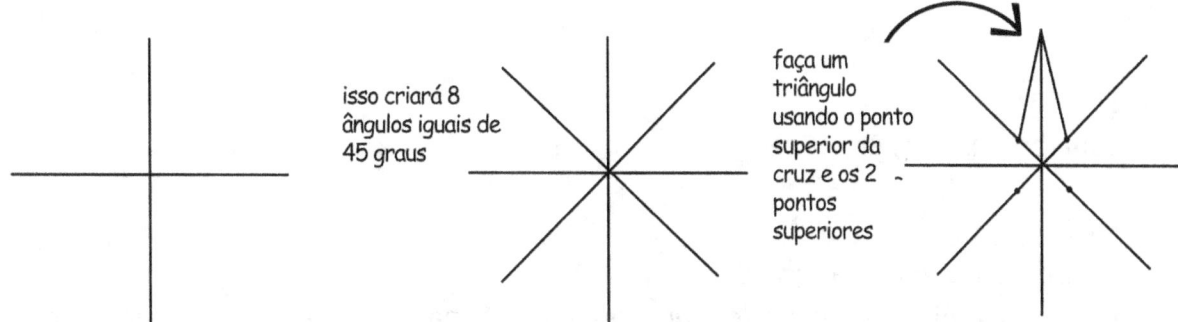

isso criará 8 ângulos iguais de 45 graus

faça um triângulo usando o ponto superior da cruz e os 2 pontos superiores

4. Desenhe uma linha de cada ponto até o ponto mais próximo da primeira cruz

5. Faça outro conjunto de pontos a partir do anterior

6. Desenhe uma linha de cada ponto até o ponto mais próximo da segunda cruz

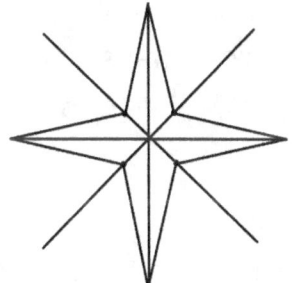

fazer 2 pontos em cada "triângulo"

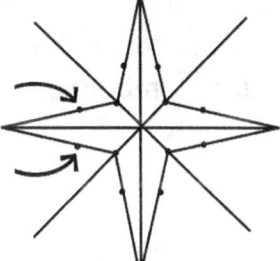

7. Escureça suas linhas com um marcador fino e apague todas as linhas extras de lápis

8. Preencha o lado direito de cada triângulo com uma cor escura

9. Preencha as áreas em branco restantes com uma cor mais clara

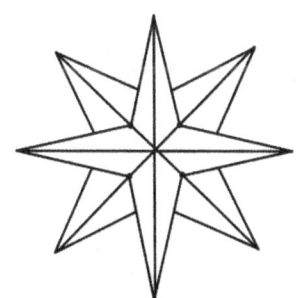

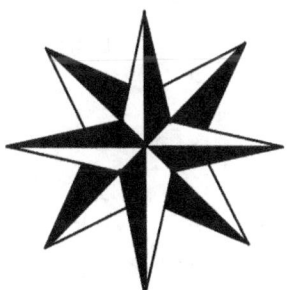

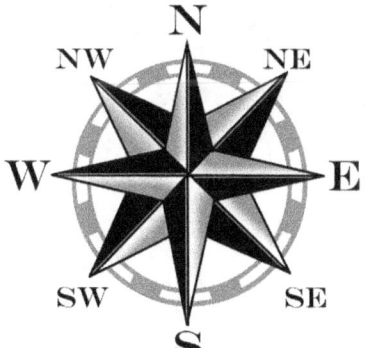

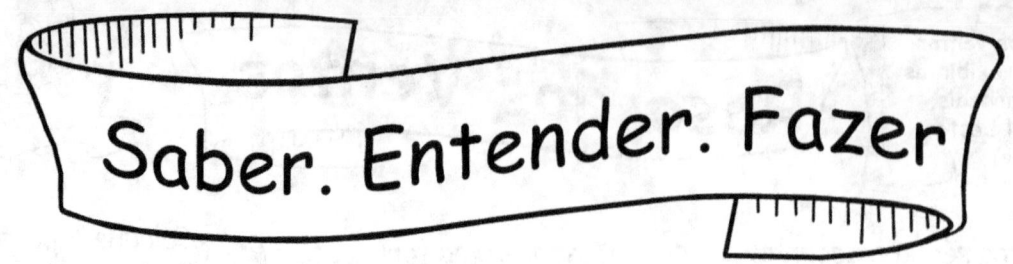

CUPCAKE

SABER:
Equilíbrio, Elipse, Repetição

ENTENDER:
• A diferença entre forma 2D e forma 3D
• Como organizar elementos em uma obra de arte para que eles pareçam simétricos ou igualmente equilibrados
• Elipse na arte podem ajudar a dar a aparência de um objeto 3D

FAZER:
• Siga as etapas fornecidas para criar um design de cupcake que começa com formas simples que são eventualmente conectadas para criar formas complexas
• Use técnicas 3D aprendidas que se concentram na sobreposição para transmitir a ilusão de profundidade. Os alunos também deverão considerar tamanho, posição, detalhe e cor.

VOCABULÁRIO:
Equilíbrio - Um princípio de design, equilíbrio refere-se à maneira como os elementos da arte são organizados para criar uma sensação de estabilidade em uma obra; um arranjo agradável ou harmonioso ou proporção de partes ou áreas em um projeto ou composição
Oval - (elipse) Uma forma bidimensional que se parece com um círculo que foi esticado para torná-lo mais longo

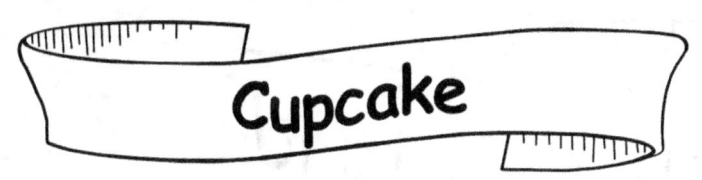

Cupcake

1. Comece com um oval magro

2. Adicione linhas verticais ligeiramente anguladas em cada lado

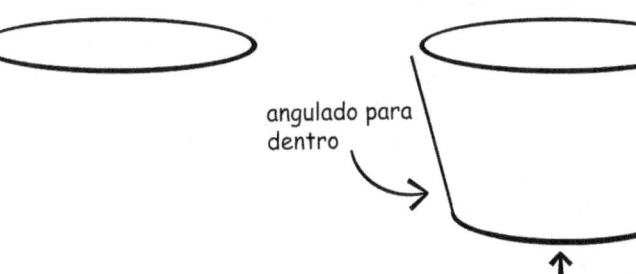

angulado para dentro

ligeiramente curvado

3. Curve um padrão em zigue-zague em torno do oval original

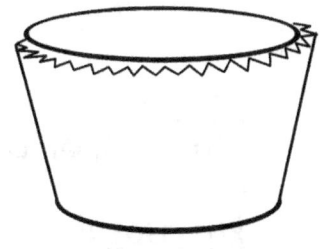

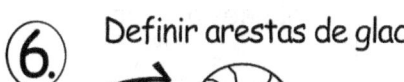

4. Desenhe linhas verticais saindo dos pontos em zig-zag

Apague o topo oval (mostrado como linha pontilhada)

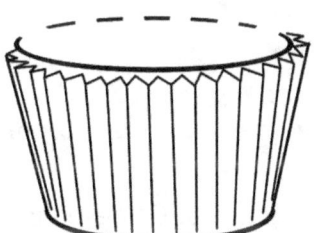

5. Adicione uma colher de glacê

6. Definir arestas de glacê

Cubra com um doce

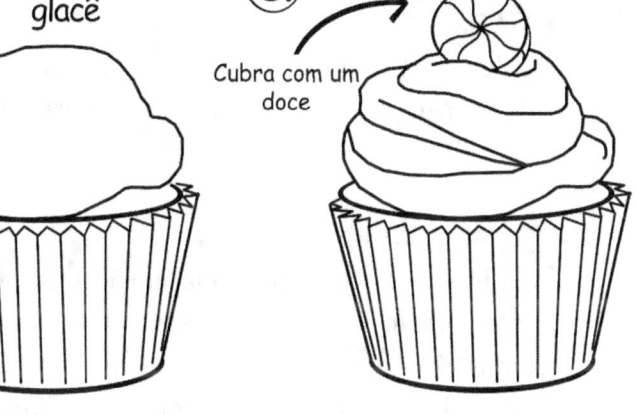

Decore e sombreie

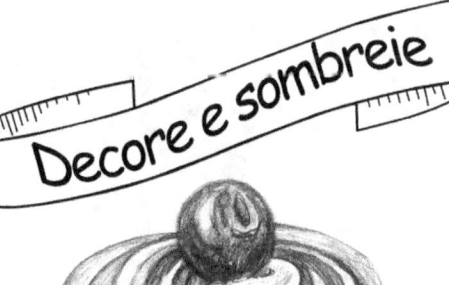

CVH

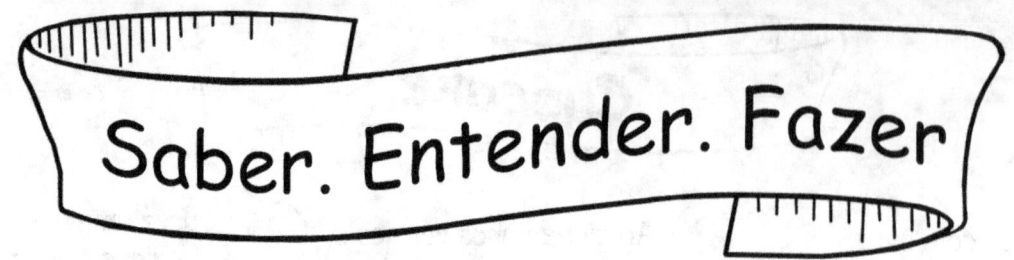

CAVEIRA ALIENÍGENA

SABER:
Forma geométrica, ângulo

ENTENDER:
Um círculo simples pode ser o ponto de partida básico para uma variedade de criações artísticas

FAZER:
• Crie sua versão de uma caveira alienígena usando as dicas e truques fornecidos
• Sombreie o aro exterior mais escuro do que o interior para um efeito arredondado 3D

VOCABULÁRIO:
Ângulo - Uma figura formada por duas linhas ou arestas divergentes ou cruzando um ponto comum

Geométrico - Qualquer forma 2D ou forma 3D com desenho matemático. Os desenhos geométricos são tipicamente feitos com linhas retas ou formas de geometria.

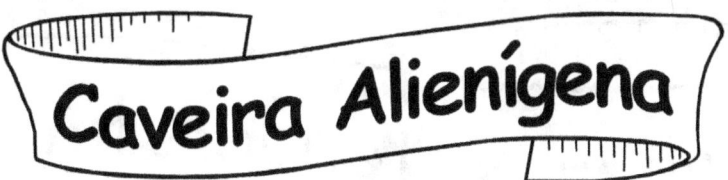
Caveira Alienígena

1. Comece com um círculo

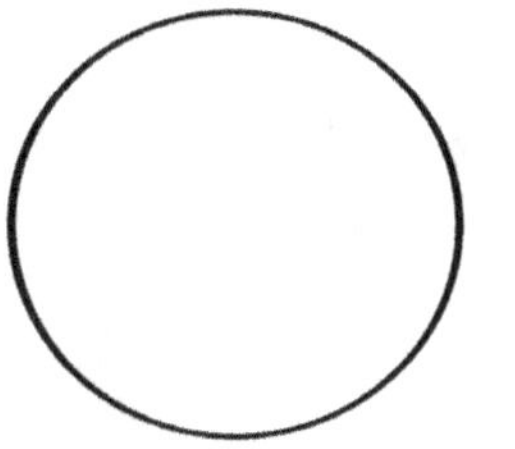

2. Desenhe um pequeno retângulo

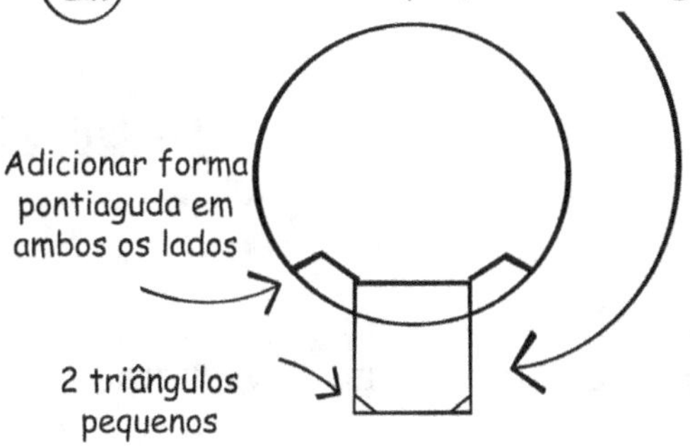

Adicionar forma pontiaguda em ambos os lados

2 triângulos pequenos

3. Desenhe uma linha angular (mude a direção nos pontos)

adicione 2 pequenos triângulos

apagar pontilhado

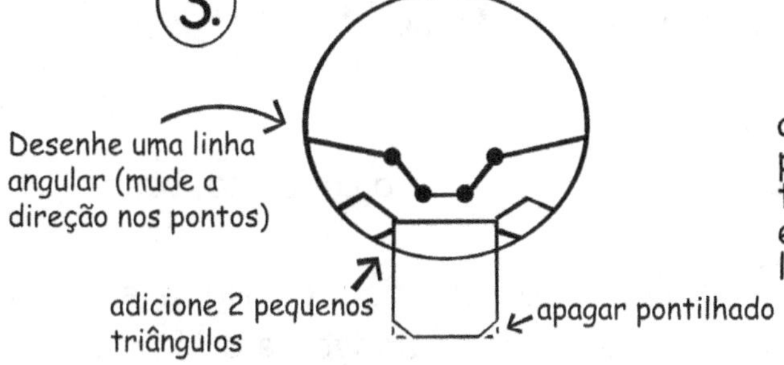

4. adicione pequenos triângulos em ambos os lados

2 formas de ângulos em ambos os lados

apagar áreas pontilhadas

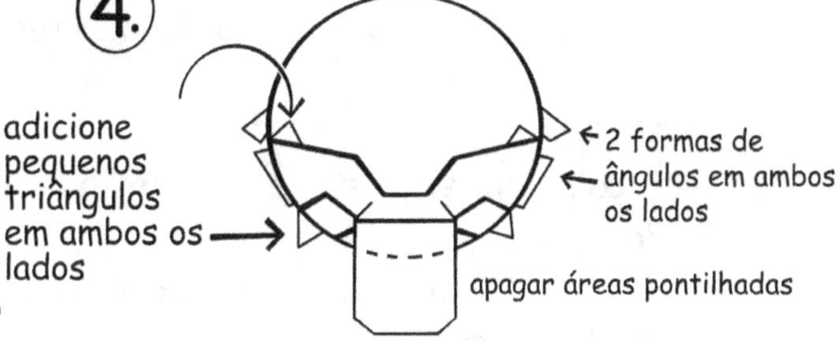

5. apagar pontilhado

"ΛΛΛ" forma

ketter forma "M"

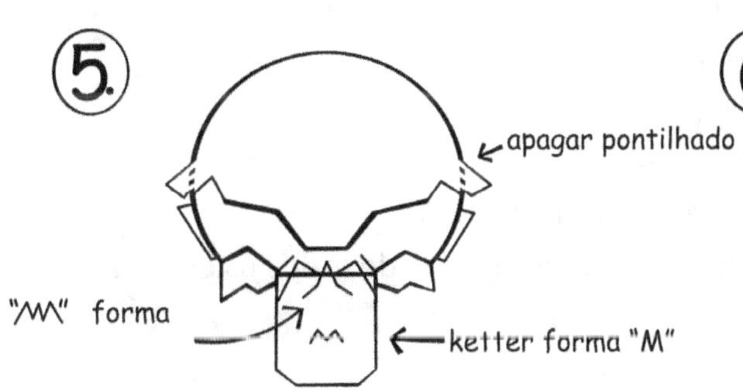

6. desenhe um nariz

(parece um foguete)

linhas grossas para dentes

adicionar 2 pontos afiados

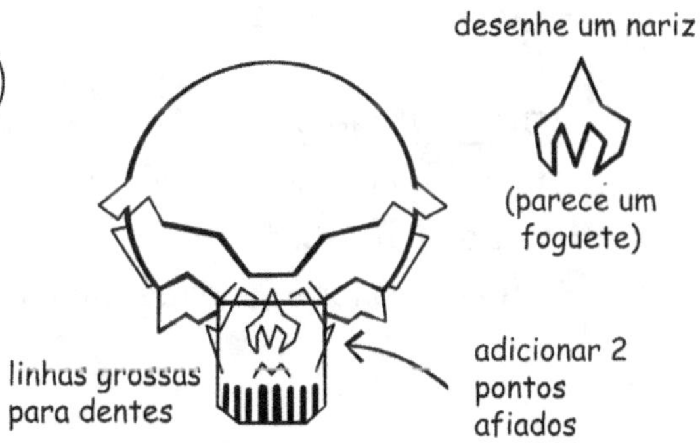

7. mais letra "M" acima dos dentes

apagar linhas do nariz

iniciar os ossos cruzados sob o crânio

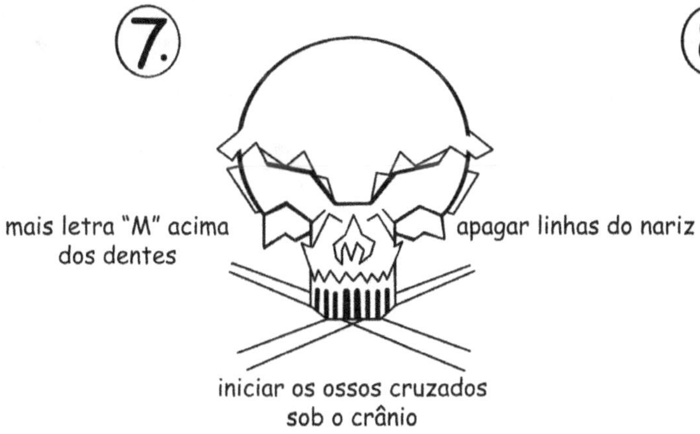

8. Adicione seus próprios detalhes

Sombra

CVH

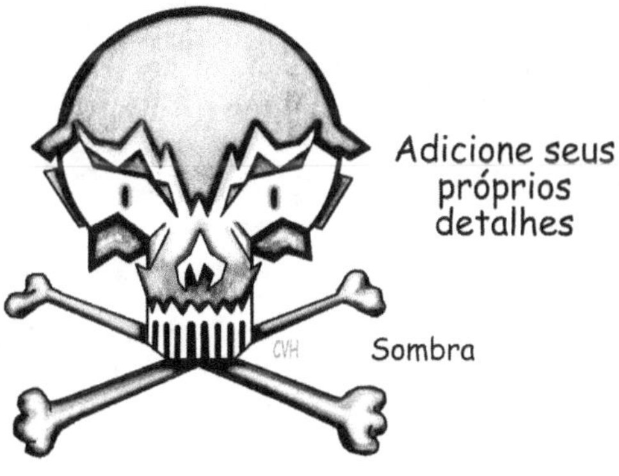

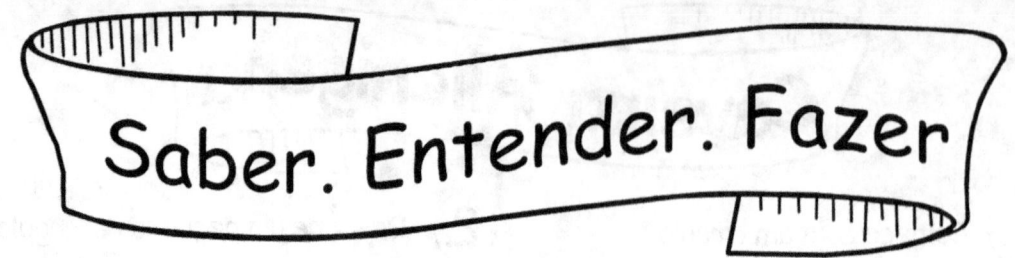

LIGUE O MICROFONE

SABER:
Esfera, Cilindro, Retângulo, Padrão

ENTENDER:
Conectando formas para criar formas reconhecíveis e cotidianas

FAZER:
• Escolha um estilo e crie sua versão de um microfone usando o contorno fornecido
• "Envolva" linhas ao redor do círculo do microfone moderno para criar uma esfera. "Envolva" linhas ao redor do microfone de estilo mais antigo para indicar ângulos e bordas.
• Adicione detalhes de padrão e sombra

VOCABULÁRIO:
Cilindro - Um tubo que aparece tridimensional
Padrão - A repetição de formas, linhas ou cores em um design
Esfera - Uma forma tridimensional em forma de bola, circular de todos os pontos de vista possíveis

Microfone

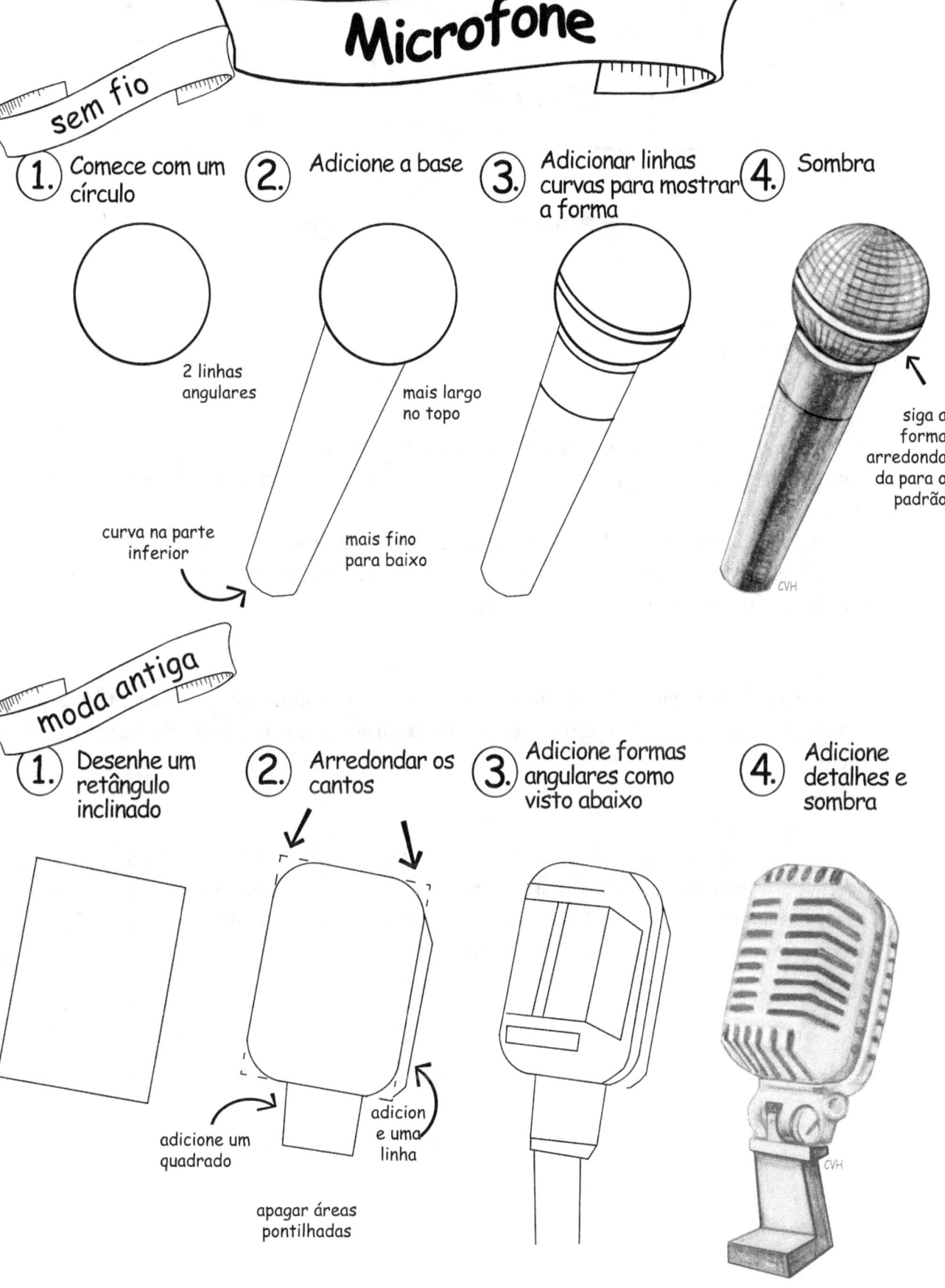

1. Comece com um círculo

2 linhas angulares

curva na parte inferior

2. Adicione a base

mais largo no topo

mais fino para baixo

3. Adicionar linhas curvas para mostrar a forma

4. Sombra

siga a forma arredonda da para o padrão

CVH

moda antiga

1. Desenhe um retângulo inclinado

2. Arredondar os cantos

adicione um quadrado

adicion e uma linha

apagar áreas pontilhadas

3. Adicione formas angulares como visto abaixo

4. Adicione detalhes e sombra

CVH

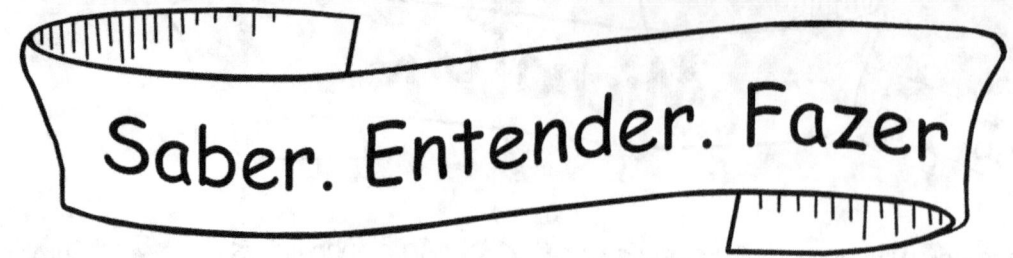

SEPULTURAS COM TECIDOS

SABER:
Tecido, Textura

ENTENDER:
• Criação de formas complexas a partir de formas simples
• A textura é usada por artistas para mostrar como pode ser a sensação de algo ou do que é feito
• O estudo de maneiras de representar tecidos é essencial no desenvolvimento das habilidades de um artista. As dobras do tecido são compostas de superfícies curvas que refletem gradações de valor.

FAZER:
Crie uma cena de cemitério ou memorial de lápide, incluindo pelo menos 2 túmulos mostrando bordas 3D, uma textura de "aparência de madeira" e dobras de tecido

VOCABULÁRIO:
Tecido - Pano ou uma representação de pano disposto para pendurar em dobras
Textura - A maneira como algo parece em uma obra de arte. Texturas simuladas são sugeridas por um artista com diferentes pinceladas, linhas de lápis, etc.
Valor - A luminosidade ou escuridão de uma cor

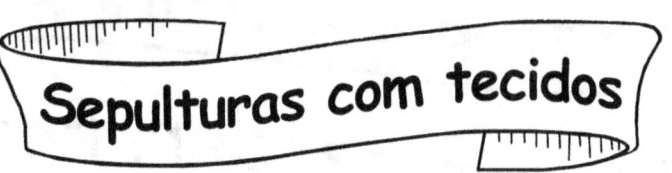

Sepulturas com tecidos

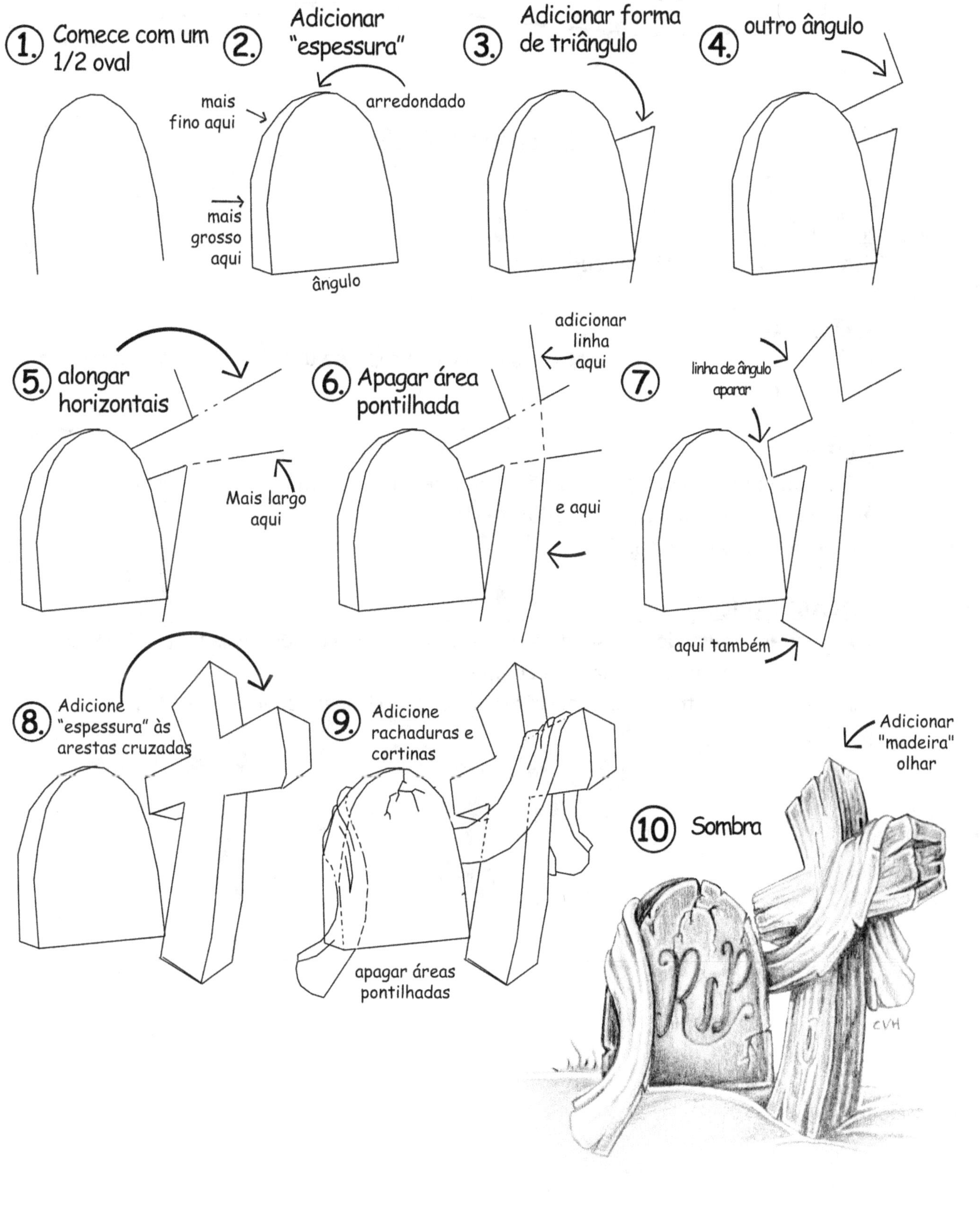

1. Comece com um 1/2 oval

2. Adicionar "espessura"

mais fino aqui

arredondado

mais grosso aqui

ângulo

3. Adicionar forma de triângulo

4. outro ângulo

5. alongar horizontais

Mais largo aqui

6. Apagar área pontilhada

adicionar linha aqui

e aqui

7.

linha de ângulo aparar

aqui também

8. Adicione "espessura" às arestas cruzadas

9. Adicione rachaduras e cortinas

apagar áreas pontilhadas

10. Sombra

Adicionar "madeira" olhar

CVH

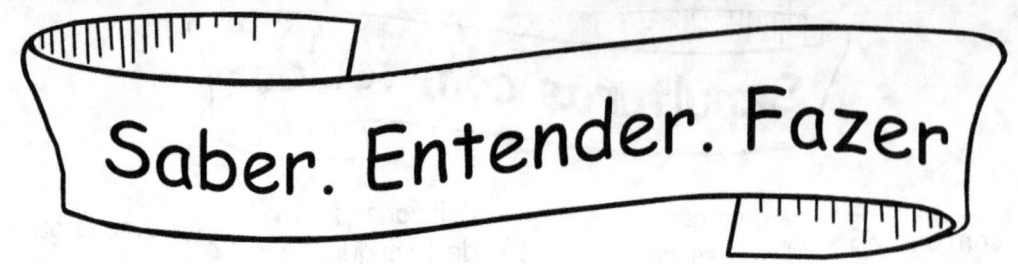

DESENHE A TERRA

SABER:
Esfera, Continentes, Linhas curvas

ENTENDER:
Linhas e formas desenhadas de forma curva no topo de um círculo ajudam a criar a ilusão de uma esfera

FAZER:
- Escolha uma vista da Terra para desenhar a partir do folheto ou de um globo
- "Envolva" os continentes ao redor do círculo
- Adicione detalhes e sombra

VOCABULÁRIO:
Continentes - As grandes massas de terra na Terra com sete regiões: Ásia, África, América do Norte, América do Sul, Antártida, Europa e Austrália

Esfera - Uma forma tridimensional em forma de bola, circular de todos os pontos de vista possíveis

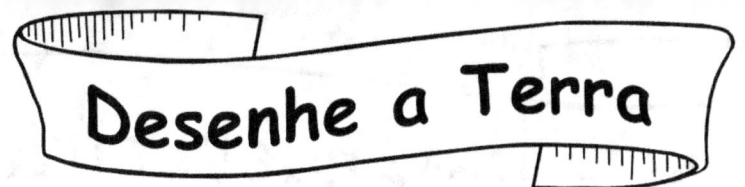

Desenhe a Terra

Este tutorial mostra apenas duas das muitas vistas do nosso planeta

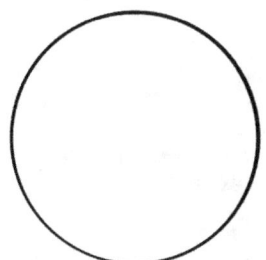 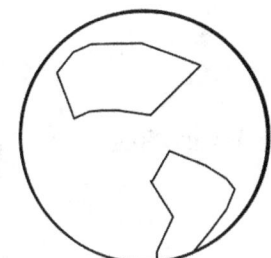 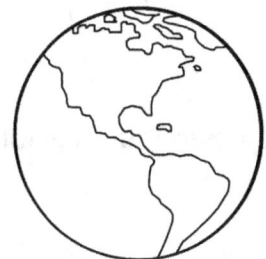 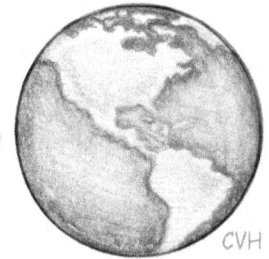

1. Comece com um círculo

2. Crie formas simples para continentes

3. Adicionar mais detalhes

4. Sombra

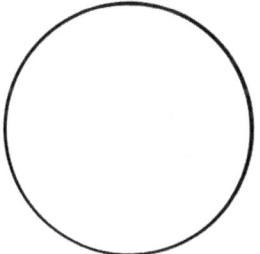 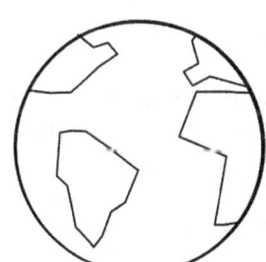 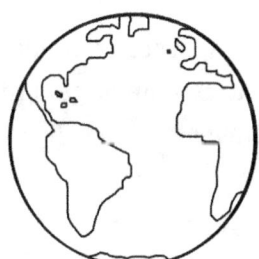 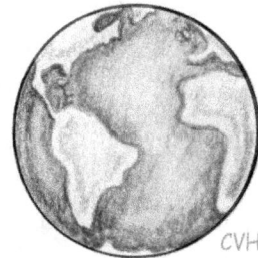

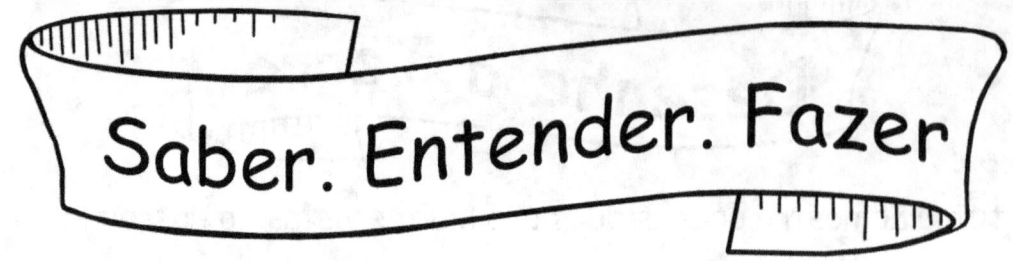

GAIOLA DE PASSARINHO

SABER:
Os passos simples para criar uma gaiola de pássaro 3D

ENTENDER:
• Um cilindro transparente nos permite ver através da forma em todos os ângulos
• Linhas que envolvem a parte superior da forma ajudam a criar a ilusão de forma

FAZER:
• Siga os passos fornecidos para criar uma gaiola de pássaros. Certifique-se de desenhar linhas na "frente" e "atrás" para indicar a ilusão do 3D
• Adicione "extras" como um pássaro

VOCABULÁRIO:
Cilindro - Um tubo que aparece tridimensional
Elipse - Um círculo visto em um ângulo (desenhado como um oval)
Transparente - Ver através

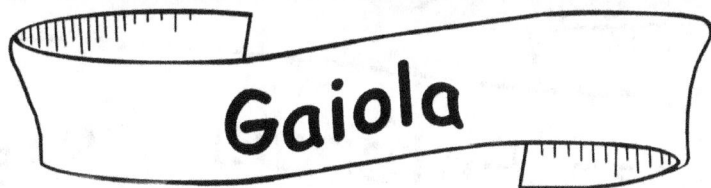

Gaiola

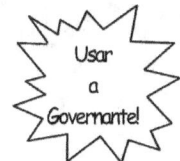

Usar
a
Governante!

1. Comece com um retângulo arredondado no topo

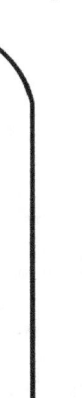

2. Adicione um oval dentro perto da parte inferior

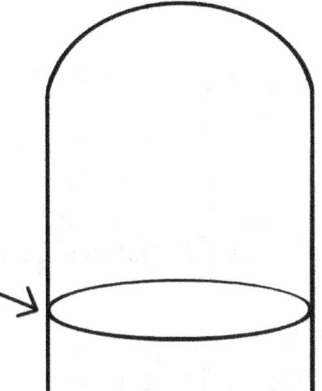

3. Adicione uma linha curva para "engrossar" o oval

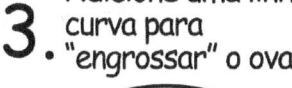
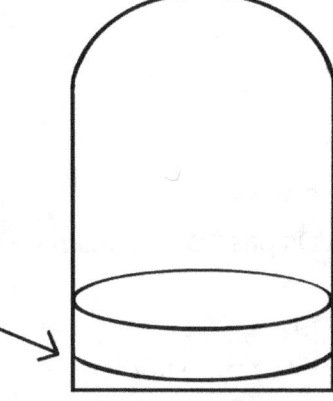

4. Apagar área sob oval (veja a área pontilhada)

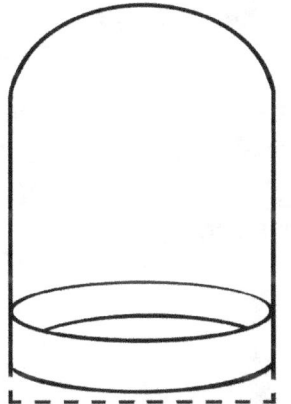

5. Adicione mais 2 ovais

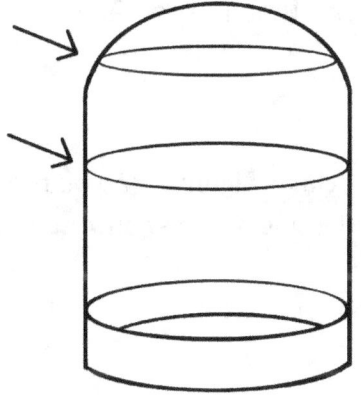

6. Adicione linhas paralelas curvas perto do topo para barras

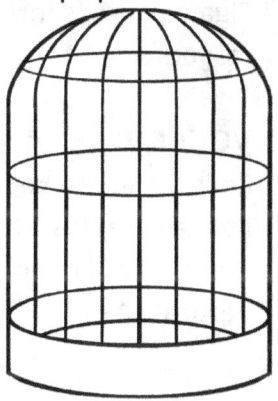

7. Adicione barras à "extremidade" da gaiola

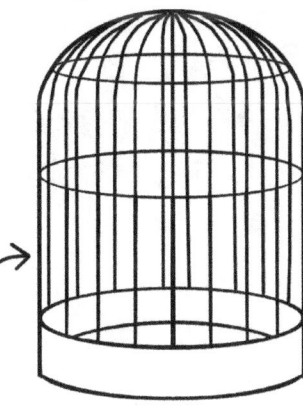

8. Adicione um tampo decorativo e uma porta aberta

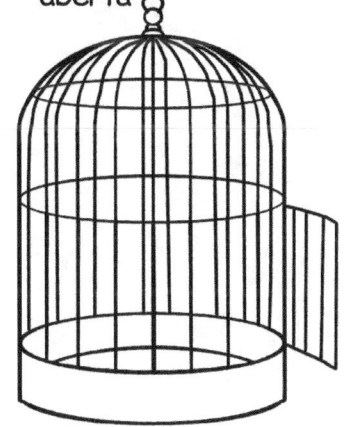

9. Adicione detalhes de sombreamento e "extras"

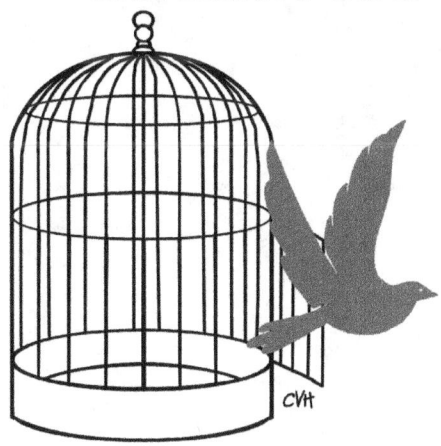

CVH

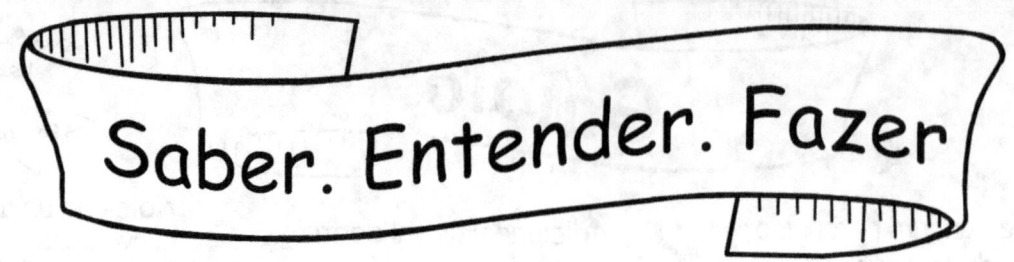

PATAS E GARRAS

SABER:
Os passos simples para criar impressões de patas e garras rasgadas

ENTENDER:
• Formas simples combinadas podem criar formas reconhecíveis
• Pequenos detalhes podem criar efeitos poderosos no desenho

FAZER:
Siga os passos fornecidos para criar uma impressão da pata e um conjunto de garras rasgadas

VOCABULÁRIO:
Efeito - Um resultado ou consequência de alguma ação ou processo
Forma Orgânica - Uma forma irregular que pode ser encontrada na natureza, em vez de uma forma mecânica ou angular
Vertical - A direção que vai em linha reta para cima e para baixo

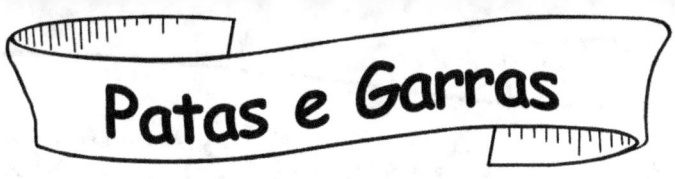
Patas e Garras

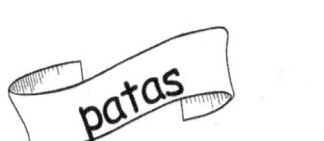
patas

1. Comece com uma forma larga de ovo

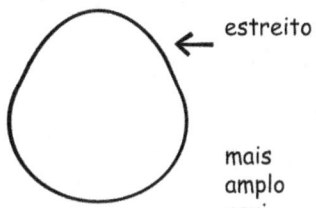
← estreito

mais amplo aqui

2. Adicionar 2 linhas

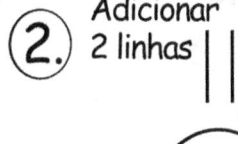
mantenha algum espaço aqui

3. Desenhe diagonais

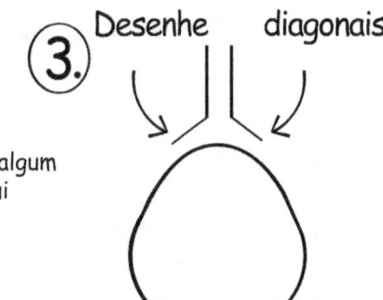

4. Arredondar as bordas

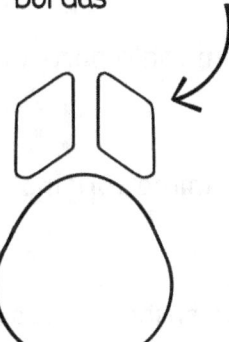

5. Adicione mais 2 dedos...

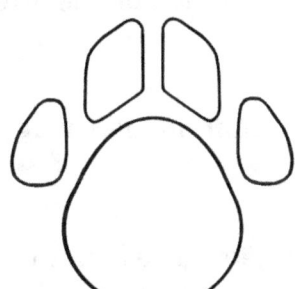

6. Adicione uma forma de triângulo pequeno e curvo para as garras

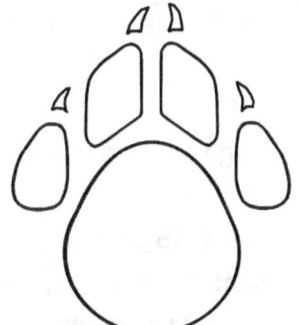

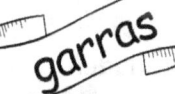
garras

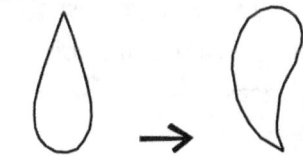
fazer uma forma de gota de chuva

vire-o de cabeça para baixo e curve-o

1. Comece com 4 garras curvas

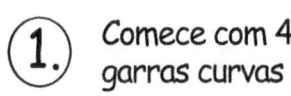
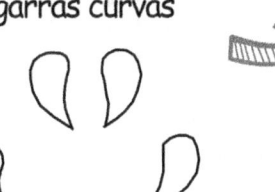

2. Desenhe um longo triângulo de cada topo de garra

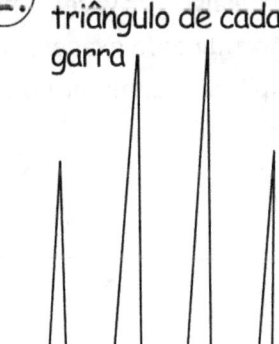

3. Sombra

adicione bordas irregulares para um efeito de rasgar

Escurecer dentro de cada triângulo

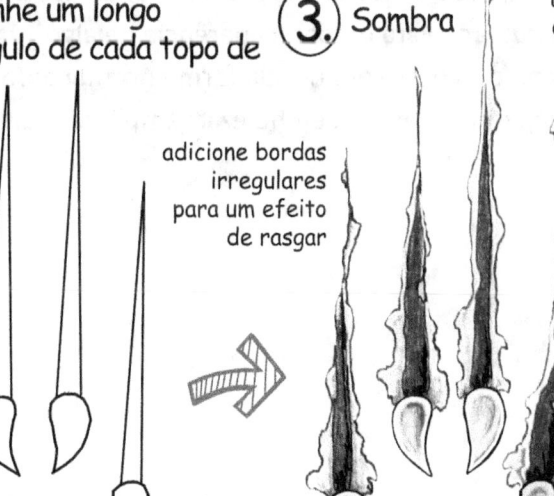

CVH

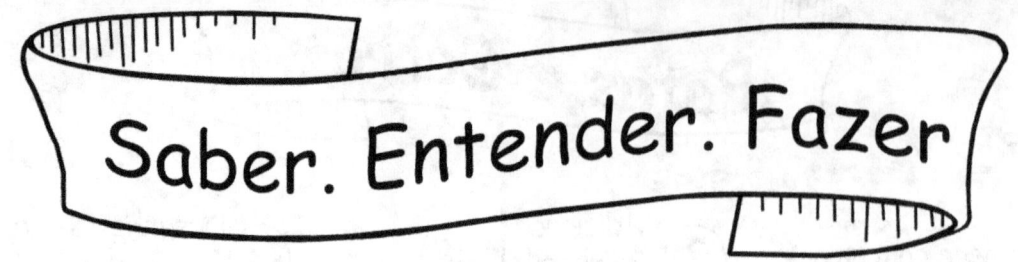

ANIME

SABER:
Anime, Características Exageradas, Caricatura

ENTENDER:
• Características da arte do Anime
• Uso de exagero e distorção em uma obra de arte para criar um estilo particular

FAZER:
Siga as etapas fornecidas para criar um personagem de estilo "Anime" original

VOCABULÁRIO:
Anime - estilo japonês de animação, muitas vezes exagerando características faciais em um personagem. O termo é emprestado da palavra francesa para animação e combina impressões tradicionais japonesas de estilo xilogravura com design de personagens de estilo americano.

Caricatura - Uma representação na qual as características distintivas ou peculiaridades do sujeito são deliberadamente exageradas para produzir um efeito cômico ou grotesco

Distorção - Para mudar a aparência de algo - às vezes deformando ou esticando um objeto ou descobrir fora de sua forma normal para exagerar as características

Exagerar - Exagerar, embelezar; ampliar ou diminuir de tamanho

Anime

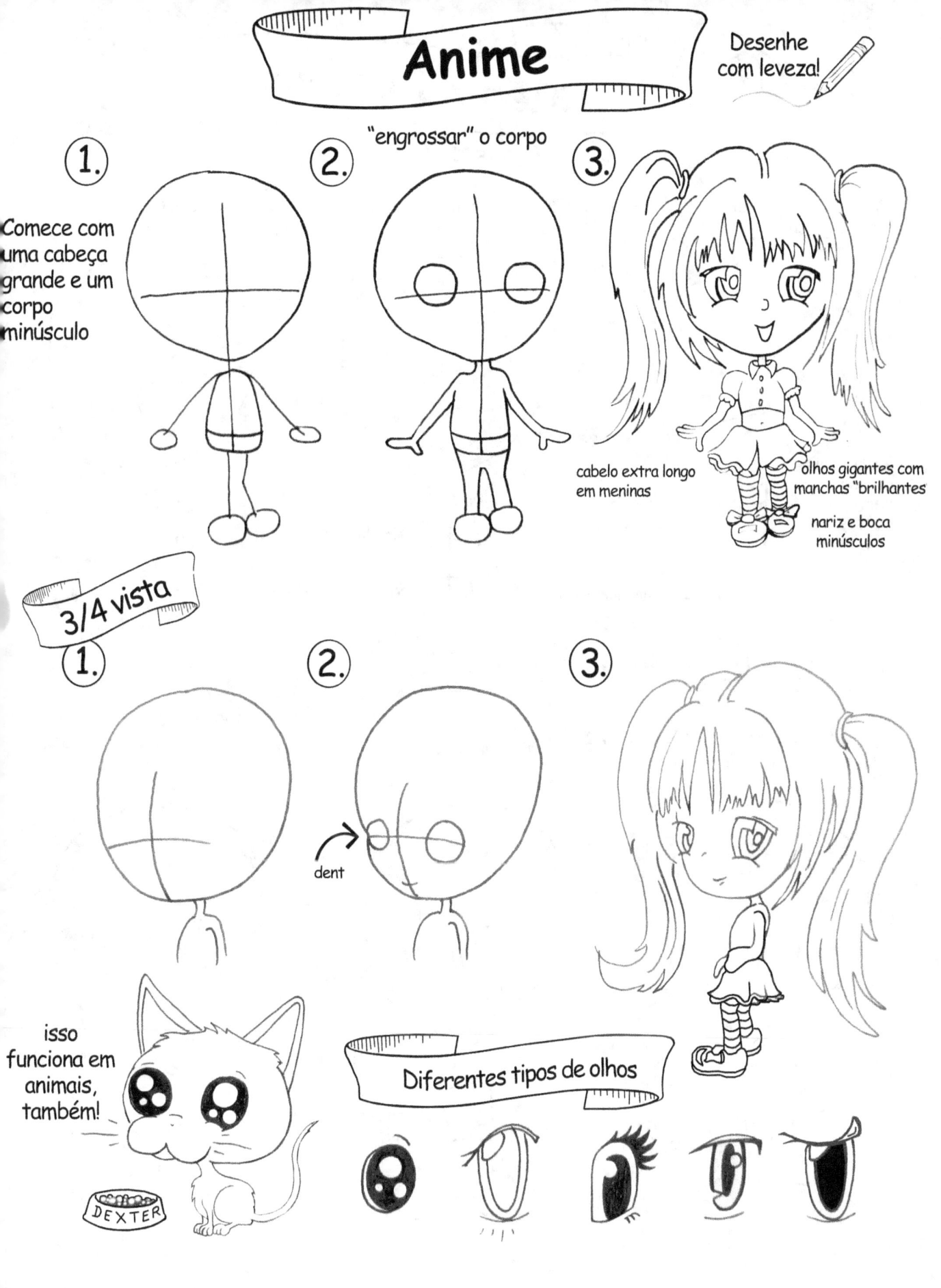

Desenhe com leveza!

1.
Comece com uma cabeça grande e um corpo minúsculo

2.
"engrossar" o corpo

3.
cabelo extra longo em meninas

olhos gigantes com manchas "brilhantes"

nariz e boca minúsculos

3/4 vista

1.

2.
dent

3.

isso funciona em animais, também!

DEXTER

Diferentes tipos de olhos

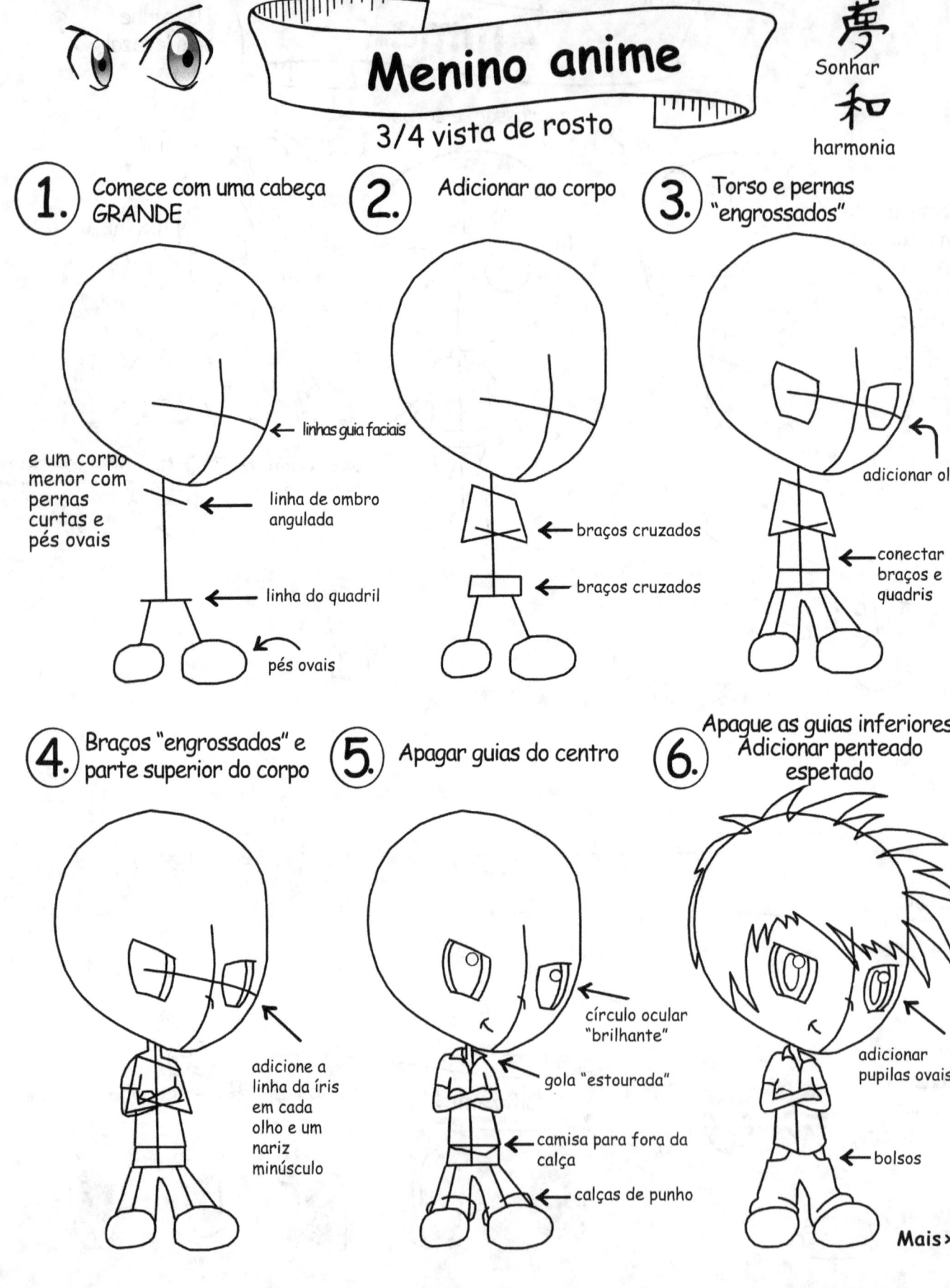

Menino anime

3/4 vista de rosto

夢 Sonhar
和 harmonia

1. Comece com uma cabeça GRANDE

e um corpo menor com pernas curtas e pés ovais

← linhas guia faciais

← linha de ombro angulada

← linha do quadril

pés ovais

2. Adicionar ao corpo

← braços cruzados

← braços cruzados

3. Torso e pernas "engrossados"

adicionar olh

← conectar braços e quadris

4. Braços "engrossados" e parte superior do corpo

adicione a linha da íris em cada olho e um nariz minúsculo

5. Apagar guias do centro

círculo ocular "brilhante"

gola "estourada"

camisa para fora da calça

calças de punho

6. Apague as guias inferiores. Adicionar penteado espetado

adicionar pupilas ovais

← bolsos

Mais>

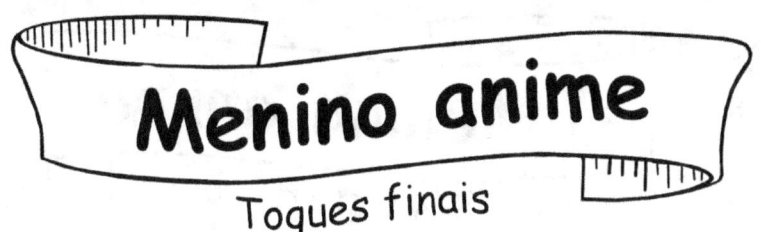

Menino anime

Toques finais

7. Apague as linhas-guia da cabeça e da camisa

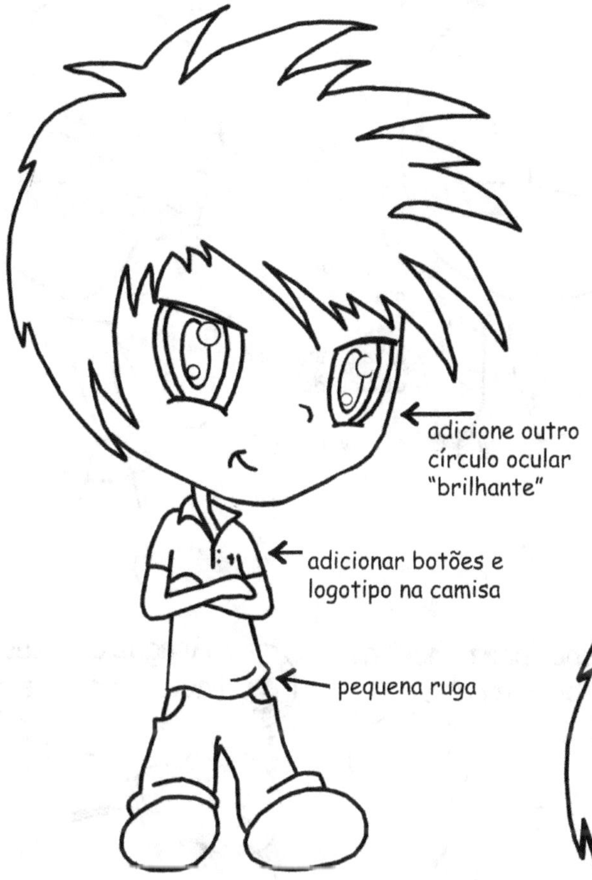

adicione outro círculo ocular "brilhante"

adicionar botões e logotipo na camisa

pequena ruga

8. Adicionar detalhes

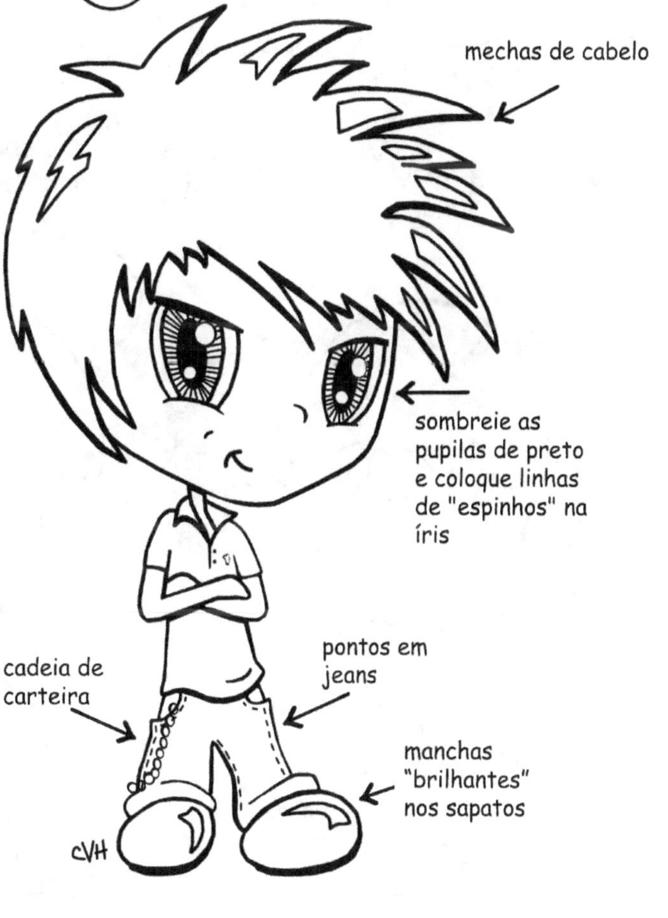

mechas de cabelo

sombreie as pupilas de preto e coloque linhas de "espinhos" na íris

cadeia de carteira

pontos em jeans

manchas "brilhantes" nos sapatos

CVH

Menina anime

3/4 vista de rosto

graça
feliz

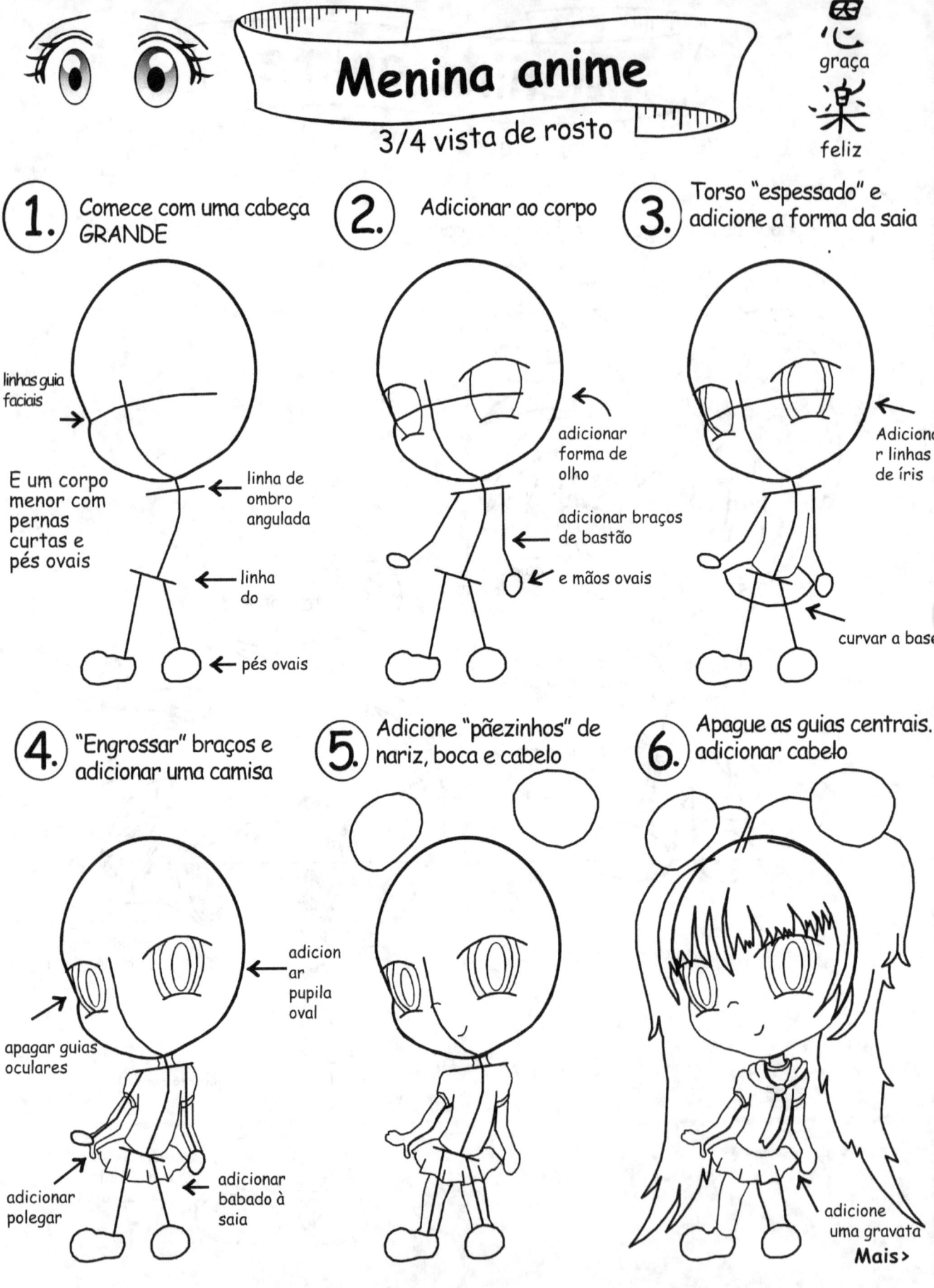

1. Comece com uma cabeça GRANDE

linhas guia faciais

E um corpo menor com pernas curtas e pés ovais

linha de ombro angulada

linha do

pés ovais

2. Adicionar ao corpo

adicionar forma de olho

adicionar braços de bastão

e mãos ovais

3. Torso "espessado" e adicione a forma da saia

Adicionar linhas de íris

curvar a base

4. "Engrossar" braços e adicionar uma camisa

adicionar pupila oval

apagar guias oculares

adicionar polegar

adicionar babado à saia

5. Adicione "pãezinhos" de nariz, boca e cabelo

6. Apague as guias centrais. adicionar cabelo

adicione uma gravata

Mais >

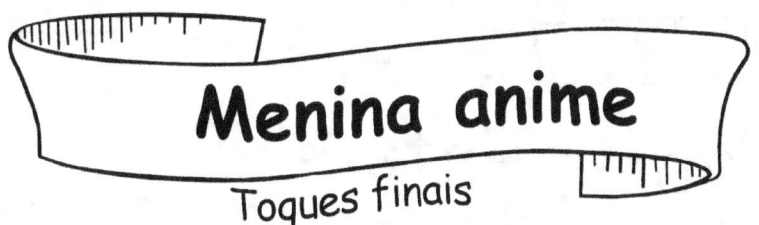

Menina anime
Toques finais

7. Apague as linhas da cabeça

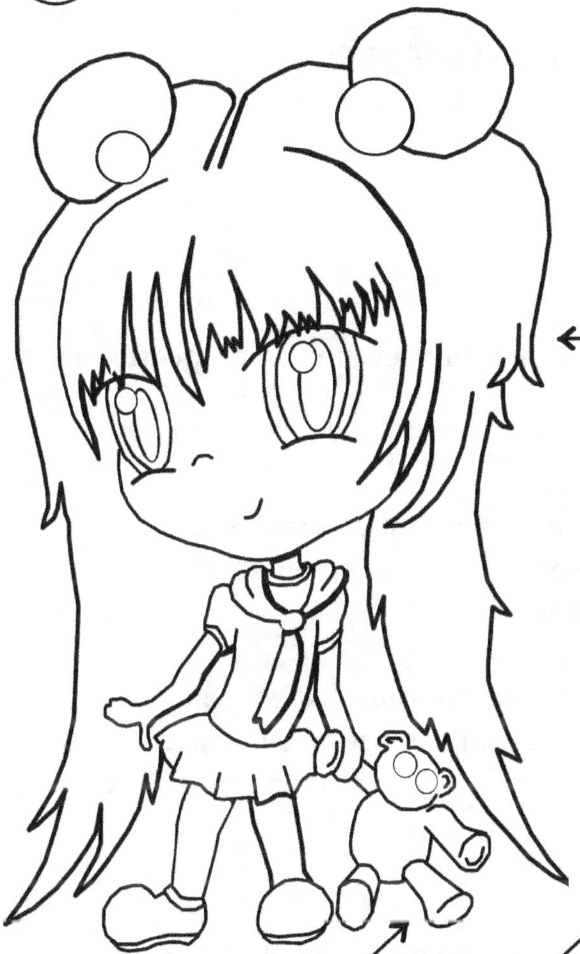

adicione um
círculo ocular
"brilhante"

adicione um ursinho
de pelúcia se quiser

sombreie as
pupilas de preto e
coloque linhas de
"espinhos" na íris

8. Adicionar detalhes

adicionar
clipes no
cabelo

sardas no
nariz

listras
em meias

e outros
"extras"

mechas de
cabelo

manchas
"brilhantes"
nos sapatos

cVH

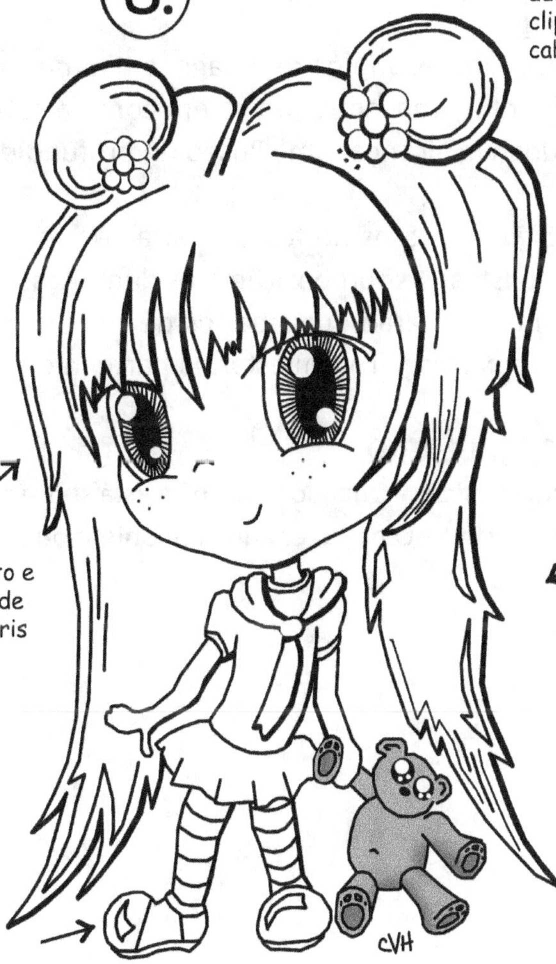

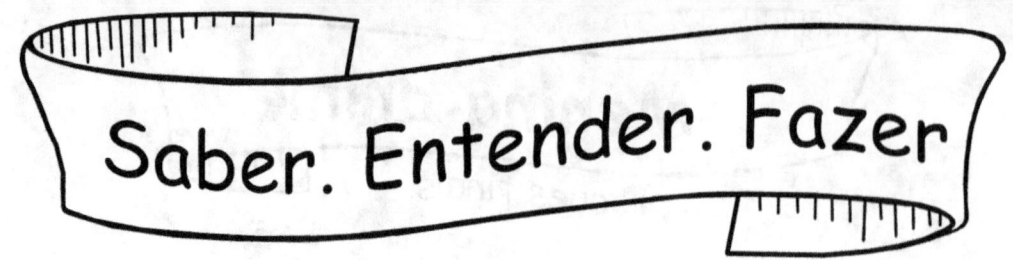

DESENHE UM ESPARTILHO COM LAÇO

SABER:
Sobreposição

ENTENDER:
Como criar a ilusão de camadas para que partes de um desenho pareçam estar na frente ou atrás de outras partes

FAZER:
• Discutir exemplos de imagens bidimensionais que têm elementos próximos e distantes, concentrando-se em como a sobreposição e as diferenças de tamanho ajudam a alcançar uma ilusão de profundidade

• Siga os passos no folheto para criar a aparência de cadarços em camadas/sobrepostas. A sobreposição e as diferenças de tamanho mostrarão perspectiva. Os alunos indicarão quais partes de sua imagem parecem estar na parte superior e quais partes parecem estar na parte inferior.

VOCABULÁRIO:
Sobreposição - Quando uma coisa está sobre a outra, cobrindo-a parcialmente
Perspectiva - O ponto em que um objeto ou cena é visto

Espartilho de renda

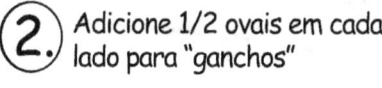

1. Comece com uma forma de "V" aberta na parte inferior

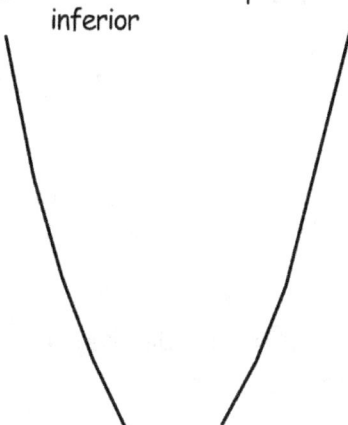

2. Adicione 1/2 ovais em cada lado para "ganchos"

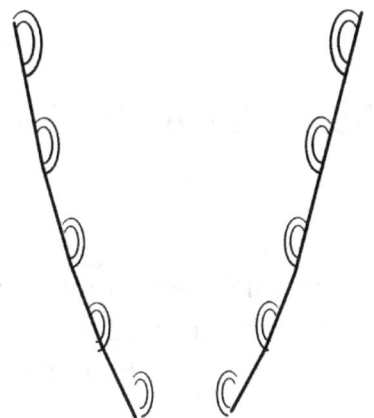

3. Apague as linhas guia em "V". Adicionar zig-zag como visto

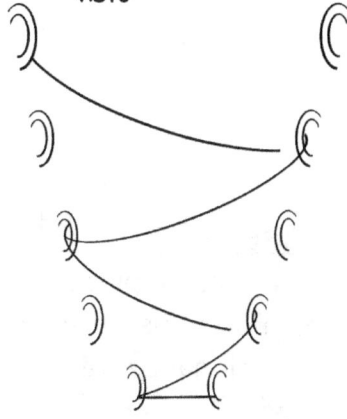

4. Adicione zig-zag ao lado oposto criando formas curvas em "X"

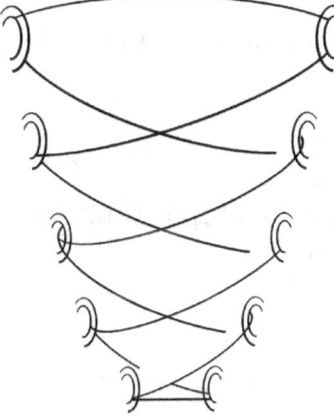

5. "Engrossar" a renda adicionando outra linha a cada "X"

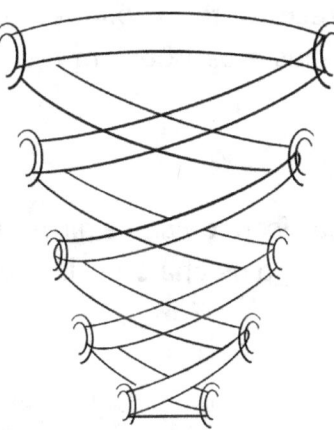

6. Apague certas linhas para que pareça que alguns cadarços estão se sobrepondo a outros

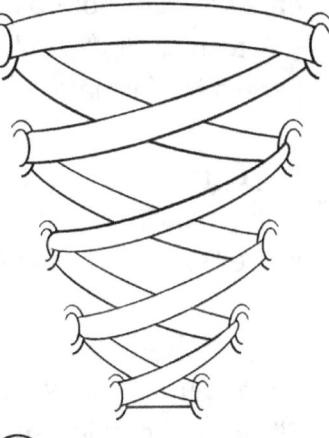

7. Adicionar um arco

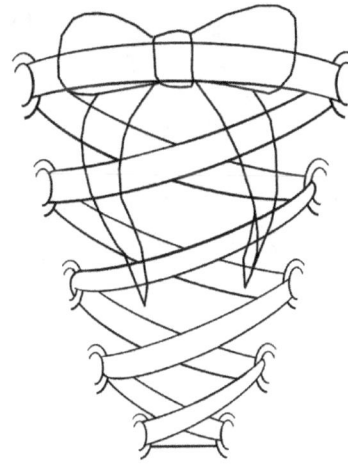

8. Apague a área atrás do arco

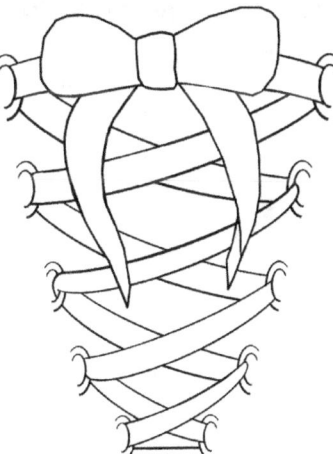

9. Sombra

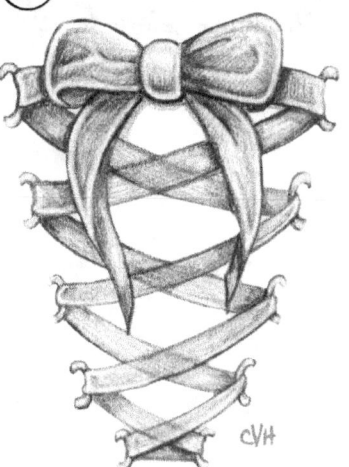

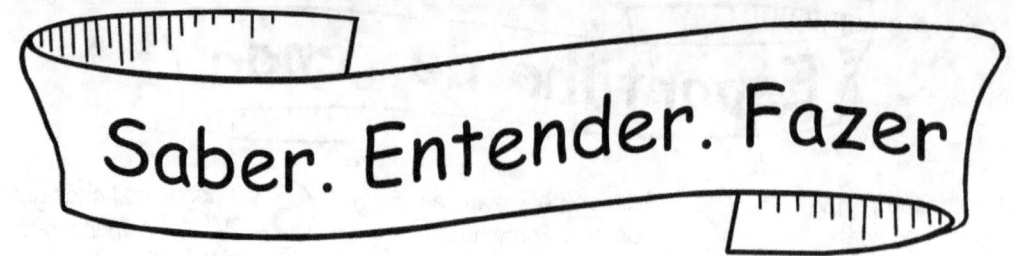

UMA XÍCARA DE CHÁ CHIQUE

SABER:
• Formas simples combinadas criam objetos complexos
• Seção transversal em um cone pode criar a ilusão de um vaso (xícara de chá)
• Adicionar padrão e sombreamento a um objeto dá a ele forma e dimensão

ENTENDER:
• Usando os princípios de um cilindro (base arredondada e um topo de elipse) para criar um objeto que parece conter o volume
• A técnica de "envolver" linhas e padrões em torno de um objeto para que ele pareça ter forma

FAZER:
Crie uma arte original de uma xícara de chá e pires que mostre sobreposição. Adicione "extras" como um saquinho de chá ou colher e sombra.

VOCABULÁRIO:
Cone - Duas linhas na borda de uma elipse que eventualmente se encontram
Elipse - Um círculo visto em um ângulo (desenhado como um oval)
Sobreposição - Quando uma coisa está sobre a outra, cobrindo-a parcialmente
Volume - Refere-se ao espaço dentro de uma forma 3D

Uma xícara de chá chique

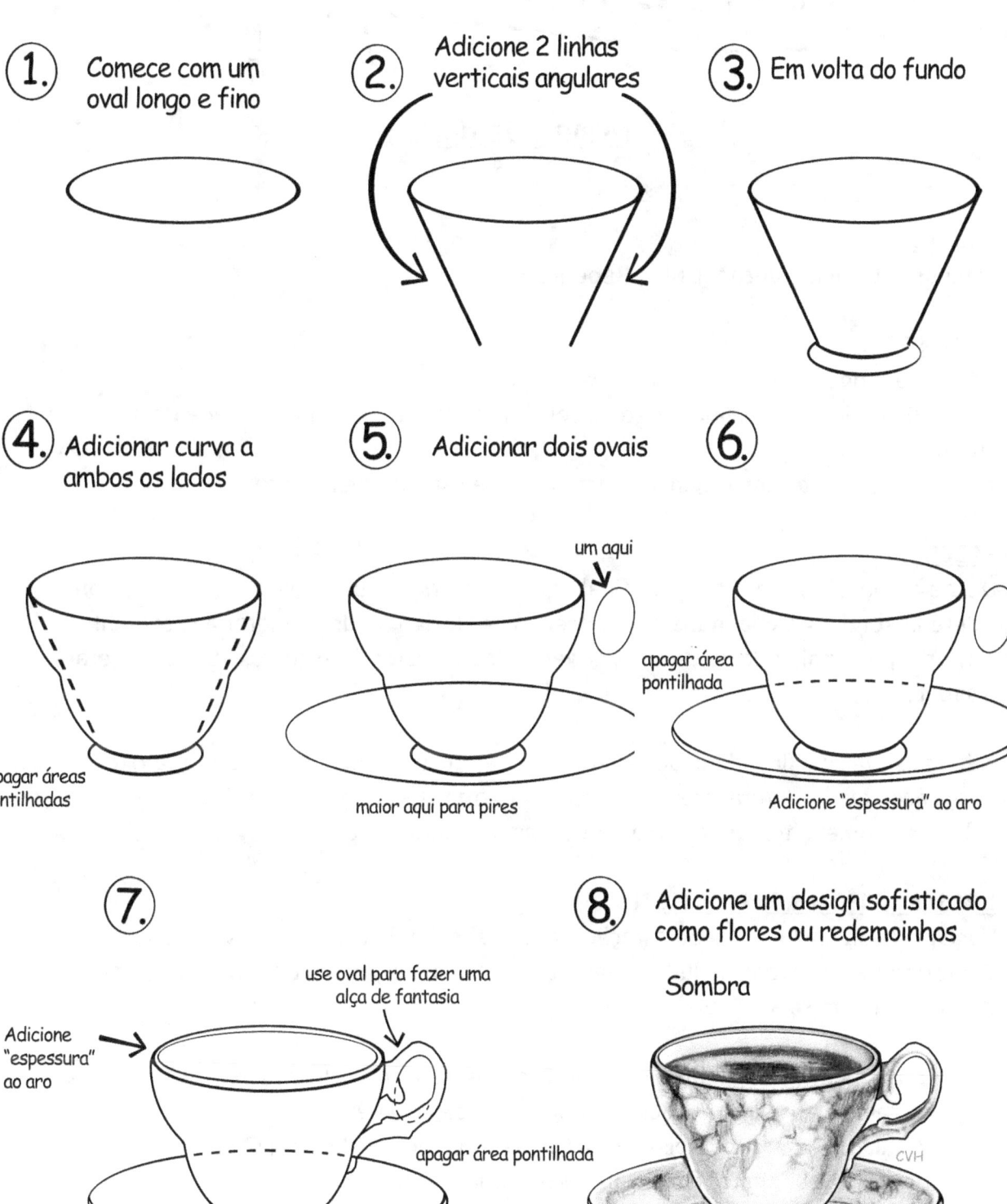

1. Comece com um oval longo e fino

2. Adicione 2 linhas verticais angulares

3. Em volta do fundo

4. Adicionar curva a ambos os lados

Apagar áreas pontilhadas

5. Adicionar dois ovais

um aqui

maior aqui para pires

6.

apagar área pontilhada

Adicione "espessura" ao aro

7.

Adicione "espessura" ao aro

use oval para fazer uma alça de fantasia

apagar área pontilhada

Adicione uma ligeira curva para a base do pires

8. Adicione um design sofisticado como flores ou redemoinhos

Sombra

CVH

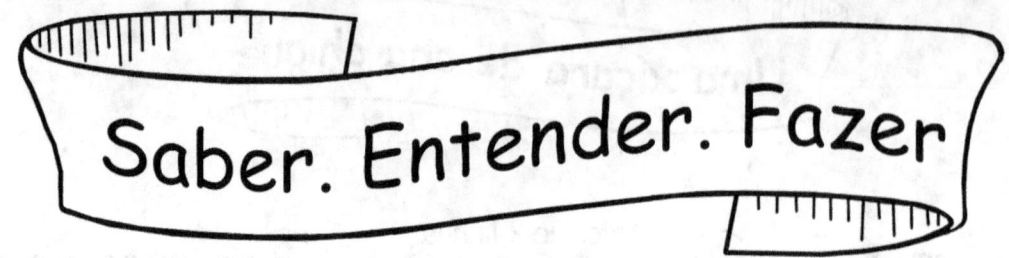

DESIGN DE TÊNIS

SABER:
Equilíbrio, Design, Função, Linha, Repetição

ENTENDER:
• Como a moda pode criar e dividir estruturas sociais
• A moda pode refletir a identidade e ser uma extensão da personalidade de alguém
• Como criar um design original a partir de uma estrutura existente

FAZER:
Desde o conceito, até o produto final, os alunos criarão um design de sapato. Considere as tendências da indústria, conceitos de design, padrão, materiais, cor, linha, simetria, personalidade do usuário, gênero, idade, gostos / desgostos etc. ao projetar o sapato.

Não se esqueça: A finalidade do sapato (esportes, casual, etc.), forma do sapato (cano alto, baixo, etc.), costura, áreas reforçadas, logotipos, cadarços/alças/fechamento de velcro, grommets, textura da sola, etiquetas de pendurar, etc.

PRESENTATION & REFLECTION:
Você precisará incluir uma declaração / autorreflexão do artista com sua peça.
Em forma de parágrafo, inclua as seguintes informações, bem como o vocabulário chave usado em sala de aula.

1. Descreva o design do seu sapato e as suas inspirações. Que identidade você está tentando transmitir? (A quem se destinam os sapatos? etc.)
2. Quais áreas foram fáceis ou desafiadoras no processo de design?
3. Descreva os pontos fortes e fracos no design do seu sapato.
4. Se você tivesse que repetir este projeto, o que você faria de diferente e por quê?

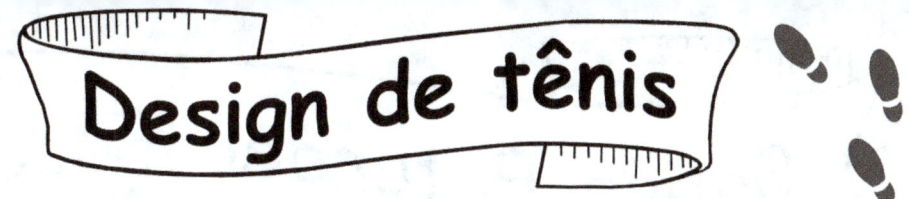

Design de tênis

Tarefa: Criar um design de tênis original. Faça um brainstorming do seu conceito usando as ideias abaixo

1.
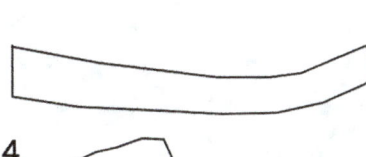

2.
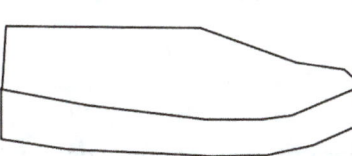

3.
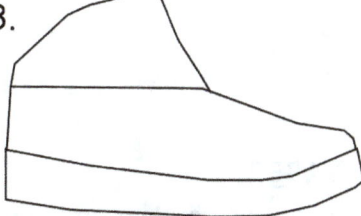

4.
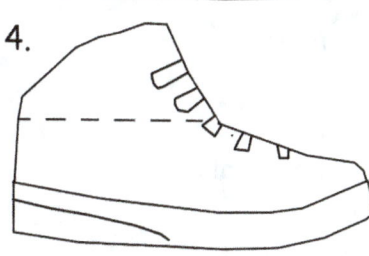

5.
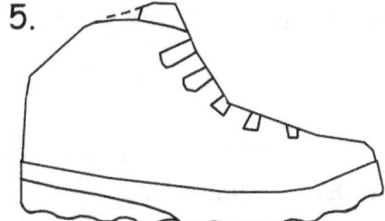

6.
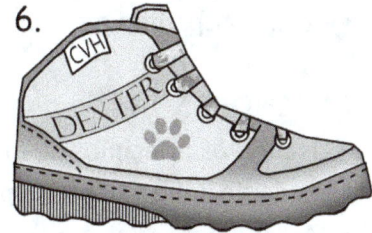

Alguns genéricos Formas de tênis

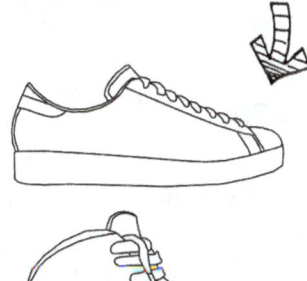

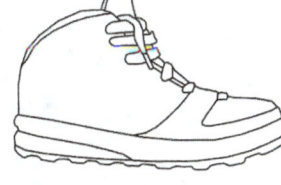

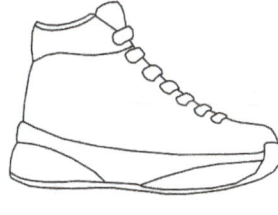

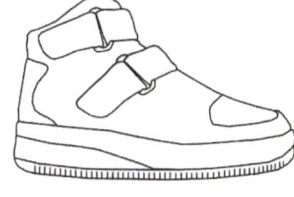

O que seus sapatos dizem sobre você?

1. Pense nos elementos de design que você gosta e faça uma lista. Pode incluir palavras, fontes, rabiscos, padrões, etc.

2. Decida quais elementos você deseja incluir em seu design. (linha, fonte, texto, graffiti, etc)

3. Decida qual identidade você está tentando transmitir. A quem se destinam os sapatos?

Considerações sobre arte:

tendências da indústria
padrão
materiais
cor
equilíbrio
linha
simetria

Não se esqueça:

finalidade do sapato
forma de sapato
costura
logotipo (endosso?)
cadarços/tiras
ilhós
textura única

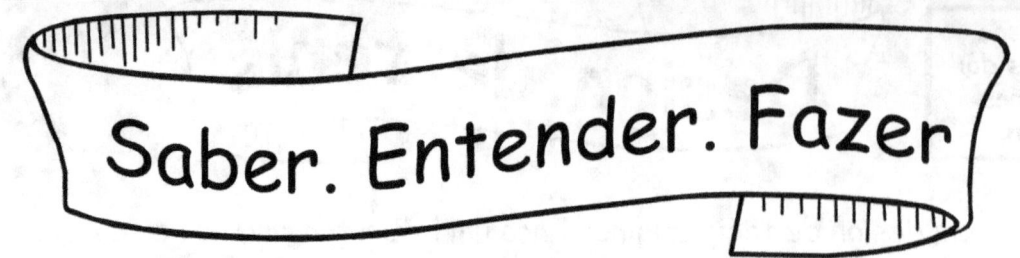

BAÚ DO TESOURO

SABER:
• Formas simples combinadas criam objetos complexos
• Adicionar padrão e sombreamento a um objeto dá a ele forma e dimensão

ENTENDER:
• Usando os princípios de um cubo para criar um objeto que parece conter volume
• O uso de linhas recuadas para mostrar perspectiva
• Método para criar um cubo 3D simples

FAZER:
Crie uma obra de arte original de um baú de tesouro que demonstre perspectiva. Adicione muitos "extras" dentro do baú. Coloque-o em uma cena.

VOCABULÁRIO:
Cubo - Um poliedro com seis faces quadradas; um quadrado que aparece 3D
Perspectiva - O ponto a partir do qual um objeto ou cena é visto
Linhas recuadas - Linhas que se movem para trás ou para longe do primeiro plano

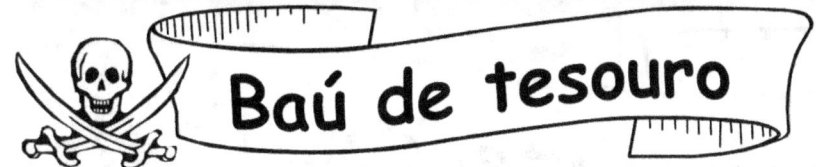

Baú de tesouro

1. Comece com um retângulo angulado

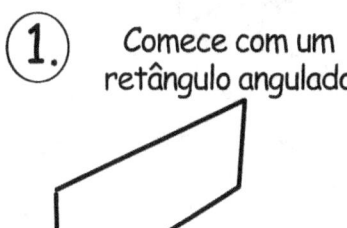

2. Adicione 3 linhas recuadas

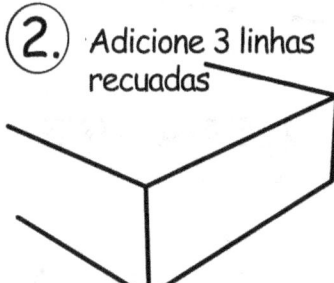

3. Conectar

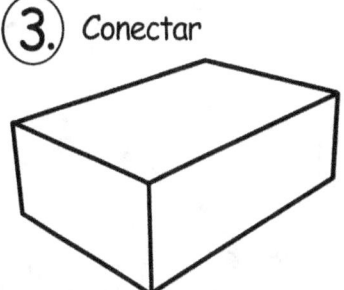

4. Desenhar aba aberta

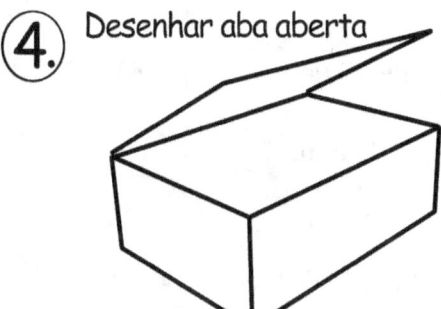

5. Adicionar "espessura" à aba

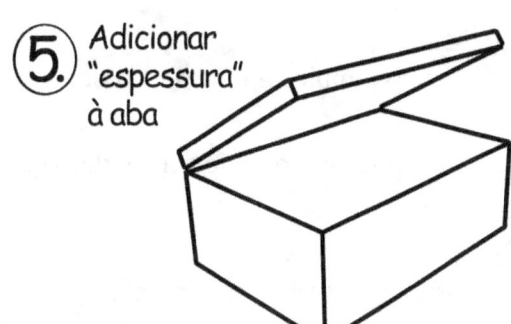

6.

desenhar arco

adicionar identificador

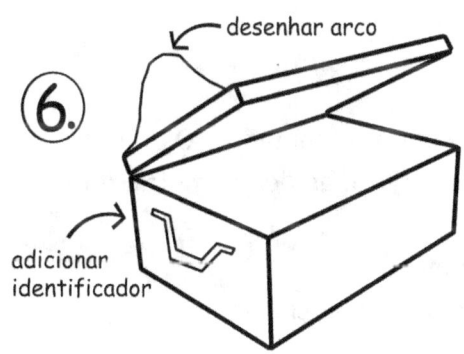

7.

conectar caixa superior

adicionar detalhes

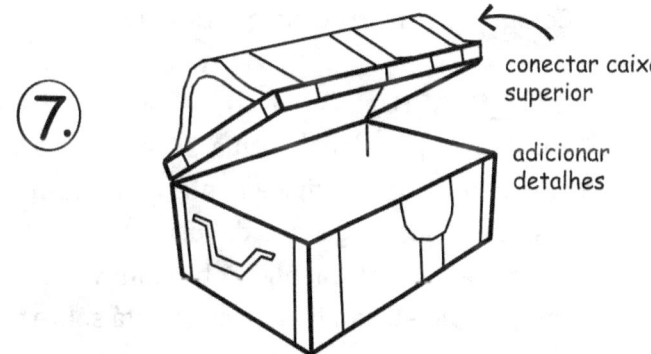

Bloqueio detalhado...

1.

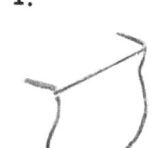

2.

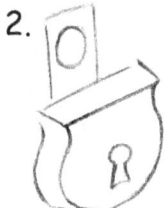

3.

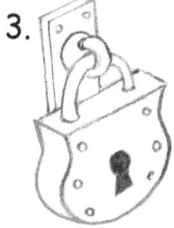

8.

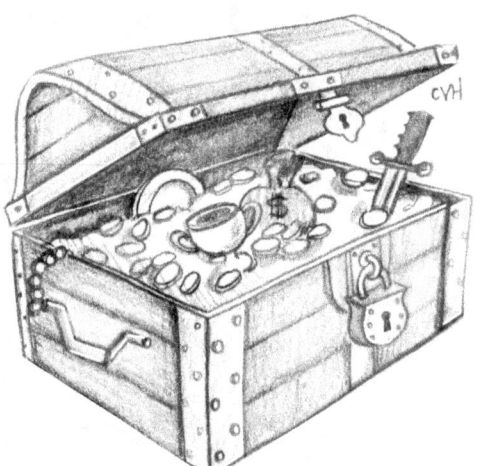

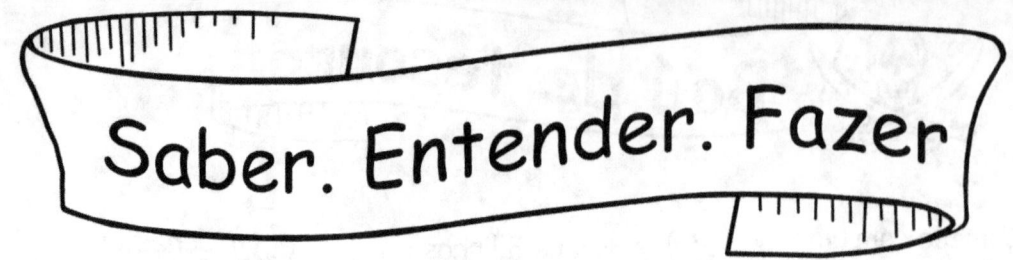

ESQUELETO PIRATA

SABER:
Formas geométricas, sobreposição e camadas

ENTENDER:
• Colocar formas simples em camadas pode ser o primeiro passo para criar formas complexas
• O corpo humano médio pode ser medido como "7 cabeças de altura"

FAZER:
• Siga os passos fornecidos para criar a sua própria versão de um "Esqueleto pirata"
• Adicione muitos "extras" como um baú de tesouro, navio pirata ou mapa do tesouro de pergaminho
• Coloque-o em uma cena e sombreie

VOCABULÁRIO:
Geométrico - Qualquer forma 2D ou forma 3D com desenho matemático. Os desenhos geométricos são tipicamente feitos com linhas retas ou formas de geometria (em oposição a linhas orgânicas de forma livre)
Camadas - Para colocar algo sobre outra superfície ou objetos
Sobreposição - Quando uma coisa está sobre a outra, cobrindo-a parcialmente

Desenhe um Esqueleto Pirata

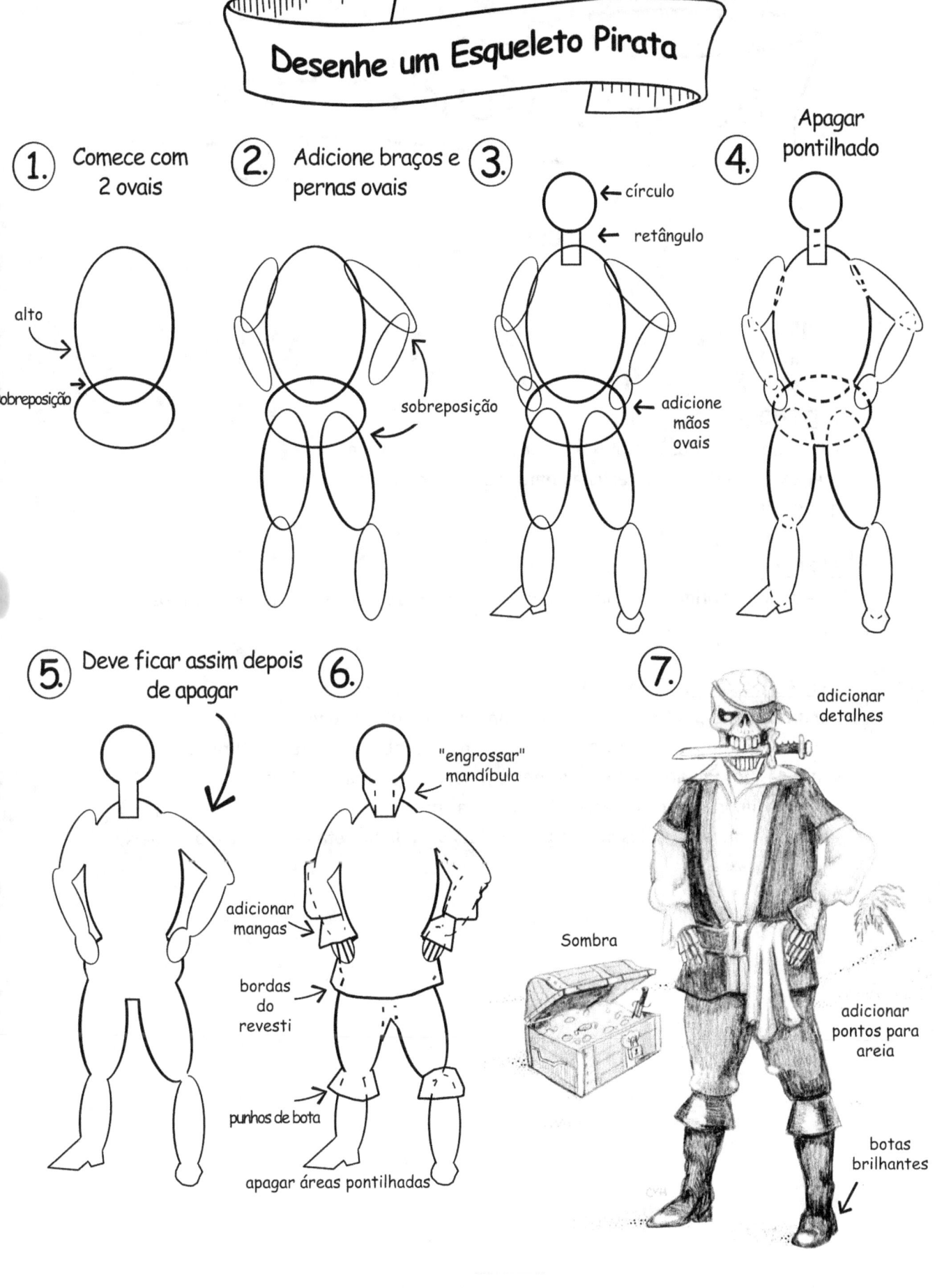

1. Comece com 2 ovais

alto

sobreposição

2. Adicione braços e pernas ovais

sobreposição

3.

← círculo

← retângulo

← adicione mãos ovais

4. Apagar pontilhado

5. Deve ficar assim depois de apagar

6.

"engrossar" mandíbula

adicionar mangas

bordas do revesti

punhos de bota

apagar áreas pontilhadas

7.

adicionar detalhes

Sombra

adicionar pontos para areia

botas brilhantes

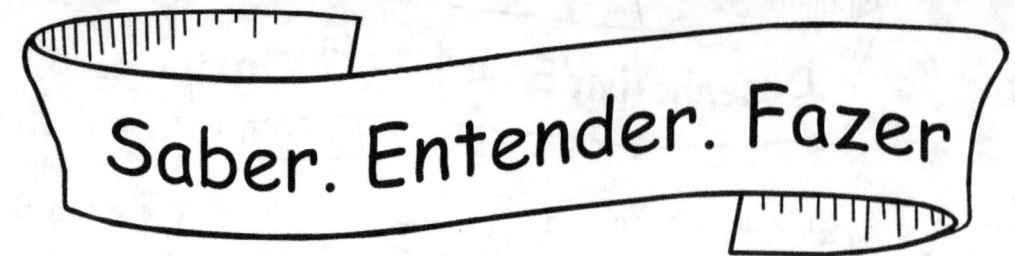

CRUZ DE MADEIRA

SABER:
Textura

ENTENDER:
• Criação de formas complexas a partir de formas simples
• A textura é usada por artistas para mostrar como pode ser a sensação de algo ou do que é feito

FAZER:
Crie uma cruz original que inclua uma textura de "aparência de madeira" e mostre a perspectiva

VOCABULÁRIO:
Perspectiva - O ponto a partir do qual um objeto ou cena é visto
Textura - A maneira como algo parece em uma obra de arte. Texturas simuladas são sugeridas por um artista com diferentes pinceladas, linhas de lápis, etc.
Valor - A luminosidade ou escuridão de uma cor
Vertical - Linhas paralelas que são desenhadas em linha reta para cima e para baixo

Cruz de madeira

1. Comece com 2 linhas verticais

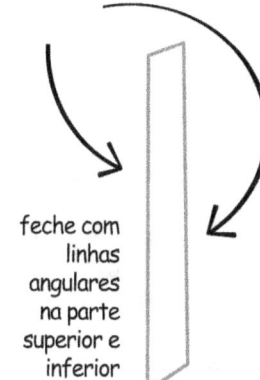

feche com linhas angulares na parte superior e inferior

2. Adicione 2 linhas horizontais para um "t" minúsculo

incline-o

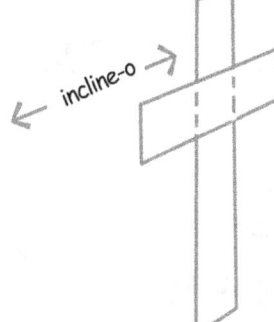

3. Desenhe 7 linhas angulares curtas

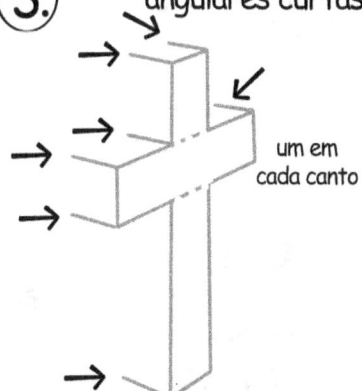

um em cada canto

4. Conecte linhas para dar a ilusão de 3-D

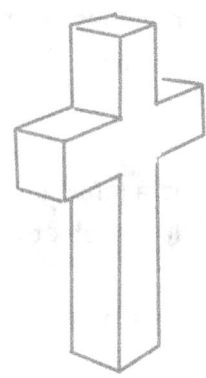

5. Adicione 2 linhas angulares paralelas

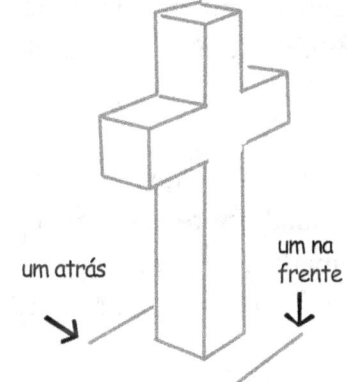

um atrás

um na frente

6. Conecte as linhas para criar a base

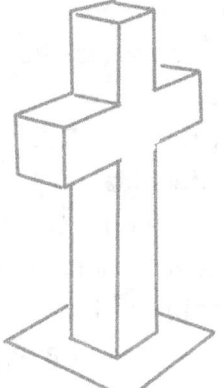

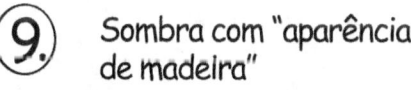

7. Adicione 2 " " formas para a base

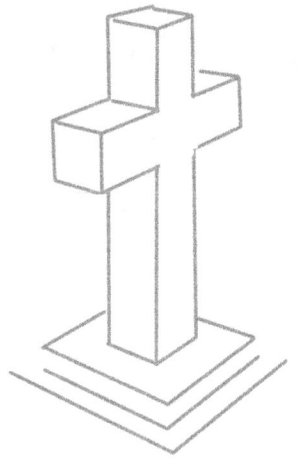

8. Feche a base com linhas verticais

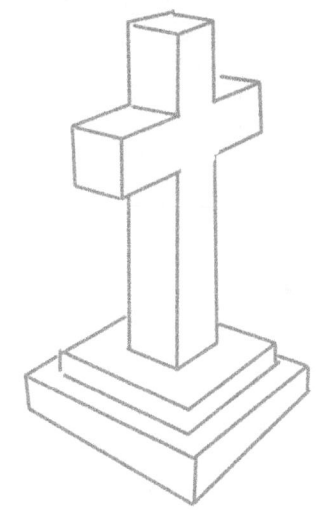

9. Sombra com "aparência de madeira"

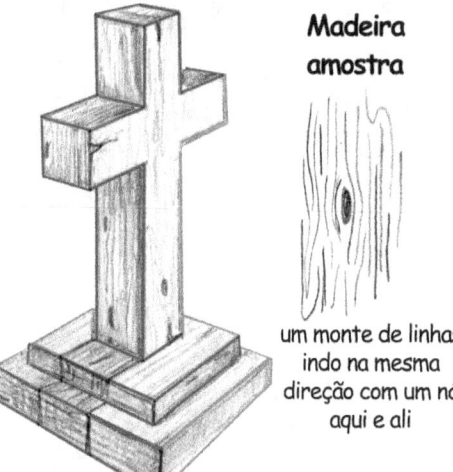

Madeira amostra

um monte de linhas indo na mesma direção com um nó aqui e ali

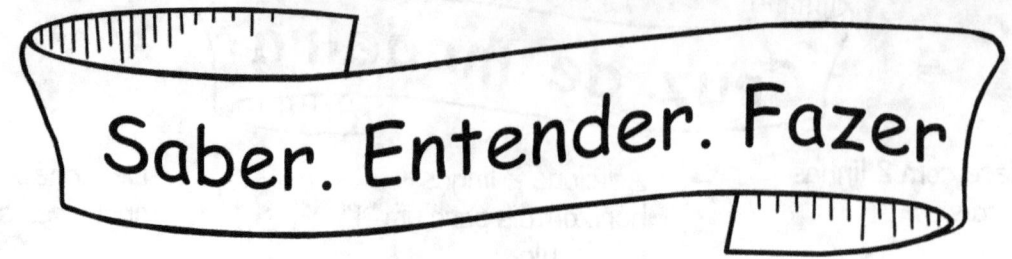

POÇA DE ÁGUA

SABER:
Forma Orgânica, Reflexão, Profundidade

ENTENDER:
Como criar a aparência de profundidade ao desenhar formas orgânicas

FAZER:
Crie uma poça de água mostrando profundidade, espessura e propriedades reflexivas usando as dicas fornecidas. Sombreie. Não se esqueça das gotículas de água!

VOCABULÁRIO:
Profundidade - A distância aparente de frente para trás ou de perto para longe em uma obra de arte. Quando a profundidade se refere à menor dimensão de um objeto, essa distância também pode ser chamada de espessura.
Orgânico - Uma forma irregular que pode ser encontrada na natureza, em vez de uma forma mecânica regular
Reflexão - Uma imagem devolvida por uma superfície refletora, como a de um espelho ou águas paradas

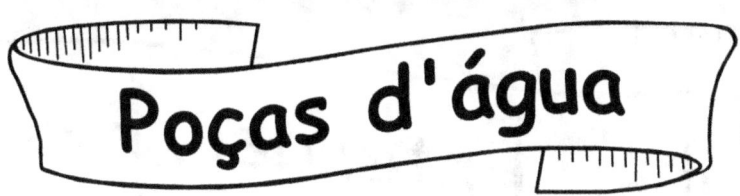

Poças d'água

1. Comece com uma forma orgânica

2. Adicione uma "espessura" que segue o contorno da forma de um lado

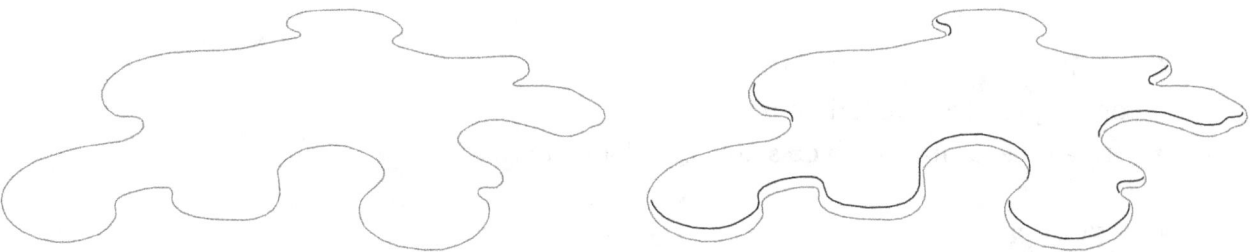

3. Sombreie o aro que você acabou de criar

Deixe alguns pontos brancos para "destaques"

4. Adicione algumas gotas ovais aleatórias

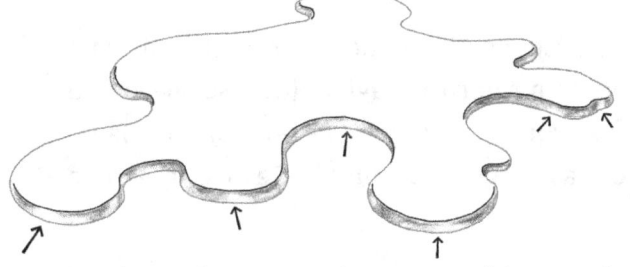

5. Deixe alguns pontos brancos para "destaques"

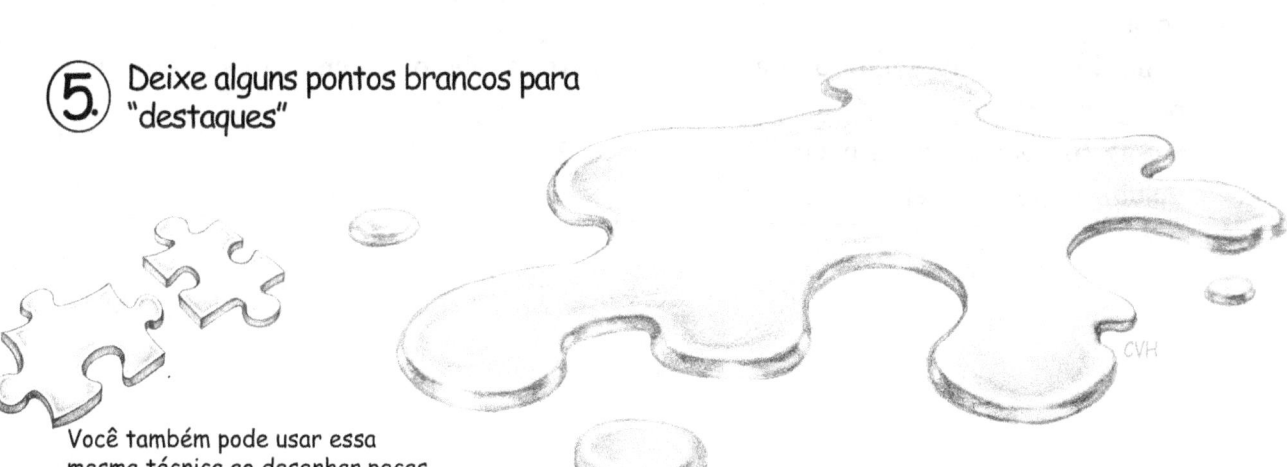

Você também pode usar essa mesma técnica ao desenhar peças de quebra-cabeça!

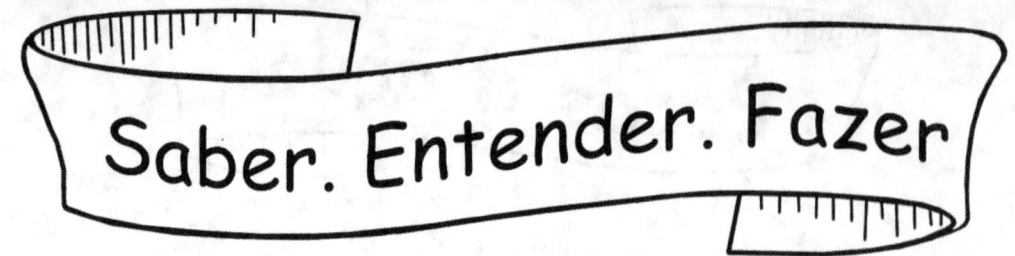

FLUTUADORES NA POÇA DE ÁGUA

SABER:
• Construção básica de formas no desenho
• Forma 2D e forma 3D são dois dos sete elementos da arte

ENTENDER:
• A diferença entre forma 2D e forma 3D
• Volume
• Sombreamento
• Sobreposição

FAZER:
Use o conhecimento aprendido no projeto de desenho "Poças de Água" para criar uma poça. Escolha um item do folheto "Flutuadores na poça de água" (ou escolha o seu próprio) que irá "flutuar" em sua poça. Não se esqueça de sombrear seu objeto, apagar partes da poça para indicar qualidades reflexivas e adicionar ondulações na água para mostrar movimento!

VOCABULÁRIO:
Forma 3D - Uma forma tridimensional (altura, largura e profundidade) que envolve o volume

Reflexão - Uma imagem devolvida por uma superfície refletora, como a de um espelho ou águas paradas

Forma 2D - Um espaço fechado

Volume - O espaço dentro de uma forma 3D

Flutuadores de poças d'água

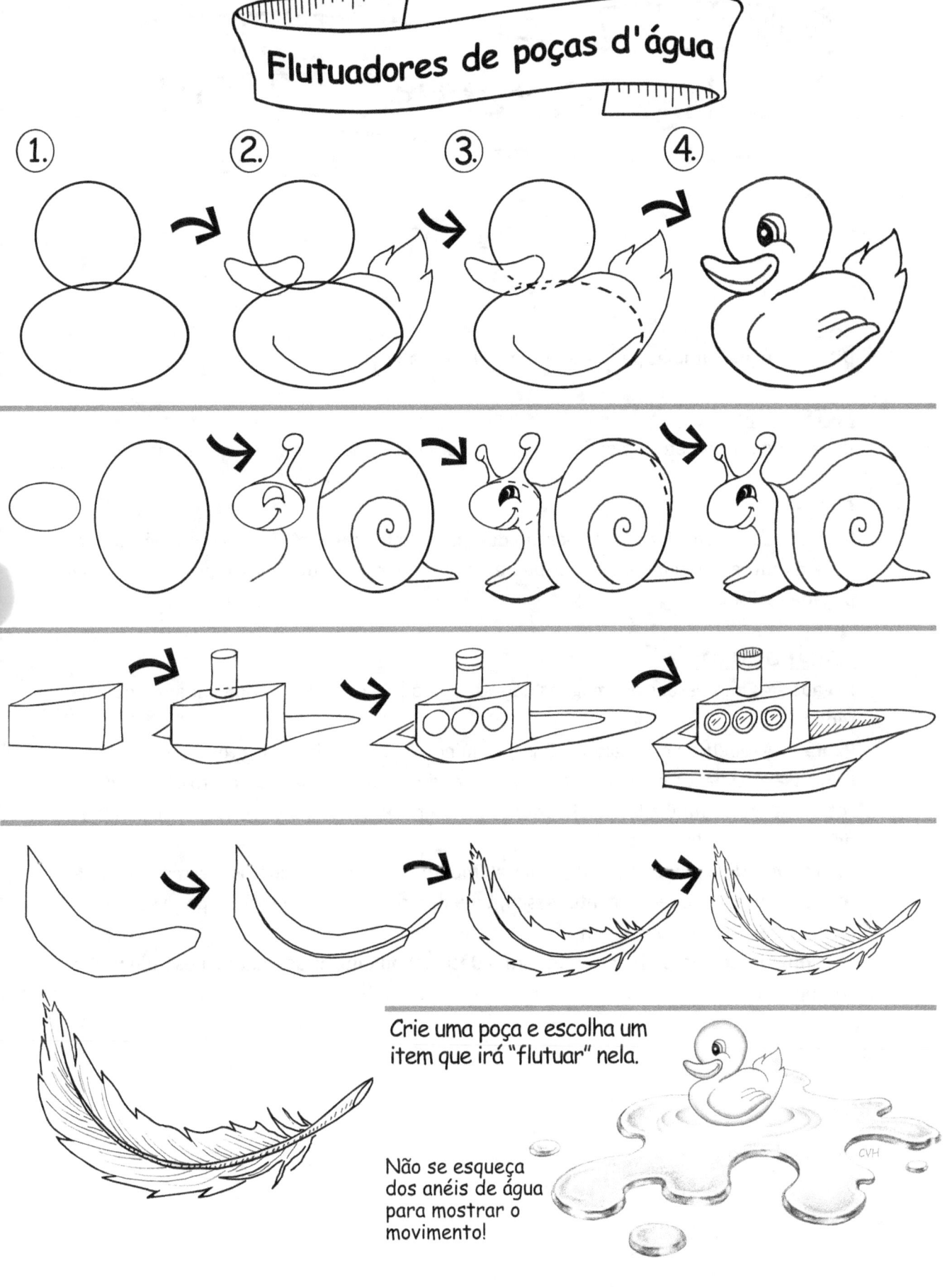

1. 2. 3. 4.

Crie uma poça e escolha um item que irá "flutuar" nela.

Não se esqueça dos anéis de água para mostrar o movimento!

CVH

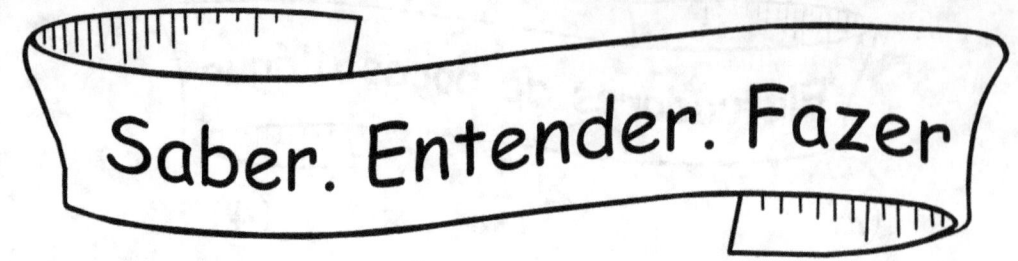

PEGADAS

SABER:
Dicas e truques simples para fazer uma "mini pegada"

ENTENDER:
Você pode usar objetos do cotidiano para fazer impressões e criar designs e padrões

FAZER:
Siga as etapas fornecidas para criar um design de "mini-pegada". Tente criar o pé esquerdo e direito e coloque-os em um padrão escalonado para que eles representem uma pegada realista.

VOCABULÁRIO:
Pegada - As impressões ou imagens deixadas para trás por uma pessoa andando ou correndo

Padrão - A repetição de qualquer coisa, incluindo formas, linhas ou cores

Impressão - Uma forma ou marca feita a partir de um bloco, placa ou outro objeto que é coberto com cor molhada (geralmente tinta) e, em seguida, pressionado em uma superfície plana

Repetição - Uma maneira de combinar elementos da arte para que os mesmos elementos sejam usados repetidamente. Assim, uma determinada cor ou forma pode ser usada várias vezes na mesma imagem.

Escalonamento - Para organizar de forma desigual ou em vários ziguezagues ou posição sobreposta

Isso pode exigir um pouco de prática para acertar, mas é uma maneira divertida e interessante de fazer uma pegada

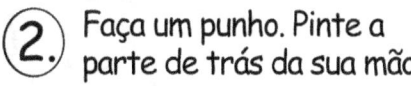

Pegadas

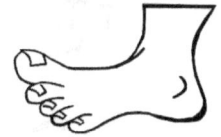

(1.) Comece com uma tinta acrílica ou têmpera à base de água

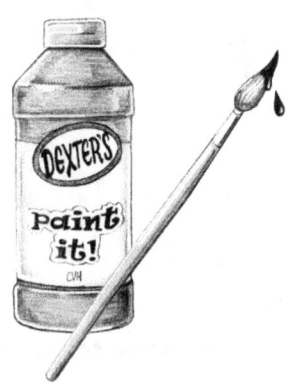

(2.) Faça um punho. Pinte a parte de trás da sua mão

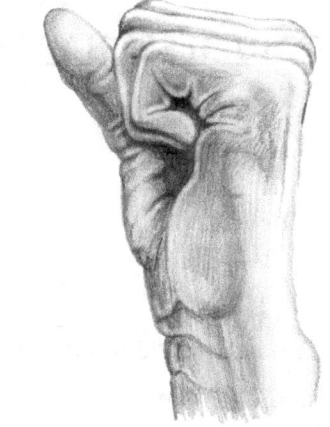

(3.) No papel de rascunho, carimbe a mão para remover o excesso de tinta

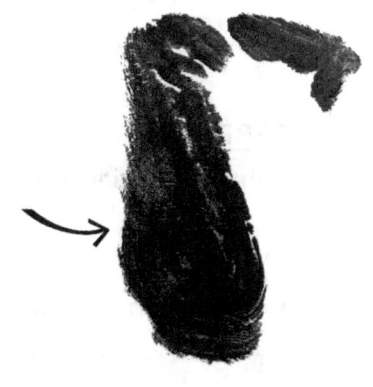

(4.) Carimbe novamente e adicione um dedão do pé. (use o polegar!)

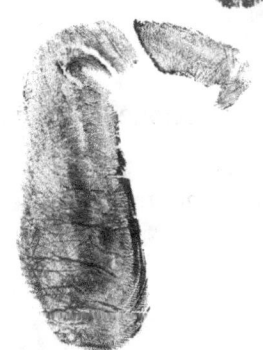

(5.) Adicione um segundo dedo...

(use o dedo indicador)

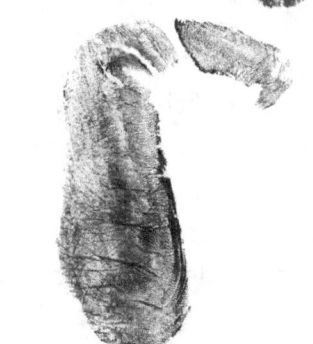

(6.) Um terceiro dedo...

(use o dedo anelar)

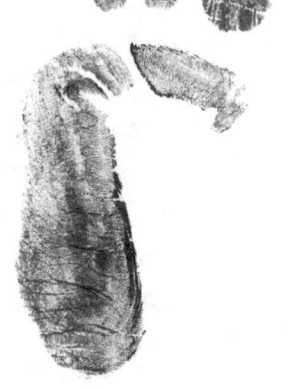

(7.) Adicione um quarto...

use o dedo anelar

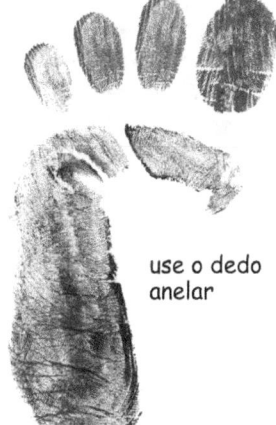

(8.) Adicione o último...

use o dedo mindinho

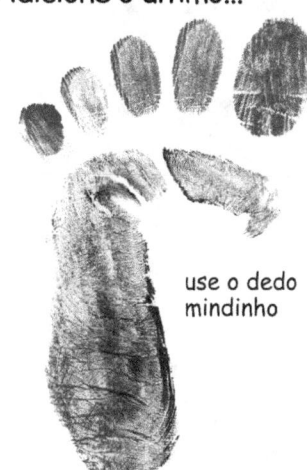

(9.) Tente novamente usando a outra mão e faça um par

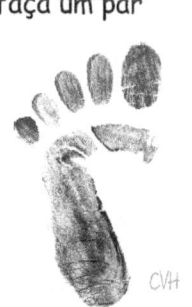
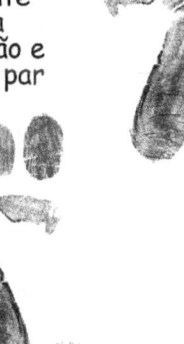

CVH

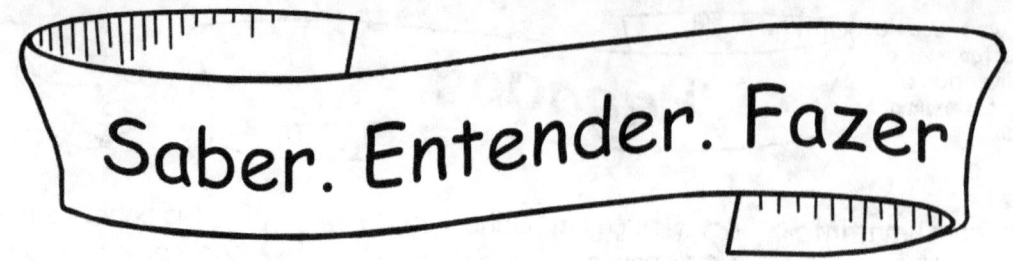

COMO DESENHAR FOGO

SABER:
Linhas aleatórias, sobreposição, realce, valor

ENTENDER:
• Colocar formas simples em camadas ajuda a mostrar a profundidade e criar formas 3D
• Variar o valor dos tons do sombreamento pode ajudar a criar interesse e realismo

FAZER:
• Siga os passos fornecidos para criar a sua própria representação de fogo
• Use o valor para indicar áreas de escuridão e luminosidade
• Apagar algumas áreas para criar destaques

VOCABULÁRIO:
Destaque - A área em qualquer superfície que reflita mais luz; para direcionar a atenção ou enfatizar uma área de um desenho através do uso de valor

Sobreposição - Quando uma coisa está sobre a outra, cobrindo-a parcialmente

Linhas aleatórias - Aleatórias ou por acaso, para não ter padrão

Valor - A luminosidade ou escuridão de uma cor ou tom

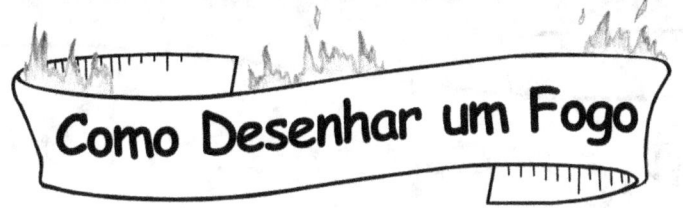

Como Desenhar um Fogo

1. Comece com uma forma de lágrima

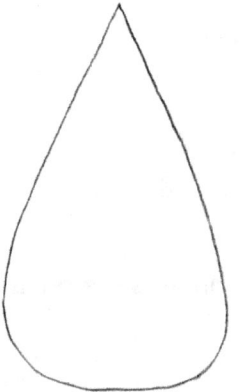

2. Desenhe linhas curvas aleatórias dentro

apagar áreas pontilhadas

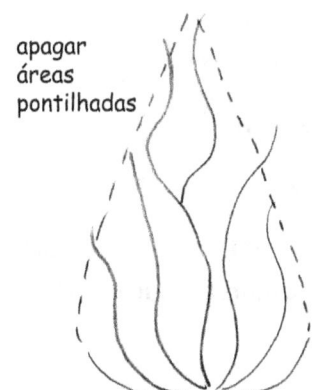

3. Adicione linhas nas áreas pontilhadas para "engrossar" as chamas

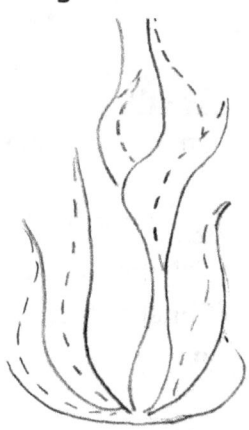

4. Adicione mais algumas chamas aleatórias e curvilíneas

5. Sombreie levemente toda a chama, apagando parcialmente as linhas centrais

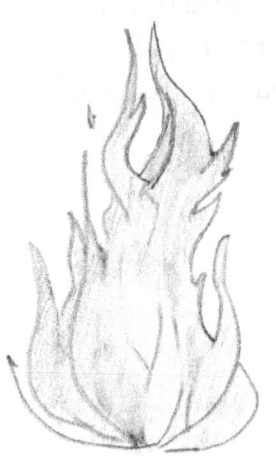

6. Sombra

adicione pequenas chamas separadas

pontas escuras

apague algumas áreas para destacá-las

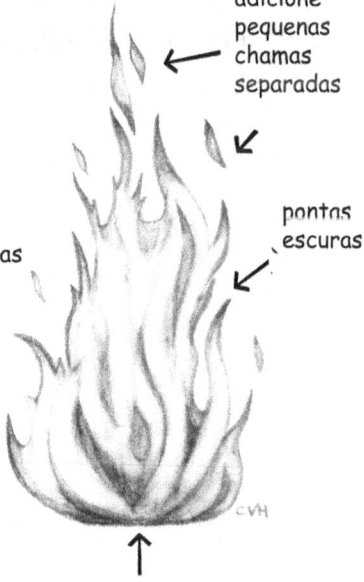

escurecer a base

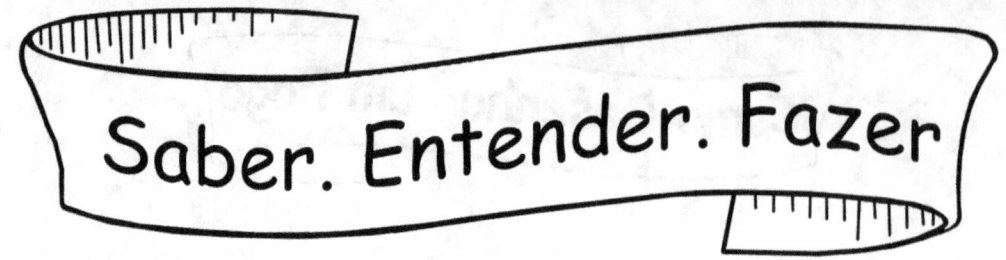

COMO DESENHAR UMA VELA

SABER:
Cilindro, Destaque, Valor

ENTENDER:
• Cilindros na arte dão a aparência de um tubo circular 3D
• Variar o valor dos tons quando o sombreamento pode ajudar a criar interesse e realismo

FAZER:
• Siga os passos fornecidos para criar a sua própria representação de uma vela acesa
• Use o valor para indicar áreas de escuridão e luminosidade
• Apagar algumas áreas para criar destaques (mais próximo da chama)

VOCABULÁRIO:
Cilindro - Um tubo que aparece tridimensional
Destaque - A área em qualquer superfície que reflita mais luz; para direcionar a atenção ou enfatizar uma área de um desenho através do uso de valor
Valor - A luminosidade ou escuridão de uma cor ou tom

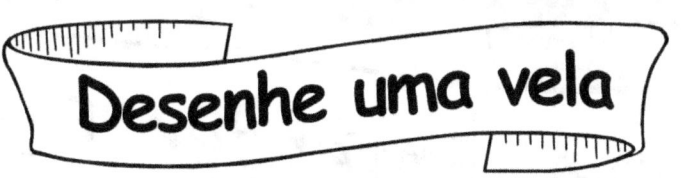

Desenhe uma vela

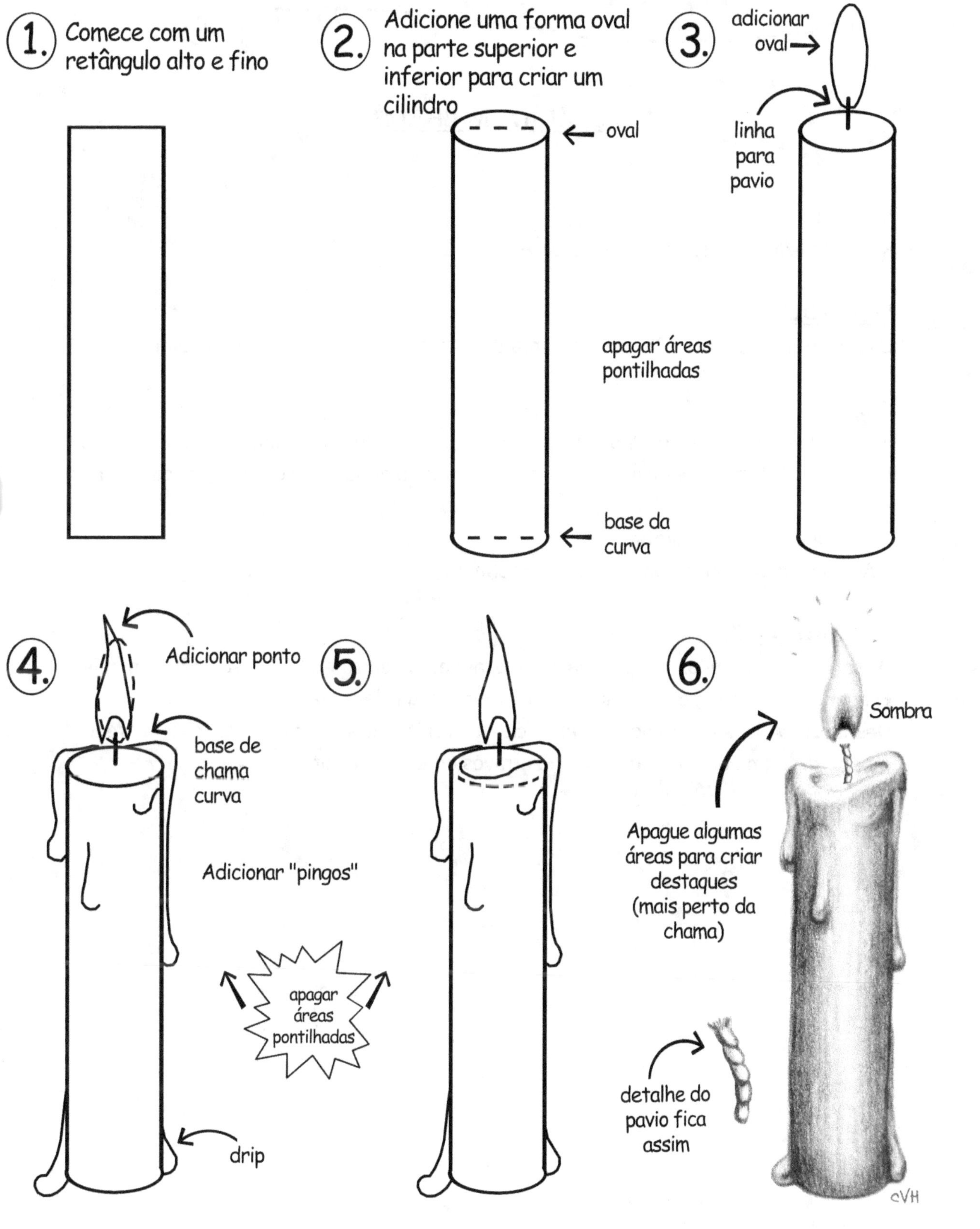

1. Comece com um retângulo alto e fino

2. Adicione uma forma oval na parte superior e inferior para criar um cilindro

← oval

apagar áreas pontilhadas

base da curva ←

3. adicionar oval →

linha para pavio

4. Adicionar ponto

base de chama curva

drip

5. Adicionar "pingos"

apagar áreas pontilhadas

6. Sombra

Apague algumas áreas para criar destaques (mais perto da chama)

detalhe do pavio fica assim

cVH

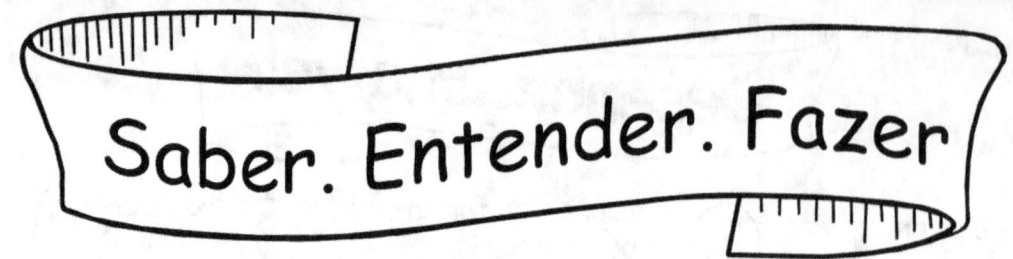

CRÂNIO EM CHAMAS

SABER:
Recursos exagerados, destaque, valor

ENTENDER:
Uso de exagero e distorção em uma obra de arte para criar um estilo particular

FAZER:
• Crie sua própria versão de um crânio estilizado com chamas usando as linhas de guia fornecidas OU Pratique desenhar um crânio humano genérico e exagerar as características
• Adicione "extras" e sombra
• Apagar algumas áreas para destacar as chamas

VOCABULÁRIO:
Distorção - Para mudar a aparência de algo, às vezes deformando ou esticando um objeto
Exagerar - Aumentar, embelezar; ampliar ou diminuir de tamanho
Destaque - A área em qualquer superfície que reflita mais luz; para direcionar a atenção ou enfatizar uma área de um desenho através do uso de valor

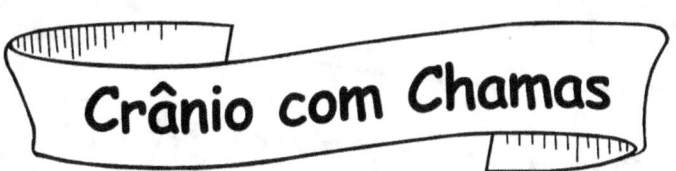

Crânio com Chamas

(1.) Empilhe essas 4 formas

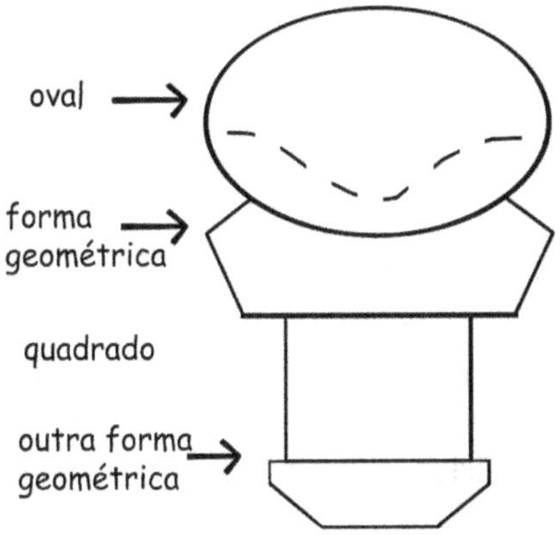

oval →

forma geométrica →

quadrado

outra forma geométrica →

(2.) Adicionar detalhes

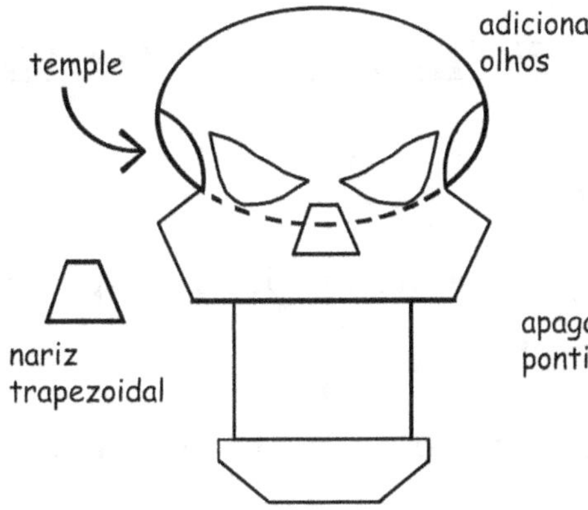

temple

adicionar olhos

nariz trapezoidal

(3.) Adicionar forma de retângulo em ambos os lados

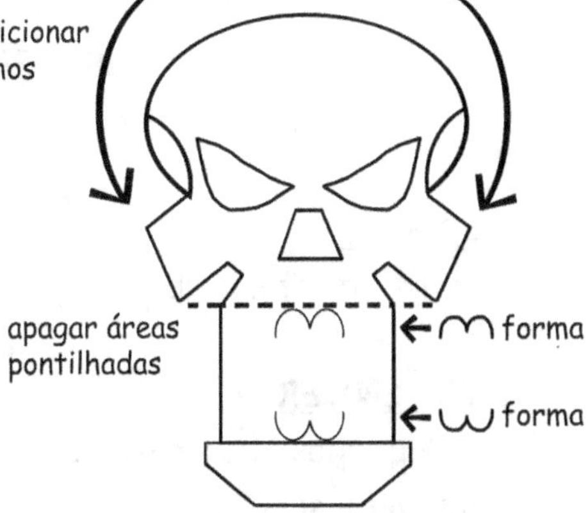

apagar áreas pontilhadas

← ∩ forma

← ∪ forma

(4.) Cantos arredondados

Faça o nariz ficar assim

← mais "∩" formas

← mais "∪"

curva

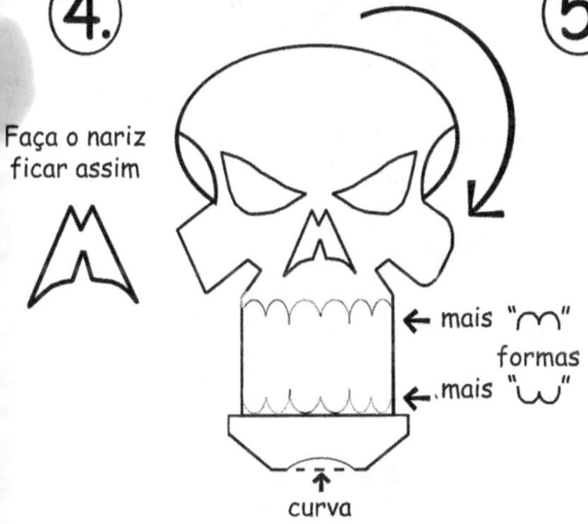

(5.)

adicione 2 linhas curvas para os dentes

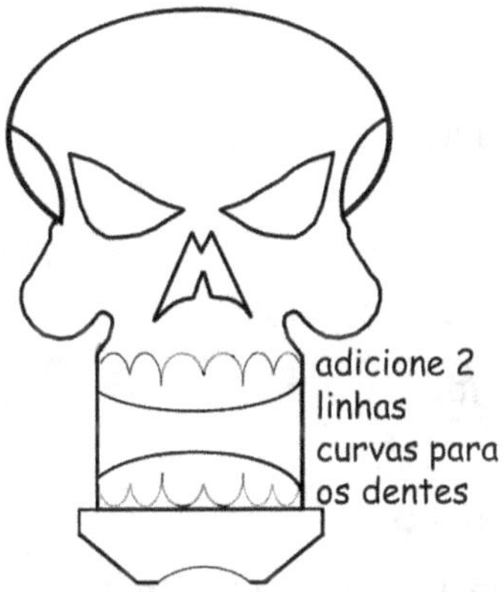

(6.) "Engrossar" cavidade ocular

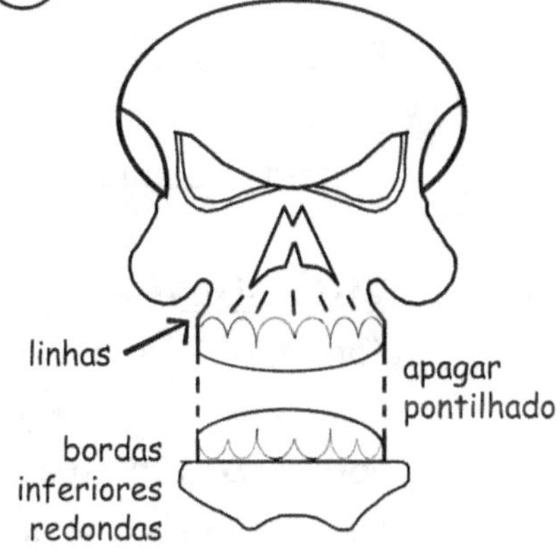

linhas →

bordas inferiores redondas

apagar pontilhado

(7.) Adicione rachaduras em todos os lugares

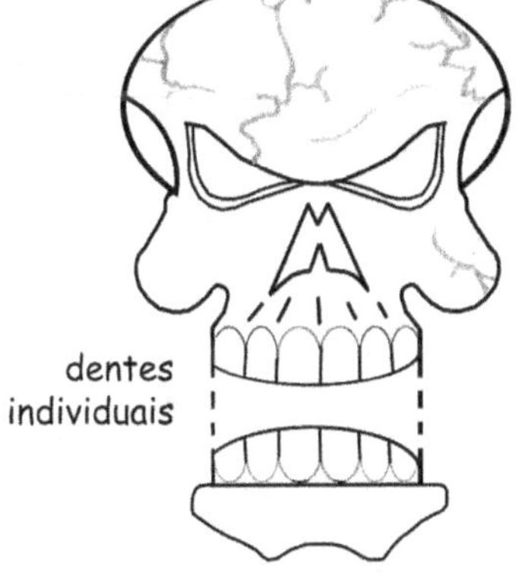

dentes individuais

(8.) Sombra

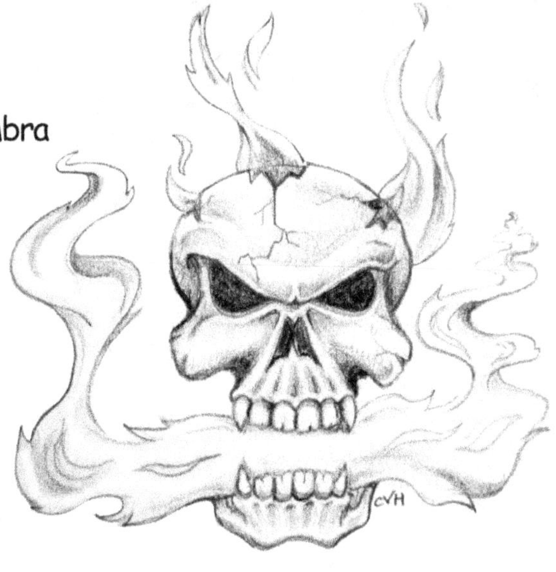

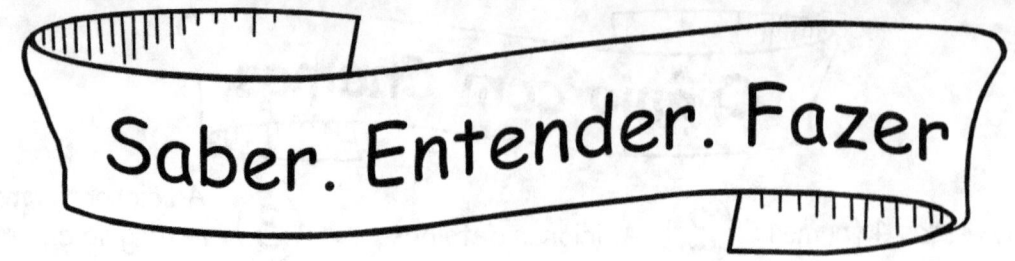

DESENHE BOLAS ESPORTIVAS

SABER:
Os passos simples para criar uma variedade de bolas esportivas

ENTENDER:
• Pequenas alterações/adições a formas básicas podem ajudar a criar imagens reconhecíveis específicas
• A diferença entre forma 2D e forma 3D
• Sombreamento e padrões podem ajudar a transformar formas 2D em formas 3D

FAZER:
Siga as etapas fornecidas para criar pelo menos duas das quatro ferramentas esportivas ilustradas. Sombreie.

VOCABULÁRIO:
Forma 3D - Uma forma tridimensional (altura, largura e profundidade) que envolve o volume
Forma 2D - Um espaço fechado
Volume - Refere-se ao espaço dentro de uma forma 3D

Desenhar bolas esportivas

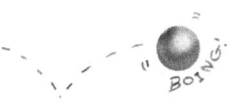

Basquetebol

1. Desenhar um círculo

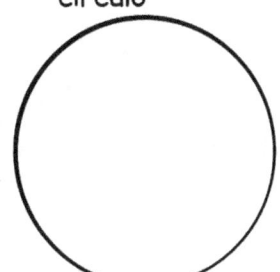

2. Adicione uma diagonal ligeiramente curvada

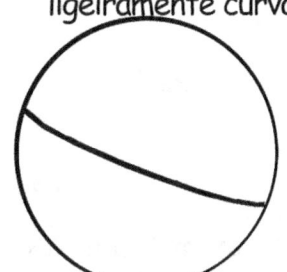

3. Adicione 3 curvas como visto abaixo

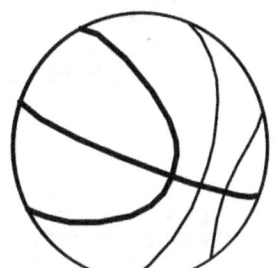

4. Sombreie

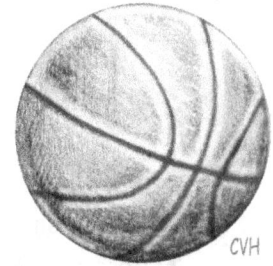

CVH

FUTEBOL

1. Comece com oval

add curved diagonal

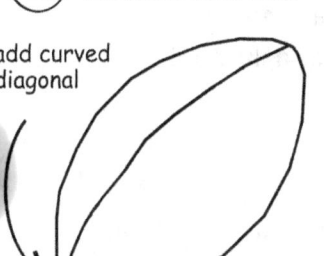

2. Adicione listras arredondadas nas pontas

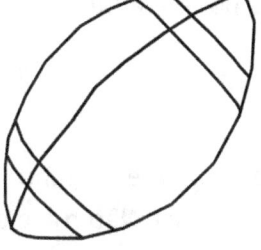

3. Adicione formas "H" para cadarços

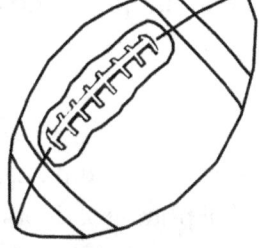

4. Sombreie

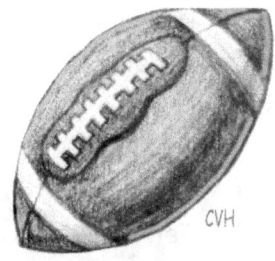

CVH

BEISEBOL

1. estrela com círculo

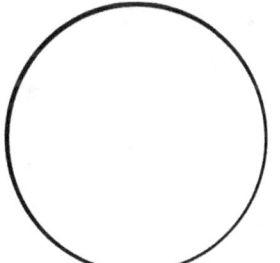

2. Adicione 2 linhas de luz curvadas no centro

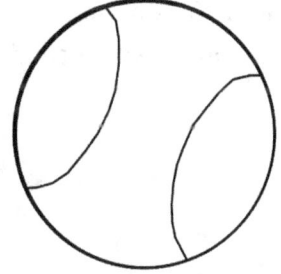

3. Adicione "V" aberto para detalhes do ponto

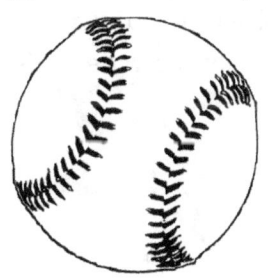

4. Sombreie

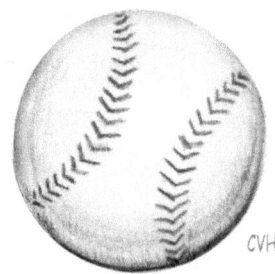

CVH

DISCO DE HÓQUEI

1. Comece com oval

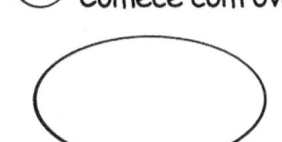

2. Desenhe 2 linhas paralelas nos lados

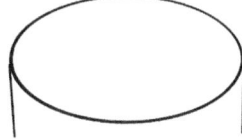

3. Base redonda para conectar

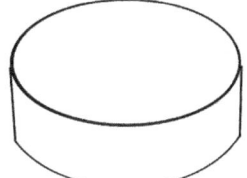

4. Sombreie

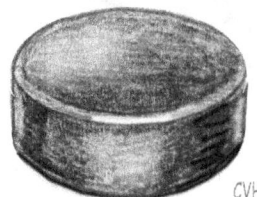

CVH

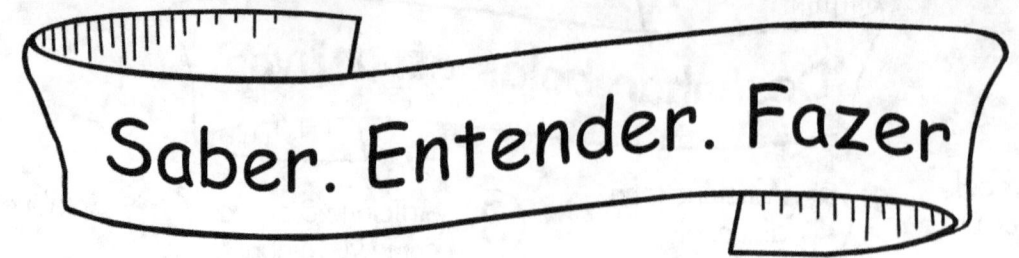

CESTA DE BASQUETE

SABER:
• Formas simples combinadas podem criar objetos mais complexos
•Sobreposição

ENTENDER:
• Itens sobrepostos e em camadas ajudam a criar uma sensação de realismo
• Diferenças no tamanho das partes do objeto podem ajudar a alcançar a ilusão de profundidade

FAZER:
Crie uma arte da sua versão de uma cesta de basquete seguindo as etapas fornecidas. Tente a versão mais fácil primeiro, depois a mais difícil. Não traceje. Sombreie.

VOCABULÁRIO:
Sobreposição - Quando uma coisa está sobre a outra, cobrindo-a parcialmente
Perspectiva - A técnica usada para criar a ilusão de 3D em uma superfície 2D. A perspectiva ajuda a criar uma sensação de profundidade ou espaço recuado.

Cesta de basquete

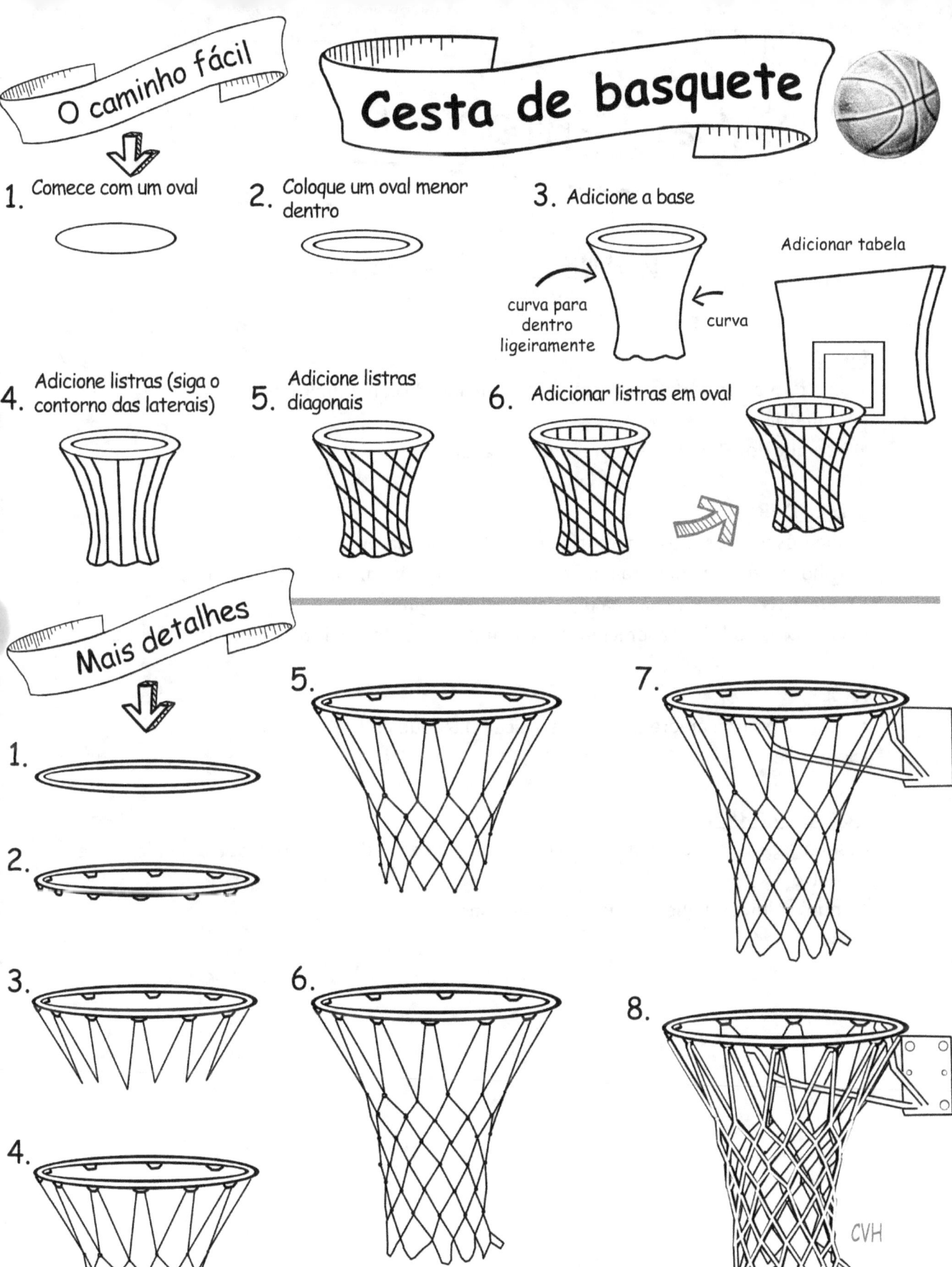

1. Comece com um oval

2. Coloque um oval menor dentro

3. Adicione a base

curva para dentro ligeiramente

curva

Adicionar tabela

4. Adicione listras (siga o contorno das laterais)

5. Adicione listras diagonais

6. Adicionar listras em oval

Mais detalhes

1.

2.

3.

4.

5.

6.

7.

8.

CVH

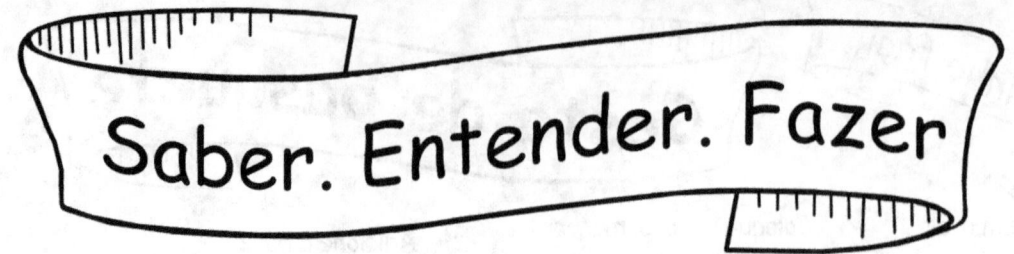

DESENHE UMA ÁRVORE VAZIA

SABER:
• Uma forma básica de árvore pode ser simplificada como um cilindro
• Assimetria
• O truque do 'Y' (ramos se parecem com a letra Y)

ENTENDER:
• Cilindros na arte dão a aparência de um tubo circular 3D
• Galhos crescem para cima e para fora na maioria das árvores (não para baixo)
• Cada árvore é única - não há duas exatamente iguais
• As árvores podem ser semelhantes em ambos os lados, mas não simétricas

FAZER:
• Crie sua própria árvore usando a técnica "O truque do "Y""
• Sombreie

VOCABULÁRIO:
Assimetria - As partes de um experimento são organizadas de modo que um lado difere do outro
Cilindro - Um tubo que aparece tridimensional

Desenhe uma árvore

DICA:
Cada etapa adiciona mais ramificações. Desenhe-os menores e mais magros à medida que crescem.

Em muitas árvores, os galhos crescem em direção ao sol

1. Comece com uma letra maiúscula "Y"

2. Adicione letras "V" ao topo do "Y"

O "V" deve ser menor que o "Y"

deixe os topos abertos

3. Adicione mais 4 formas em "V"

4. Adicione mais 8 formas em "V" nas pontas

mais magro e menor

galhos crescem e saem

5. Adicione a letra "Y" a todas as formas "V"

DESIGUAL é bom!
Desenhe alguns longos e alguns curtos

assim

6. Adicione outro "Y" no meio

(isso preenche o espaço)

7. Adicione quantas formas "Y" forem necessárias para preencher o espaço

outro!

Sua árvore não ficará exatamente assim, mas isso é bom!
Cada árvore é única.

8. Sombreie

sombra

luz

escolha um lado para ficar na sombra, depois escureça todos os galhos desse lado, mantendo o outro lado claro

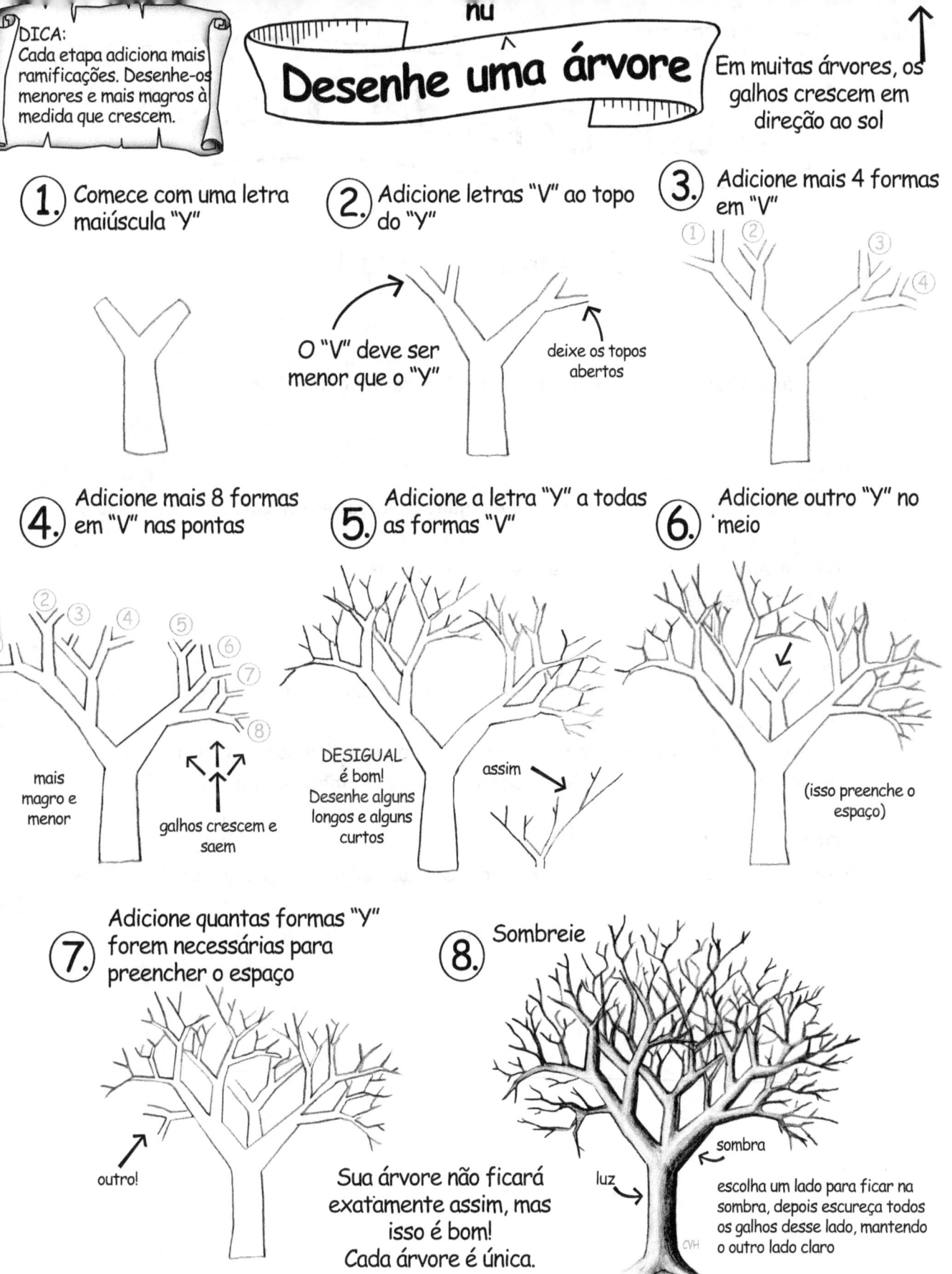

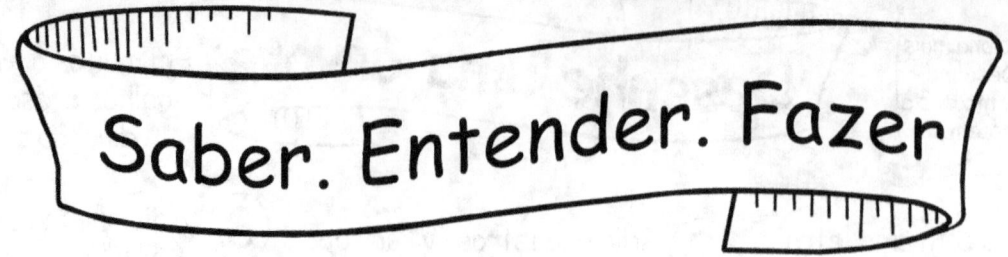

DESENHE UMA PALMEIRA

SABER:
• Uma forma básica de árvore pode ser simplificada como um cilindro
• Assimetria

ENTENDER:
• Simplificar uma obra de arte consiste em quebrar as partes principais de um objeto em formas simples
• Cada árvore é única - não há duas exatamente iguais
• As árvores são assimétricas

FAZER:
• Siga os passos fornecidos para criar uma palmeira detalhada que começa a partir de linhas simples
• Use um tronco de cilindro para transmitir a ilusão de profundidade. Os alunos também deverão considerar tamanho, posição, detalhes e sombreamento.

VOCABULÁRIO:
Assimetria - As partes de um experimento são organizadas de modo que um lado difere do outro
Cilindro - Um tubo que aparece tridimensional

Desenhe uma Palmeira

ALOHA!

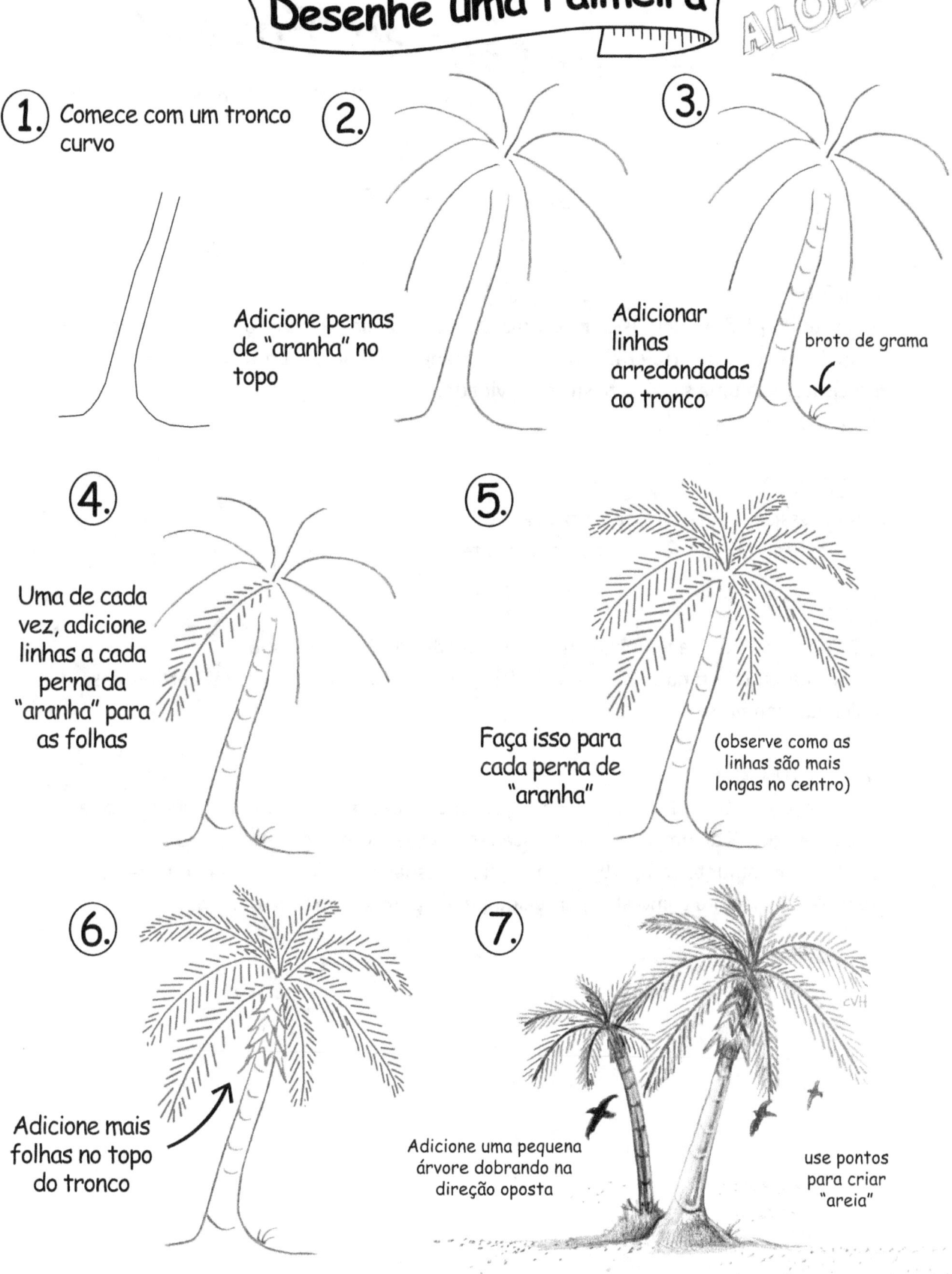

1. Comece com um tronco curvo

2. Adicione pernas de "aranha" no topo

3. Adicionar linhas arredondadas ao tronco

broto de grama

4. Uma de cada vez, adicione linhas a cada perna da "aranha" para as folhas

5. Faça isso para cada perna de "aranha"

(observe como as linhas são mais longas no centro)

6. Adicione mais folhas no topo do tronco

7. Adicione uma pequena árvore dobrando na direção oposta

use pontos para criar "areia"

CVH

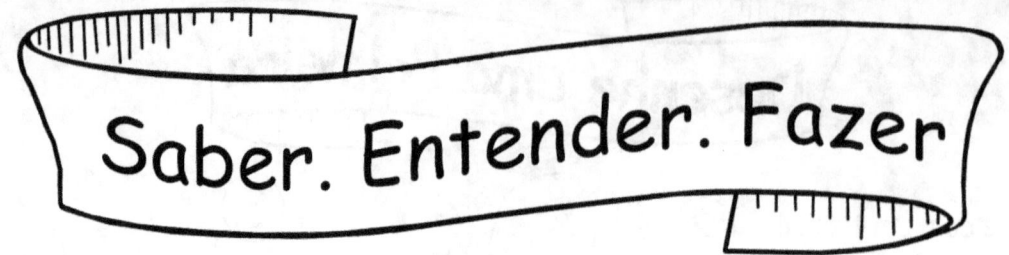

ARTE DE GRAFFITI

SABER:

• A arte de grafite e a música rap tornaram-se populares no início da década de 1970, quando as aulas de arte e música foram cortadas das escolas de Nova York e os alunos precisavam de uma saída para sua criatividade.

•Textura

ENTENDER:

• A necessidade de expressão artística
• As texturas podem ser criadas visualmente com linha e sombra

FAZER:

• Crie uma parede de tijolos texturizados usando técnicas aprendidas
• Escolha ou crie uma fonte e/ou design para colocar na sua parede. Certifique-se de adicionar sombras.

VOCABULÁRIO:

Expressão Artística - Expressar-se através de criações de artes visuais, canções, poesia, etc. As emoções de um artista comunicadas através da cor, assunto e estilo
Fonte - Um conjunto completo de caracteres e espaçamento de um tamanho de tipo
Textura - A maneira como algo parece que pode parecer em uma obra de arte

Grafite

1. Comece com 2 retângulos longos

2. Centralize um terceiro tijolo embaixo

3. Adicionar outro (espantá-los)

4. Continue adicionando tijolos até que você tenha uma parede completa

DICA:
Você pode usar uma régua para espaçar uniformemente os tijolos e apagar as linhas intermediárias, MAS parece mais autêntico se os tijolos não forem retângulos perfeitos

apagar

"engrossar" as bordas inferior e esquerda

sombreie levemente deixando uma borda fina e branca

borrar com o dedo

5. NEXT STEP...

Escolha o seu

lettering

* Desenhe sua palavra em letras grossas em cima dos tijolos

* Apague um pouco dentro das letras (você ainda quer que algum tijolo apareça)

* Adicione alguns "pingos" na base de cada letra

BLOCK

BUBBLE

Cursive

old english

Escolha um destes para criar seu próprio estilo de letras

CATHERINE

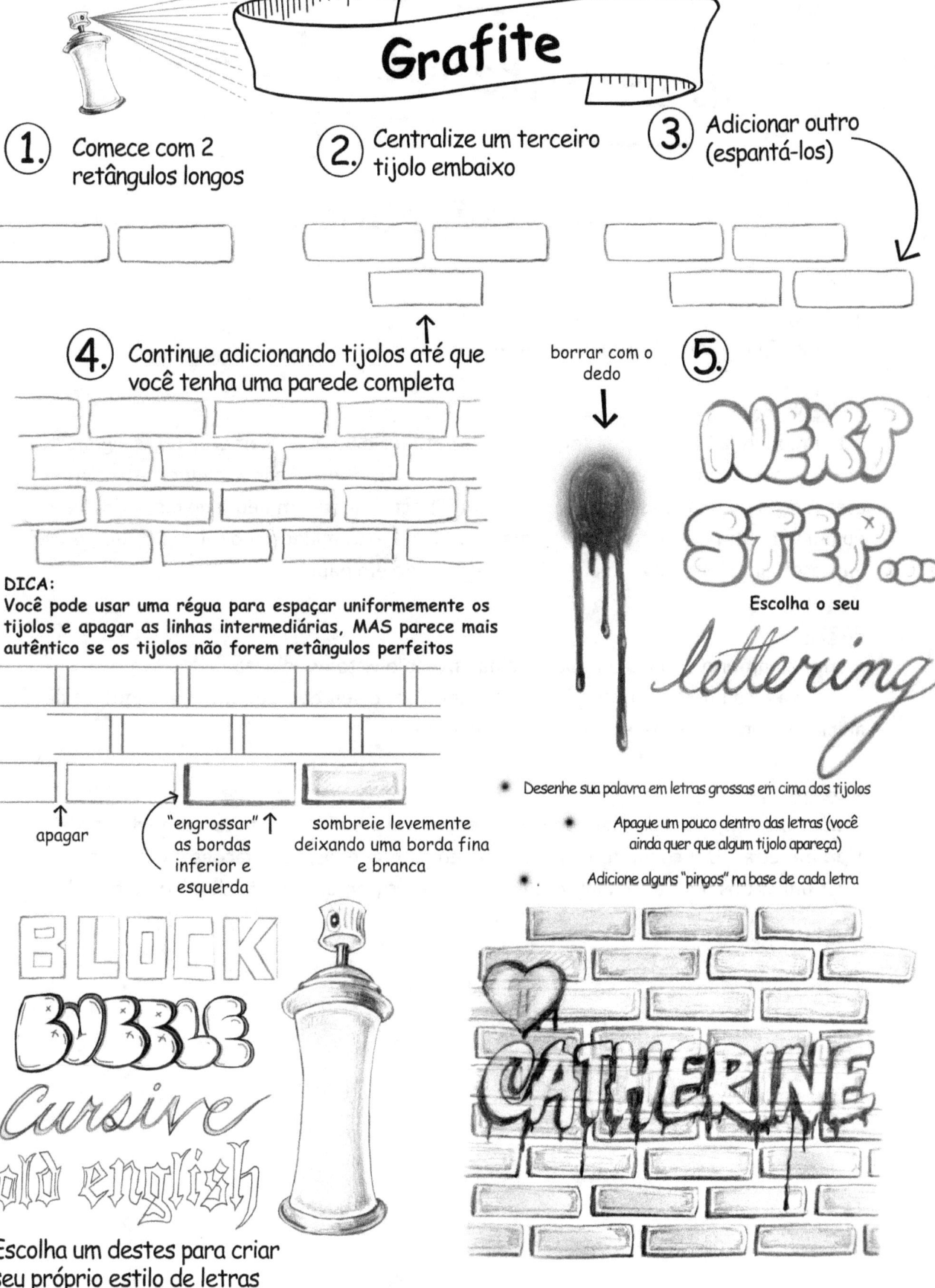

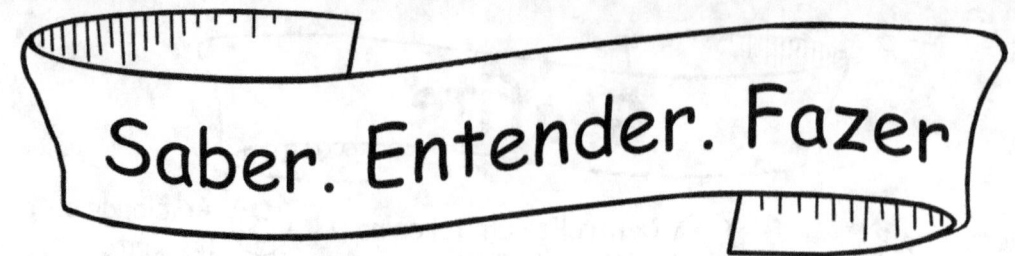

ESTILOS LEGAIS DE LETRAS

SABER:
• Fonte, Tipo de letra, Desenho de letras

ENTENDER:
"Carimbo tipográfico" é uma forma de letra produzida eletronicamente ou fotografica-mente, na maioria das vezes com um computador. Antes de os computadores assumirem essa função no final do século XX, o carimbo tipográfico era um pequeno bloco de metal ou madeira com uma letra ou caractere elevado na extremidade superior que deixa uma impressão impressa quando pintado e pressionado em papel.

FAZER:
• Crie seu próprio tipo de letra ou escolha um estilo visto no folheto
• Escreva o seu nome ou complete o alfabeto com o seu tipo de letra. Certifique-se de adicionar detalhes, espessura ou sombreamento

VOCABULÁRIO:
Fonte - Um conjunto completo de caracteres e espaçamento de um tamanho de tipo
Tipo de letra - Um conjunto completo de letras, numerais, pontuações e outros carac-teres unificados por qualidades visuais consistentes (também conhecidas como fonte)

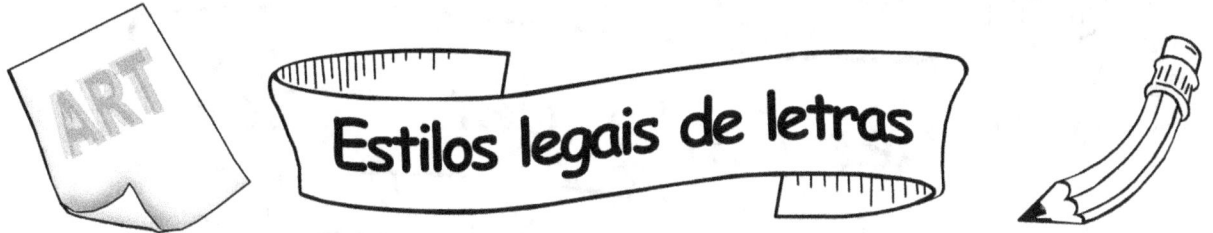

Estilos legais de letras

Letras de Bloco: Faça uma caixa, recorte a letra dentro com linhas retas (sem curvas) e apague as partes da caixa que não forem usadas para a letra.

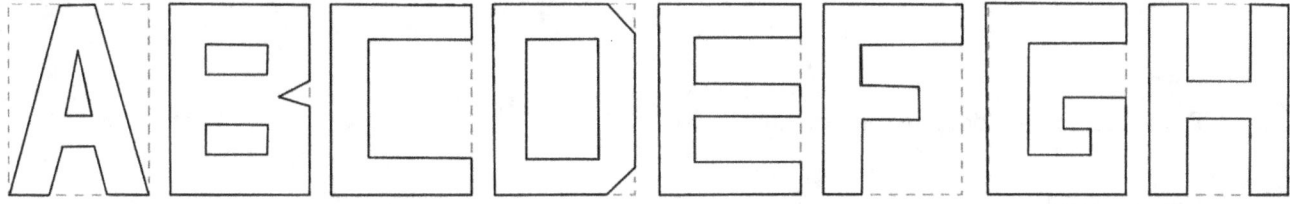

Letras bolha: Pegue a letra maiúscula e "exploda" para que não haja linhas retas. Torna-se um balão!

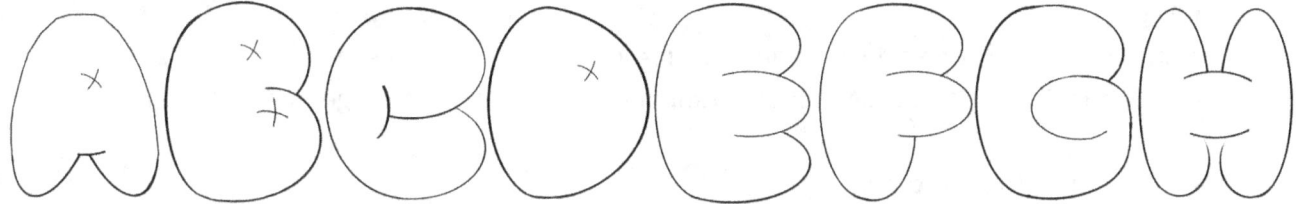

Letras de Sombra: A letra aparece através da borda 3-D sombreada - não a letra real

Fantasia: faça um lado da carta mais fino que o outro. Coloque um curly-q no final.

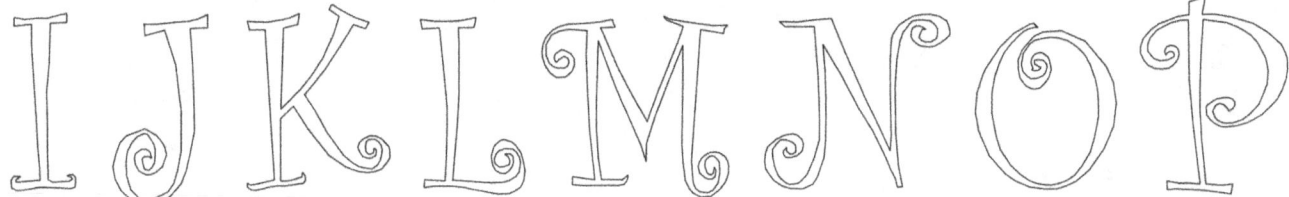

Dicas para criar grafites:
Sobreponha suas letras, crie um padrão interessante dentro delas, escalone-as (tenha algumas letras um pouco mais abaixo na página) e faça uma sombra!

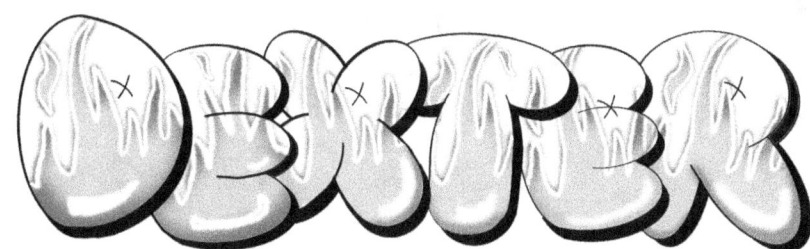

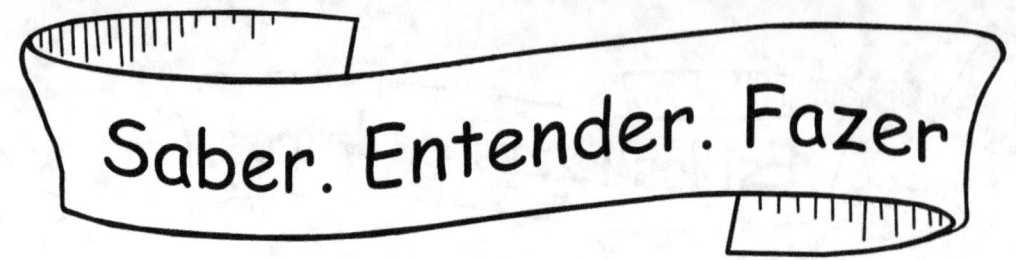

CAVEIRA COM BONÉ

SABER:
Recursos exagerados, distorção, valor

ENTENDER:
Uso de exagero e distorção em uma obra de arte para criar um estilo particular

FAZER:
• Crie sua própria versão de um crânio estilizado com um chapéu usando as linhas de guia fornecidas OU Pratique desenhar um crânio humano genérico e exagerar as características
• Adicione "extras" e sombra
• Apagar algumas áreas para indicar destaques

VOCABULÁRIO:
Distorção - Para mudar a aparência de algo - às vezes deformando ou esticando um objeto

Exagerar - Aumentar, embelezar; ampliar ou diminuir de tamanho

Destaque - A área em qualquer superfície que reflita mais luz; para direcionar a atenção ou enfatizar uma área de um desenho através do uso de valor

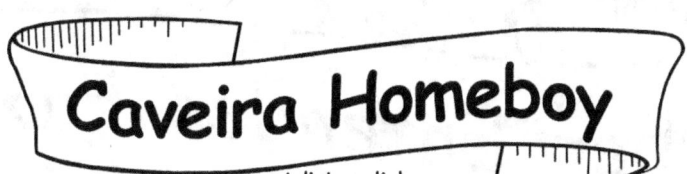

Caveira Homeboy

1 Comece com 1 círculo grande e 2 círculos pequenos

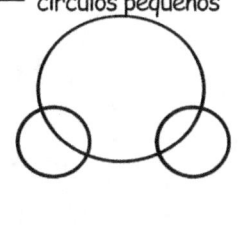

2 Adicionar um retângulo

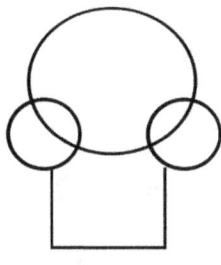

3 Adicione linhas de queixo e mandíbula

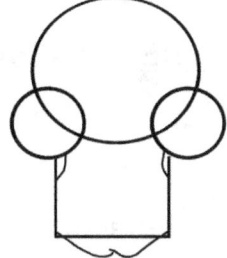

4 Adicione a linha do nariz e do chapéu

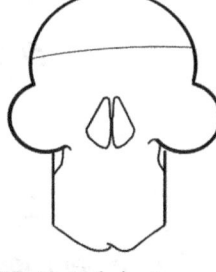

5 Adicionar detalhes da área dos olhos

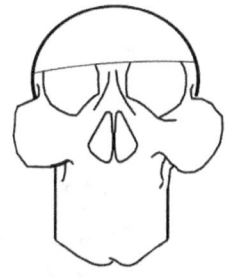

6 Adicione 4 dentes

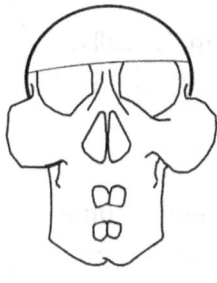

7 Mais 4 dentes, aba do chapéu e nariz

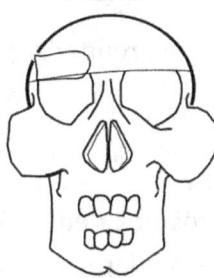

8 Mais 4 dentes e olhos de borda

apagar

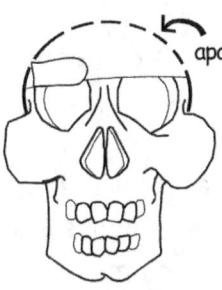

9 Mais 4 dentes e aba espessa

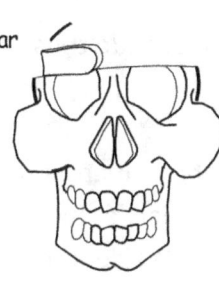

10 Mais 4 dentes e linhas da boca

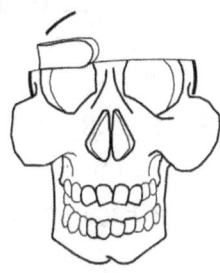

11 Adicionar um quadrado inclinado

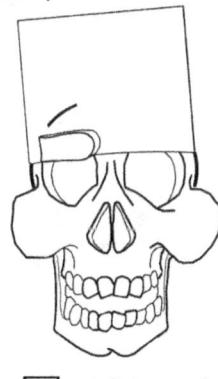

12 Redondo no chapéu

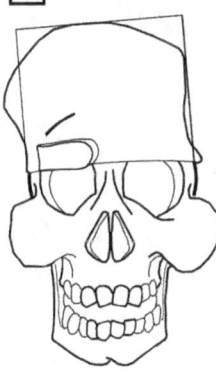

13 Adicione snaps e linhas de dente

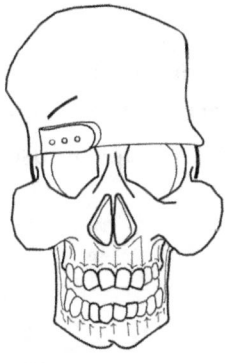

14 Detalhe da linha dos olhos

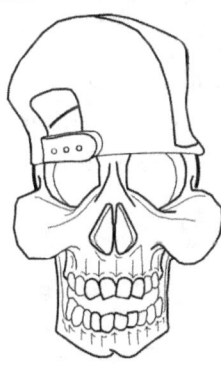

15 Detalhe da linha do chapéu

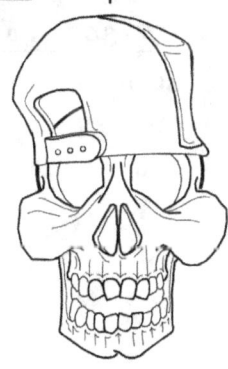

16 Adicionar aba de chapéu

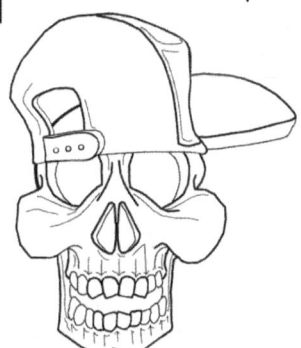

17 Rachaduras aleatórias

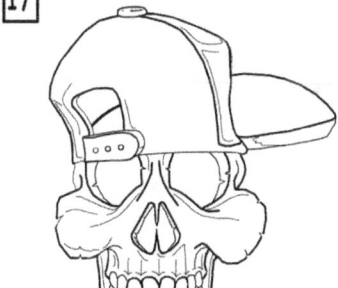

18 Sombreie

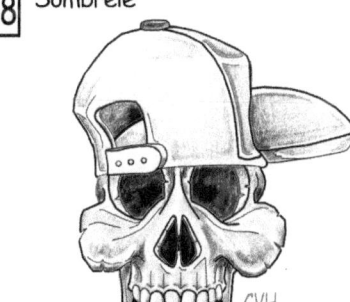

CVH

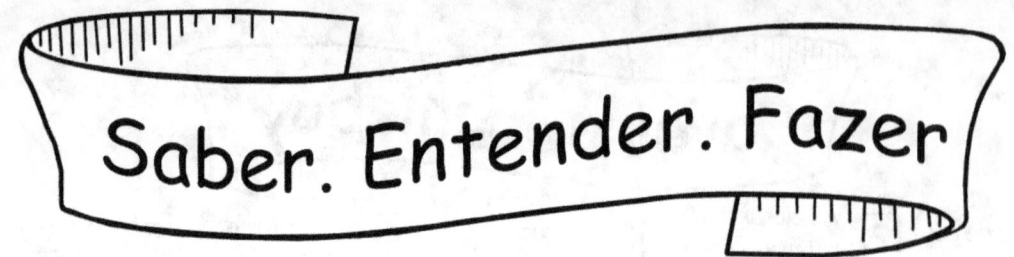

PARTE DE TRÁS DA MÃO

SABER:
• Criar uma semelhança a partir da observação
• Muitos objetos (feitos pelo homem e naturais) são baseados no cilindro

ENTENDER:
O sombreamento usando tons de escala de valor obterá uma renderização mais realista

FAZER:
• Pratique desenhar a mão usando as técnicas propostas
• Faça os valores mais escuros entre os dedos e os vincos dos dedos. Apague algumas manchas na junta, no dedo central e na mão central para criar um efeito de destaque natural.

VOCABULÁRIO:
Cilindro - Um tubo que aparece tridimensional
Destaque - A área em qualquer superfície que reflita mais luz; para direcionar a atenção ou enfatizar uma área de um desenho através do uso de valor

Dorso da mão

1.

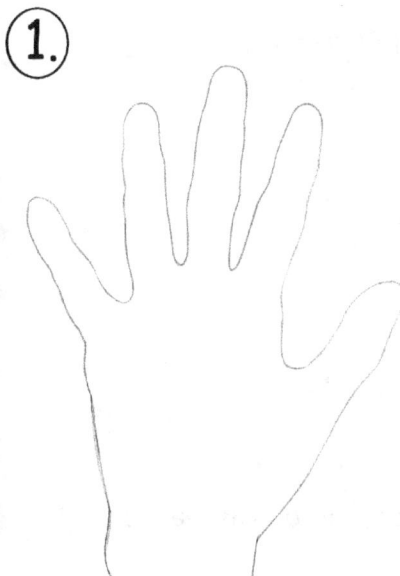

Comece traçando sua mão.
Se você for destro, trace sua mão esquerda, etc.
DICA: Para obter o melhor formato de mão, mantenha o lápis em um ângulo de 90 graus.

2.

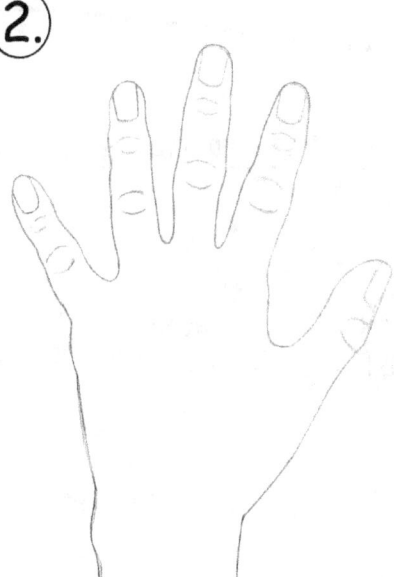

Em seguida, adicione unhas e uma forma para cada junta.
NOTA: Existem 2 articulações no dedo real

Lorem Ipsum

3.

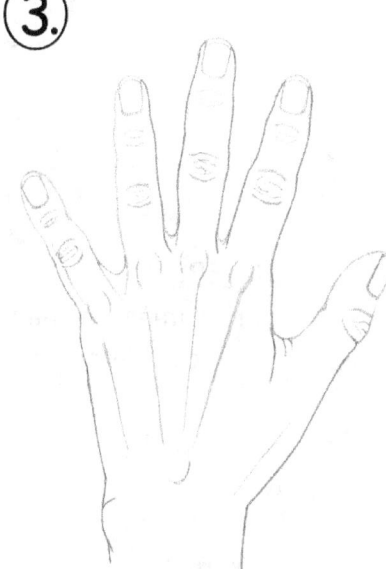

Olhe para sua mão.
Você vê a pele acima das unhas?
Você tem pontas brancas nas unhas?
Você pode ver os ossos finos da mão?
Você tem muitas linhas de juntas?
Em caso afirmativo, adicione-os

4.

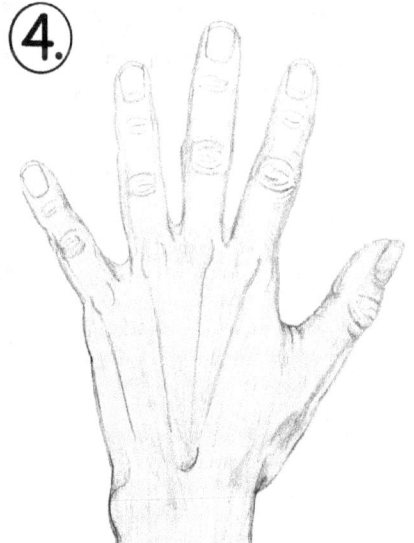

Sombreie levemente toda a mão de cinza. Escureça o contorno das bordas das mãos e dos nós dos dedos

5.

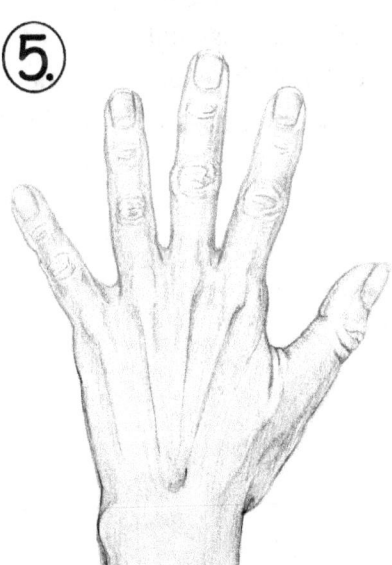

Sombreie as bordas da mão e cada dedo. Olhe para a sua mão real e observe as áreas claras e escuras. Aprofunde as áreas mais escuras.

6.

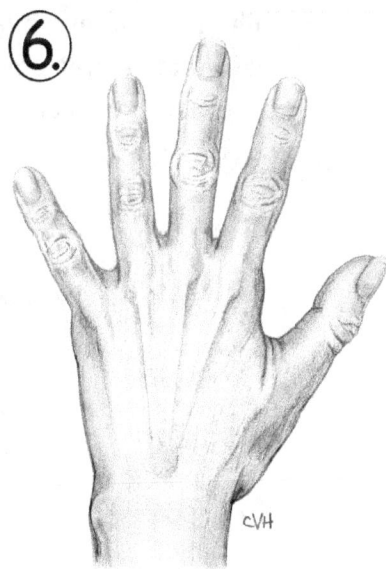

Adicione os toques finais.
Use a borracha para clarear os nós dos dedos e o centro dos dedos.

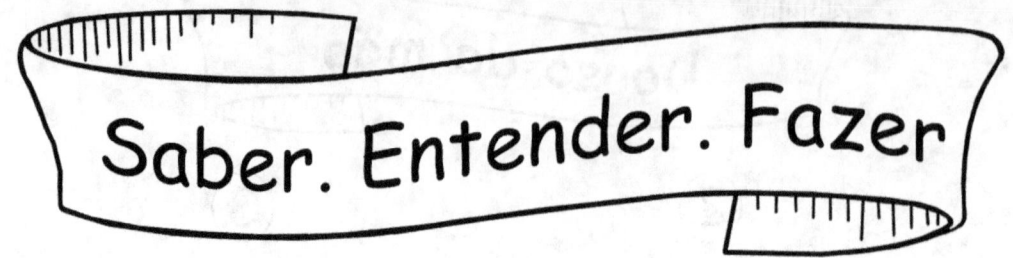

PALMA DA MÃO

SABER:

• Criar uma semelhança a partir da observação

• Muitos objetos (feitos pelo homem e naturais) são baseados no cilindro

ENTENDER:

O sombreamento usando tons de escala de valor obterá uma renderização mais realista

FAZER:

• Pratique desenhar a mão usando as técnicas propostas

• Faça os valores mais escuros entre os dedos e os vincos dos dedos. Apague alguns pontos nas almofadas dos dedos e entre os vincos para criar um efeito de destaque natural.

VOCABULÁRIO:

Cilindro - Um tubo que aparece tridimensional

Destaque - A área em qualquer superfície que reflita mais luz; para direcionar a atenção ou enfatizar uma área de um desenho através do uso de valor

Palma da mão

1.

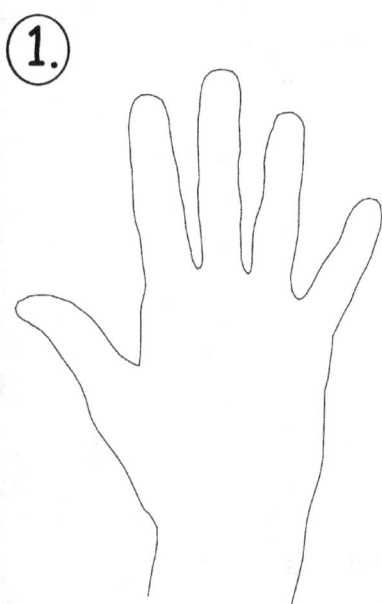

Comece traçando a palma da mão para cima.
DICA: Para obter o formato da mão do ninho, mantenha o lápis em um ângulo de 90 graus.

2.

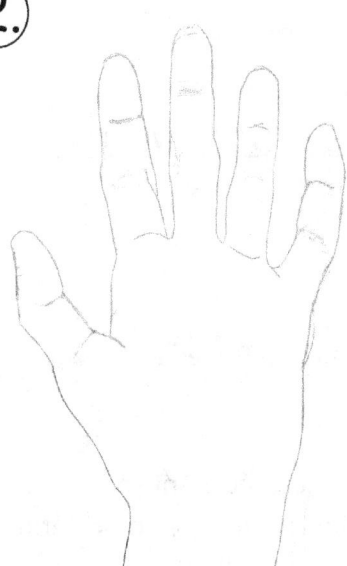

Relaxe sua mão. Os dedos vão enrolar um pouco. Esboce levemente as mudanças nos ângulos dos dedos.

3.

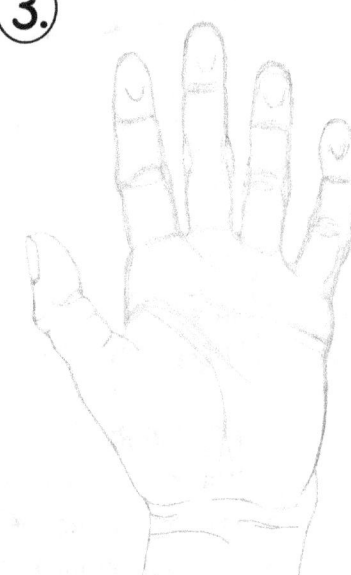

Olhe para sua mão.
Você vê alguma parte da sua unha? Todo mundo tem um padrão de linha diferente na palma da mão. Desenhe o seu

4.

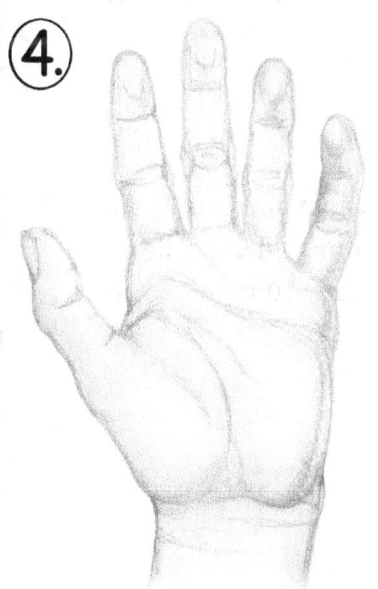

Sombreie levemente toda a mão de cinza. Escureça o contorno das bordas das mãos e os vincos das juntas

5.

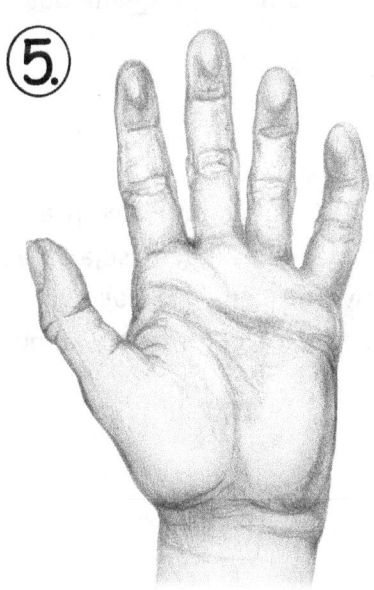

Sombreie as bordas da mão e cada dedo. Olhe para sua mão real e observe as áreas claras e escuras. Aprofunde as áreas mais escuras.

6.

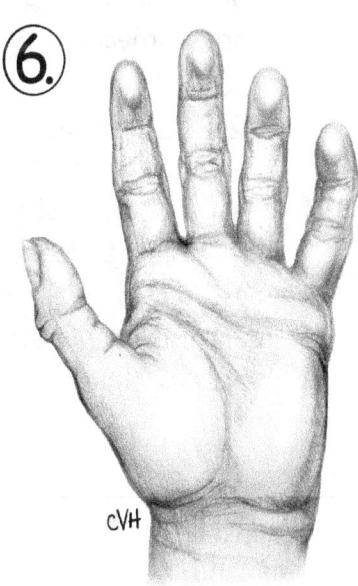

Adicione os toques finais.
Use a borracha para clarear a palma da mão, entre as dobras e as pontas dos dedos.

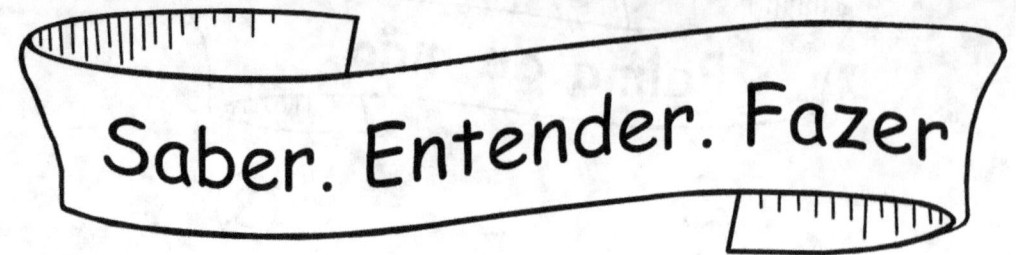

MÁSCARAS DE COMÉDIA E TRAGÉDIA

SABER:
• Expressão
• Origens das Máscaras de Comédia/Tragédia

ENTENDER:
• Estas máscaras originaram-se na Grécia Antiga
• As máscaras têm desempenhado um papel importante na história do drama
• O símbolo atual do teatro
• Expressão é um comportamento não-verbal que comunica emoção ou um movimento do rosto que transmite um estado emocional

FAZER:
Criar um desenho de máscara de Comédia/Tragédia que mostre a expressão usando as etapas fornecidas

VOCABULÁRIO:
Comédia - Entretenimento engraçado
Máscara - Uma cobertura facial. Geralmente é algo usado no rosto, com aberturas para os olhos, para esconder a identidade de alguém, seja para festejar (como em um baile de máscaras), para assustar ou divertir (como no Halloween), para rituais, ou para performances como por atores no teatro grego, romano e japonês.
Tragédia - Drama

Máscaras de comédia e tragédia

1.

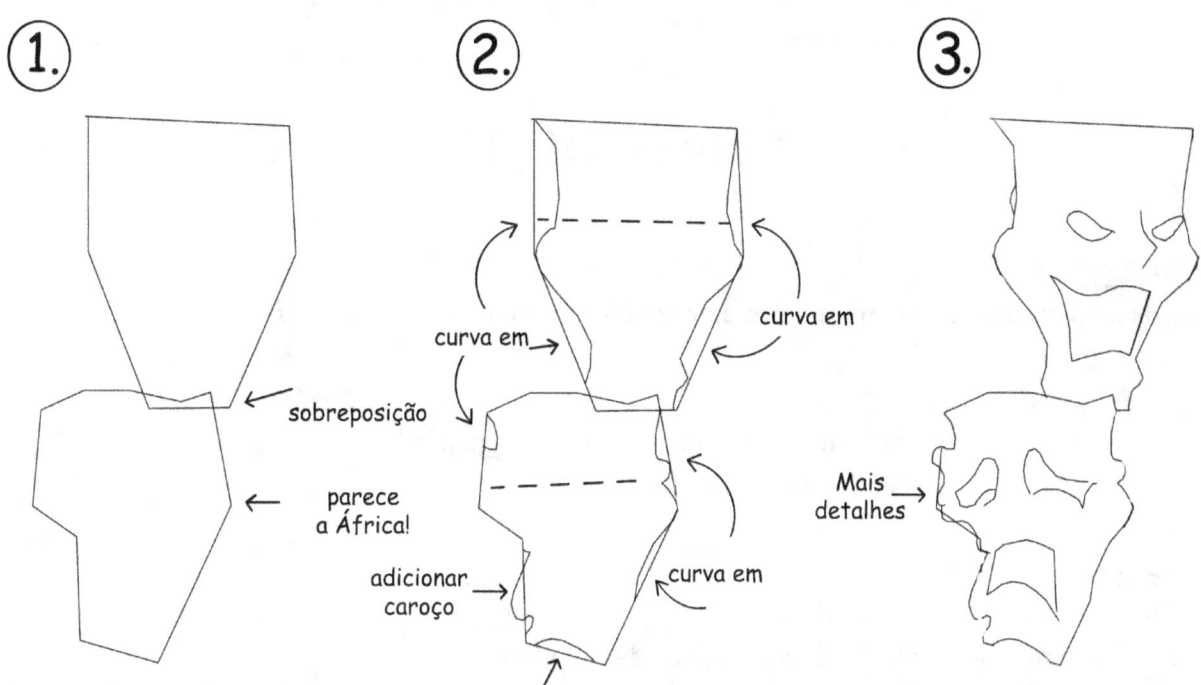

← sobreposição

← parece
a África!

Comece bloqueando a forma
básica da máscara. Desenhe
levemente, pois você apagará
essas guias na etapa 3.

2.

curva em →

curva em

adicionar
caroço →

← curva em

"Esculpir" os detalhes. Adicione
linhas guia para os olhos.

3.

Mais →
detalhes

Apague as orientações originais.
Adicione olhos, nariz e boca.

4.

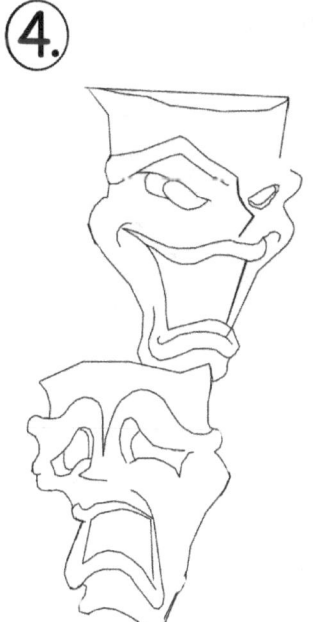

Adicione sobrancelhas, lábios e
"espessura" aos olhos

5.

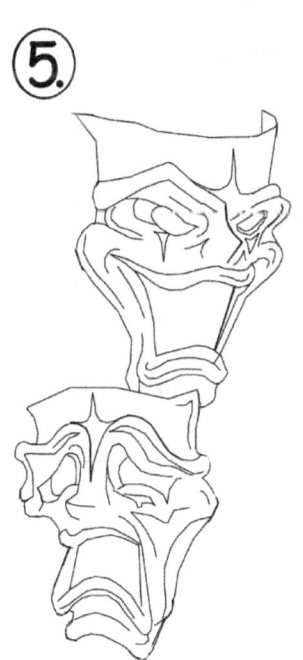

Adicionar linhas de design

6.

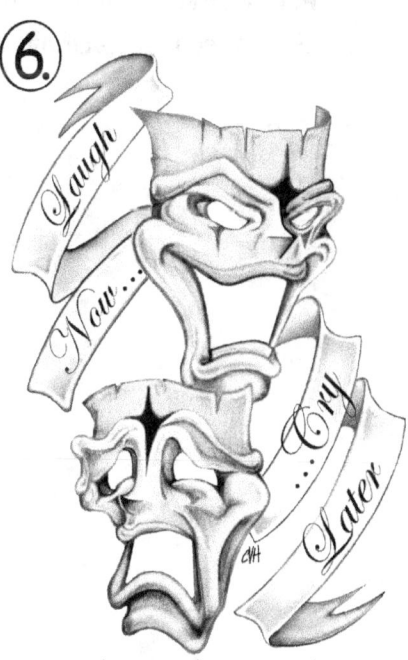

Laugh Now...

Cry ...Later

Sombreie, adicione um banner
com texto, se desejar.

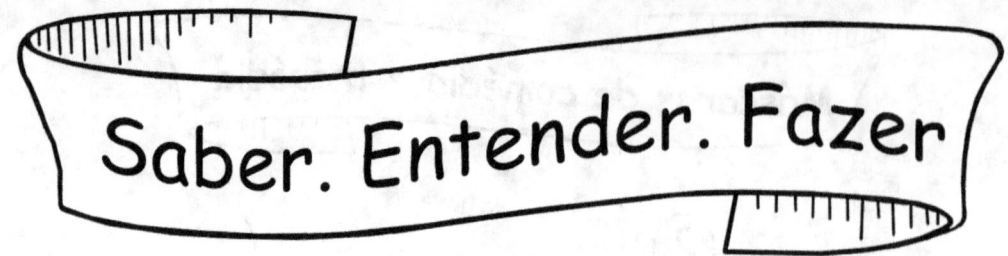

PILHAS DE DINHEIRO

SABER:
Adicionar padrão e sombreamento a um objeto dá a ele forma e dimensão

ENTENDER:
• Usando os princípios de um cubo para criar um retângulo 3D
• O uso de linhas recuadas para mostrar perspectiva

FAZER:
Crie uma arte de "pilhas de Dinheiro" que demonstre perspectiva. Adicione pelo menos 3 pilhas e muitos "extras". Não se esqueça das sombras!

VOCABULÁRIO:
Cubo - Um poliedro com seis faces quadradas; um quadrado que aparece 3D
Perspectiva - O ponto a partir do qual um objeto ou cena é visto
Linhas recuadas - Linhas que se movem para trás ou para longe do primeiro plano

Pilhas de dinheiro

1.

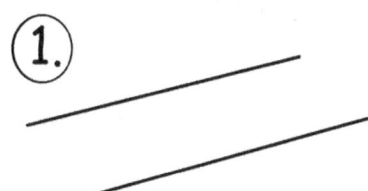

Comece com duas linhas paralelas inclinadas para baixo

2.

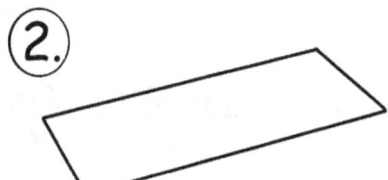

Conecte nas laterais para criar um retângulo inclinado

3.

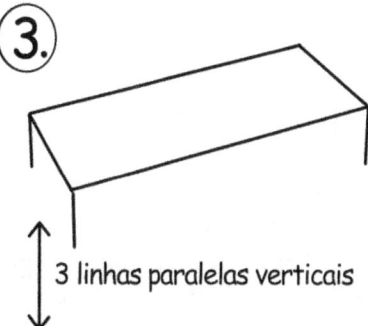

3 linhas paralelas verticais

4.

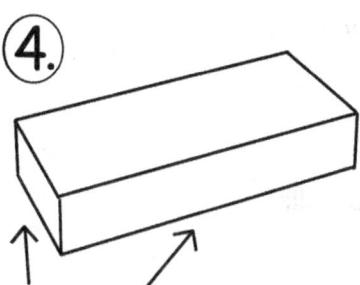

Conecte com 2 linhas angulares

5.

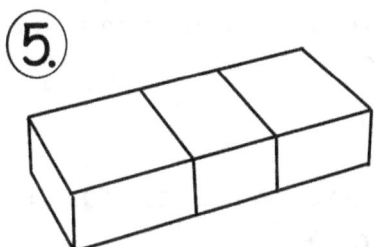

"enrole" o retângulo 3-D no centro

6.

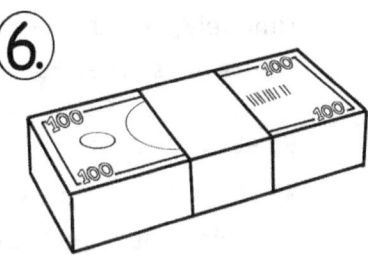

Adicionar detalhes do design

7.

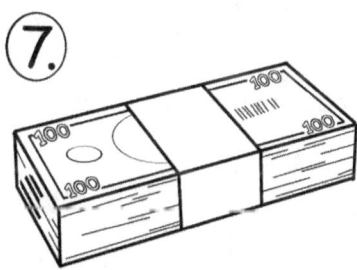

Adicione linhas tracejadas paralelas aleatórias para mostrar muitas notas empilhadas.

MO MONEY MO PROBLEMS

8.

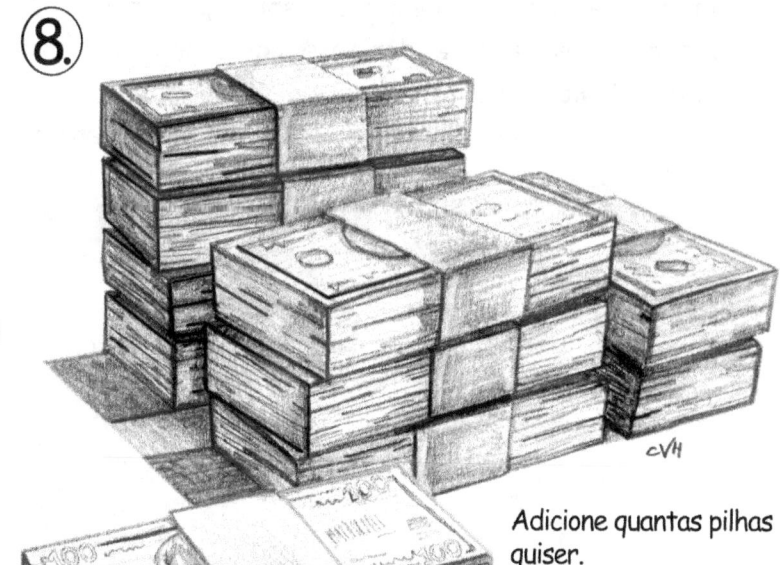

Adicione quantas pilhas quiser.
Sombreie

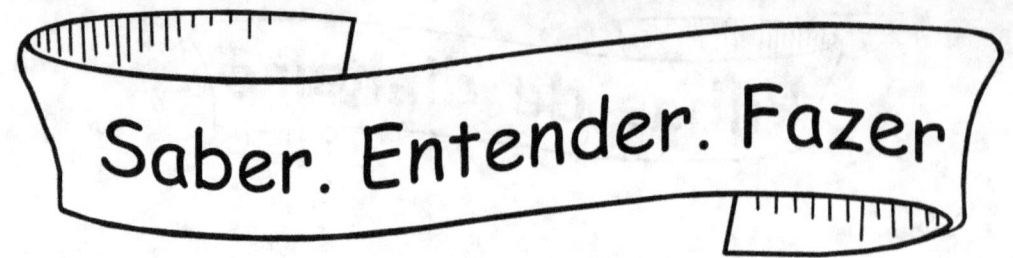

TEIA DE ARANHA FÁCIL

SABER:
Simetria, Assimetria, Equilíbrio Radial

ENTENDER:
Uma teia de aranha é baseada em um círculo com seu design que se estende ou se concentra em seu centro.

FAZER:
• Crie um design original de teia de aranha baseado no equilíbrio radial
• Adicione uma aranha e outros "extras"

VOCABULÁRIO:
Simetria - (ou equilíbrio simétrico) - As partes de uma imagem ou objeto organizado de modo que um lado duplique, ou espelhe, o outro
A simetria está entre as dez classes de padrões
Equilíbrio Radial ou Rotacional é qualquer tipo de equilíbrio baseado em um círculo com seu design que se estende de ou focado em seu centro.

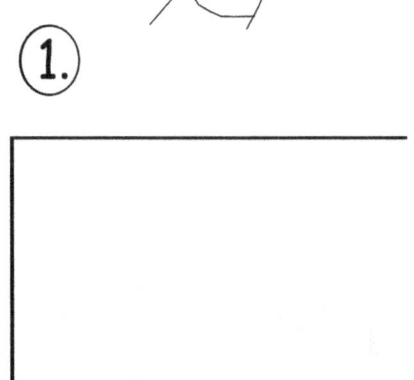

Teia de aranha fácil

① .

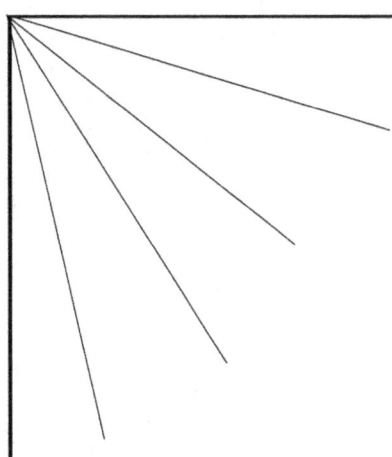

Comece com um ângulo de 90 graus. Este será o canto em que a teia de aranha será "girada"

② .

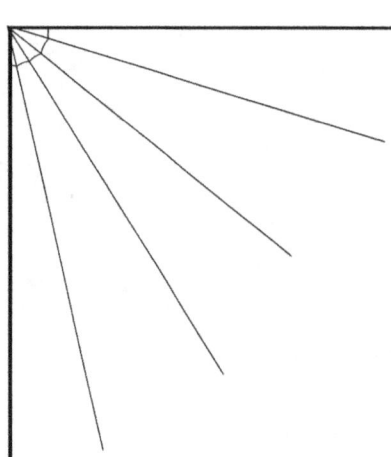

Desenhe 4 x 5 linhas igualmente espaçadas irradiando do canto. (Como os raios de uma roda de bicicleta)

③ .

Crie uma camada de linhas que se curvam ao redor do canto superior. Eles devem se parecer com ondas de cabeça para baixo

④ .

 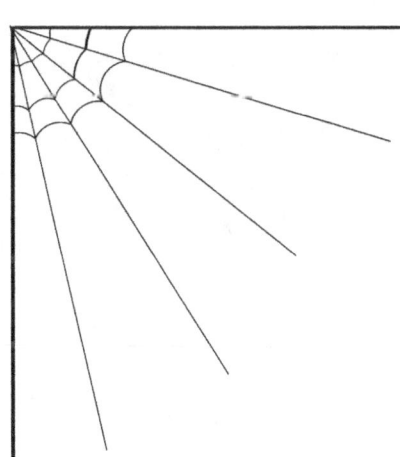

Adicione mais algumas camadas da web.

⑤ .

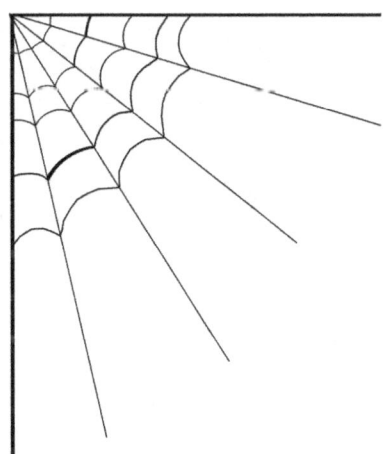

Continue a adicionar linhas de teia, cada camada mais distante da última.

⑥ .

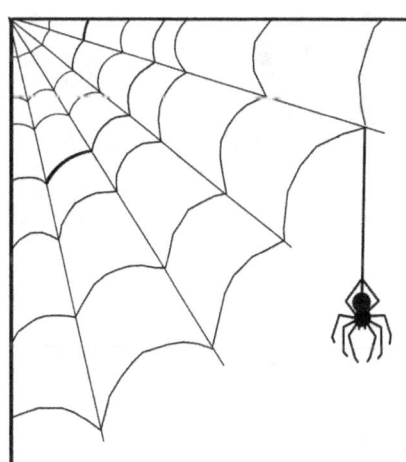

Continue a adicionar linhas de teia, cada camada mais distante da última.

www.ingramcontent.com/pod-product-compliance
Lightning Source LLC
Chambersburg PA
CBHW081555220526
45468CB00010B/2663